323799

GESELLSCHAFT FÜR

RHEINISCHE GESCHICHTSKUNDE

RHEINISCHE LEBENSBILDER

BAND 5

RHEINLAND-VERLAG GMBH · KÖLN 1973

in Kommission bei

RUDOLF HABELT VERLAG GMBH · BONN

RHEINISCHE LEBENSBILDER

BAND 5

*Im Auftrag der Gesellschaft für Rheinische Geschichtskunde
herausgegeben von Bernhard Poll*

RHEINLAND-VERLAG GMBH · KÖLN 1973
in Kommission bei
RUDOLF HABELT VERLAG GMBH · BONN

2., unveränderte Auflage. 1982
ISBN 3-7927-0665-2
Copyright by Rheinland-Verlag GmbH · Köln 1973
Gesamtherstellung Locher GmbH, Köln

INHALT

Nikolaus Wilhelm Beckers Freiherr von Walhorn (1630—1705)	Wilhelm Mummenhoff (†) und Bernhard Poll	7
Johann Nikolaus von Hontheim (1701—1790)	Heribert Raab	23
Johann Hugo Wyttenbach (1767—1848)	Richard Laufner	45
Peter Cornelius (1783—1867)	Herbert von Einem	57
Theodor Fliedner (1800—1864)	Anna Sticker	75
Alfred von Reumont (1808—1887)	Hubert Jedin	95
Johann Wilhelm Frenken (1809—1887)	Norbert Trippen	113
Franziska Schervier (1819—1876)	Erwin Gatz	135
Jacques Offenbach (1819—1880)	Anna-Dorothee v. den Brincken	151
Max Bruch (1838—1920)	Karl-Gustav Fellerer	175
Alexander Schnütgen (1843—1918)	Armin Spiller	191
Julius Bachem (1845—1918)	Hugo Stehkämper	213
Else Lasker-Schüler (1869—1945)	Werner Kraft	227
Johann Victor Bredt (1879—1940)	Klaus Goebel	243
Inhalt der vorhergehenden Bände		258—259

MITARBEITER

Dr. phil. Herbert von Einem, Universitätsprofessor, Bonn. — Dr. phil. Karl-Gustav Fellerer, Universitätsprofessor, Köln. — Dr. theol. Erwin Gatz, Privatdozent und Akademischer Rat, Bonn. — Dr. phil. Klaus Goebel, Wuppertal. — Dr. theol. Hubert Jedin, Universitätsprofessor, Bonn. — Dr. phil. Werner Kraft, Jerusalem. — Dr. phil. Richard Laufner, Archiv- und Bibliotheksdirektor, Trier. — Dr. phil. Wilhelm Mummenhoff (†), Archivrat, Aachen. — Dr. phil. Bernhard Poll, Archivdirektor i. R., Aachen. — Dr. phil. Heribert Raab, Universitätsprofessor, Fribourg. — Dr. phil. Armin Spiller, Berlin. — Dr. phil. Hugo Stehkämper, Ldt. Archivdirektor, Köln. — D. Anna Sticker, Diakonisse, Düsseldorf-Kaiserswerth. — Dr. theol. Norbert Trippen, Bistumsreferent, Köln. — Dr. phil. Anna-Dorothee v. den Brincken, Oberarchivrätin und Privatdozentin, Köln.

NIKOLAUS WILHELM BECKERS FREIHERR VON WALHORN

(1630—1705)

Von Wilhelm Mummenhoff (†) und Bernhard Poll (*)

Fliegerbomben und Granaten haben im Zweiten Weltkrieg die alte Aachener Kirche des ehemaligen Augustinerklosters, die spätere Gymnasialkirche St. Katharina, in der Pontstraße schwer getroffen. Der Bau konnte inzwischen wieder gesichert werden. Erhalten blieb u. a. eine Gedenktafel mit Wappen und Inschrift aus dem Jahre 1688. Sie erinnert an einen Mann, der durch nahe verwandtschaftliche Beziehungen und, wie es scheint, auch durch die eigenen Studien in der Schule des Augustinerklosters mit der alten Kaiserstadt Aachen eng verbunden war. In seinen späteren Jahren hat er, in der neuen Kaiserstadt Wien längst zu hohen Stellungen am Hofe aufgestiegen, mit der Reichsstadt im Westen Kontakt gehalten, die sich gern seiner bediente, wenn es galt, am Kaiserhof etwas für Aachen zu erreichen. Dem in keineswegs glänzenden wirtschaftlichen Verhältnissen geborenen Kinde haben es die Musen sicherlich nicht an der Wiege gesungen, daß es einmal ein gefeierter Doktor der Medizin, kaiserlicher Leibarzt und Freiherr von Walhorn werden und schließlich mit allen Ehren dieser Welt im Stephansdom in Wien die letzte Ruhestätte finden würde. Damit ging nach den Mühen und Stürmen einer unsteten Jugend ein reiches, erfülltes Leben zu Ende, das, bisher im Detail wenig zuverlässig erhellt, eine ge-

---

*) Das Lebensbild geht zurück auf Forschungen des Aachener Archivars Dr. Wilhelm Mummenhoff († 1962), der über Nikolaus Wilhelm Beckers vor den Mitgliedern des Aachener Geschichtsvereins und der Ortsgruppe Aachen der Westdeutschen Gesellschaft für Familienkunde im November 1939 einen Lichtbildervortrag gehalten hat. Die Witwe stellte das Vortragsmanuskript nebst Vorarbeiten des Verfassers freundlicherweise dem Herausgeber der Lebensbilder zur Verfügung, der das Manuskript neu schrieb und einige Ergänzungen beisteuerte. Für die diesbezüglichen Mitteilungen sei dem Generaldirektor der staatlichen Archive Österreichs, Wirkl. Hofrat Professor Dr. H. L. Mikoletzky, bestens gedankt, der ferner — in Verbindung mit Mater Dr. H. Peters, Archivarin des Erzbischöfl. Ordinariats Wien — einige von der älteren Forschung abweichende Angaben über die von Beckers gestifteten Altäre im Stephansdom machte. Auch den Damen und Herren der kroatischen Universitäts- und Nationalbibliothek, die den Verfasser während seiner Anwesenheit in Zagreb bei den Ermittlungen über den Grafen Erdödy freundlichst unterstützte, gebührt Dank.

schichtliche Würdigung um so mehr verdient, als es auch den Geist der Zeit und große Ereignisse des Jahrhunderts spiegelt.

I.

Nikolaus Wilhelm Beckers wurde 1630 zu Walhorn, einem der Reichsstadt Aachen benachbarten Dorfe im damaligen Herzogtum Limburg, geboren. Alle Angaben nennen dieses Jahr. Beckers selbst schrieb 1704, daß er vierundsiebzig Jahre alt sei. Tag und Monat der Geburt ließen sich jedoch nicht ermitteln, auch nicht von Pfarrer Viktor Gielen in Raeren, vorher Pfarrer in Walhorn, da der in Betracht kommende Pfarrer keine Taufregister geführt hat.

Der Vater, Peter Beckers, war Mitglied der Walhorner Schöffenbank, siedelte aber später mit seiner Frau Helena, geb. Meeßen, nach dem nahe gelegenen Lontzen über. Die Mutter schenkte, wie wir aus dem Aachener Testament des Sohnes Heinrich aus dem Jahre 1680 wissen, mindestens fünf Kindern das Leben, zwei Söhnen und drei Töchtern. Die Beckers scheinen zu einem angesehenen Zweig der gleichnamigen Familie im Limburger Land gehört zu haben, der mit materiellen Gütern jedoch nicht besonders gesegnet war. Der Großvater väterlicherseits, Niklas Beckers, hatte das Forstmeisteramt in Walhorn verwaltet.

Wie der wohl ältere Bruder Heinrich frühzeitig nach Aachen verzog, die Tochter eines dortigen Wundarztes heiratete und selbst ein berühmter Aachener Wundarzt wurde, so hat sich auch Nikolaus Wilhelm in seinen Jugendjahren häufig in der Reichsstadt aufgehalten. Seine im Familienbesitz erhalten gebliebenen späteren Briefe zeigen eine genaue Ortskenntnis der Stadt. Seine Stiftungen für die Augustinerkirche legen es nahe, daß er hier die Schule des Augustinerklosters besuchte; vielleicht hat er nach den vollendeten Gymnasialstudien auch einen philosophischen Kursus absolviert, von dem Quix berichtet.

Erst das Leben des Dreiundzwanzigjährigen tritt dann in etwas helleres Licht der Geschichte. Am 20. Januar 1653 schrieb Nikolaus Wilhelm Beckers aus Brüssel seinem Vetter Meeßen, er sei von der Armee aus Frankreich zurückgekommen und wohne bei dem Apotheker des Erzherzogs Leopold. Er wolle jetzt nach Rom, um Medizin zu studieren. Offenbar handelt es sich um die spanisch-niederländische Armee, doch nennt der Schreiber keinen Truppenteil, auch nicht die eigene dienstliche Stellung (Apotheker?). Er berichtet indessen, das Elend sei groß, indem Soldaten und Pferde vor Hunger und Kälte stürben. Nach dem Zusammenhang der Briefstelle zu urteilen, hatte Beckers sich einem der 1645 bis 1655 unter dem Statthalter der spanischen Niederlande, Erzherzog Leopold Wilhelm, gegen die Franzosen kämpfenden spanisch-niederländischen Regimenter angeschlossen und war mit dem Erzherzog wieder zurückgekehrt, der bis 1656 die Niederlande für Spanien regierte. Unter ihm soll Beckers, wie später das Freiherrndiplom berichtet, die Schlacht bei Lens (1648), den Entsatz

STAMMTAFEL

Niklas Beckers ∞ Elisabeth Crümmel
Forstmeister zu Walhorn

Peter Beckers ∞ Helena Meeßen
Schöffe in Walhorn
wohnt später in Lontzen,
vielleicht Verf. eines damals weit verbreiteten
jur. Handbuchs

1. Heinrich
Wundarzt, Greve der Chirurgie- und
Barbierzunft Aachen
† 1681 Aachen
∞ (1) Elisabeth Dielmann
∞ (2) Katharina Königs, aus dieser
Ehe Peter Deodat Beckers
Freiherr von Walhorn,
studierte auf Kosten des Onkels bei
den Jesuiten in Aachen und wurde auf
dessen Verwendung hin ebenfalls wie
dieser 1682 in den Freiherrnstand erhoben.

2. NIKOLAUS WILHELM
Freiherr von Walhorn
* 1630 Walhorn
† 14. 3. 1705 Wien
∞ (1) 4. 11. 1659 Wien
Barbara Anna Huber
geb. von Hasling
∞ (2) 1694 ? Anna Maria
von Schirmthal.
Beide Ehen kinderlos.

3. Katharina 4. Elisabeth 5. Anna

von Cambrai, die Einnahme Gravelingens (1652) und Dünkirchens (1653) mitgemacht haben.

II.

Von Brüssel aus begab sich Beckers über Aachen nach Süddeutschland und weiter nach Italien. Die Reise dauerte mehrere Monate. Sie war nach seinen Schilderungen recht mühevoll und gefährlich. Zwischen Nördlingen und Augsburg stahlen ihm Diebe 45 Patagonen (= Albertustaler), zwischen Bologna und Ancona raubte man ihm neun Dukaten. Mehrmals schwebte er in Gefahr, den Türken in die Hände zu fallen, die damals die Ostküste Italiens beunruhigten. Unterwegs besuchte Beckers den Wallfahrtsort Loretto, betete dort zur Madonna und traf schließlich glücklich in Rom ein. Doch gab er seine Absicht, dort Medizin zu studieren, wegen der hohen Aufenthaltskosten zunächst auf. Nur neun Tage blieb er bei diesem ersten Rombesuch in der Ewigen Stadt. Als Apotheker trat er in den Dienst des jüngsten Herzogs von Radziwill, den er dann auf einer Reise nach Neapel, Sizilien und nach Malta begleitete. Als man hier in dem großen Gefolge des Herzogs Zeuge eines Gefechts zwischen Türken und Christen geworden war, kehrte die Gesellschaft bald wieder nach Rom zurück (2. August 1653).

Bei diesem zweiten Romaufenthalt weilte Beckers länger als ein Jahr in der Stadt, die er sodann aber — angeblich des schlechten Klimas wegen — verließ. Er begab sich nach Wien, wo er am 20. November 1654 eintraf. Weil er hier nicht die von ihm gesuchte passende Stellung finden konnte, blieb er nur sechs Wochen und zog weiter nach Tyrnau in der Slowakei (Ungarn). Nach nur wenigen Tagen gelang es ihm dort, als Haushofmeister (maître d'hôtel) bei einem ungarischen Grafen Erdödy, Sohn eines kaiserlichen Generals, unterzukommen. Vielleicht handelte es sich um Nikolaus Erdödy, der 1693 als Banus von Kroatien, Slawonien und Dalmatien starb und im Dom zu Zagreb beigesetzt wurde. Während dieser etwa vierjährigen Tätigkeit hatte Beckers seinen Herrn häufig zu längeren Aufenthalten nach Wien zu begleiten. Der Student benutzte die Gelegenheit, um sich in der Donaustadt dem Studium der Medizin zu widmen. Schon 1657 schrieb er eine Dissertation, die er dem ihm gewogenen Erzherzog Leopold Wilhelm widmete, der, nach Wien in kaiserliche Dienste zurückgekehrt, Vormund der Kinder Ferdinands III. geworden war und sich um die Kaiserwahl Leopolds I., eines dieser Kinder, 1658 verdient machte. Die Dissertation, deren Thesen Beckers in Gegenwart zahlreicher Ärzte am 30. Juni 1657 in Wien mit Erfolg verteidigte, ist verloren gegangen. Doch konnte aus der Promotion in Wien damals nichts werden. Das ließen hier deren hohe Kosten nicht zu. Deshalb behielt Beckers seine Stellung bei dem Grafen Erdödy zunächst bei.

Nunmehr beschloß er, in Padua zu promovieren, wohin er den Grafen begleiten sollte. Doch wurde damals nichts aus der beabsichtigten Reise, und Beckers war, weiter seinen Studien sich widmend, noch Ende Mai 1658 Haushofmeister bei Erdödy in Wien. Im Sommer des Jahres aber konnte er, wahrscheinlich in Begleitung des Grafen, durch türkisches Gebiet nach Italien reisen und Ende des Jahres in Padua sein Ziel erreichen. Neben dem Doktor der Medizin erwarb er, der damaligen Sitte gemäß, gleichzeitig den philosophischen Doktorgrad. Am 28. Dezember 1658 schrieb er voller Freude darüber seinen Verwandten in der Heimat. Auch habe er — wohl durch Vermittlung seines Gönners Erzherzogs Leopold Wilhelm — ein Empfehlungsschreiben Kaiser Leopolds I. an die Stadt Aachen erhalten mit der Bitte, ihn als besoldeten Stadtarzt anzustellen. Hier war indessen keine Stelle frei; die Stadt sah sich daher veranlaßt, das kaiserliche Promotorialschreiben „gar hofflich allerunderthänig" zu beantworten, wie es im Beamtenprotokoll vom 21. Januar 1659 heißt; „vor diesmahl" könne man dem kaiserlichen „vorschreiben" nicht willfahren, antwortete dann die Stadt dem Kaiser am 7. Februar. In Padua hatte Beckers übrigens die Bekanntschaft mit dem Aachener Leonhard Dautzenberg gemacht, dem späteren Aachener Stadthauptmann, der ähnlich wie Beckers vom Kaiser geadelt wurde. Die Lebenswege beider Männer haben sich noch des öfteren gekreuzt, nicht zuletzt in Wien.

III.

Hier blieb der junge Arzt zunächst vor allem auf seine Verbindungen angewiesen. Sein Fehlstart in Aachen sollte sich jedoch als Glück erweisen, da auch eine Badestadt ihm nicht das hätte bieten können, was die Zukunft für ihn in Wien bereithielt. Gerade in diesem Jahrhundert erlebte Österreich trotz aller Wunden des Dreißigjährigen Krieges seinen Aufstieg unter den deutschen Habsburgern, die neben der römisch-deutschen Kaiserwürde auch die Kronen Böhmens und Ungarns trugen und in den siegreichen Türkenkriegen Ungarn wieder ihrem Hause sichern konnten.

Mit Leopold I. trat Österreich in den Koalitionskriegen gegen Ludwig XIV. und im Kampf gegen die Türken in das heroische Zeitalter seiner Geschichte. Wien wurde die Hauptstadt des Reiches, die Perle an der Donau. Sie sonnte sich im Glanze eines in ganz Europa angesehenen Herrscherhauses, einer kostspieligen Hofhaltung und einer gesamtösterreichischen Aristokratie: ein Symbol deutscher, barocker und universaler katholischer Kultur zugleich.

Im Jahre 1659 erwarb Beckers die Gunst einer wohlhabenden Wienerin, der kinderlosen Witwe des Ad. Huber, eines Oberintendanten beim Geheimen Staatsrat in Wien. Die Witwe, zwölf Jahre älter als der neunundzwanzigjährige Arzt, ermöglichte es ihm, auch in Wien den Doktorgrad der Medizin zu erwerben: die Voraussetzung für ein weiteres Fortkommen in der Kaiserstadt. Am 4. September 1659 fand im Stephansdom durch den ersten kaiserlichen Leibarzt mit großer Pracht, wie seit fünfzig Jahren nicht dagewesen (met grooter pracht ende magnificentz als jemand in 50 jaeren) die feierliche Promotion zum Doktor der Medizin statt. Zwei Monate später heiratete Doktor Beckers Barbara Anna Huber, geb. von Hasling. Nach den Mühen der Jugend sollte Beckers in langer Ehe jene Ruhe finden, die er bis dahin vergeblich gesucht hatte. Gelegentlich der Heirat schrieb Beckers seinen Verwandten, seine Frau sei sehr reich, besitze Häuser, Weingärten und mindestens 25 000 Patagonen bares Geld. Ihr Vermögen habe sie ihm vermacht, falls die Ehe kinderlos bliebe.

Die Heirat sicherte die Praxis des jungen Arztes und eröffnete ihm den Zugang zur medizinischen Fakultät. Vor allem verschaffte sie ihm neue Beziehungen zu der vornehmen Welt in der Stadt. Am 2. Mai 1661 konnte Beckers in seinem Hause „Zum grünen Baum" auf der Brandstatt, das seine Frau in die Ehe eingebracht hatte, sogar Kaiser Leopold und Erzherzog Leopold Wilhelm bewirten, 1662 wurde Dr. Beckers als „Caesareae aulae medicus" Mitglied des kaiserlichen Hofes. 1666 erhielt er den ehrenvollen Auftrag, im Gefolge eines Prinzen die Kaiserin aus Italien abzuholen. Drei Jahre später ernannte Leopold I. ihn zu seinem Leibarzt, 1675 verlieh er ihm auch den Titel eines wirklichen kaiserlichen Rates.

Im Jahre zuvor hatte Beckers das umfangreiche medizinische Werk „Florilegium Hyppocraticum et Galenicum" veröffentlicht und Leopold I., einem Freunde der Wissenschaften und Künste, gewidmet. Auf nicht weniger als achthundert Druckseiten enthält diese „Blumenlese" in sentenzartiger Form und lateinischer Sprache die Hauptlehren und Gesundheitsregeln des Hippokrates und des Galenus. Zwar hatte die Wissenschaft der Medizin damals wenigstens schon zum Teil eine modernere Richtung genommen, doch galt die nach den Lehren der klassischen Ärzte, insbesondere des Hippokrates, ausgeübte Heilkunst vor allem in Deutschland noch immer als die allein richtige. 1677 und 1688 folgten Neuausgaben, die jedoch nur ein neues Titelblatt und geänderte Widmungsseiten enthalten, wie denn bei den zeitgenössischen Verfassern solcher Werke das Bestreben, sich durch Widmungen bei hohen Standespersonen beliebt zu machen, eine noch größere Rolle spielte als der Wunsch, wirklich gelesen zu werden. In der Einleitung zur Widmung machte der Verfasser auch geltend, daß einige ausgezeichnete Männer mit dem Namen Beckers seine Verwandten gewesen wären.

IV.

Im Jahre 1676 hat Beckers Kaiser Leopold dann einen für den Fortbestand des Hauses Österreich hochbedeutsamen Dienst erwiesen, der zugleich zeigt, daß der Kaiser Beckers unter seinen vier Leibärzten ein ganz besonderes Vertrauen schenkte.

Bis dahin war Leopold I. zweimal verheiratet gewesen: in erster Ehe mit der Infantin Margaretha Theresia von Spanien, in zweiter Ehe mit Claudia Felicitas von Tirol, die am 8. April 1676 starb. Über ihre Todeskrankheit ist ein Gutachten von Beckers im Staatsarchiv Wien (Familienakten) erhalten. Da beide nur Töchter hinterlassen hatten, legte die Sorge um den Fortbestand der Dynastie eine dritte Ehe nahe.

Der Kaiser befaßte auch seine Geheimen Räte mit der Frage. Nach dem Eingang ihrer Gutachten befand Leopold I. es „für notwendig", „seinen Leibmedicum und getreuisten diener Herrn Wilhelm Pekers unter dem Namben eines Freyherrn von Wallhorn zu besichtigung gewisser in den vorschlag gekommen königlichen und fürstlichen Princessinen in höchster still ... abzuordnen, wie dan derselbe den 25ten Julij (1676) von Wien ab und erstlich auf Neuburg an der Tonaw, hernach naher Baden Durlach, darauf nacher Coppenhaagen in Dennemarkh und endlich nacher Sachsen Gotta geraist und den 5ten Septembris 1676 widerumb glücklich nacher Eberstorff zurukhkomben" (fol. 60 r). Nach seiner Rückkehr berichtete Beckers zuerst mündlich über das Ergebnis seiner Reise; sodann legte er eine heute nicht mehr in Wien zu ermittelnde „Relation" vor. Danach hatte er, wie aus den Beckers'schen Familienpapieren hervorzugehen scheint, auch bei den Leibärzten und Kammerfrauen der Prinzessinnen Erkundigungen einzuziehen.

Beckers gab seinem kaiserlichen Herrn mit großer Entschiedenheit den Rat, die 1655 geborene Prinzessin Eleonore Magdalena Theresia von Pfalz-Neuburg zu heiraten. Unter allen von ihm gesehenen Prinzessinnen habe er an ihr „die gewissesten Zeichen der Fruchtbarkeit wahrgenommen" (Großes vollständiges Universallexikon aller Wissenschaften und Künste etc. 8, 1734, 781). Die von dem Arzt vorgebrachten Gründe machten auf den Kaiser Eindruck, der sich „nach Verrichtung vieler heimblichen und großen Andachten" am 6. Oktober 1676 zu der Heirat entschloß. Beckers verhandelte mit dem Vater der Braut, Pfalzgraf Philipp Wilhelm bei Rhein (dem späteren Kurfürsten von der Pfalz), den er trotz der Gefahren durch die Kriegswirren am Niederrhein in Düsseldorf aufsuchte, über den Ehevertrag. Bei der Konferenz der kaiserlichen Geheimen Räte wurde am 24. Oktober die Heirat besprochen. Und noch am 14. Dezember des Jahres konnte in Passau das feierliche Beilager stattfinden. Wie man auch heute über den Brautwerber und seine Prognosen denken mag, der Erfolg hat ihm Recht gegeben. Nicht weniger als zehn Kinder hat Kaiserin Leonore geboren, unter ihnen die späteren Kaiser Joseph I. und Karl VI.

Schon bald nach der Heirat ernannte Leopold I. Beckers zu seinem ersten Leibarzt (archiater primarius), nach der Geburt des ersten Sohnes Joseph (26. Juni 1678) erhob er Beckers in den ungarischen Ritterstand, am 9. April 1682 unter Verleihung des Titels eines Freiherrn von und zu Walhorn in den Reichsritterstand. Auch diese Ehrung wird nach einem Eintrag vom 4. Dezember 1684 in den Akten der Wiener medizinischen Fakultät, der Beckers angehörte, mit der Dankbarkeit Leopolds I. begründet, wenn es dort (aus dem Lateinischen ins Deutsche übersetzt) heißt: „Es hat der Kaiser den Herrn Nikolaus Wilhelm Beckers in den Freiherrnstand erhoben, weil er auf einer Reise, die er zur Mehrung, Kräftigung und für den Weiterbestand des kaiserlichen und österreichischen Hauses unternahm, sehr schwere Lebensgefahren und Nöte ausgehalten hat. Es war aber der Zweck dieser Reise der, für den glorreichen Kaiser eine Braut auszuwählen, von der Nachkommenschaft zu erwarten war. Denn damals waren für das berühmte Haus Österreich nach dieser Richtung hin die Aussichten gering, sowohl hier in Deutschland als auch in Spanien. Es segnete aber Gott diesen ärztlichen Gesandten, so daß er für die kaiserliche Ehe des durchlauchtigsten Philipp Wilhelm von Bayern, Herzogs von Jülich, Cleve, Berg, Pfalzgrafen bei Rhein, jetzt Kurfürst von Heidelberg, erstgeborene Tochter Eleonore Magdalena Theresia erwählte, eine Frau, geeignete Nachkommenschaft hervorzubringen, und durch alle Tugenden ausgezeichnet, die das kaiserliche Haus und das österreichische Blut durch mehrere Nachkommen beglückte und zur Nachfolge wieder geeignet machte."

Ein von dem Nürnberger Kupferstecher Johann Alexander Börner 1687 gestochenes Porträt des Freiherrn bringt auch das Beckers verliehene Wappen, das wohl durch Vereinigung des Beckers'schen mit dem Wappen von Hasling, der Familie seiner Frau, entstand: der mit der Freiherrnkrone bedeckte quadrierte Schild zeigt im ersten Felde drei Sterne, im zweiten einen gekrönten Adler, im dritten zwei schräg gekreuzte Äste, im vierten einen mit einer Fahne schräg gekreuzten Degen.

V.

Die Leibärzte konnten sich nicht darauf beschränken, nur bei Krankheiten in der engeren kaiserlichen Familie die Behandlung zu übernehmen, sie hatten ihr Können auch bei den Kranken unter dem großen Hofstaat und seinem zahlreichen Personal zu beweisen, darüber hinaus den Gesundheitszustand des gesamten Hofes zu überwachen und bei Seuchengefahr auf Vorsorge zu dringen. Als im Frühjahr 1679 in Wien die Pest ausbrach, der viele Einwohner zum Opfer fielen, flüchtete der Hof zunächst nach Maria-Zell, dann weiter nach Prag. Erst mit dem Eintritt des Winters erlosch die Seuche, nachdem Leopold I. die Errichtung einer Votivsäule zu Ehren der heiligen Dreifaltigkeit gelobt hatte. Sogleich nach der Rückkehr ließ der Kaiser auf dem Graben in Wien eine Holzsäule errichten, die einige Jahre später einem mächtigen barocken Marmordenkmal, dem bekannten Wahrzeichen der Innenstadt, Platz machte: auf einem dreiseitigen, hochragenden Sockel erhebt sich ein von Engelsgestalten belebtes, oben in einer Gruppe der Dreifaltigkeit endendes Wolkengebilde. Die

Grundkonzeption der einundzwanzig Meter hohen Pestsäule geht auf Fischer von Erlach zurück, der auch andere große Staatsaufträge erhielt. Doch haben an der Ausführung des reichen Figurenschmuckes fast alle damals in Wien lebenden Künstler gearbeitet. Beckers vermittelte dabei den Verkehr der Baukommission mit dem kaiserlichen Auftraggeber und dessen während der langen Bauzeit an dem ursprünglichen Entwurf vorgenommenen Änderungswünsche.

Die Leibärzte hatten ihren Platz offenbar an der Tafel des kaiserlichen Beichtvaters; von Dr. Beckers hat sich ein Gesuch um Gewährung eines Kostgeldes erhalten „weiln er seines verlohrenen Gesichts halber die taffel der Medicorum bey dem kaiserlichen Beichtvatter nit besuchen kan". Das Gesuch, das auf eine Augenkrankheit des Leibarztes hinweist, wurde durch eine kaiserliche Resolution vom 9. Januar 1680 dahin beschieden, daß Beckers für die Dauer seiner Krankheit ausnahmsweise eine vierteljährliche Zulage von fünfzig Talern gezahlt werde.

Als die Türken in Unterstützung des ungarischen Kuruczenaufstandes im Sommer 1683 in Niederösterreich einfielen, sich zu der denkwürdigen Belagerung Wiens rüsteten, der Hof nach Passau flüchtete, machte auch der Leibarzt Beckers die Reise mit. Am 25. Juli schrieb er aus Passau seinem Vetter Winand Meeßen, Bürgermeister zu Eynatten, u. a. (in freier Übersetzung): „Dies dient, um Ihnen anzuzeigen, daß Seine kaiserliche Majestät mit Rücksicht darauf, daß die Armee der Türken, Tartaren und Rebellen etwa dreihunderttausend Mann stark ist, als Vormauer der Christenheit eine Partie Infanterie in Wien, Raab, Zomorra und Leopold-Neustadt gelegt und sich am 8. mit der Kaiserin und dem ganzen kaiserlichen Hofe nach Passau zurückgezogen hat. Die Armee der Türken, Tartaren und Rebellen belagert vom 14. d. M. an die kaiserliche Residenzstadt Wien und verwüstet sie mit großer Gewalt und vielen Kanonen. Die Wiener verteidigen sich so tapfer, daß wir hoffen, mittels der von Seiner Majestät im Kaiserreich zurückgelassenen Truppen, die sich nebst anderen Hülfstruppen wohl bald mit unserer Kavallerie vereinigen werden, der Residenzstadt zu Hilfe zu kommen und die türkische Armee in die Flucht zu schlagen. Für die Christenheit muß nämlich gesiegt oder gestorben werden; denn nach dem Falle Wiens würde die ganze Christenheit in Gefahr sein!" (Vincendum enim pro Christianitate aut moriendum, Vienna enim deperdita periculose stabit tota Christianitas).

Die Siegeshoffnungen Beckers sollten in Erfüllung gehen. Am 12. September 1683 brachten die Kaiserlichen im Verein mit einem Reichsheer und einem Hilfskorps des Polenkönigs Johann Sobieski den Türken am Kahlenberg, wo sich auch der junge Prinz Eugen von Savoyen erstmals im Felde in einer entscheidenden Schlacht bewährte, eine schwere Niederlage bei und entsetzten die von dem Grafen von Starhemberg und dem Bürgermeister Liebenberg tapfer verteidigte Residenzstadt. In den folgenden Jahren hat Österreich dann seine Angriffe gegen die Türken noch über Belgrad hinaus vorgetragen.

Auch an der Königskrönung Josephs I. in Augsburg 1690 nahm Freiherr von Walhorn mit dem Hofstaat teil. Aus einer ausführlichen Beschreibung der Quartiere geht hervor, daß Beckers damals sechs Gemächer im Hause des Bürgermeisters Gaap am Weinmarkt bewohnte.

VI.

Um mit dem Adelsprädikat den Besitztitel verbinden zu können, hatte Beckers schon im Juli 1683 in dem bereits erwähnten Brief aus Passau seinem Vetter Meeßen in Eynatten Vollmacht erteilt, für den Fall, daß Teile der Herrschaft Walhorn zu kaufen seien, für drei- oder wenn es soviel wert sei, für höchstens viertausend Taler Ankäufe in Walhorn, Merols, Mersch, Rabotrath, Kettenis, Astenet etc. für ihn zu tätigen. Wenn dies gelänge, solle er dort sein Verwalter werden. Vielleicht beabsichtigte der Leibarzt damals, in absehbarer Zeit seine Stellungen am Hofe aufzugeben, um in der Heimat auf eigenem Besitz ein unabhängiges Leben zu führen, zumal seine Gattin noch vor Erlangung des Freiherrntitels kinderlos gestorben war, wahrscheinlich 1679.

Nach dem Tode seines Aachener Bruders Heinrich (1681) nahm Beckers sich besonders dessen Sohnes Peter Deodat an und konnte erreichen, daß die Erhebung in den Freiherrnstand auch für den Neffen galt, der auf Kosten des Onkels bei den Jesuiten in Aachen studierte. Der Plan jedoch, sich in der alten Heimat anzukaufen, ließ sich nicht verwirklichen. Deshalb mag Beckers sich entschlossen haben, in Wien zu bleiben. 1694 erwarb er von der Herzogin Maria Henriette von Aremberg, geborenen Gräfin Carretto di Grana, die in der Nähe des Marchfeldes — rund 35 Kilometer nordöstlich von Wien — gelegene Herrschaft Schönkirchen, wo er eine lauretanische Kapelle und eine neue Pfarrei errichtete. „Freiherr von und zu Walhorn und Schönkirchen" nannte er sich jetzt, wie im „Calendarium academicum universitatis Viennensis" zu lesen ist. Auch ging Beckers, vielleicht 1694, mit Anna Maria von Schirmthal eine neue Ehe ein, die ebenfalls kinderlos blieb. Schönkirchen fiel nach dem Tode des Freiherrn an seinen Neffen Peter Deodat; dessen Sohn Nikolas Heinrich hat es 1738 besessen; sechzig Jahre später wurde es an Theresia Schröckinger von Neudenburg, geborene Freiin von Tengler, verkauft.

Auch von anderen Höfen sah sich Beckers in Krankheitsfällen regierender Fürsten als Mitberater zugezogen. Eine letzte Auszeichnung erhielt er durch die Ernennung zum Protomedicus des Königreiches Böhmen. Ihm wurde damit die Aufsicht über die Hygiene-Maßnahmen Böhmens übertragen: wohl eine Ehrenstellung ohne größere Verpflichtungen. Als kaiserlicher Leibarzt hat er in den letzten Lebensjahren offenbar nicht mehr gewirkt. Der Kalender und sonstige

Nikolaus Wilhelm Beckers Freiherr von Walhorn
Ölbild in Schloß Neuhaus, Astenet/Belgien — Foto H. Weisweiler, Aachen.

Verzeichnisse der Zeit nennen ihn noch mit allen Titeln, als Leibarzt wird er jedoch nicht mehr aufgeführt.

VII.

Todesahnungen mögen dem Baron in seinen letzten Lebensjahren oft gekommen sein. Am 18. Januar 1704 errichtete er, um alle Erbstreitigkeiten zu verhüten, ein umfangreiches Testament, das mit den Worten beginnt: „Demnach ich Nicolaus Wilhelmb Beckhers, freyherr von Walhorn, der röm.keys. mayestet rath und protomedicus, die zergenglichkeit dieser mühseeligen weldt, die gewißheit des tots undt ungewißheit der stondt betrachtet, alß habe über daß zeitliche, mit welchem Godt der allemächtige mich gesegnet", die folgende Disposition beschlossen.

Das Testament setzte seine zweite Gemahlin zur Universalerbin ein, bedachte seine sonstigen Verwandten, insbesondere den Aachener Neffen, reich. Auch die große Dienerschaft, verschiedene Kirchen, Klöster und Wohltätigkeitsanstalten erhielten zum Teil erhebliche Vermächtnisse. In Wirklichkeit war der Neffe der Haupterbe. Ihm fielen neben dem größten Teil des Silbergeschmeides auch die wertvollsten Kleinodien, u. a. die vom Kaiserpaar selbst stammenden diamantenbesetzten Porträts Leopolds und Eleonores sowie kostbare Ringe mit der strengen Bestimmung zu, daß diese Stücke und die Originaladelsdiplome auf ewig konserviert und niemals verkauft oder versetzt werden durften.

Zehn Tage nach der Testamentserrichtung schrieb Beckers: „Nachdem ich viel gereist bin und sechs Sprachen erlernt habe, bin ich nach langem Leben endlich dem Tode nahe gekommen. Ich stehe im fünfundsiebzigsten Lebensjahr und werde wohl in diesem oder im nächsten Jahr sterben." Die Ahnung hat nicht getrogen. Beckers starb am 14. März des folgenden Jahres 1705 in seinem Wiener Stadthaus auf der Brandstatt, nach den städtischen Totenschauprotokollen an Altersschwäche, an Brust- und Lungenkatarrh. Kaum zwei Monate später ist Kaiser Leopold seinem Leibarzt im Tode gefolgt.

Im Stephansdom in Wien wurde der Freiherr beigesetzt. Hier hatte Beckers schon 1677, als seine erste Gemahlin Barbara Anna, geb. von Hasling, noch lebte, für sie und sich eine gemeinsame Grabstätte herrichten lassen. Auch die damals bestellte Gedenktafel hält noch immer die Erinnerung an ihn lebendig. Die Tafel zeigt in ihrem Mittelteil die Krönung der Madonna, darunter im Vordergrund einer Gebirgslandschaft das kniende Ehepaar Beckers. Die Nischen rechts und links sind leer. Hoch oben ist das Doppelwappen Beckers/von Hasling angebracht. Die Inschrift im unteren Teil, in der die Todesdaten nicht ausgefüllt sind, preist in ihrem Anfang den Gedanken an den Tod als die beste Philosophie und Weisheit: „Optima philosophia et sapientia est meditatio mortis".

Neben dem an der Nordwand im Langhaus stehenden, anstelle eines älteren Agnesaltares 1690 von Beckers neu errichteten Franz-Xaveraltar ist Freiherr von Walhorn dann in einem Wandgrab beigesetzt. Das Bild des Altars zeigt Franziskus Xaverius, den Apostel Indiens, wie er mit erhobenem Kruzifix predigt. Die Inschrift (1690) weist u. a. auf einen in der Augustinerkirche in Aachen errichteten Altar hin.

Dem Franz-Xaveraltar gegenüber steht im Mittelschiff des Stephansdoms der große Cäcilienaltar aus dunklem und hellem rotem Marmor an dem auf den Kanzelpfeiler zum Chor hin folgenden Pfeiler. Das Altarbild zeigt die heilige Cäcilia mit dem Knauf des Schwertes. Oben hält ein großer Engel die Märtyrerkrone. Die Inschrift in dem Marmor unter dem Bilde läßt den Stifternamen des Barons von Walhorn und das Jahr 1701 als Errichtungszeit erkennen. Oberhalb des Altarbildes das in Stein gehauene Wappen des Freiherrn, der auch durch Meßstiftungen für einen regelmäßigen Gottesdienst Sorge trug.

Die beiden Altäre und das Wandgrab mit der Gedenktafel sind bei dem Brand von 1945 erhalten geblieben und befinden sich noch im Stephansdom zu Wien.

Solche Stiftungen können als sichtbare Zeugnisse einer Erneuerung des kirchlichen Lebens im Zeitalter der sogenannten Gegenreformation gelten. Auch Aachen und Walhorn haben guten Grund, sich solcher Zeugnisse des Leibarztes Beckers zu rühmen.

Als nach dem großen Aachener Stadtbrand von 1656 die Klosterkirche der Augustiner erneut erbaut und erst 1687 eingeweiht worden war, stiftete Beckers ein Jahr später zu ihrer würdigen Ausstattung einen Seitenaltar und eine täglich zu lesende Seelenmesse, insbesondere für die, „deren sonst keine Gedächtnus mehr sei auf Erden". Dazu schenkte er ein silbernes Kruzifix, vier silberne Leuchter, einen Kelch und eine große Lampe. Gleichzeitig ließ er die schon erwähnte Gedenktafel herstellen, die — ähnlich wie im Stephansdom — im Mittelteil die Krönung der Madonna zeigt, darunter den knienden Stifter mit dem Rosenkranz in der Hand. Die heute leeren Nischen rechts und links hatten die Gestalten seiner Namenspatrone Nikolaus und Wilhelm enthalten. Im oberen Teile tragen Putten das mit der Freiherrnkrone bedeckte Wappen. Darunter der Spruch: „Pro Caesare ac Rege catholico vincere aut mori". Im unteren Teil halten zwei Engel eine Muschel mit der Inschrift, in der sich der Stifter vorstellt als „der wollgebohrner und hochgelehrter Herr Nicolaus Guilielmus Beckers Baron von Walhorn, des allerdurchleuchtisten Romischen Kaysers Leopoldi primi Rath und Medicus". Auch andere Aachener Klöster haben Zuwendungen erhalten.

Eine in der Heimatkirche zu Walhorn eingemauerte Schiefertafel zeigt dort noch jetzt das viergeteilte Wappen und berichtet von einer Doppelstiftung:

eines jeden Donnerstag zu lesenden hohen Amtes sowie eines ewigen Lichtes (Abb.). Diese Stiftungen aus dem Jahre 1700 blieben lebendig, bis das Kapital den Inflationen der modernen Zeit zum Opfer fiel.

VIII.

In seiner Jugend hatte Beckers keine Mühen und Anstrengungen gescheut, um sein Ziel, Arzt zu werden, allen Schwierigkeiten der Zeit und seiner wirtschaftlichen Lage zum Trotz, zu erreichen. Dazu hatten die Kenntnisse und Umgangsformen, die er im Verkehr mit Angehörigen der hohen Aristokratie früh gewinnen konnte, beigetragen. Begabung, Fleiß, Glück und kluge Berechnung ließen ihn dann in der eingeschlagenen Laufbahn emporsteigen. Durch die Heirat und durch Gunstbezeigungen seines kaiserlichen Herren war er schließlich ein wohlhabender Mann geworden, der mit vollen Händen von seinem Reichtum an Kirchen und für gute Zwecke austeilte.

Angesichts der fragmentarischen Quellen bleibt ein biographischer Versuch vor allem auf Darstellung der äußeren Ereignisse angewiesen. Mit modernen Maßstäben ist diese Persönlichkeit des 17. Jahrhunderts nicht zu messen. Selbst die Interessen und wissenschaftlichen Leistungen des Arztes sind kaum zu erkennen, noch weniger menschliche Merkmale und Züge. Ablauf des Lebens und die zahlreichen vertraulichen Briefe an die Angehörigen legen jedoch Zeugnis ab von einem gefestigten Charakter; die Stiftungen und Briefe spiegeln eine treue Anhänglichkeit an den Glauben, in dem er groß geworden, Treue gegenüber dem Kaiser, Verschwiegenheit über die Vorgänge des Hoflebens. So erscheint Beckers als ein konservativer Herr, der die bestehenden Verhältnisse in Kirche und Staat anerkennt. Er steht mitten in der Reformbewegung der alten Kirche, ihrer Lehre von den Gnaden, Sakramenten und Heiligen in einem Zeitalter, in dem sich in Österreich die siegreiche Gegenreformation mit dem imperialen habsburgischen Absolutismus vereinigte, als auch die Aristokratie wetteiferte mit den barocken Bauten eines Herrschers, der zugleich mit allen Mitteln seines Hofzeremoniells die kaiserliche Würde darstellte und — nicht nur im Falle von Beckers — eine glückliche Hand hatte in der Besetzung wichtiger Hof- und Staatsämter.

Sicherlich war Beckers ein begabter, gelehrter Mediziner, ein gewandter Hofmann, der es vermochte, sich in sechs Sprachen auszudrücken, der, aufgeschlossen für das kulturelle Leben der herrschenden adeligen Schichten, seine Verwandten in der alten Heimat indessen nie vergessen hat. Wenngleich man die von ihm selbst gewählten prunkvollen Titel auf Denkmälern und Adressen wenigstens zu einem Teil dem Geist der Zeit zuschreiben mag, sie verraten doch, daß dem Manne eine gewisse Eitelkeit, Stolz auf seine hohen Ehrenstellungen und Würden, nicht fremd waren.

Die Dynastie der Habsburger, deren Weiterleben zu fördern ein historisches Verdienst des kaiserlichen Leibarztes bleibt, hat das siegreiche Fortschreiten des nationalstaatlichen Gedankens in dem Vielvölkerreich auf die Dauer nicht verhindern können. Die Herrschaft Schönkirchen befindet sich nicht mehr im Besitz der unter so glänzenden Aspekten geadelten Familie Beckers, die meisten Stiftungen des Arztes sind untergegangen wie auch seine wissenschaftlichen Arbeiten großenteils verlorengingen. Porträts aber sind im Privatbesitz erhalten geblieben. Ein Originalporträt (Abb.) schmückt ein Kamingesims des Schlosses Neuhaus im heutigen belgischen Astenet in unmittelbarer Nähe der Aachener Grenze. Es zeigt den Baron in der für die Zeit typischen Kleidung der Vornehmen mit seinem Wappen und der Freiherrnkrone. Die ausdrucksvollen Gesichtszüge und die selbstbewußte Haltung spiegeln jedoch in etwa auch seine Persönlichkeit, viel Individuelles und Unwiederholbares.

QUELLEN UND LITERATUR

Zahlreiche ungedruckte Familienpapiere (1650—1750) befanden sich im Besitz von Herrn Lamberz in Aachen. Sie konnten von Herrn Mummenhoff ausgewertet werden, der sie in drei Gruppen unterteilte: 1) 42 Folioseiten genealog. und biogr. Notizen über Walhorner Patrizier, u. a. die Familie Beckers; 2) eine Reihe eigenhändiger Briefe von Nik. Wilh. Beckers; 3) mehrere Folioseiten mit Daten und Tatsachen zum Leben des Leibarztes, entstanden vor 1750 auf Grund der damals noch vollzähligen Briefsammlung zu 2).

Die Papiere hatten sich im Wege der Vererbung in der Familie erhalten und befinden sich nach einer freundlichen Auskunft (1971) von Herrn W. Steins, Verviers, jetzt in seinem Besitz.

Staatsarchiv Wien, Familienakten 34, fol. 60r; Familienakten Karton 66; Hofparteienprotokoll Bd. 4, 177.

Stadtarchiv Aachen, Beamtenprotokolle und Reichsst. Registratur 343; Testamente.

Acta facultatis medicae univ. Vindob. 6, 1677—1724, hrsg. von L. Senfelder (1912).

F. *Haagen*, Nikol. Wilh. Beckers, in: A. D. B. 2 (1875), 236 (nur 12 Zeilen).

E. *Pauls*, Nikolaus Wilhelm Beckers..., in: Eupener Zeitung 1878, Nr. 31—34. Pauls hat offenbar als erster Biograph aus den Familienpapieren veröffentlicht.

Lebensbilder berühmter Eifelsöhne IV: A. *Schmidt*, Nikolaus Wilhelm Beckers, Freiherr von Walhorn, in: Eifelvereinsblatt 8 (1907), Nr. 7, 84—88.

G. *Grondal*, Walhorn, darin Biographie 2: Le baron Nicolas Beckers de Walhorn, in: Bulletin de la société Verviétoise d'archéologie et d'histoire 45 (1958), 101—107 mit einer Lithographie nach dem Kupferstich von J. A. Börner.

V. *Gielen*, Die Mutterpfarrer und Hochbank Walhorn = Das Bild der Heimat 1 (^{2}1965). 123—125 mit je einem Foto des Ölbilds in Schloß Neuhaus und der in der Kirche zu Walhorn eingemauerten Schiefertafel.

E. *Schmitz-Cliever*, Der kaiserl. Leibarzt Nikolaus Wilhelm Beckers Freiherr von Walhorn, in: Sudhoffs Archiv f. Gesch. d. Medizin 49 (1965), 311—314; *ders.*, Stiftungs-

denkmal des Dr. phil. et med. Nikol. Wilh. Beckers, Freiherrn von Walhorn (1688), in: Aach. Kunstbl. 34 (1967), 247/248.
Großes vollständiges Universallexicon aller Wissenschaften u. Künste usw. 8 (Halle/ Leipzig 1734), 781; danach und unter Berufung darauf: *K. F. Meyer*, Aachensche Geschichten (1781), 682; *Chr. Quix*, Beiträge zu einer historisch-topographischen Beschreibung des Kreises Eupen (1837), 65; *A. Hauser*, Die Dreifaltigkeitssäule am Graben in Wien, in: Berichte und Mitteil. d. Altertumsvereins zu Wien 21 (1882); *W. A. Neumann*. Die Pfeileraltäre des Langhauses, in: Wiener Dombauvereinsbl. 8 (1888), 186 ff. (von Interesse noch vor allem die Angaben über Beckers, seine beiden Frauen und das Haus 630 an der Brandstatt); *P. Bahlmann*, Aachener Jesuitendramen, in: Zeitschrift des Aachener Geschichtsvereins 13 (1891), 180 (für den Schüler Pet. Deodat de Becker); Niederösterr. Herrenstandsmatrikel und Herrenstandslade = Jahrb. der K.K. Herald. Ges. Adler, N. F. 3 (1893), 155 ff. Index; *R. Pick*, Aus Aachens Vergangenheit (1895) 501 f. mit dem Wortlaut der Inschrifttafel in der Aachener Gymnasialkirche und mit einer Lithographie nach dem Kupferstich von J. A. Börner; *H. F. Macco*, Aachener Wappen und Genealogien 2 (1908) 216 f.; *H. Tietze*, Gesch. u. Beschreibg. des St. Stephansdomes in Wien = Österr. Kunsttopographie 23 (1931), 64, 287, 297, 488; *L. Schönbauer*, Das medizinische Wien (^{2}1947), 89; *A. Brecher*, Die kirchliche Reform in Stadt und Reich Aachen von der Mitte des 16. bis zum Anfang des 18. Jahrhunderts = Reformationsgeschichtliche Studien und Texte 80—81 (1957), Register; *M. Braubach*, Prinz Eugen von Savoyen 1 (1963), 106 f.

JOHANN NIKOLAUS VON HONTHEIM

(1701–1790)

Von Heribert Raab

„*Tandem liber, tandem tutus, tandem aeternus.*"
(Aus der von Hontheim selbst verfaßten Grabinschrift)

Als die drei großen Repräsentanten rheinisch-kurtrierischer Geistesart und Kultur in den letzten vier Jahrhunderten des Erzstifts Trier werden Nikolaus von Cues für das 15. Jahrhundert, Joseph Görres für das Zeitalter der Revolution und Weihbischof Johann Nikolaus von Hontheim für das 18. Jahrhundert genannt. Allen drei gemeinsam ist, daß sie aus dem Bürgertum gekommen sind und weit über die Grenzen ihrer stiftischen Heimat hinaus das deutsche und europäische Geistesleben bestimmt haben, mißverstanden und bekämpft, gelobt und verurteilt wurden und trotz ihrer Ungewöhnlichkeit fast vergessen werden konnten.

Im Unterschied zu Nikolaus von Cues und Joseph Görres treten Person und Wirken des Weihbischofs Hontheim hinter einem Buch, das er in seinem dreiundsechzigsten Lebensjahr unter dem Pseudonym Justinus Febronius Jurisconsultus veröffentlichte, weitgehend zurück. Es ist das Schicksal des Menschen, des Weihbischofs, des Historikers Hontheim von Febronius verdrängt und überschattet zu werden. Das Pseudonym wurde gleichbedeutend für Buch, Lehre und Autor. Von dem „unsterblichen" Febronius und von der Widerrufsaffäre her wurden Hontheims Leben und Werk gesehen, und die Urteile über ihn sind geprägt von jener schweren Krise der katholischen Kirche im endenden 18. und frühen 19. Jahrhundert, zu der Febronius entscheidend beigetragen hat. Dabei wurden jedoch der kompilative Charakter des Febronius, die Mitautorschaft des Kanonisten Georg Christoph Neller, das hartnäckige Leugnen Hontheims, der Verfasser des umstrittenen Werkes zu sein, und seine Versicherung, nie febronianische Grundsätze während seiner eigenen kirchlichen Tätigkeit praktiziert zu haben, nur ungenügend in Rechnung gestellt. Noch immer fehlt, trotz zahlreicher Monographien über Febronius und den Febronianismus, jene Biographie Hontheims, die auch die beiden ersten, wenig bekannten Drittel seines neunzigjährigen Lebens aus den Quellen darstellt und nicht zu einer „Vorgeschichte" reduziert.

Als „Propheten seiner Kirche", der dem katholischen Deutschland einen neuen Auftrieb gegeben habe, als Anwalt religiöser und nationaler Freiheit hat man Febronius gefeiert und ihn als „protestantischen Katholiken" oder Aufklärer hingestellt. Als Vorkämpfer gegen päpstlichen Zentralismus und gegen Ultramontanismus wurde er in kirchenpolitischen Kämpfen beschworen und als „Verteidiger der Prinzipien des Altkatholizismus" bemüht. Seine Gegner warfen Febronius Verrat an der Kirche, Häresie, religiöse Indifferenz, aufklärerischen Zerstörungswillen und Kriecherei vor dem fürstlichen Absolutismus vor. Seine Anhänger feierten ihn als „einen der hellsten Sterne nicht minder der Gelehrsamkeit, wie seiner Kirche".

In den seit dem Erscheinen des Febronius verflossenen zweihundert Jahren gibt es kaum eine kirchliche Bewegung oder geistige Strömung, die nicht versucht hat, ihn zu benutzen, zu verherrlichen oder zu bekämpfen. An Febronius schieden sich die Geister, und der Weihbischof Hontheim wurde in diesen Kampf hineingezogen. Ein „unbeholfener, geistloser, vom Wahnsinne des Jahrhunderts mit fortgerissener und den Leidenschaften der irreligiösen und antikirchlichen Zeit schmeichelnder Sammler von ungeordneten und sich widersprechenden geschichtlichen Denkmälern", das war er für die einen; ein edler christlicher Humanist, ein Herkules an Gelehrsamkeit und Wissen, ein auf Erneuerung der Kirche, auf Reunion der Konfessionen bedachter, persönlich tieffrommer Weihbischof war er für die anderen. Die letzten „febronianischen Geheimnisse", die Widersprüche und Rätsel der Biographie Hontheims aber blieben ungelöst.

I.

Hontheims Leben umspannte fast das ganze 18. Jahrhundert und erfüllte sich während der letzten Phase eines geistlichen Staates im Grenzgebiet zwischen dem verfallenden Reich, Frankreich, und den österreichischen Niederlanden.

Am 27. Januar 1701 wurde Johann Nikolaus Chrysostomus als der zweite Sohn des kurtrierischen Hofgerichts- und Ratsschöffen Karl Kaspar von Hontheim und der Anna Margaretha von Anethan in Trier geboren. Väterlicherwie mütterlicherseits stammte Hontheim aus alteingesessenen weitverzweigten katholischen Familien, die im Dienst der Kurfürst-Erzbischöfe von Trier emporgekommen und in höheren Staats- und Kirchenämtern geistlicher und weltlicher Territorien im Westen des Reiches heimisch waren. Als Zwölfjähriger bereits erhielt der schwächliche, durch geistige Regsamkeit ausgezeichnete und für den geistlichen Stand bestimmte Johann Nikolaus über Familiengerechtsame und Einflüsse der mütterlichen Anethans die Anwartschaft auf ein Kanonikat des ehrwürdigen Kollegiatstiftes St. Simeon in der Porta Nigra und empfing die Tonsur. Auf seine Jugendjahre und Kindheitserinnerungen wird die schwere

Zeit des Spanischen Erbfolgekrieges und der französischen Besatzung in Trier nicht ohne Einfluß geblieben sein. Der politisch-wirtschaftliche Wiederaufbau, die Erneuerung und Vertiefung des religiös-kirchlichen Lebens unter dem Kurfürsten Franz Ludwig von Pfalz-Neuburg (1716–1729), dem „sechsfachen Reichs- und Kurfürsten" ohne Priesterweihe, begannen erste bescheidene Ergebnisse zu zeitigen, als Hontheim an der von den Jesuiten beherrschten Universität seiner Vaterstadt das Studium der Rechtswissenschaft und Theologie aufnahm. Zu seinen Lehrern zählte er Nikolaus Deel, den späteren Reichskammergerichtsassessor und Lothar Friedrich von Nalbach, dem er 1748 als Weihbischof von Trier folgen sollte.

Die Universität Trier befand sich 1719 bis 1722, als Hontheim dort studierte, nicht in einer Blütezeit; sie stand auch später nach ihrer, von Hontheim als Prokanzler in Gang gesetzten Reform, hinter anderen katholischen Universitäten der Zeit, Salzburg, Würzburg oder Mainz, merklich zurück; doch wäre es verfehlt, das in den eigenen Bahnen eines geistlichen Staates verlaufende kulturelle Leben im Ober- oder im Niedererzstift am Maßstab der protestantischen Neugründungen Halle oder Göttingen messen zu wollen.

Im Leben und Werk Hontheims sind, obwohl er ein Zeitgenosse Gottscheds, Winckelmanns, Lessings und Klopstocks war, keine Einflüsse der nord- und ostdeutschen Literatur, keine Anteilnahme an dem national-literarischen Aufschwung festzustellen, der sich in den neugläubigen, zum Reich nur noch in lockerer Verbindung stehenden Territorien vollzog. Das Zwischenspiel des zur katholischen Kirche konvertierten, von Hontheim geförderten holsteinischen Dichter-Juristen Johann Philipp Prätorius an der Trierer Universität war zu kurz, um Wirkungen ausüben zu können. Wichtig wurden indessen frühe, wahrscheinlich durch den Freiherrn von Münchhausen auf dem Frankfurter Wahlkonvent von 1742, sicher aber durch Jakob Georg von Spangenberg (1695–1779) hergestellte Beziehungen zu Göttinger Gelehrten für die späteren von Hontheim angeregten Universitätsreformen, für die Aufklärung in Kurtrier und sogar für die Geschichte des Febronius. Eine von Spangenberg an den Göttinger Theologen und Orientalisten Johann David Michaelis (1717–1791) weitergeleitete Anfrage Hontheims vom 8. September 1762 führt in der weitgehend ungeklärten Vorgeschichte des Febronius zu neuen Fragen, und der Göttinger Kirchenhistoriker Christian Wilhelm Franz Walch (1726—1784) weiß so früh und ausführlich über das aufsehenerregende Buch zu berichten, daß man eine direkte und zuverlässige Informationsquelle in der unmittelbaren Umgebung des Weihbischofs annehmen muß. Gegen eine Abschließung von den geistigen Bewegungen im protestantischen Deutschland, wie sie vielfach in der älteren Literatur für Kurtrier angenommen wird, spricht allein schon die Existenz des Konvertiten Spangenberg. Im ganzen ist, sieht man näher hin, ein viel regeres eigenes Leben in den beiden Teilen des Erzstifts zu beobachten, als man, gebannt auf die Entwicklung der National-Literatur starrend, bis in die jüngste Zeit angenommen hat. Doch ist die Geistes- und Kulturgeschichte des Trierer Landes bisher nicht so vorbildlich erforscht worden wie die einiger süddeutscher Stifte; daher tritt der Hintergrund, vor dem das Leben Hontheims gesehen werden muß, nicht in genügender Deutlichkeit hervor.

Von bemerkenswerter geistiger Aufgeschlossenheit im St. Simeonsstift zeugt es, daß dem jungen Kanoniker Hontheim 1722 der Besuch von zwei auswärtigen Hochschulen gestattet wurde, der katholischen Universität Löwen, die sich im Hinblick auf die zur Erzdiözese Trier gehörenden Teile der österreichischen Niederlande empfahl, und der reformierten, von Wilhelm von Oranien gegründeten Universität Leiden. In Leiden scheint Hontheim die von der klassischen Philologie ausgehende quellenkritische Geschichtsforschung und das Natur- und Völkerrecht des Grotius kennengelernt zu haben. In Löwen wurde er in der Schule des bedeutenden Kanonisten Zeger Bernard Van Espen (1646–1728) mit dem gallikanisch-jansenistischen Staatskirchenrecht vertraut und erlernte die flämische Sprache. Vermutlich hat Hontheim sich schon damals mit den besonderen Problemen der Utrechter Kirche und der Frage ihrer Wiedervereinigung mit Rom befaßt. Die Abwehrkämpfe des Trierer Weihbischofs Mathias von Eyss gegen den Jansenismus in den Jahren 1719 bis 1725 waren ihm bekannt; offenbar bemühte er sich 1758 als Weihbischof, den letzten Jansenisten der Zisterzienserabtei Orval im Luxemburgischen, die zwischen 1707 und 1729 „le grand Hermitage" des französischen Jansenismus war, mit der Kirche zu versöhnen. Wie bei seinem kanonistischen Vorläufer Johann Kaspar Barthel (1697–1771) in Würzburg finden sich Hinweise auf eine recht ausgeprägte Sympathie Hontheims für die Utrechter Kirche und ein starkes Interesse an ihrer Reunion mit Rom; doch sind die Zusammenhänge noch zu wenig erforscht, als daß man von einer Utrechter Wurzel des Febronius sprechen oder abschließendes über Hontheims Beziehungen zum Jansenismus sagen könnte.

Nachdem Hontheim 1724 zusammen mit seinem Bruder Johann Wolfgang aufgrund der Dissertation „De jurisprudentia naturali et summo imperio" in Trier zum Doktor beider Rechte promoviert worden war, weilte er von 1726 bis 1727 in Rom, wohl vor allem um einen Rechtsstreit des St. Simeonsstiftes gegen eines seiner Mitglieder zu betreiben. Ob und in welchem Umfang das römische Geistesleben oder die Praxis der kurialen Behörden, mit denen er vertraut wurde, seine weitere Entwicklung beeinflußt haben, ist nicht zu klären. Sein späterer Antikurialismus hat andere Ursachen. Welches Bild Hontheim von dem Mittelpunkt der Kirche unter dem aszetischen, aber politisch unerfahrenen Papst Benedikt XIII. (1724–1730) und seinem skrupellosen, geldgierigen Günstling Coscia gewonnen hat, wissen wir nicht. Auch ein Aufenthalt im Collegium Germanicum bleibt bei der ungünstigen Quellenfrage zweifelhaft.

Nach der Rückkehr aus Rom empfing Hontheim die höheren Weihen, keineswegs so ungewöhnlich spät, wie man unter Hinweis auf die seit seiner ersten Tonsur verflossenen fünfzehn Jahre gemeint hat. Dann war er zunächst als Konsistorialassessor in der Bistumsverwaltung tätig. Auf Vorschlag der Juristischen Fakultät und „eigenes bittliches Ansuchen" erhielt er 1733 die Professur des Römischen Rechts an der Universität Trier, doch hat er weder durch seine Lehrtätigkeit noch durch seine Veröffentlichungen dieser Disziplin ein höheres Ansehen zu geben vermocht. Lehre und Forschung an der Universität zu vereinigen, ist Hontheim nicht möglich gewesen, zumal der Polnische Thronfolgekrieg mit Besetzung und Kontributionen durch Freund und Feind den finanziell schwachen Kurstaat an den Rand der Katastrophe brachte. In die stillen Jahre von Hontheims Lehrtätigkeit fallen vermutlich die Anfänge seiner „Historia Trevirensis". Im Sommer 1734 suchte er in Köln die persönliche Bekanntschaft des berühmten, um die Geschichte der Konzilien verdienten Jesuiten Joseph Hartzheim. Einen wissenschaftlichen Ruf, der auch nur entfernt an die damals berühmten Kanonisten und Historiker heranreichen könnte, besaß der Trierer Professor nicht, und eine literarische Fehde mit dem Luxemburger Jesuiten Bertholet war kaum geeignet, ihm Lorbeeren einzutragen.

Im Jahre 1748 besorgte Hontheim eine Neuausgabe des Breviarium Trevirense und Missale; 1767 gab er, dem Straßburger Vorbild weitgehend folgend, ein neues Rituale für die Erzdiözese Trier heraus. Darin nur liturgische Reformen sehen zu wollen, wäre einseitig und würde wichtige andere Zusammenhänge außer Acht lassen. Wie die zahlreichen Brevierausgaben in französischen und deutschen Diözesen des 18. und frühen 19. Jahrhunderts sind die Reformen Hontheims Ausdruck eines verstärkten bischöflichen Selbständigkeitsstrebens, ein liturgischer Niederschlag des Episkopalismus. Der Münsterer Generalvikariatsadministrator Heinrich Tautphäus, auf dem von febronianischen Vorstellungen beherrschten Emser Kongreß einer der Vertreter Kurkölns, wandte sich gegen die Einführung römischer Liturgiebücher, weil dadurch „die höchsten Herrn Ordinarii von ihren Gerechtsamen heruntergesetzt und endlich auch solche ihnen gänzlich entzogen würden".

Den entscheidenden Wendepunkt für den achtunddreißigjährigen stillen Gelehrten bedeutete die Ernennung zum Offizialatskommissar des Niederen Erzstifts durch den Kurfürst-Erzbischof Franz Georg von Schönborn (1729–1756), den „deutschen Cato" und „klugen Vater des Reiches", wie ihn Maria Theresia genannt hat. Sie scheint auf Anraten von Hontheims früherem Lehrer, dem nunmehrigen Weihbischof Nalbach, erfolgt zu sein. Im Dienst des frommen und reichspatriotischen Kirchenfürsten, der nach dem Urteil Friedrichs des Großen zu jenen drei europäischen Regenten zählte, die nicht regiert wurden, sondern selbst regierten, lernte Hontheim die kirchenpolitischen Grundsätze des gemäßigten Schönbornschen Episkopalismus kennen. Das Leben am kurfürstlichen Hof, dessen maßgeblicher Personenkreis zum Teil von außerhalb des Kurstaates kam, und verschiedene Missionen und Gutachten im Zusammenhang mit anderwärts zu lösenden Fragen lassen Hontheims diplomatisches Geschick und vorsichtige Zurückhaltung deutlich werden. Das Übermaß an Arbeit – die Reform des Breviarium Trevirense zählt in dieser Zeit nicht zu seinen letzten Aufgaben — zwingt ihn, im Laufe des Sommers 1747 um Entlassung vom Offizialat zu bitten, „afin de pouvoir vâquer au retablissement de ma santé". Mit großem Widerspruch und böser Miene wird ihm diese Bitte gewährt. Er zieht sich nach Trier auf sein Kanonikat an St. Simeon zurück; nach einem halben Jahr ist er soweit wieder hergestellt, daß er, als Anfang Mai 1748 Weihbischof Nalbach stirbt, dessen Nachfolge antreten kann.

Dreißig Jahre lang hat Hontheim das arbeitsreiche und verantwortungsvolle Amt eines Weihbischofs in einer ausgedehnten Diözese innegehabt und als kurfürstlicher Generalvikar und Offizial des Oberen Erzstifts gewirkt. Er duldete dabei keine Mißbräuche, ging aber auf Neuerungen nicht aus. Die äußerst gewissenhafte Verwaltung seiner Ämter diente nur der Reform und Vertiefung des religiösen Lebens.

II.

Hontheim gilt als eine stille Gelehrtennatur. Von der klassischen Sprachkultur scheint er wenig beeinflußt zu sein, den antiken Denkmälern aber, auf die er in seiner Vaterstadt und deren Umgebung in eindrucksvoller Fülle traf, galt seine besondere Aufmerksamkeit. Hontheim und sein Freund Neller, die sich beide in ihrer Stiftskirche St. Simeon in und bei der Porta Nigra, durch die Igeler Säule und andere Überreste immer wieder auf die römische Zeit verwiesen sahen, können als Väter einer Provinzialarchäologie in Anspruch genommen werden. Das Interesse an der Geschichte, an historischen Hilfswissenschaften, vor allem der Numismatik, am Reichskirchenrecht hat Hontheim mit manchen Amtsbrüdern des 18. Jahrhunderts gemeinsam, so dem Mainzer Weihbischof Ludwig Philipp Behlen, der später als Verfasser des Febronius verdächtigt wurde, und dem Wormser Weihbischof Stephan Alexander Würdtwein.

Mit der im reifen Mannesalter veröffentlichten, nach dem Vorbild der Mauriner eingerichteten „Historia Trevirensis Diplomatica" (1750) machte Hontheim seinen Namen „unvergeßlich und die Trierer, seine Landsleute, sich auf ewig verbindlich". Im Vergleich zu den fast gleichzeitigen Arbeiten des Würzburger Jesuiten Johann Seyfried (1678—1742) und Adrian Daude (1704—1755) stellt sie einen beachtlichen Fortschritt dar; einen Vergleich mit der „Historia Salisburgensis" der Brüder Mezger oder der „Historia Frisingensis" des großen

Carl Meichelbeck braucht sie nicht zu scheuen. Für ein Jahrhundert war Hontheim die führende Autorität auf dem Gebiet der trierischen Geschichte. Nach dem damaligen Stand der historischen Wissenschaft war sein Urkundenwerk mustergültig. In seinem Prodromus Historiae Trevirensis (1757) sammelte er die Nachrichten von allen ihm bekannt gewordenen antiken und mittelalterlichen Schriftstellern über Trier, druckte eine Reihe von Quellen erstmals und nahm auch wichtige Abhandlungen seines kanonistisch-historischen Mitarbeiters Neller auf. Die Akademien von Mannheim und Erfurt erkannten mit der Ernennung zum Ehrenmitglied seine wissenschaftlichen Leistungen an. Selbst seine Gegner bezeichnen ihn als „virum in sacris litteris apprime versatum immensumque omnigenae eruditionis apparatorum", und seine „grande réputation dans le République des Lettres" wurde selbst dort nicht bestritten, wo man die Seichtheit des Febronius und seine Verstöße gegen eine gute Latinität anprangerte. Im Gegensatz zu seinem Vorgänger, dem stattlichen Nalbach, oder dem robusten Weihbischof Valentin Heimes in Mainz war Hontheim auf den ersten Blick eine wenig eindrucksvolle Erscheinung von nur fünf Schuh und drei Zoll, das heißt von nicht annähernd Mittelgröße. Doch haben „seine bedeutenden, bequem ausgebildeten, dabei gehaltenen und feinen Züge an Herder oder auch an Goethe erinnern" können. Hontheims Konstitution war schwächlich, „d'un tempérament sec, ordinairement constipé", seine Gesundheit als Folge der vorwiegend sitzenden Lebensweise und unermüdlicher Arbeit am Schreibtisch bis tief in die Nacht – vor allem in der Jugend und im Alter – nicht die beste. Er galt, die Abendmahlzeiten ausgenommen, als starker Esser und scheint in seinen mittleren Jahren recht beleibt gewesen, im Alter jedoch stark abgemagert zu sein, so daß ihm „die Kleider nur noch am Leibe hingen".

Die dem reichskirchlichen Episkopat, den Domkapitularen und Stiftsherren seiner Zeit nachgesagte Leidenschaft für Jagd und Spiel besaß Hontheim nicht. Dem Wein sprach er nur äußerst mäßig zu. Die sprichwörtliche Redensart „more Trevirensi bibitur", die im Diplomatenklatsch über manche Trierer Domkapitulare oder den lebensfrohen Kurfürst-Erzbischof Johann Philipp von Walderdorff (1756–1768) begegnet, kann auf ihn nicht bezogen werden. Hontheims Liebe galt den Büchern und der gelehrten Forschung. Die Sommer- und Herbstmonate verbrachte er in ländlicher Abgeschiedenheit auf seinem Schloß Montquintin in der Provinz Luxemburg, in diesem Wechsel zwischen Stadt und Land seinem „sehr werten, lieben Freund", dem Minister Spangenberg, nicht unähnlich.

Von jener Serenität, die als Kennzeichen des stiftischen Deutschland und seiner Prälaten im 18. Jahrhundert gilt, ist bei Hontheim wenig zu entdecken, obwohl einzelne Quellen von seiner Güte, seiner Diskretion und seinem weisen Urteil zu berichten wissen. Seinen Zeitgenossen galt er mehr von ernstem, als von heiterem Wesen, und seine im Grunde irenische und konziliante Natur trägt eher gequälte Züge – Anspannung, ja Überspannung der Kräfte – als Gelöstheit und Souveränität. Wenn bei Hontheim auch nicht wie bei Spangenberg die Überarbeitung zu einem körperlichen Zusammenbruch führte, so hat er seine angegriffene Gesundheit doch wiederholt als Grund genannt, um sich von seinen Ämtern zurückziehen zu können, nicht nur 1747, sondern auch bald nach dem Erscheinen des Febronius und gegen Ende der Regierungszeit Johann Philipps von Walderdorff, damit er „seine wenigen übrigen Tage in Ruhe und Vorbereitung zur Ewigkeit" verbringen dürfe. Hontheim verfügte nicht über starke Vitalität, aber er besaß zähe Lebenskraft und erstaunlichen Arbeitseifer. Er ist nicht in die gängige Vorstellung vom spätbarocken Aristokraten im Bischofsgewand einzufügen; ebenso wenig paßt das Bild vom rom- und kirchenfeindlichen Aufklärer auf ihn. Wenn er auch als liebenswürdig entgegenkommend galt, wußte er in Verhandlungen hartnäckig um jede Position zu ringen und zäh und verschlagen den Kampf um Febronius zu führen. Dennoch ist er kein Fechter gewesen, der für seine Ideale und Überzeugungen bis zum Letzten einstand. Er gab den Kampf auf, ließ aber Zweifel an seiner wirklichen Überzeugung bestehen und die Frage offen, ob man ihn widerlegen könne.

Hontheims Biographie kann nicht in großen festen Strichen gezeichnet werden; sie bleibt arm an satten Farben; nur selten wird sie seinen verhaltenen Herzschlag spüren lassen und die einprägsame Formel, er sei „ein edler christlicher Humanist" gewesen, läßt sich nur mühsam mit Inhalt füllen.

Von Hontheims „schüchterner Verlegenheit", von scheuer Zurückhaltung und einer merkwürdigen Ängstlichkeit ist aus zeitgenössischen Quellen manches zu erfahren. Hohe, durch Konstitution und angespannteste Arbeit bedingte Sensibilität, ein gelegentlich heftig hervorbrechendes Temperament und Züge von Hartnäckigkeit und Eigensinn scheinen sich in merkwürdiger Weise bei ihm mit verbindlichem Wesen, Sachlichkeit, Güte und vorsichtigem Urteil verbunden zu haben. Es paßt wenig in das Bild des stillen Gelehrten, wenn Freunde glaubten, ihm vorwerfen zu müssen, er sei oft heftig und grob, wenn von Febronius gesagt wurde, „non habet spiritum lenitatis, mansuetudinis, et humilitatis". Sein gutes Verhältnis zu dem streitbaren und hitzköpfigen Neller wird man weniger aus seiner Sanftmut als aus einer gewissen Geistesverwandschaft und den gleichen reichskirchenrechtlichen Vorstellungen erklären können. Hontheims Ängstlichkeit mag besonders in der Febroniussache und der Widerrufsaffäre bis zu jener doppelten Buchführung oder „Zweiseelenwirtschaft" gediehen sein, die katholischen Aufklärern und Jansenisten nachgesagt wird. Von Widersprüchlichkeit, Inkonsequenz und doppelbödiger Mentalität scheint er nicht frei. Daß er jedoch ein „bodenlos heuchlerischer Charakter" gewesen und sein Handeln von tiefster Unaufrichtigkeit geprägt sei, ist ein übertriebenes Urteil seiner Gegner.

Hontheim war ein frommer Priester und Bischof. „Sa piété, sa modestie et toutes les vertus chrétiennes qu'il possède" machten ihn nach dem Urteil Karls von Lothringen würdig für einen Bischofsstuhl. In ihm einen „protestantischen übrigens untadeligen Katholiken" sehen zu wollen, geht nicht an. Aufgeklärter Indifferentismus in Glaubensfragen oder religiöse Toleranz waren ihm fremd. Seiner theologischen Bildung mögen, gemessen an späteren Forderungen, Tiefe und Gründlichkeit gefehlt haben, immer aber hat er sich als treuer Sohn der Kirche verstanden und wiederholt betont, nie ein Feind des Heiligen Apostolischen Stuhls, wohl aber der Römischen Kurie gewesen zu sein. Gewissenhaft wohnte er als Dekan des St. Simeonsstiftes in der Porta Nigra morgens und abends dem Stundengebet bei und scheute selbst im hohen Alter nicht den beschwerlichen Aufstieg über mehr als hundert Stufen. Sorgfältig bereitete er sich auf seinen Tod vor. Sein Freund Spangenberg, eine tiefreligiöse, von Pietismus und Christusmystik entscheidend geprägte Natur, charakterisiert ihn als grundgelehrt und sehr fromm, und der Kanonikus Pierson, der in den letzten Monaten seines Lebens ständig um ihn war, bezeugt, er sei als gläubiger römischer Katholik gestorben wie ein Heiliger.

Selbst Hontheims kirchliche Gegner haben ihm das Zeugnis nicht versagt, sein Lebenswandel sei stets untadelig gewesen: „quod habuerit mores a puero intactos". In seiner kirchlichen Verwaltungspraxis hat er nach eigenem Urteil niemals „in consiliis oder sonsten die principia Febroniana adoptiret oder auf einige Weise gegen den Römischen Stuhl gethan, noch denen abgelebten Kurfürsten und Erzbischöfen zu Trier oder sonsten Jemand zu thun angerathen". Vielmehr habe er „in geradem Gegentheil alles Dasjenige, was zum Römischen Stuhl gehört, dorthin mit aller Treu und Redlichkeit nicht allein verwiesen, sondern auch befördert".

III.

Zur Michaelismesse 1763 kündigten die „Göttingischen Anzeigen von gelehrten Sachen" ein Buch an, „welches in ganz Deutschland ein großes Aufsehen machen wird". Es war das unter dem Pseudonym Justinus Febronius und einem fingierten Druckort Bouillon, in Wirklichkeit aber bei dem als Vermittler und Nachdrucker der französischen Aufklärer und „gottloser und lästerlicher Bücher" hervorgetretenen Johann Georg Esslinger in Frankfurt am Main verlegte Werk: „De statu ecclesiae et legitima potestate Romani Pontificis liber singularis, ad reuniendos dissidentes in religione christianos compositus". Als Verfasser wurde in der Ankündigung „ein sehr vornehmes Mitglied der römischen katholischen Kirche in Deutschland" angegeben. Der falsche Druckort hat später einen Lütticher Ursprung des Werkes vermuten lassen. Gelegentlich wurden auch

Frobenius Forster, Abt von St. Emmeram zu Regensburg, und Eusebius Amort, der größte synkretistische Theologe Deutschlands im 18. Jahrhundert, verdächtigt; schließlich wird als Hauptverfasser, der neben Neller für das Buch verantwortlich sei, „ein Abt ohne Mitra im Lütticher Land an der französischen Grenze, ein sehr gebildeter Mann" genannt.

Merkwürdigerweise aber richtete sich der Verdacht der Autorschaft sofort auf den Trierer Weihbischof Hontheim, obwohl er nicht zu jenen Kanonisten der Reichskirche zählte, auf die Umfang und Inhalt des Werkes eher hätten schließen lassen können. Neben dem bekannten Würzburger Kirchenrechtler Johann Kaspar Barthel, dem Mainzer Weihbischof Ludwig Philipp Behlen, den Professoren Johann Baptist v. Horix (Mainz), Georg Christoph Neller (Trier) und Benedikt Oberhauser OSB (Fulda) wird Hontheim immer wieder in der Korrespondenz der Nuntien zu Köln und Wien die Autorschaft zugeschrieben. Gegen seine Verfasserschaft wurden sein guter lateinischer Stil und seine Gelehrsamkeit ins Feld geführt sowie die Tatsache, daß ganze Abschnitte des Buches aus Schriften von Oberhauser und Neller übernommen seien. Weihbischof Hontheim stritt öffentlich die Verfasserschaft ab, sein Freund und wissenschaftlicher Mitarbeiter Neller erklärte sich nicht nur entschieden gegen Febronius, sondern sprach sogar von der Möglichkeit seiner Wiederlegung. Das ist indessen weniger überraschend, als es auf den ersten Blick scheinen mag; denn auch der gelehrte Kölner Domherr Franz Karl Joseph Hillesheim, Rektor der dortigen Universität 1760–1766, wie Neller ein Barthelschüler und mit Hontheim und Deel Verfasser der in febronianischem Geist gehaltenen Koblenzer Gravamina von 1769, distanzierte sich von dem Buch und behauptete — wie viele andere reichskirchliche Episkopalisten – kein Febronianer zu sein.

Die Entdeckung des Verfassers gelang 1764 dem Wahlnuntius Niccolò Oddi mit Hilfe von Damian Friedrich Dumeiz, damals Kanoniker an St. Bartholomäus und später Dekan des St. Leonhardstiftes in Frankfurt am Main. Dumeiz war mit den einflußreichen Familien Cunibert, Vorster und Strauß in Mainz verwandt, mit den Brentano und La Roche in Frankfurt und Ehrenbreitstein befreundet. Als geistlicher Freund Goethes ist er in die deutsche Literaturgeschichte eingegangen. Ihm hatte Hontheim die Aufsicht über den Druck des Febronius bei Esslinger anvertraut. Seine Indiskretion bleibt nach der gesamten Quellenlage widerspruchsvoll und rätselhaft, vor allem wenn man bedenkt, daß Dumeiz trotz seines Vertrauensbruchs und im Widerspruch zu seiner Kardinal Oddi gegenüber vertretenen Auffassung die noch folgenden Bände des Febronius als Korrektor betreut hat.

Nicht gelöst war mit dieser „Entdeckung" die Frage der Autorschaft, insbesondere der Mitarbeit Nellers, zumal Hontheim weiterhin abstritt, der Verfasser zu sein. Die Frage des Salzburger Kanonisten Gregorius Zallwein „num

GELOBT VND GEBENEDEIT SEY DAS ALLER
SACRAMENT DES ALTARS VON NUN AN BIS
IN EWIGKEIT AMEN

DEM ALERHOCHWÜRDIGSTEN SACRAMENT
DES ALTARS HATT ALLE DONNERSTAG IN
DER WOCHEN EIN H. HOHES AMBT DAN
AVCH EIN EWIGES LIECHT AVF EWIG
GESTIFTET NICOLAVS WILHELM BECKER
BARON VON WALHORN AŌ 1700

Eingemauerte Schiefertafel in der Pfarrkirche zu Walhorn/Belgien mit dem viergeteilten Wappen und der Stiftung (1700) des Barons von Walhorn
Foto H. Weisweiler, Aachen.

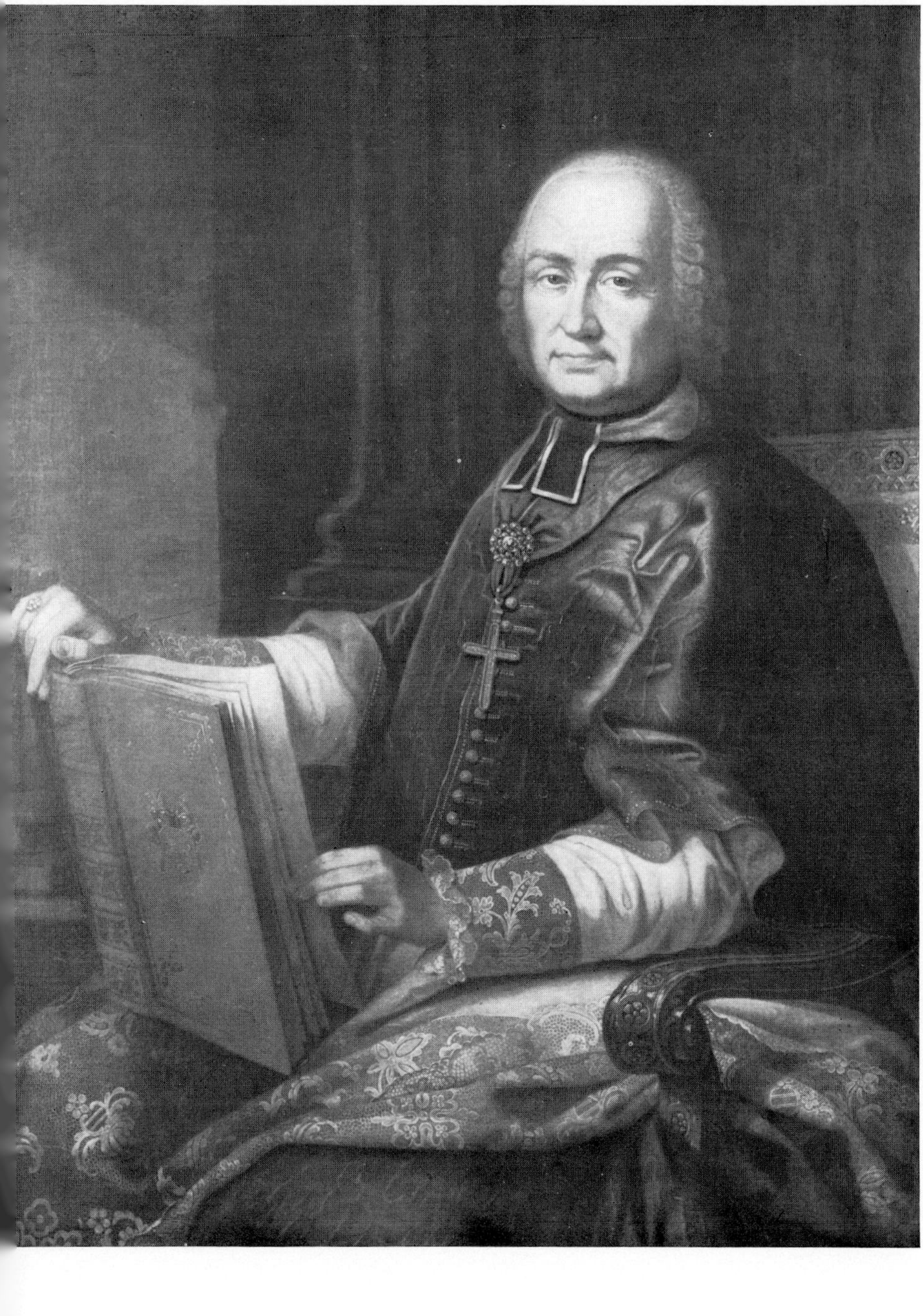

Johann Nikolaus von Hontheim
Gemälde von Hofmaler Heinrich Fölis — Original im Städt. Museum, Trier.

Nellerus vel Honthemius vel uterque simul" wird man heute nicht mehr mit der Feststellung der Göttingischen Anzeigen beantworten können, daß der hervorragende Kirchenrechtler der Trierer Universität „einigen Anteil" an Febronius habe. Die Mitautorschaft Nellers dürfte inzwischen gesichert sein. Nach allem, was über die Beziehung zwischen Neller und Hontheim in Erfahrung zu bringen ist, nach dem Vergleich von Nellers „Principia", seinen kirchenrechtlichen und historischen Dissertationen mit „Febronius" kann es keinen Zweifel darüber geben, daß ganze Partien des Febronius Nellers geistiges Eigentum sind. Damit verschiebt sich auch das immer wieder diskutierte Problem von Hontheims Widerruf beträchtlich. Ob es jemals möglich sein wird, in der Frage der Verfasserschaft restlos Klarheit zu schaffen, muß dahingestellt bleiben.

Die unmittelbaren Anlässe zur Entstehung des Febronius waren nach dem übereinstimmenden Zeugnis von Hontheim und Spangenberg: die Diskussion um Artikel XIV der Wahlkapitulation bei den Verhandlungen zur Kaiserwahl Karls VII., die „sechshundertjährigen" Gravamina contra Curiam Romanam sowie das Kurtrierische Verlangen nach Abschaffung der Nuntiaturgerichtsbarkeit in Deutschland. „Daraus nun und aus denen Vergleichen mit denen Conciliis ist der erste Plan entstanden. Woraus sich auch offenbarte, wie viel Ursach und Gelegenheit die Gravamina Nationis Germanicae gegeben zu der im 16. Säculo erfolgten Trennung der deutschen Kirche, welche nach unseren Reichsgesetzen und Wahlkapitulation wiederum zu vereinigen, der Kaiser erbeten worden. Dieses Desiderium trug nun Febronius in der Dedication seines tom. I. De potestate S. Pontificis dem Papste treuherzig und bestmeinend vor, um die Ursache der Discussion aus dem Wege zu räumen und den heilsamen Zweck zu befördern, den hiernächst Papst Ganganelli der Reunion halber so sehr am Herzen gehabt."

Wie der kurtrierische Wahlbotschafter Spangenberg damals aufgrund der Beschäftigung mit den Gravamina und den Reformkonzilien anregte, sollten in einem künftigen Werk die Rechte und Freiheiten der Reichskirche nach dem Vorbild der Gallikaner Pithou, Dupuy, de Marca und des protestantischen Kanonisten Johannes Schilter zusammengefaßt und durch eine weitgehende Reduktion päpstlicher Ansprüche bessere Voraussetzungen zur Überwindung der „Calamitas Imperii", zur Wiedervereinigung der Konfessionen geschaffen werden. Die wichtigsten Gedanken und Kräfte, die das Werk „De statu ecclesiae" kennzeichnen, lassen sich bereits hier erkennen. Die alte, stets brennende Frage nach dem Zusammenhang von Glaubensspaltung und Reichsverfall, von kirchlicher Erneuerung, konfessioneller Reunion und Reichsreform steht über den Anfängen des Febronius. Sie bleibt mit ihm verknüpft, da seine kirchen- und reichspolitischen Ziele durch einen Rückgriff auf die Reformbestrebungen des 15. Jahrhunderts erreicht, die schädlichen Folgen der Reformation überwunden werden sollten. Die Auffassung protestantischer Historiker und Juristen, die Reformation sei hauptsächlich eine Folge des Kampfes zwischen Imperium und Sacerdotium gewesen, machte es leicht, das religiöse Anliegen Luthers zu übersehen und die Möglichkeiten einer kirchlichen Wiedervereinigung günstig zu beurteilen, zumal von dem aktivierten Gegenbild einer idealisierten, vorpseudoisidorischen Kirchenverfassung, einer vorhildebrandischen Konzeption der Beziehungen von Kirche und Reich Impulse für die eigene Zeit ausgingen.

In einer „ansehnlichen Gesellschaft" zur Zeit des Frankfurter Wahlkonvents äußerte Spangenberg den Wunsch, „in dem Schoße der deutschen Geistlichkeit einen Gelehrten zu finden, der den Unterschied zwischen der gegründeten Macht des Papstes in kirchlichen Dingen und den bloßen Anmaßungen der römischen Kurie ins Licht setzen und so die richtige Grenzlinie zwischen der geistlichen und weltlichen Macht ziehen möchte". Hontheim, der zugegen war, und sich in derselben Stimmung befand, scheint den Gedanken seines Freundes und Mitarbeiters sofort aufgegriffen zu haben. Beim Weggehen soll er gesagt haben, er wolle versuchen, der deutschen Kirche einen solchen Geistlichen zu stellen. Daß er aber „von diesem Tage an am Febronius gearbeitet" habe, der, zwanzig Jahre später zum Druck gegeben, die Vorstellungen der Reichspatrioten, Episkopalisten und Reunionswilligen in Übereinstimmung mit dem Geist der Zeit zu bringen versuchte, ist nach Lage der Dinge wenig wahrscheinlich.

Als der Kanonist, nach dem Spangenberg 1742 gerufen hatte, ist der Mainfranke Barthelschüler Georg Christoph Neller zu betrachten. Er war gegen den Widerstand der Jesuiten vom Kürfürsten Franz Georg von Schönborn und dem Prokanzler Hontheim 1747 auf den Lehrstuhl für Kirchenrecht an der Universität Trier berufen worden und sollte hier ein den Schönbornschen Grundsätzen angepaßtes Reichskirchenrecht, den Episkopalismus der Barthel-Schule lehren. Mit dem Namen Schönborn verbindet sich in unserem Bild von der Vergangenheit die Vorstellung vom mainfränkischen und mittelrheinischen Barock. Kaum beachtet sind dagegen die Impulse, die von der Schönborn-Herrschaft im Reichskirchenrecht des 18. Jahrhunderts für die episkopalistische Bewegung ausgegangen sind.

In Würzburg, wo seit 1734 der ehemalige Reichsvizekanzler Friedrich Karl von Schönborn, ein Bruder des Trierer Kurfürsten, regierte, lehrte Johann Kaspar Barthel (1727–1771), von seinen Zeitgenossen als Fürst der Kanonisten und Orakel seines Jahrhunderts gefeiert, „die deutsche Kirche ihre Rechte und Selbständigkeit fühlen". Mit „deutscher Freimütigkeit" widersprach er den Jesuiten und der römischen Kurie. Barthel verpflanzte die Grundsätze der französischen Kanonisten nach Deutschland; aus der Geschichte enthüllte er die römische Politik und schuf so viele Widersacher Roms, als er Zuhörer hatte.

Eine absolutistische Regierungsform der Kirche lehnte er mit theologischen, historischen und kirchenpolitischen Gründen ab. Zwischen Essentialia, die auf göttlichem Recht beruhen, und Accessoria, die durch Gewohnheitsrecht und geschichtliche Entwicklung erworben wurden — „Olim non erat sic" — müsse in der Lehre vom päpstlichen Primat unterschieden werden. Nicht „in destructionem sed in aedificationem ecclesiae" sei er verliehen worden und könne im Interesse der Eintracht zwischen Imperium und Sacerdotium eingeschränkt werden. Die Independenz, Koexistenz, Hinordnung von geistlicher und weltlicher Gewalt auf ein gemeinsames Ziel mache es schwierig, die Kompetenzen und Rechte beider abzugrenzen, erwachse doch aus der Erfüllung eines gemeinsamen göttlichen Auftrags die „quasi-confusio" geistlicher und weltlicher Gesetze, aus der notwendigen gegenseitigen Subordination die Verpflichtung zur Eintracht zwischen Kirche und Staat.

Durch Neller, dessen „Principia juris ecclesiastica ad statum Germaniae accommodata" (1746) später als Vorarbeit zum Febronius gedeutet wurden, war die Verbindung zwischen der mainfränkischen katholischen Aufklärung, dem Schönbornschen Episkopalismus und den aus der Grenzsituation des Erzstifts Trier, aus den Differenzen mit den österreichischen Niederlanden und Frankreich erwachsenden kirchenpolitischen und kirchenrechtlichen Vorstellungen hergestellt. Neller „ward der Vater der Gelehrsamkeit" in Trier. Seine Lehrtätigkeit, seine Freundschaft und wissenschaftliche Zusammenarbeit mit Hontheim, schließlich auch der gemeinsam geführte Kampf gegen die Jesuiten, bezeichnen die Wende des Episkopalismus zum Febronianismus.

Während die reichskirchenrechtliche Seite des Febronius vor allem auf Neller zurückgeführt werden muß, ist seine den Protestanten zugewandte Seite verbunden mit dem Konferenzminister Jakob Georg von Spangenberg, einem Schüler des Kurfürsten Franz Georg. Nach dem Urteil seiner Zeitgenossen war Spangenberg „di grandissima abilità"; er vereinigte „Ministerialklugheit mit echter Gelehrsamkeit" und übte härteste Kritik an dem „Pelagianischen Hochmut des erleuchteten Jahrhunderts." Als Reichspatriot und zuverlässigster Anwalt der Wiener Politik im Westen des Reiches rühmte er sich, daß nie „ein unteutscher noch unpatriotischer Gedanke" aus seinem Herzen aufgestiegen sei; in dieser Gesinnung gehe er ins Grab. Als Weltmann und Weltflüchtling, als eine eigene Kreatur Gottes von Kindheit an, wie ihn der schwäbische Pietist Friedrich Karl von Moser charakterisiert, ist Spangenberg von einer solchen Ungewöhnlichkeit, daß es wundernimmt, ihn vergessen zu sehen.

Aufgrund seiner Herkunft aus einer mitteldeutschen Lehrer- und Pastorenfamilie, die vom gläubigen Luthertum zu einem gemäßigten eigenbrötlerischen Pietismus neigte, gemäß den Vorstellungen der Brüderunität, der sein jüngster Bruder August Gottlieb später als Bischof vorstand, schwebte Spangenberg nach seiner Konversion zum Katholizismus ein frühchristliches Kirchenideal vor. Es könnte fast als romantisch bezeichnet werden, da zur Begründung von Gegenwartsforderungen auf einen idealisierten Zustand der Vergangenheit, die „Ecclesia primitiva", zurückgegriffen wurde. Ein Brückenschlag zwischen Urkirche und Reformation wird nicht versucht, doch sind unverkennbare Züge jenes kirchenkritischen Spiritualismus, der sich unterschwellig oder offen hervortretend durch die jansenistischen und episkopalistischen Angriffe auf die Curia Romana, die Nuntiaturen, den Jesuitismus und die Möncherei zieht, für Spangenbergs Haltung ebenso bezeichnend wie Konvertiteneifer und tiefe Frömmigkeit. Er vertrat den Grundsatz, daß man den römischen Anmaßungen widerstehen könne, ohne deswegen protestantisch zu werden. Konfessionelle Unterscheidungslehren konnte er auch nach seiner Konversion als „Pfaffengezänk" abtun, aber gegen Indifferentismus und radikale Aufklärung setzte er den Glauben an einen Gott, „der mit Händen und Füssen am Kreuz hieng und wahrer Gott war, da er von Pilatus stund."

Was Spangenberg zum Febronius beigesteuert hat, dürfte einerseits die Idee einer kirchlichen Wiedervereinigung gewesen sein, zum anderen eine Stärkung des Wunsches, „daß die christliche Kirche in ihrer ersten Einfalt und Lauterkeit wiederhergestellt werden möchte. „Spangenberg der einzige Mitwisser der febronianischen Geheimnisse", wie er einmal genannt worden ist, hat jedoch sein Wissen über Febronius keinem seiner Korrespondenten anvertraut; sein eigener Nachlaß, der vielleicht Aufschlüsse hätte geben können, muß als verloren gelten.

IV.

Der Leitgedanke der Wiedervereinigung, nach der ursprünglichen Konzeption das Febronius das dominierende Anliegen, in dem schließlich veröffentlichten Buch durch reichskirchenrechtliche und politische Probleme merklich zurückgedrängt, war außer von den Ideen Spangenbergs durch die Bemühungen um eine Aussöhnung der Utrechter Kirche mit Rom beeinflußt. Die kirchliche Wiedervereinigung im Reich sollte nach Febronius herbeigeführt werden durch die Abstellung der Gravamina und die Reduktion des päpstlichen Primats in die von der ursprünglichen Kirchenverfassung gezogenen, durch die Konzilien von Konstanz, Basel und die Concordata Nationis Germanicae neu umschriebenen Grenzen. Zweifellos hat Febronius das den Konfessionen Gemeinsame aus antirömischem Affekt und einem ausgeprägten Reichspatriotismus, sowie aufgrund der damals weitverbreiteten Deutung der Reformation als Folge des Kampfes zwischen Sacerdotium und Imperium, überschätzt. Friedrich Karl von Moser, der den ehrlichen Reunionswillen des Febronius gegen Verdächtigungen verteidigte, meinte, daß seine Unionsvorschläge „so lange Träume bleiben würden, als er unseren cameralistischen religiösen Protestantischen Fürsten nicht zeigen kann, daß sie dabei gewinnen. Eine Lotterie von hundert Abteyen würde eher ihren Beifall finden."

Der Febronius ist eine Kompilation. Es gibt darin nur wenige Sätze, die nicht aus Gerson, Nikolaus von Cues, Bossuet, Natalis Alexandre, Claude Fleury, Van Espen, Johannes Schilter, aus den Veröffentlichungen Barthels und seiner Schüler abgeleitet werden könnten. Sein reichskirchenrechtliches und kirchenpolitisches System steht nicht isoliert; es ist weder ein Produkt der Aufklärung, noch eine Neuschöpfung des Weihbischofs Hontheim und seiner Mitarbeiter, sondern im Kern eine verschärfte Reproduktion des reichskirchlichen Episkopalismus, der auf den Reformkonzilien von Konstanz und Basel, in der Mainzer Akzeptation von 1439, in den Concordata Nationis Germanicae seinen vorreformatorischen Kulminationspunkt erreicht, im 17. Jahrhundert mit der Existenzsicherung der Reichskirche eine Wiederbelebung und ständige Verschärfung, schließlich seit dem 18. Jahrhundert seine theoretische Begründung erfahren hatte. Andere Wurzeln des Febronianismus reichen in das gallikanische und niederländisch-spanische Staatskirchentum zurück. Das Ringen um den modernen Staat auf katholischem Boden und die Auseinandersetzungen zwischen den geistlichen Fürsten und der römischen Kurie, das Verhältnis zwischen Bischöfen und Papst, Kirche und Staat sind die Probleme, die dem frommen, in der Schultradition Van Espens stehenden Weihbischof Hontheim in zwei Jahrzehnten seelsorgerischen Wirkens für eine große Diözese aufgegeben waren. Wegen des niederländischen und französischen Teils des Erzbistums Trier mußte ein Modus vivendi mit staatskirchlich orientierten Regierungen gesucht werden. Den Schönbornschen Episkopalismus und Reichspatriotismus galt es aus kirchlichen und aus politischen Gründen, um der Selbsterhaltung der geistlichen Territorien willen, gegen die römischen und staatskirchlichen Ansprüche zu verteidigen.

Febronius setzt sich für die Lehre vom Status mixtus der Kirche ein. Deren Verfassung erscheint hiernach, analog der des Reiches, aus monarchischen und aristokratischen Elementen, aus päpstlichen und bischöflichen Rechten und Pflichten zusammengesetzt. Febronius erstrebt keine deutsche Nationalkirche, kein Staatskirchentum, sondern lediglich die Sicherung reichskirchlicher Rechte und Freiheiten. Eine der Doppelfunktion der deutschen geistlichen Fürsten besser gerecht werdende Abgrenzung päpstlicher und bischöflicher Rechte soll nicht zuletzt eine Stärkung des Reiches bewirken. Wie bei vielen Gallikanern und Jansenisten ist der Ausgangspunkt für Febronius eine idealisierte frühchristliche Kirche, deren gesamte Gesetzgebung und Verfassung noch nicht zugunsten Roms verfälscht seien. Religiös-kirchliches Reformstreben und kirchenpolitische Praxis orientieren sich an diesem Ideal der Ecclesia primitiva; die Wiederherstellung einer als ursprünglich betrachteten Kirchenverfassung wird nur zu Lasten Roms gefordert, damit die Entwicklung geistlicher Territorien zu aufgeklärt-absolutistischen Staaten nicht unmöglich gemacht werde.

Mit Hilfe der empirisch-historischen Methode reduziert Febronius – über die bekannte Unterscheidung von jura essentialia, quae tendunt ad unitatis ecclesiae conservationem, und jura accessoria – den Primat nach dem Leitbild der ersten christlichen Jahrhunderte auf einen Ehrenvorrang und das, was unentbehrlich ist zur Erhaltung der kirchlichen Einheit. Eine mit der bischöflichen konkurrierende Jurisdiktion stehe dem Papst nicht zu, da die Bischöfe nicht seine vicarii seien, sondern als Nachfolger der Apostel kraft göttlichen Rechts regieren. Unfehlbar sind nur die Kirche und das allgemeine Konzil als Vertretung des Corpus ecclesiasticum mit dem Beistand des Hl. Geistes. Ohne Consens der Kirche sind die Dekrete der Päpste weder in Dingen der Disziplin noch des Glaubens irreformabel. Eine Beschränkung der bischöflichen Befugnisse durch päpstliche Reservate könne grundsätzlich niemals gerechtfertigt werden. Der Hirt der Diözese ist der Bischof. Das päpstliche Konfirmationsrecht bei Bischofswahlen, die Nuntiaturgerichtsbarkeit, die Rechte der Kurie im Pfründenwesen sollen beseitigt, die Ursachen für die Klagen über Immunitäten und Exemtionen, Annaten, Taxen und Palliengelder sollen abgestellt werden. Centrum unitatis sei der Papst nur insoweit, als es die Repräsentation eines föderalistischen Systems gestatte. Die Analogia Ecclesiae cum Imperio hat, wie der wahrscheinlich bei Samuel v. Pufendorf entlehnte Titel des Febronius bereits zeigt, bei seiner Lehre vom Status mixtus der Kirchenverfassung Pate gestanden. Auch im Interesse des Staates hält Febronius eine Reduzierung der päpstlichen Rechte und eine Kontrolle aller Unternehmungen der römischen Kurie für notwendig. Seine Auffassung von dem Verhältnis von Kirche und Staat läuft, trotz grundsätzlicher Anerkennung der Independenz, Koexistenz und Hinordnung auf das gemeinsame Ziel der felicitas vera, in der Praxis auf eine Superiorität des Staates hinaus und geht mit den Zugeständnissen an die weltlichen Fürsten, mit der Lehre vom Jus circa sacra (jus advocatiae, jus cavendi) in den Josephinismus über. Die entsprechende Theorie über ein Jus circa civilia fehlt bezeichnenderweise.

V.

Was den Weihbischof Hontheim bewogen hat, nach einem untadeligen Leben im Dienst der Kirche an der Schwelle des Greisenalters das Werk „De statu ecclesiae" zum Druck zu geben, kann nur vermutet werden. Im September 1762 läßt er für das „mir anvertraute, wichtige und sehr gründlich ausgearbeitete Manuskript" durch seinen Freund Spangenberg im protestantischen Göttingen einen Verleger suchen, weil „das Werck nicht wohl an einem Catholischen orth gedruckt" werden könne. Im Spätsommer 1763 erscheint der Febronius in dem genannten Frankfurter Verlag, wahrscheinlich dank der Vermittlung von Hontheims Freund, des österreichischen Diplomaten und späteren Hofrats Andreas Adolf von Krufft (1721-1793), dem in der älteren Literatur „ein nicht unwesentlicher Anteil" an dem Buche zugeschrieben wird und der Dumeiz als einen Bekannten für vertrauenswürdig zur Überwachung des Drucks betrachtet haben dürfte. Sicher fiel bei der Wahl des Verlags stark ins Gewicht, daß Hontheims Mitarbeiter Neller die Verlagsbuchhandlung Knoch-Esslinger und ihre Diskretion bereits kannte: dort waren seine Principia juris publici ecclesiastici 1745/46 anonym erschienen, und bisher hatten seine Gegner in der niederrheinischen Jesuitenprovinz nichts über den Verfasser in Erfahrung bringen können.

Eingewirkt auf den Entschluß zur Veröffentlichung des Febronius hat 1762/63 zweifelsohne die Limburg-Stirumsche Angelegenheit, der Streit des Domdekans von Limburg-Stirum mit dem Domkapitel von Speyer, der sich seit November 1760 zu einer „rivoluzione generale" der Reichskirche gegen Rom, gegen die Appellationen und die Nuntiaturgerichtsbarkeit auszuwachsen drohte. Daß Hontheim sich indessen mit dem Febronius für einen Bischofsstuhl in den österreichischen Niederlanden habe qualifizieren wollen, ist wenig wahrscheinlich, zumal seine Bemühungen um Antwerpen (1758) und Ypern (1761) vor dem Erscheinen des Buches liegen und das Angebot des Bistums Gent durch Maria Theresia (1778), als die Widerrufsaffäre ihrem Höhepunkt zusteuerte, von ihm mit dem Hinweis auf sein hohes Alter abgelehnt wurde. Einiges spricht jedoch für die Vermutung, daß Hontheim nach dem Tod seines Kurfürsten Franz Georg von Schönborn († 1756) – allerdings in Umkehrung des angenommenen Zusammenhangs – auf ein niederländisches Bistum gestrebt habe, um dort im Schutz der staatskirchlich gesinnten Brüsseler Regierung das Werk „De statu ecclesiae" vollenden und publizieren zu können, zumal auch Neller damals Trier verlassen wollte.

Weder um persönlicher Vorteile willen – der Verlag zahlte nicht einmal ein Honorar – noch aus wissenschaftlichem Ehrgeiz ist Febronius veröffentlicht worden. Der Wert der Kompilation ist in dieser Hinsicht nicht hoch anzusetzen, obwohl das Werk umfangreiches gelehrtes Rüstzeug aufbietet. Febronius ist keine zusammenfassende Darstellung des Reichskirchenrechts, sondern eine Kampfschrift. Die Absicht Hontheims bei seiner Veröffentlichung war, „que pour le bien public certaines choses soyent dites, et dites d'une façon propre à donner le branle à une question très importante pour notre St. Mère Eglise, sur laquelle on paraît comme endormi aujourd'hui en Allemagne".

Wenn der Febronius trotz seines schlechten lateinischen Stils und kompilatorischen Charakters, ja innerer Widersprüche einen sehr starken Einfluß auf die Kirchen- und Geistesgeschichte des 18. und frühen 19. Jahrhunderts ausüben konnte, ist das vor allem aus der fruchtbaren Situation, auf die er traf, zu erklären: Eine Reihe von zeit- und geistesgeschichtlichen Vorgängen bezeichnen Anfang der sechziger Jahre des 18. Jahrhunderts den Beginn jener „katholischen Ideenrevolution", die in den von Hontheim mitverfaßten Koblenzer Gravamina von 1769, in der febronianischen Emser Punktation von 1786 und im Münchener Nuntiaturstreit ihre kirchenpolitischen Höhepunkte erreicht.

Bereits 1764 erschien ein deutscher Auszug von „De statu ecclesiae"; 1765 kamen eine zweite Auflage und Nachdrucke in Zürich und in Venedig heraus; es folgten Übersetzungen in verschiedenen Landessprachen. In Spanien und Portugal erlangte Febronius die Bedeutung eines kirchlichen Gesetzbuches. Sicher hat Hontheim nicht unrecht, wenn er die weite Verbreitung des „pessimo libro" auf das von der Kurie gemachte Aufhebens zurückführt, den im großen Stil, mit Mahnungen und Vorstellungen der Nuntiaturen zu Köln und Wien, mit päpstlichen Breven an die Kurfürstlichen Erzbischöfe und fast alle deutschen Fürstbischöfe geführten Abwehrkampf. Hinzu kam das Rätselraten um den Verfasser. Am 27. Februar 1764 wurde das gefährliche und ärgerniserregende Buch in Rom indiziert. Die Erzbischöfe von Köln, Trier, Mainz, die Fürstbischöfe von Augsburg, Bamberg, Freising, Konstanz, Würzburg verboten, obwohl sie mit vielen Vorstellungen des Febronius sympathisierten und über die kirchenrechtliche und theologische Problematik durchweg wenig informiert waren, halben Herzens das Werk und setzten auf seine Verbreitung strenge Strafen. Dennoch blieb Febronius an geistlichen und weltlichen Höfen hoch im Kurs. In Wien änderten daran die Vorstellungen des Kardinals Migazzi bei Maria Theresia nichts. Weihbischof Hontheim, der die Autorschaft öffentlich abstritt, blieb unbehelligt.

„De statu ecclesiae" löste eine umfangreiche wissenschaftliche Diskussion aus, die sich über das ganze katholische Europa von Portugal bis Polen, von Neapel bis in die österreichischen Niederlande erstreckte und auch protestantische Federn in Bewegung setzte. Zahlreiche Gelehrte – Theologen, Juristen, Historiker – traten mit größeren und kleineren Schriften gegen Febronius auf den Plan.

Der Kampf wurde indessen nicht nur auf wissenschaftlichem Felde, er wurde auch mit den Waffen der Zensur, mit politischen Mitteln aufgrund von privaten Initiativen, auch auf personalpolitischen Umwegen am Koblenzer Hof geführt. Die Kurie forderte einen klaren Widerruf, da das durch Febronius gegebene Ärgernis um so größer sei, als ein Bischof sein Urheber war. Die Geschichte dieses Widerrufs ist äußerst verwickelt und wenig erforscht. Sie ist nicht nur von der Aktivität der Nuntien Caprara, Bellisomi, Garampi oder des kurfürstlichen Gewissensrats Beck bestimmt. Vielmehr besteht auch ein Zusammenhang mit der Wettiner Reichskirchenpolitik im Westen des Reiches, den Grenzverhandlungen zwischen Kurtrier und Frankreich sowie dem Abwehrkampf gegen Episkopalismus und Aufklärung, wie er insbesondere von elsässischen und französischen Theologen geführt wurde.

Wenn Hontheim noch 1771 in der Febroniussache von sich sagen konnte, man habe es dabei mit einem Manne zu tun, der den römischen Verfolgungen ausweichen könne, so wurde es ihm bald von allen Seiten immer schwieriger gemacht, die Verleugnung seiner Verfasserschaft aufrechtzuerhalten oder sich in der gelehrten Polemik zu behaupten. Der im Zusammenwirken des kircheneifrigen Herzogs Ludwig Eugen von Württemberg mit dem kurpfälzischen Bibliothekar Maillot de la Treille und dem Trierer Konferenzminister und Augsburger Domdekan Hornstein nach Koblenz berufene elsässische Geistliche Franz Heinrich Beck, ein theologisch gebildeter, aber auch intriganter Mann, stärkte als Gewissensrat den Kurfürsten Clemens Wenzeslaus (1768–1797) in seinem Entschluß, den greisen Weihbischof „faire sentir son erreur et le mal qu'il a causé". Beck war von seinen ultramontanen Freunden für diese Stellung ausersehen worden, damit er bei der Bereinigung der febronianischen Angelegenheit helfe. Er hat diesen Auftrag, wie sich aus seinen Briefen ergibt, mit Eifer, Geschick und aus innerer Überzeugung erfüllt, „jedoch auch mit einem Mangel an Achtung vor Hontheim, der unangenehm berührt".

Eine Empfehlung Becks, der Kurfürst möge die Versammlung des französischen Klerus oder die Sorbonne um ein Urteil über Febronius angehen, hatte nicht den gewünschten Erfolg; doch gelang es ihm, die Berufung des Straßburger Regens Jean Marie Cuchot d'Herbain aus dem Kreis der oberrheinischen Gegner des Febronius zum Weihbischof-Koadjutor für Hontheim im Sommer 1777 gegen beträchtlichen Widerstand durchzusetzen.

In die entscheidende Phase trat die Widerrufsangelegenheit erst nach dem unvorsichtigen Verhalten Hontheims in der Affäre um den Mainzer Orientalisten und Exegeten Johann Lorenz Isenbiehl, dessen umstrittener „Neuer Versuch über die Weissagung von Emmanuel" beträchtliche Unruhe im katholischen Deutschland auslöste. Isenbiehl hatte die Ansicht vertreten, die Mt 1,23 angezogenen und auf Christi Geburt bezogenen Isaiasworte „Ecce virgo concipiet, et pariet filium, et vocabitur nomen ejus Emmanuel", besäßen keinen messianischen Charakter, sondern meinten „eine Jungfer des damaligen Zeitalters". Hontheim hatte sich günstig über Isenbiehls „Versuch" geäußert und keinen erheblichen Grund gesehen, warum die gelehrte und fleißige Arbeit gegen den Glauben verstoßen und nicht in Druck gegeben werden solle. Ähnlich lautete das Gutachten des Speyerer Weihbischofs Seelmann. Wie dieser darüber in offenen Konflikt mit seinem Fürstbischof August vom Limburg-Stirum geriet, kostete die Äußerung Hontheims diesen den Rest des Wohlwollens, das ihm Clemens Wenzeslaus bewahrt hatte. „La guerre est declarée à notre Febronius" konnte Abbé Beck dem Wiener Nuntius Garampi melden.

In einem heftigen Brief vom 4. April 1778 warf Clemens Wenzeslaus dem Weihbischof nicht nur Unwissenheit und Unbesonnenheit, sondern auch förmlichen Haß und unversöhnlichen Groll gegen die Kirche vor. Überraschend schnell war Hontheim zum Einlenken in der Isenbiehl-Affäre bereit, unterschied aber auch jetzt wieder zwischen der römischen Kirche und den „übertriebenen Forderungen des Römischen Hofes, durch welche sehr viel Uebels angestellet, die heilige Religion bey unseren Gegnern verunglimpfet, und diese sehr gewünschte, auch in den Reichssatzungen selbst angehoffte Religions-Vereinigung unmöglich gemacht wird".

Damit waren Grundgedanken des Febronius berührt und Clemens Wenzeslaus Handhaben geboten, seinem Weihbischof Vorstellungen über die schädlichen Lehren von „De statu ecclesiae" zu machen, an das Vorbild des „unsterblichen" Fénelon zu erinnern und zu einem Widerruf zu raten. Eine Reunion mit den Protestanten, so schloß der Brief, sei eher möglich, wenn die Katholiken, um den Papst geschart, eine echte Gemeinschaft bildeten. Wiederum gab Hontheim überraschend schnell nach. Der Verdacht, daß Druck auf den „geängstigten Greis" ausgeübt worden sei, hat ebenso geringe Wahrscheinlichkeit für sich wie Hontheims Äußerung gegenüber Spangenberg, „an dem Widerruf" habe er „keinen freywilligen Antheil". Der Druck, unter dem er gehandelt haben will, muß weitgehend im subjektiven Empfinden gelegen haben.

Das Ringen um die Form der Retractation durchzieht den ganzen Sommer und Herbst 1778. Ein Widerrufsentwurf von Mitte Juni wurde von dem Kurfürsten und seinen Ratgebern als nicht genügend befunden. Mit einem dogmatischen Bekenntnis war Rom ebensowenig zufrieden wie mit einer zweiten, erweiterten Fassung der Retractationserklärung. Nach einigem Widerstreben und größten Bedenken gegen eine Veröffentlichung unterzeichnete Hontheim am 1. November 1778 die gewünschte, endgültige Fassung des Widerrufs.

Weggelassen war darin nur der Satz „ut proinde merito monarchicum Ecclesiae regimen a catholicis Doctoribus appelletur." In dem feierlichen Weihnachtskonsistorium machte Pius VI. den Widerruf und die dazugehörigen Aktenstücke bekannt. Ein päpstliches Breve vom 2. Januar 1779 konstatierte den Sieg über Febronius, doch stieß der Versuch, damit eine indirekte Anerkennung der im Widerruf enthaltenen römischen Grundsätze durchzusetzen, auf den Widerstand des Reichsepiskopats. Der Mainzer Kurfürst-Erzbischof Friedrich-Karl v. Erthal verweigerte die für den Druck der Konsistorialakten nötige Erlaubnis und äußerte gegenüber Kaunitz, der durch den Hofrat Krufft gegen den Widerruf eingenommen war, die Meinung, daß dieser „als ein großer Staatsminister das Bedenkliche dieses aufsichtigen Vorgangs mit einem Blick übersehen habe".

Enttäuscht wegen der Veröffentlichung des Widerrufs, unter dem Druck seiner Freunde und der über die Revokation entfesselten Diskussion, insbesondere der Pressekampagne um die Freiwilligkeit und Aufrichtigkeit seiner Äußerungen, schwächte Hontheim durch seinen auf den gallikanischen Sätzen von 1682 aufgebauten „Commentarius in suam retractationem" und seine Korrespondenz den Widerruf weitgehend ab. Er habe, so schrieb er, widerrufen wie Fénelon, „um Zänkereien und Widerwärtigkeiten zu entgehen. Aber mein Widerruf ist der Welt und der christlichen Religion nicht schädlich und dem römischen Hof nicht nützlich, und wird es auch niemals sein. Die Sätze meiner Schrift hat die Welt gelesen, geprüft und angenommen; mein Widerruf wird denkende Köpfe so wenig bewegen, diese Sätze zu verleugnen oder zu verwerfen, als so manche Widerlegung, welche dagegen Theologaster, Mönche und Schmeichler des Papstes geschrieben haben." Hontheims „Commentarius" entsprach keinen Erwartungen. Gegner und Freunde konnten mit dem erneuten Abfall des „alten Osius" nicht zufrieden sein. Hontheims zweideutiges, wenig aufrichtiges Verhalten, das mit Charakterschwäche, „Zweiseelenwirtschaft", jansenistischer Heuchelei nicht hinreichend erklärt werden kann, aber auch ungeschickte, menschlich verletzende Schritte der Römischen Kurie leisteten den Bemühungen der Febroniaer, Jansenisten und Josephiner Vorschub, ihn zu einem Martyrer deutscher Kirchenfreiheit gegen ultramontane Gesinnung, kurialistische Umtriebe und kirchlichen Obskurantismus zu machen: wider sein besseres Wissen sei der ehrwürdige Greis von einem schwachen Kurfürsten und dessen theologischen Einbläsern zum Widerruf gezwungen worden. Dennoch bleibt der Widerruf, wie die Geschichte des Febronius, in vielen Punkten rätselhaft und unklar.

Im Alter von neunzig Jahren ist Hontheim am 2. September 1790 auf Schloß Montquintin gestorben, nachdem er schon einige Wochen an Unterleibsbeschwerden erkrankt und am 26. August von einem leichten Schlaganfall getroffen worden war. Seine sterblichen Überreste wurden in der Stiftskirche St. Simeon beigesetzt. Als man auf Befehl Napoleons 1803 die Kirche abbrach, um das einzigartige Baudenkmal der römischen Porta martis wieder hervortreten zu lassen, wurden die Gebeine zusammen mit den Überresten des Erzbischofs Poppo aus dem 11. Jahrhundert und denen des Freundes Georg Christoph Neller in aller Stille nach St. German, der heutigen Kirche St. Gervasius, übertragen.

QUELLEN UND LITERATUR

Eine Bibliographia febroniana fehlt ebenso wie eine Biographie Hontheims. Für die Quellen und Literatur zu Hontheim-Febronius und dem Febronianismus sei verwiesen auf die ausführliche Zusammenstellung in meinem Beitrag: Der reichskirchliche Episkopalismus von der Mitte des 17. bis zum Ende des 18. Jahrhunderts", in: *H. Jedin* (Hrsg.), Handbuch der Kirchengeschichte, Bd. V (Freiburg/Breisgau 1970), 474—504, sowie auf die Artikel im Staatslexikon III ^{6}(1959), 233—235 und im Lexikon für Theologie und Kirche V^2 (1960), 479—480. Eine Geschichte des „Kampfes um Febronius" wird von mir vorbereitet.

O. *Mejer*, Febronius. Weihbischof Johann Nikolaus von Hontheim und sein Widerruf (Tübingen ²1884).

L. Rechenmacher, Der Episkopalismus des 18. Jahrhunderts und seine Lehren über das Verhältnis von Kirche und Staat (Würzburg 1908).

F. Stümper, Die kirchenrechtlichen Ideen des Febronius (Aschaffenburg 1908).

L. Just, Zur Entstehungsgeschichte des Febronius, in: Jahrbuch für das Bistum Mainz 5 (1950), 369—382.

Ders., Hontheim, Ein Gedenkblatt zum 250. Geburtstag, in Archiv für mittelrheinische Kirchengeschichte 4 (1952), 204—216.

Ders., Der Widerruf des Febronius in der Korrespondenz des Abbé Franz Heinrich Beck mit dem Wiener Nuntius Giuseppe Garampi (Wiesbaden 1960).

Ch. Petersen, Febronianismus und Nationalkirche (Jur. Diss. Straßburg 1942, maschschr.).

E. Reifart, Der Kirchenstaat Trier und das Staatskirchentum. Ein Beitrag zur Geschichte der Säkularisation (Jur. Diss. Freiburg/Brsg. 1950, maschschr.).

H. Raab, Damian Friedrich Dumeiz und Kardinal Oddi. Zur Entdeckung des Febronius und zur Aufklärung im Erzstift Mainz und in der Reichsstadt Frankfurt, in: Archiv für mittelrheinische Kirchengeschichte 10 (1958), 217—240.

Ders., Neller und Febronius, in: Archiv für mittelrheinische Kirchengeschichte 11 (1959), 185—206.

V. Conzemius, Le testament de Mgr. de Hontheim, in: T'Hémecht 11 (1958), 85—99.

R. Duchon, De Bossuet à Febronius, in: Revue d'Histoire Ecclésiastique 65 (1970), 375—422.

JOHANN HUGO WYTTENBACH

(1767–1848)

Von Richard Laufner

I.

Am 6. April 1767 wurde dem Dorfschullehrer und Küster Anton Wyttenbach in dem kleinen Eifelorte Bausendorf bei Wittlich von seiner aus Kröv stammenden Ehefrau Johanna, geb. Fritz, ein Sohn geboren. Die stattliche Zahl von vier Taufnamen — Johann Hugo Casimir Edmund — erhielt er am gleichen Tage. Kein geringerer als der Grund- und Territorialherr der freien Herrschaft Bausendorf-Lösnich, Reichsfreiherr (seit 1776 Reichsgraf) Johann Hugo Casimir Edmund v. Kesselstatt war der Taufpate, Anna Christina Reihs, die Frau des v. Kesselstattschen Verwalters zu Kröv, die Taufpatin. Dieser herrschaftliche Gunsterweis galt vermutlich weniger dem damaligen Dorfschullehrer von Bausendorf als dem früheren Diener (1762—1765) des adeligen Taufpaten Anton Wyttenbach und seiner Mutter Katharina geb. Menth, welche seit 1766 ebenfalls in dem freiherrlichen Hause tätig war. Die Wiege des kleinen Johann Hugo stand also noch fest in der patriarchalischen Welt des feudalen Ancien régime, umgeben vom geistlichen Kurstaat Trier, in dem der Taufpate als Landhofmeister und Oberamtmann des Amtes Pfalzel eine wichtige Rolle spielte. Bereits im zweiten Lebensjahre, am 18. September 1768, verlor Johann Hugo seinen Vater, der im Alter von nur sechsundzwanzig Jahren starb. 1770 wurde das Kind von der genannten Großmutter, die damals der Familie v. Kesselstatt als Bedienstete in das Hofhaus zu Koblenz gefolgt war, mitgenommen. Dort im herrschaftlichen Hause seines Taufpaten wuchs der Junge zusammen mit dessen siebzehn Kindern auf. Er dürfte wohl auch an dem durch Hauslehrer erteilten Unterricht teilgenommen haben. Trotz dieser patriarchalischen Fürsorge, trotz der kindlichen Spiele mit den gräflichen Kindern muß es für Johann Hugo eine schwere Kindheit und Jugend gewesen sein. Schreibt er doch selber rückblickend am 9. Dezember 1794 an seinen Trierer Freund Hermes: „Die Vorsehung gab mir zwar keine Güter, ließ mich in einem unbekannten Winkel der Erde geboren werden, stieß mich im dritten Jahre meines Lebens schon in fremde Hände, nachdem sie meinen Vater mir schon früher entrissen hatte, ließ mich fast bis zu dem Jünglingsalter ein kränkliches, armseliges Leben führen, ohne elterliche Sorge und Liebe."

Die Wyttenbachs waren keine Moselaner oder Rheinländer, sondern stammten aus der Schweiz. Johann Hugos Großvater väterlicherseits stand als Offizier eines Schweizer Regiments in den Niederlanden bei Tongern, als er die Katharina Menth aus Bausendorf/Eifel dort um 1740 kennenlernte. 1741 heirateten die beiden zu Maastricht, 1741/42 wurde der Sohn Anton geboren, der schon 1743 seinen Vater verlor. Da der Protestant Wyttenbach aus Bern die Bausendorfer Katholikin ohne Einverständnis seiner Eltern geheiratet hatte, nahm seine Familie die junge Witwe mit ihrem Söhnchen nicht auf. Sie war daher gezwungen, aus den Niederlanden zu ihrer Familie nach Bausendorf zurückzukehren. Dort wuchs Anton Wyttenbach auf, trat 1762 als junger Mann in die Dienste des Freiherrn von Kesselstatt, vertauschte jedoch 1765 die Dienerstellung mit dem Amt des Dorfschullehrers. Aus seiner kurzen Ehe — die Trauung ist weder im Kirchenbuch von Kröv noch von Bausendorf eingetragen — entstammten drei Kinder: die Söhne Hyazinth und Johann Hugo sowie eine Tochter Dorothea.

II.

Im Herbst 1784 bezog Johann Hugo die Trierer Universität, um Theologie zu studieren — der damals gängigste Weg für einen intelligenten Jungen aus armem Hause, eine geachtete Stellung zu erlangen. Von seinem adeligen Paten war er angewiesen, sich das für ihn Nötige beim Verwalter des v. Kesselstattschen Hofes in Trier zu holen. Als Theologiestudent wurde Wyttenbach Ende des ersten Studienjahres 1784/85 mit „bene" beurteilt, am Ende des zweiten mit „unus ex optimis", Ende des dritten mit „perbene" und schließlich am Ende des vierten 1787/88 mit „perquam idoneus" (zum Priester). Am 9. September 1786, wenige Wochen nach seiner Aufnahme als Alumne in das 1773 gegründete Priesterseminar in Trier, beteiligte sich Wyttenbach an einer kirchengeschichtlichen akademischen Disputation, ein Jahr später an einer moraltheologischen und im Frühjahr 1788 an einer reichsgeschichtlichen Disputation. Im August desselben Jahres, sein zweijähriges Alumnat war schon beendet, wirkte er als „Opponent" bei einer feierlichen Prüfung aus der Kirchengeschichte mit. Schon damals also zeigte sich seine Hinneigung zur Historie. Ende 1787 hatte er die Tonsur und die niederen Weihen erhalten. Zur Enttäuschung seiner Großmutter und Mutter sowie des Grafen v. Kesselstatt zögerte er jedoch, die Priesterweihe zu empfangen. Im Sommer 1788 trat er eine Hauslehrerstelle in der angesehenen und wohlhabenden Kaufmannsfamilie Nell in Trier an. Die ihm 1789 angebotene entsprechende Tätigkeit bei den Kindern des Oberjägermeisters Reichsgraf Karl v. Kesselstatt in Mainz, eines Sohnes seines Paten, schlug Wyttenbach nach ursprünglicher Zusage aus. „Alle empfangenen Wohltaten des Herrn Grafen (gemeint ist der Taufpate) konnten unmöglich ein giltiger Beweggrund sein, sich in eine sechzehnjährige Sklaverei zu verkaufen" schreibt, ihn bestärkend, Wyttenbachs Freund Johann Christian Gecks. Etwa vier Jahre lang unterrichtete Wyttenbach mit gutem Erfolg die drei älteren Kinder der Familie Nell, doch fehlte es nicht an pädagogischen Differenzen mit ihrer Mutter. Schon 1791 hatte Wyttenbach sich nach langen Überlegungen endgültig entschlossen, auf den Priesterberuf zu verzichten. Im gleichen Jahre trat er der 1783 gegründeten Trierer Lesegesellschaft bei. Noch im gleichen Jahre wurde er deren Bibliothekar. Als solcher wirkte er bis zu ihrer Auflösung Ende September 1793 durch den letzten Trierer Kurfürsten Clemens Wenzeslaus.

Wyttenbachs literarische, historische und pädagogische Neigungen wurden dadurch begründet, daß er im gastlichen Hause Nell den dort tätigen, aus der Nähe Frankfurts stammenden Kaufmann Ludwig Mohr (1759—1836) und Johann Peter Job Hermes (1765—1835) als Freunde gewann. Hermes war der Sproß einer alten Trierer Ratsherrenfamilie; seine Mutter entstammte der Familie Nell. Die Freundschaft Wyttenbachs mit beiden sollte über alle politischen Umstürze und Wechselfälle des Lebens bis zum Tode dauern. Sie beruhte nicht zuletzt auf der Gemeinsamkeit geistiger und künstlerischer, religiöser wie philosophischer Auffassungen, die sich an Rousseau und Kant orientierten.

In die Hauslehrerzeit in Trier fiel auch Wyttenbachs Begegnung mit Goethe, die er als stolze Erinnerung bis zum Lebensende hütete. Goethe, damals bereits hochberühmt und als Dichter gefeiert, war dem Herzog Karl August von Weimar in den ersten Feldzug der österreichisch-preußischen Koalitionsarmeen gegen Frankreich gefolgt und hatte zwei Tage (25.—26. August 1792) in Trier geweilt. Nach der erfolglosen Kanonade von Valmy war er mit den preußischen Truppen erneut am 22. Oktober 1792 nach Trier gekommen, wo er bis zum 1. November blieb. Wyttenbach suchte den berühmten Mann in seinem Quartier wißbegierig auf und war, wie der Dichter in seiner „Kampagne in Frankreich" berichtet, erstaunt, „daß ich von Poesie nichts wissen wolle, dagegen mich auf Naturbetrachtungen mit ganzer Kraft zu werfen schien. Mein junger Freund, mit dem ich gar manche angenehme, wissenschaftliche und literarische Unterhaltung genoß, war auch im Geschichtlichen der Stadt und Umgebung gar wohl erfahren. Unsere Spaziergänge bei leidlichem Wetter waren deshalb immer belehrend, und ich konnte mir das Allgemeine merken". Wyttenbach versäumte es nicht, Goethe als Gast in die Trierer Lesegesellschaft mitzunehmen, wo der Dichter auch Zeitschriften entlieh. Mehr als ein Jahr später, am 5. Dezember 1793, wünschte Goethe Wyttenbach „Glück, daß Sie jene unruhigen Gegenden bald verlassen und sich in der Mitte Deutschlands eines besseren Zustandes erfreuen werden. Fahren Sie fort, Ihren Geist durch Philosophie, Wissenschaft und Künste auszubilden. Wir haben mehr als jemals jene Mäßigung und Ruhe des Geistes nötig, die wir den Musen allein verdanken können". Ein weiterer Briefwechsel zwischen Wyttenbach und Goethe ist nicht erhalten.

Ob er der Ungunst der Zeit zum Opfer fiel oder ob Goethes Erinnerung an Trier und seinen jungen Freund verblaßte, wissen wir nicht.

Zwei Monate vor diesem letzten Brief Goethes hatte Wyttenbach während eines Ferienaufenthaltes in Hadamar brieflich von seinem Freund Mohr die durch den Kurfürsten angeordnete Auflösung der Trierer Lesegesellschaft erfahren. Diese obrigkeitliche Reaktion auf das literarisch-philosophische Interesse und Informationsbedürfnis von Kreisen der Trierer Bürgerschaft traf den Bibliothekar hart. Sie dürfte seinen Entschluß, außerhalb des Trierer Kurstaates eine Stelle zu suchen, bestärkt haben. Nach längerem Briefwechsel mit dem Kammergerichtsassessor Graf Joseph v. Spaur fand er bei ihm eine Stelle als Hofmeister seines ältesten Sohnes Franz (geb. 1790) in Wetzlar, dem Sitz des Reichskammergerichts. Da vereinbart worden war, anfangs November 1794 die neue Stelle anzutreten, hatte Wyttenbach am 1. Juni 1794 bei der Familie Nell gekündigt. Obwohl die beiden Freunde Mohr und Hermes versuchten, ihn von seinem Entschluß, Trier zu verlassen, abzubringen, bereitete Wyttenbach im Sommer seinen Orts- und Landeswechsel vor. Da rückten nach kurzem Kampfe am 9. August 1794 französische Truppen unter General Moreau in Trier ein. Im Gegensatz zu den Familien Nell und Hermes, die ebenso wie die geistlichfeudale Oberschicht des Trierer Kurstaates vor den Truppen der Französischen Revolution auf das rechte Rheinufer geflüchtet waren, blieb Wyttenbach bei der Familie seines Freundes Mohr in Trier, änderte jedoch seinen Vorsatz nicht, als Hofmeister in Wetzlar zu wirken. Allerdings verzögerte die französische Besetzung des ganzen linken Rheinufers den Stellenantritt in der alten Reichsstadt Wetzlar bis anfangs Dezember 1794. Dort begann Wyttenbach nun als Erzieher bei dem Tiroler Grafen Joseph Spaur, dessen Vater Franz als katholischer Präsident an der Spitze des Reichskammergerichtes stand, des höchsten Gerichtshofes im Heiligen Römischen Reiche Deutscher Nation. Beide Grafen Spaur waren hochgebildete Männer, religiös ohne Aberglauben, von „strenger Gerechtigkeits- und wohltätiger Menschenliebe", aufgeschlossen den Gedanken Spinozas, Montesquieus, Rousseaus und der Philosophie Kants — ohne Zweifel eine recht anders geartete Umwelt als in der großbürgerlichen Kaufmannsfamilie Nell in Trier. Gegenüber der edelmännisch im besten Sinne, ohne Adelsdünkel, bescheiden lebenden Familie der Grafen v. Spaur, die der Hofmeister Wyttenbach hoch schätzte, nimmt sich seine Schilderung der Verhältnisse in den Kreisen des Reichskammergerichtes mit ihren Rangstreitigkeiten, Etikettförmlichkeiten und Amouren als recht kritisch aus.

Im April 1796 wurde Wyttenbach in Wetzlar Mitglied des Lesekränzchens, knüpfte zur benachbarten Universität Gießen Beziehungen an und nahm in demselben Jahr auch an der Eröffnung der dortigen Lesegesellschaft teil. Wenige Tage vorher war Graf Joseph v. Spaur den Folgen eines Blutsturzes

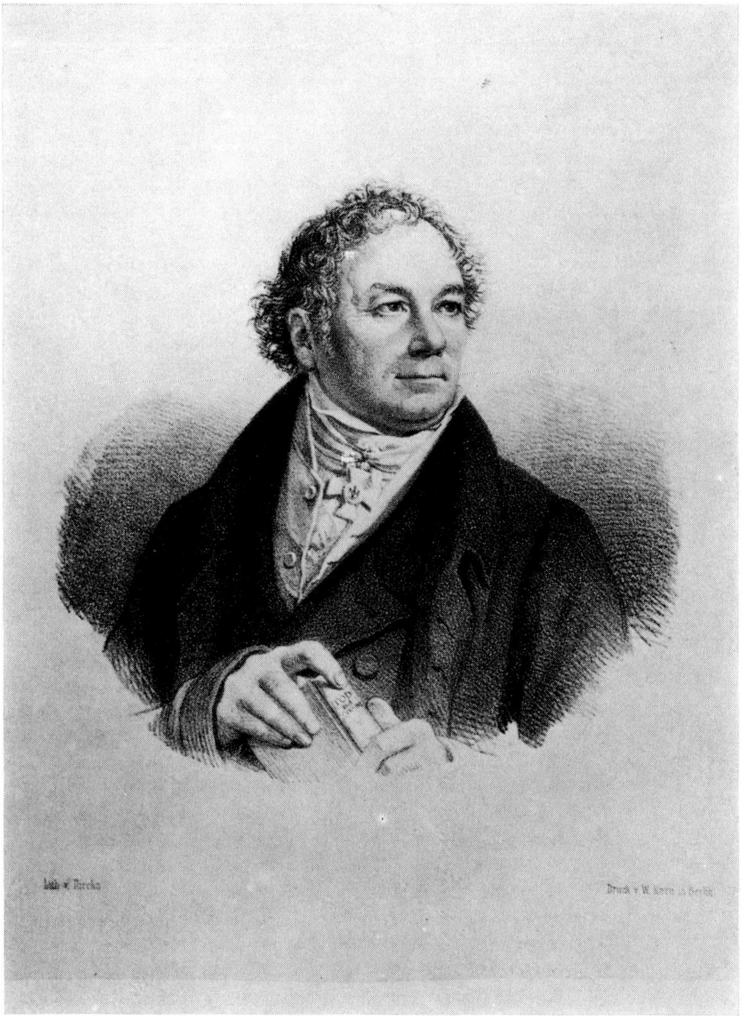

Johann Hugo Wyttenbach
Lithographie von Berka, Druck von W. Korn, Berlin — Das Klischee stellte freundlicherweise der Verein Kurtrierisches Jahrbuch e.V. zur Verfügung.

erlegen. Gleichwohl blieb Wyttenbach Hofmeister. Erst der Tod von Josephs Vater stellte im folgenden Jahr seine Zukunft bei der gräflichen Familie in Frage. In dieser Situation erreichten den Hofmeister Briefe seines Freundes Mohr, die ihm eine führende Stellung im Trierer Unterrichtswesen in Aussicht stellten. Nach dem Frieden von Campo Formio vom Oktober 1797, in dem Österreich das linke Rheinufer in Geheimartikeln Frankreich zugestand, war dort eine neue Behördenorganisation nach französisch-republikanischem Muster begonnen worden, bei der auch republikanisch gesinnte Einheimische mitarbeiten sollten. Damals hatte Wyttenbach die beiden ersten Bände seiner philosophischen Anthologie zusammen mit dem in Trier geborenen Mediziner J. A. Neurohr (1796 und 1798 in Wien) unter dem Titel „Aussprüche der philosophierenden Vernunft und des reinen Herzens über der Menschheit wichtigsten Gegenstände mit besonderer Rücksicht auf die kritische Philosophie, zusammengetragen aus den Schriften älterer und neuerer Denker" veröffentlicht. Der dritte Band folgte 1799. Dank der Empfehlung seiner Freunde Hermes, Mohr und dessen Schwagers Lintz war Wyttenbachs Bewerbung erfolgreich. Im August 1798 kehrte er nach Trier zurück.

III.

Am 25. November 1798 wurde er durch einen Beschluß der Zentralverwaltung des Saardepartments neben zwei anderen zum Mitglied der Jury d'Instruction (Schulkommission) ernannt. Vier Schulkommissionen sollten für die vier Arrondissements des Saardepartments (Hauptstadt Trier) alle Volksschullehrer auf ihre Eignung überprüfen. Wyttenbach gehörte der Trierer Schulkommission an und gelangte damit in eine Schlüsselstellung nicht nur pädagogischer, sondern auch politischer Art.

Zweifellos war Wyttenbach damals, wie sein sieben Jahre jüngerer Koblenzer Landsmann Görres, überzeugter Republikaner, auch wenn er in einem Gutachten über die Neuordnung des trierischen Unterrichtswesens vom 12. Mai 1798 als Professor für Naturrecht an der Zentralschule ohne deutlichen Hinweis auf seine republikanische Gesinnung empfohlen wird „à tous egards à cause de son civisme, ses bonnes moeurs, ses talens et ses connaissances dans la philosophie critique, les beaux arts et la botanique, qu'il a perfectionnés jusqu'á present dans diverses universités" (Anspielung auf seine Teilnahme an Vorlesungen an den Universitäten Gießen und Marburg 1795 bis 1796, doch war er dort nicht immatrikuliert). In seiner Rede zum Fest der Jugend am 30. März 1799 legte Wyttenbach ein flammendes Bekenntnis zur Jugenderziehung und zur republikanischen Verfassung ab: „Alle dem Besten des Volks geheiligten Arbeiten sind ja unnütz, wenn wir nicht vorzüglich die Jugend in ihren zartesten Jahren schon zu unserm Hauptaugenmerke machen, wenn wir es nicht dahin bringen, sie zu bescheidenen, mäßigen, vergnügsamen, menschlichen, gerechten Menschen zu erziehen. Erfüllet also ihr alle unsere Hoffnung, euch einstens als tüchtige Menschen herangereift zu sehen. Ja, dies ist unser Wunsch; hierauf ruht unsre Hoffnung. O erfüllet sie und es lebe ewig die Republik!". Ein halbes Jahr später gab er unter dem bezeichnenden Titel „Lieder für Freie" freiheitlich-patriotische Hymnen deutscher und französischer Dichter der Zeit heraus. Schon im November 1798 hatte er im ersten Jahrgang (Heft 2) der in Trier erscheinenden Monatsschrift „Patriotische Beiträge" in einem Aufsatz „Denkmal den Wohltätern des Menschengeschlechtes" geschichtliche Freiheitshelden gepriesen und hinzugefügt: „Und haben wir nicht in noch neueren Zeiten den Kampf der Nordamerikaner vor uns und dann die unvergeßlich schönen Zeiten des Ausbruchs der fränkischen Revolution? Die Denkmale bürgerlicher Stärke erwecken in unserer Brust ein fröhliches Gefühl unserer selbst!"

So hatte nun der damals Einunddreißigjährige nach langen Hauslehrer-Jahren die Möglichkeit, seine humanistisch-kantianisch-republikanischen Bildungsideale auf breiter Basis zu verwirklichen. Über die Bedeutung der Volks- und der höheren Schule für die Erziehung zum republikanischen Staatsbürger waren sich die revolutionären Machthaber durchaus im klaren. Jedoch bestand zwischen der Bildungstheorie, die Wyttenbach am 15. März 1799 mit dem „Plan einer inneren Errichtung der Primärschulen" mit idealistischem Feuer verfocht und den recht unzulänglichen Kenntnissen des trierischen Lehrerstandes ein so großer Unterschied, daß eine Realisierung dieser Schulreform nicht bald erwartet werden konnte. Die Stelle des Katechismus und der Bibel sollte Wyttenbachs „Handbuch für den Unterricht in den Pflichten und Rechten des Menschen und Bürgers" (Trier 1799/1800) einnehmen, das bürgerliche Moral im Sinne eines popularisierten Kantianismus lehrte. Statt der 1798 aufgelösten Trierer Universität errichtete man 1800 eine Zentralschule, die allerdings nur den Charakter einer höheren Schule besaß. Wyttenbach lehrte darin Naturrecht und Literaturgeschichte. Gleichzeitig verwaltete er als Bibliothekar die zur Zentralschule geschlagene Bibliothek der früheren Universität und des Jesuitenkollegs. Bei der Umgestaltung dieser Zentralschule in eine Sekundärschule 1804 wurde er der Direktor unter Beibehaltung seiner Funktion als Bibliothekar. Die Resonanz der einheimischen Bevölkerung des Trierer Landes auf die neuen Volks- und Höheren Schulen ohne Religionsunterricht war zunächst meist negativ. Auch später zeitigte Wyttenbachs Werbung bei der Bürgerschaft um Vertrauen keine großen Erfolge. Zählte doch die Sekundärschule 1810 nur 150 Schüler.

Neben seiner Tätigkeit als Pädagoge widmete Wyttenbach sich mit besonderem Eifer der ihm anvertrauten ehemaligen Universitäts- und Jesuitenbibliothek, die durch die eingelieferten Bibliotheken der 1802 säkularisierten Klöster und Stifter im Saardepartment von 12 500 auf über 70 000 Bände wuchs (bis 1810).

„Die Sorge für die Bibliothek, die ich wahrlich als mein ältestes Kind betrachte, macht die Freude meines Lebens aus" bekennt er in einem Brief 1820. Diese Sorge hat ihn bis zu seinem Tod begleitet, aber auch die Freude an den durch sein Wirken geretteten kostbaren Handschriften und Frühdrucken. Wyttenbachs Hauptprobleme waren Erhaltung und Erschließung des Bücherschatzes, eine ungeheure Aufgabe, welche die Kräfte eines einzelnen weit überstieg und die er doch auf sich nahm, seit 1828 allerdings unterstützt durch den damaligen Hilfslehrer am Gymnasium Philipp Laven, der 1848 sein Nachfolger werden sollte. 1804 war diese Bibliothek der Stadt Trier durch Regierungserlaß übereignet worden, doch erst 1808 entschloß sich der Stadtrat, für das kommende Jahr 1809 Mittel zur Besoldung des Bibliothekars und zur Neuerwerbung von Büchern bereitzustellen.

Über die Doppelverpflichtung als Direktor der Sekundärschule und Stadtbibliothekar hinaus brachte Wyttenbach noch die Energie auf, als Mitbegründer und Sekretär der Gesellschaft für nützliche Forschungen aktiv zu wirken, Vorträge zu halten, philosophisch-historische Bücher und Aufsätze (104 Titel nach G. Groß) zu schreiben und zu veröffentlichen. Als wichtigste Monographien von ihm seien genannt: Der Geist der Religion. Eine philosophische Anthologie, für edle Menschen, Leipzig 1806; Versuch einer Geschichte von Trier, fünf Bände, 1810—1822 (dasselbe als Beigabe zum Trierischen Taschenkalender 1807—1823); Schulreden von 1799 bis 1846, Trier 1847, und schließlich, zusammen mit seinem Freund Michael Franz Josef Müller, die Gesta Treverorum, drei Bände, Trier 1836—1839.

1804 schloß Wyttenbach am 5. April mit Anna Maria Ramboux aus Trier, der Schwester des Malers und späteren Museumsdirektors in Köln Johann Anton Ramboux, die Ehe. Ihr entstammten zwei Söhne und vier Töchter. Wyttenbachs Frau hat ihn um ein Jahrzehnt überlebt; sie starb bei ihrem Bruder in Köln am 28. November 1858.

Die Erhebung Napoleons zum ersten Konsul Ende 1799 und zum erblichen Kaiser der Franzosen 1804, mit der nachfolgenden Bestätigung durch Volksabstimmung, haben, wie es scheint, nicht Wyttenbachs Beifall gefunden. Mißbilligend vermerkte er in seinen Schulreden von 1799 bis 1846 bei seiner darin auszugsweise aufgenommenen Rede zum Andenken an den 14. Juli 1789, gehalten am 10. November 1801, daß Napoleon nach diesem Jahre „jenes Andenken nicht mehr feiern lassen wollte". 1804 begräbt Wyttenbach als Achtunddreißigjähriger die Hoffnungen auf eine Realisierung der großen Menschheitsideale, auch wenn er noch 1807 Napoleon als Nachfolger Karls des Großen feiert. Die Schulreden aus dieser Zeit sind im allgemeinen jedoch unpolitisch, ohne aktuelle Hinweise. Jenseits der rauhen Wirklichkeit dieser Jahre schweben sie in idealen Regionen. Wenn der Verfasser im Vorwort zu ihrer Sammlung 1847 schreibt:

"Sie geben Zeugnis von meinen Grundsätzen in den wichtigsten Aufgaben des Lebens, in der, nahe einem halben Jahrhundert, im öffentlichen Lehramte auf der nämlichen Stelle ununterbrochen erlebten Wirksamkeit, und zwar z. T. in sehr unruhigen Zeiten, in welchen gewaltige Begebenheiten die Individuen und selbst die Völker auf den Flügeln des Sturmwindes umhertrieben. So war ja damals die große politische und sociale Bewegung der Welt", so trifft dies auf seine philosophisch-pädagogisch-moralischen Grundsätze zu, Zeugnisse der gewaltigen Begebenheiten zwischen 1799 und 1815 sind sie nicht, mit Ausnahme der Rede vom 11. September 1814. In dieser Rede, der ersten nach dem Ende der französischen Herrschaft in Trier, erwähnt er die „große politische Umwandlung dieser Tage" und spricht die Hoffnung aus: „O möge durch die neue Ordnung der Dinge ... eine bessere Periode sich entfalten ... O möge Deutschland herrlicher aufblühen als je".

IV.

Wyttenbach war offensichtlich bald nach der Besetzung Triers durch preußische Truppen (5./6. Januar 1814) zur Zusammenarbeit mit den neuen Machthabern bereit. Berichtet doch am 11. März 1814 Generalgouverneur Justus Gruner an den Freiherrn vom Stein, daß er Wyttenbach „einen tüchtigen, wackern Mann, zur Abfassung eines ganz populären Gesprächs über den französischen Druck und die jetzige bessere Lage der Dinge pp. bewogen" habe und „solches durch Kolporteurs im Lande in Umlauf setzen" werde. Leider ist der Text dieser preußischen Propagandaschrift nicht überliefert. Der von Wyttenbach ebenfalls verfaßte Prolog zur preußischen Friedensfeier im Theater zu Trier am 18. Januar 1816 erweist deutlich die Reverenz des loyalen Staatsdieners, wenn er die im Kampf gegen Napoleons Armeen gefallenen Soldaten der Heiligen Allianz rühmt: „Heilig ist ihr Grab! Es errang für edles Fürstenrecht und Glück der gekränkten Deutschen kühn im Kampf ihr Herz durch den Tod die stille Größe der Alten ..." und Preußens Herrscher preist: „Friedrich Wilhelm! O Dich, Du trefflicher König, verehret dankbar Dein hoffendes Volk! Deines strahlenden Thrones Pfeiler sind Weisheit und Liebe; keine Mauer von Erz versperret der Wahrheit den Zugang, ... trennet den König vom Volk ... Lösetest selbst die lähmenden Fesseln des Geistes ..." Wenige Tage vorher, am 18. Januar 1816, war durch eine königliche Kabinettsordre vom 5. Januar das weitere Erscheinen des Rheinischen Merkurs im Königreich Preußen verboten und sein Herausgeber, Joseph Görres, auch seiner Stellung als Direktor des öffentlichen Unterrichtes am Mittelrhein, in welcher er Wyttenbachs wohlwollender Vorgesetzter gewesen war, enthoben worden. Als 1817 der damalige preußische Kronprinz und später König Friedrich Wilhelm IV. Trier besuchte, zeigte ihm Wyttenbach die kostbarsten Schätze der Stadtbibliothek. Auch der erste, 1816 ernannte Trierer Regierungspräsident Delius schätzte die Leistungen des Lehrers und Gelehrten so sehr, daß er ihm 1818 den Roten Adlerorden verschaffte. Allerdings mußte Wyttenbach dafür in einem mit G—A gezeichneten, wütenden handschriftlichen Pamphlet gegen Delius um 1820 den Vorwurf einstecken, daß damit „ein Subjekt ohne alle Grundsätze, ein wahres Revolutionskind, das heute dem Herodes und morgen dem Teufel anhängt", ausgezeichnet wurde, „der in französischen Zeiten die fürchterlichsten Reden gehalten", eine maßlose Übertreibung, wie die Durchsicht seiner zwischen 1798 und 1814 gehaltenen Reden und sonstigen Publikationen ergibt.

Auch die erste Visitation des Trierer Gymnasiums durch den preußischen Schulrat Schulze zollte der Schuldisziplin hohes Lob und rühmte Wyttenbachs „vorzügliches Verdienst" um die Bibliothek, dessen „freundlichstes Einvernehmen mit allen Lehrern und liebevolle Behandlung der Schüler. Nur wäre ihm mehr Kraft, Ernst, Strenge und Nachdruck zu wünschen". Diese Kritik im Sinne eines straffen Schulregiments entsprach auch Schulzes zweifellos überhartes Urteil, daß Wyttenbach sich bisher um die Leitung der Schule zu wenig gekümmert habe. Wenn er ferner bemängelt, daß er seine Lektionen über Geschichte ohne vorheriges Studium der Quellen aus neuesten Handbüchern zusammengetragen habe, so wäre es falsch, daraus auf einen Mangel an wissenschaftlichem Sinn zu schließen. Denn der Lehrer zog, wie so manche seiner Aufsätze beweisen, durchaus Quellen heran. Gewiß war er mehr ein Freund seiner Schüler als ein gefürchteter Scholarch, dem die Güte mehr lag als die Strenge.

V.

Wyttenbachs Herz gehörte der Stadbibliothek, deren Schöpfer er unbestritten war. Mit Stolz konnte er 1830 dem Trierer Oberbürgermeister berichten, daß der Handschriftenkatalog von 3693 Handschriften fast beendet sei; er ist dann 1831 vorgelegt worden. 1837 war auch der Katalog der 2500 Inkunabeln durch Wyttenbachs Gehilfen Laven vollendet. Die offenbar geäußerte Ungeduld wegen des nur langsamen Fortschreitens der anderen Kataloge erfüllte den Bibliothekar mit Bitterkeit, wenn er an seine nur nebenamtliche Tätigkeit unter ungünstigen Raum-, Licht- und Heizungsverhältnissen dachte; denn bis 1828 arbeitete er allein, ohne Hilfskräfte. in seiner Liebe für die Erschließung der Stadtbibliothek ging er soweit, daß er 1831 dem Trierer Stadtrat mit Erfolg vorschlug, von seinem Gehalt künftig seinen Mitarbeiter Philipp Laven zu bezahlen, den die Stadt um Mittel zu sparen nicht mehr beschäftigen wollte, obwohl Wyttenbach selbst eine große Familie hatte und keineswegs vermögend war. Damals hatte Wyttenbach die Mitte seines langen Lebens längst überschritten; er stand im sechsundsechzigsten Lebensjahr, war also nach heutigem Verständnis pensionsreif.

Als die Schulbehörde 1835 seinem fortgeschrittenen Alter Rechnung trug und neben ihn einen zweiten Direktor setzte, der die Geschäfte des Gymnasiums führen sollte, empfand die Trierer Öffentlichkeit dies als peinliche Zurücksetzung, wie ein Brief des Advokat-Anwaltes Heinrich Marx an seinen Sohn Karl in Bonn, der wenige Monate vorher bei Wyttenbach die Reifeprüfung abgelegt hatte, beweist. Die philosophisch-historischen Ansichten des Direktors waren für die Entwicklung des jungen Karl Marx nicht ohne Einfluß (H. Monz). Erst im Herbst 1846, im achtzigsten Lebensjahr, schied Wyttenbach vom Gymnasium. Die Leitung der Stadtbibliothek behielt er aber bis zu seinem Tode am 22. Juni 1848. „Er war eben doch mehr Bibliothekar als Schulmann" (G. Groß), „als Nestor der Gelehrsamkeit allgemein geliebt und verehrt".

Bei Wyttenbachs Liebe zur heimischen Geschichte und zu den von ihm in der Stadtbibliothek gesammelten und gehüteten schriftlichen Quellen lag es nahe, daß er dem Aufruf der 1819 durch den Freiherrn vom Stein gegründeten Gesellschaft für ältere deutsche Geschichtskunde zur Mitarbeit folgte, ihr sofort beitrat und sie über Handschriften der Stadtbibliothek unterrichtete. Er selbst übernahm mit seinem Freund M. F. J. Müller die Herausgabe der Gesta Treverorum. Allerdings entsprach das 1828 eingesandte Manuskript nach dem Urteil der Zentraldirektion der Gesellschaft nicht den Editionsgrundsätzen für die Monumenta Germaniae Historica. Die älteren Teile der Gesta Treverorum mußten daher später noch einmal von G. H. Pertz und anderen ediert werden. Auf jeden Fall bedeutete die Erstellung des Handschriftenkataloges der Stadtbibliothek Trier für die Gesellschaft für ältere deutsche Geschichtskunde eine reiche Fundgrube, auch wenn der Katalog nicht allen wissenschaftlichen Erfordernissen entsprach.

Bis ins hohe Alter ist Wyttenbach den Idealen seiner Jugend treu geblieben. Nur zu bald hatte er jedoch die Schwierigkeiten erkannt, die sich ihrer Verwirklichung entgegenstellten. Die erste Enttäuschung seiner republikanischen Freiheitsideale erfuhr er durch den Revolutionsgeneral Napoleon Bonaparte, als dieser für sich die Monarchie wiederherstellte. Auch die Hoffnung auf ein liberales preußisches Königtum im Sinne des Freiherrn vom Stein ging nicht in Erfüllung. Übrig blieb für Wyttenbach die gern erfüllte Pflicht als Jugenderzieher und der Rückzug in die stille Welt der Bücher in der Stadtbibliothek. An die Stelle des Jugendtraumes von der Weltveränderung und -verbesserung trat bereits für den reifen Mann im „Biedermeier" „die Mäßigung... die wahre Philosophie des Lebens", wie er sie 1838 als Einundsiebzigjähriger den Abiturienten ans Herz legte. Er wiederholte damit fast wörtlich Goethes Empfehlung an ihn von 1793: „Wir haben mehr als jemals eine Mäßigung und Ruhe des Geistes nötig, die wir den Musen allein verdanken." Diese Selbstbescheidung ist nach G. Groß auch für die anderen Trierer „Aufklärer" im Zeitalter des Vormärz charakteristisch. Nicht wenige dieser jüngeren Generation in Trier aber, so auch Wyttenbachs Sohn Friedrich Anton, der 1833 wegen seiner freiheitlichen Überzeugung mehrere Monate Festungshaft auf dem Ehrenbreitstein erdulden mußte, dachten anders und fügten sich damals nicht der preußischen Restauration. Als Romantiker wird man Wyttenbach nicht bezeichnen können, bei all seiner Wertschätzung romantisch-literarischer Bestrebungen in Trier, wie sie sein langjähriger Mitarbeiter und Nachfolger in der Leitung der Trierer Stadtbibliothek Philipp Laven (1805 bis 1859) in seinen Dichtungen so gemütvoll verkörperte. Auch dann nicht, wenn Wyttenbach 1842 in einer Festrede vor seinen Schülern am Geburtstage König Friedrich Wilhelms IV., des „Romantikers auf dem Throne", diesen als Vorbild zur Nachahmung empfahl.

Trotz der Last des hohen Alters blieb Wyttenbach bis in seine letzten Tage „ein zwar körperlich gebeugter, aber geistesfrischer Greis", wie die Trierische Zeitung in einem Nachrufe vom 24. Juni 1848 feststellte. Franz Xaver Kraus aus Trier (1840—1901) schildert seinen Eindruck wie folgt: „Ich selbst habe Wyttenbach nur als Knabe gesehen, doch schwebt mir noch die edle Gestalt dieses Greises vor, dessen mildes, gütiges Wesen nichts mehr von den Aufwallungen des Revolutionszeitalters verriet und dessen weithin gerühmte Begeisterung für die Erforschung heimischer Geschichte und Alterthümer uns Jüngeren als leuchtendes Vorbild beim Eintritt ins Leben vorschwebte". Kein Nachruf kann besser Wyttenbachs Wesen, Wirken und Leben in den Epochen des Ancien régime im Trierer Kurstaat, der Französischen Revolution, des napoleonischen Kaisertums und Zusammenbruchs, der preußischen Restauration im Vormärz und schließlich der in die Zukunft des 20. Jahrhunderts weisenden Revolution von 1848 charakterisieren als die Anzeige seines Todes durch seine Familie: „Eine lange Laufbahn, dessen ernste Tätigkeit zwischen der Jugenderziehung und der Wissenschaft geteilt war, ohne ihn unempfänglich zu machen für das Glück stiller Häuslichkeit und den Umgang gleichgesinnter Freunde, schloß er unerwartet und ohne Vorahnung seines nahenden Todes. Selbst über seine letzte Stunde war jene Heiterkeit und Ruhe verbreitet, welche er sich unter großen Stürmen, die an seinem Leben vorübergegangen sind, zu bewahren wußte." Er starb am 22. Juni 1848 „subito apoplexia tactus", plötzlich vom Schlag gerührt, wie das Sterberegister der Pfarrkirche St. Laurentius überliefert.

QUELLEN UND LITERATUR

F. X. Kraus, Johann Hugo Wyttenbach, in: ADB 44 (1898) S. 431—434.
G. Groß, Trierer Geistesleben unter dem Einfluß von Aufklärung und Romantik (1750—1850), Trier 1959, passim.
Ders., Zur Geschichte des Friedrich-Wilhelm-Gymnasiums (1798—1945) (Festschrift 400 Jahre Friedrich-Wilhelm-Gymnasium Trier, Trier 1961, S. 9—35).

Ders., Das Gesamtwerk der Trierer Historiker J. H. Wyttenbach und M. F. J. Müller, in: Kurtrier. Jahrbuch 1968, S. 186—193.

H. Monz, Karl Marx und Trier. Verhältnisse — Beziehungen — Einflüsse (Schriftenreihe z. Trier. Landesgeschichte und Volkskunde Bd. 12) Trier 1964, S. 95—99 und passim.

R. Laufner, Die Trierer Stadtbibliothek und ihre Bibliothekare im 19. Jahrhundert, in: Kurtrier. Jahrbuch 1970, S. 157—174.

Stadtarchiv Trier, Abt. Stadtbibliothek 34/1, 34/2 und 34/3.

PETER CORNELIUS

(1783—1867)

Von Herbert von Einem

Cornelius gehört in die Reihe derer, die über das Belieben des Historiographen gestellt sind, und die wir loben dürfen, ohne zu glauben, wir machten ein Geschenk, tadeln dürfen, ohne das Gefühl, wir nähmen etwas fort von wohlerworbenem Eigentume.
Herman Grimm, Michelangelo. Abschluß der 3. Auflage von 1868.

I.

Das Werk von Peter Cornelius ist der umfassendste Versuch der deutschen Romantik, der bildenden Kunst noch einmal die Lebensbezirke zurückzuerobern, die sie vom Mittelalter bis in den Barock hinein getragen haben. Erst vor dem Hintergrund der romantischen Bewegung werden Anspruch, Leistung und Scheitern seiner Kunst, wird ihre Größe, aber auch ihre Problematik ganz durchsichtig — wie umgekehrt das Bild der deutschen Romantik unvollständig und unvollkommen bleiben muß, wenn man Cornelius nicht den Platz in ihr einräumt, der ihm gebührt.

II.

Peter Cornelius ist am 23. September 1783 in Düsseldorf geboren. Sein Vater, der Maler Johann Christian Aloys Cornelius, war Inspektor der 1767 von Kurfürst Carl Theodor gegründeten Düsseldorfer Akademie. Bei ihm, der freilich schon 1799 starb, hat Peter Cornelius den ersten Unterricht erhalten. Sein eigentlicher Lehrer war Peter Langer, der 1790 als Nachfolger Lambert Krahes Direktor der Akademie geworden war. Durch ihn wurde Cornelius in die Welt des akademischen Klassizismus eingeführt — aber nicht anders als Asmus Jakob Carstens stand er der Akademie und ihrer Lehre ablehnend, ja feindlich gegenüber.

Cornelius begann auf der Stilstufe des akademischen Klassizismus, scheint freilich früh schon Elemente des reifen Klassizismus von Carstens und der französischen Historienmalerei Davidischer Prägung in sich aufgenommen zu haben. Durch Goethe, an dessen Weimarer Preisaufgaben er sich beteiligte, wurde er über die Sphäre des Akademismus hinausgehoben. Er erhielt zwar keinen Preis, aber Goethe erkannte bei aller Kritik doch die Begabung des jungen Künstlers.

Vorliebe für dramatische Inhalte und gesteigerter Ausdruck zeichnen bereits seine ersten Arbeiten aus. „Glühend und streng", so lautete im Aufblick zu Dürer früh die Parole seiner Kunst.

1808 war — nach langer Verzögerung — der erste Teil von Goethes „Faust" erschienen. Die Romantiker glaubten in ihm ihr vaterländisches Denken und Fühlen wiederzufinden. Sie glaubten, der Klassiker Goethe, der Herausgeber der „Propyläen" und des Winckelmann-Werkes, der Initiator der Weimarer Preisaufgaben, sei wieder zu den Anfängen seines Straßburger Hymnus auf Erwin von Steinbach zurückgekehrt. Der „Faust" wurde zum nationalen Ereignis.

Cornelius' Faustillustrationen, der erste Werkzyklus des Künstlers, sind der Niederschlag der romantischen Begeisterung über Goethes Drama und zeigen den Künstler bereits der Romantik zugehörig. Schien in Goethes Dichtung das vaterländische Leben der Vergangenheit wieder Gegenwart zu werden, so suchte Cornelius in bewußtem Anschluß an Dürer, dessen Gebetbuch Maximilians gerade damals bekannt geworden war, die entsprechende bildnerische Form. Die Folge erschien 1816 in Frankfurt a. M. in Stichen von F. Ruscheweyh und I. Thäter und ist Goethe gewidmet.

Der Faustzyklus enthüllt zum ersten Mal den ganzen Cornelius: die Größe seiner Gesinnung, die Kraft seiner Erfindung, aber auch die Gewaltsamkeit seiner Stilbildung. Der Vergleich der Ausführung mit den Vorstudien zeigt, welcher bewußten Arbeit es bedurft hatte, sich den Dürerschen Linienstil zu eigen zu machen und die klassizistische Formensprache zu überwinden. Nicht zufällig war es ein graphisches Werk, in dem es Cornelius zuerst gelang, sich vollkommen auszusprechen. Seine bildnerische Phantasie war — der Dürerschen ähnlich — fast ausschließlich auf lineare und plastische Werte gerichtet. Die Farbe ist (anders als selbst bei den Malern des Lukasbundes) kein notwendiger Bestandteil seiner Kunst. Zugleich zeigt sich schon hier, wie sehr Cornelius über die einzelne Bildaussage zur Darstellung größerer Zusammenhänge drängte.

Cornelius' zweiter graphischer Zyklus sind die Illustrationen zu den „Nibelungen". Aufs neue ein vaterländischer Stoff. Die Formensprache schließt unmittelbar an die Faustfolge an.

Die „Nibelungen", von dem Schweizer Johann Jacob Bodmer wiederentdeckt, von Johann Heinrich Füssli zuerst ins Bildnerische übersetzt, sind doch erst durch die Romantiker wieder zum geistigen Besitz des deutschen Volkes geworden. Die Beweggründe der romantischen Bewunderung waren keineswegs allein künstlerischer Art. Immer und überall suchte die Romantik über das bloß Künstlerische in den Lebensgrund einzudringen, der das Kunstwerk bedingt und trägt, und diesen Lebensgrund zu erneuern „Man glaube doch ja nicht" — so lesen wir in August Wilhelm Schlegels Berliner Vorlesungen von 1803/04 — „daß sich solche Dichtung aus der Luft greifen lasse. Erst muß etwas Großes geschehen, ehe etwas Großes gedichtet werden soll." Aus dieser romantischen Gesinnung ist auch Cornelius' Werk entstanden und zu deuten. Cornelius lernte das Epos in v. d. Hagens Bearbeitung von 1807 kennen, die Christian Schlosser, ein Neffe von Goethes Schwager, im Refektorium des Klosters S. Isidoro in Rom vorlas. 1812 begann er mit seinen Illustrationen. „Es soll" — so schrieb er — „ein Werk werden, worin sich die ganze Herrlichkeit der alten Zeit, vorzüglich aber die unseres Vaterlandes, spiegeln soll." Die Vollendung des Zyklus zog sich bis 1817 hin. In diesem Jahr erschien das Ganze in Stichen von J. H. Lips, H. W. Ritter, S. Amsler und K. Barth in Berlin mit der Widmung an Barthold Georg Niebuhr.

In den Blättern des Nibelungenzyklus tritt das Künstliche, Gezwungene der Stilbildung des Cornelius mit besonderer Schärfe hervor, die Folge des Fehlens einer Tradition, in deren natürlicher Fortbildung der drängende Ausdruckswille des Künstlers sich hätte klären und festigen können. Auch der für die Kunst des 19. Jahrhunderts so charakteristische Verlust des Flächengefühles wird hier deutlich. Cornelius' römische Freunde Franz Pforr und Friedrich Overbeck verstanden, jeder auf seine Weise, den Raum als wirkende Realität auszuschalten und die Fläche, so gut es ging, durch Betonung linearer Flächenbeziehungen wiederherzustellen. Cornelius dagegen bedurfte, um sich auszusprechen, des Raumes, aber jeder Griff in den Raum schwächt die Kraft der flächengebundenen Linie. Ein räumliches Leben außerhalb des Aktionsradius seiner Gestalten gibt es bei Cornelius nicht mehr.

III.

1811 ging Peter Cornelius nach Rom und schloß sich dort der deutschen Künstlergruppe der Nazarener, dem sog. Lukasbund, an, ja, wurde bald ihr Führer. Bis 1819 blieb er in Rom.

Höhepunkt seines römischen Schaffens ist sein Beitrag zu dem Gemeinschaftswerk der Nazarener im Palazzo Zuccari auf dem Pincio, der Wohnung des preußischen Generalkonsuls Jacob Salomon Bartholdy, die 1816/17 entstandenen Fresken „Traumdeutung Josefs" und „Wiedererkennung Josefs durch seine Brüder".

Cornelius' spätere Entwicklung macht deutlich, daß die Wiedererweckung der Monumentalmalerei, in der die Romantik das eigentliche Ziel ihrer Bemühung auf dem Gebiete der bildenden Kunst sah, für ihn selbst innerste Nötigung war. So wurde er in Rom die Seele dieses Gemeinschaftsunternehmens und riß die Gefährten in den Sturm der eigenen Begeisterung mit hinein. „Jetzt aber" — so heißt es in einem Brief an Josef Görres — „komme ich endlich auf das, was ich, meiner innersten Überzeugung gemäß, für das kräftigste und, ich möchte sagen, unfehlbare Mittel halte, der deutschen Kunst das Fundament zu einer neuen, dem großen Zeitalter und dem Geist der Nation angemessenen Richtung zu geben: dieses wäre nichts anderes als die Wiedereinführung der Freskomalerei, so wie sie zu Zeiten des großen Giotto bis auf den göttlichen Raffael in Italien war . . . Die Freskomalerei ist so recht geeignet, alle Elemente der Kunst aufs freieste und größte in sich aufzunehmen und, statt auf den Weg des leeren Eklektizismus bloß unvereinbare Äußerlichkeiten vereinen zu wollen, zieht sie wie in einem Brennpunkt die von Gott ausströmenden Lebensstrahlen zu einem glühenden Brande zusammen, der wohltätig die Welt erleuchtet und erwärmt."

Nach der Überfüllung und Unruhe seiner Jugendarbeiten überrascht die Einfachheit und Größe der römischen Fresken. Raum und Fläche, plastische und lineare Formgebung sind von der Energie des Künstlers zur Einheit gezwungen worden. Das Moment der Spannung bleibt freilich auch hier erhalten. Es gehört zum Wesen seiner Kunst und sollte auch später das Gelingen seiner Bilderfindungen immer wieder in Frage stellen. Zu der hier vollzogenen Klärung der Formensprache mag der intime Umgang mit Friedrich Overbeck, dem „Priester" des Lukasbundes, dessen innere Festigkeit und Ausgeglichenheit den an Jahren Älteren, aber Ungestümeren und Widerspruchsvolleren damals tief beeindruckt hat, beigetragen haben. In erster Linie aber ist sie die Frucht seines hingebenden Studiums der großen frühen Florentiner, Giottos und vor allem Masaccios, eines Studiums, das, wie es bei diesem selbständigen Künstler nicht anders sein konnte, nicht auf Nachahmung, sondern auf Nachfolge ausging.

Das zweite römische Monumentalwerk, der Dantezyklus des Casino Massimo in der Nähe des Lateran, ist nie zur Ausführung gekommen. Noch ehe mit der Arbeit begonnen werden konnte, erhielt Cornelius 1818 durch den bayerischen Kronprinzen Ludwig den Auftrag, zwei Säle der Glyptothek in München auszumalen. Ein Jahr später errreichte ihn durch Vermittlung des preußischen Gesandten beim Heiligen Stuhl, Barthold Georg Niebuhr, der Ruf zum Direktor der inzwischen preußisch gewordenen Düsseldorfer Akademie. „Cornelius ist unter unsern Malern, was Goethe unter unsern Dichtern" — so heißt es in Niebuhrs Bericht über Cornelius an den preußischen Kultusminister v. Altenstein. Im Winter sollte Cornelius in Düsseldorf, im Sommer in München tätig sein. Aber bald holte ihn Kronprinz Ludwig ganz nach München und übertrug ihm als Nachfolger Peter Langers die Leitung der dortigen Akademie. 1826 siedelte Cornelius nach München über.

IV.

Es war ein folgenschwerer und verhängnisvoller Schritt, als der Feind der Akademien, der noch 1814 sich über die „fatalen Kunstakademien und deren lederne Vorsteher" ereifert und den Satz geschrieben hatte, „solange die Akademien existieren, ist nichts Ewiges entstanden, und das, was entstanden ist, ist nur in dem Maße gut, als es sich von ihrem Geist und kraftlosen Wesen entfernte", zur Akademie zurückkehrte und, so sehr er sie in seinem Geist umgestalten mochte, durch sie die Kunst aufs neue an den Staat band — ihn selbst freilich müssen wir von diesem Verhängnis ausnehmen.

Für ihn war die akademische Stellung nur Mittel zum Zweck rein künstlerischer Wirkung. Er hat sich niemals gebeugt, Freiheit und Gewissen mannhaft verteidigt, wo es not tat. Er hat München wieder verlassen und hat auch in seiner späteren Berliner Wirksamkeit seine innere Selbständigkeit zu wahren gewußt. An Ludwig I. schrieb er die stolzen Worte „Ich habe in tiefster Ehrfurcht Ew. Majestät zu erwidern: daß ich meine Wirksamkeit als Künstler mit der des Lehrers von jeher auf das innigste verbunden habe, und daß es mir nur dadurch gelungen ist, und ferner gelingen kann, der Kunst ein neues Leben einzuflößen. Gebe ich dieses auf, so werde ich ein gewöhnlicher Akademiker, wogegen ich mein ganzes Leben geeifert habe. Dieser Grundsatz gehört zu denjenigen, die für mich eine gewisse Heiligkeit gewonnen haben, und wodurch es mir mit Hilfe gleichgesinnter und hochbegabter Kunstgenossen gelungen ist, jene Bahn wiederzufinden und mutig zu betreten, die lange mit dem Schutt und den Trümmern der verfallenen Kunst bedeckt war. Ich habe immer in allen Verhältnissen meines Lebens eine heilige Scheu für die Göttlichkeit der Kunst bewahrt; ich habe mich nie dagegen versündigt. Erhalten Sie, mein König, diese Scheu in mir und in gleichgesinnten Kunstgefährten. Sie ist und war von jeher die Quelle wahrer künstlerischer Begeisterung, die allein das lebendige Schöne zu schaffen vermag." An Bunsen schrieb er: „In Werkstätten und auf Gerüsten bin ich zum Manne geworden; mit der Kohle, mit dem Pinsel in der Hand doziere ich am besten. Akademien mögen wohl noch immer unentbehrlich sein; aber da, wo ihre Wirkungen aufhören, fangen die der echten Künste erst recht an".

V.

Cornelius hat in Düsseldorf die Kunstakademie von Grund auf umgestaltet. In seiner „Denkschrift zum Plane der Kunstschule zu Düsseldorf" heißt es: „Die Erziehung zum Künstler ist der zum Menschen auch darin sehr ähnlich, daß eine zu allgemeine oder auch zu gekünstelte Pädagogik Flachheit und Verkrüppelung des Erzogenen erzeugt, ferner, daß Einförmigkeit und Zwang in der Methode des Erziehenden die Eigentümlichkeit und Selbständigkeit des Geistes bei dem Zögling unterdrücken. Natürlichkeit, Ungezwungenheit, frei entwickelte Eigentümlichkeit und Selbständigkeit ist aber dem Künstler so nötig, daß, wo diese gestört wird, lieber alle Erziehung zur Kunst unterbleiben sollte." Cornelius' künstlerische Wirksamkeit als Düsseldorfer Akademiedirektor entsprach freilich nicht den in ihn gesetzten Erwartungen. Die Ausschmückung eines Saales in Schinkels Berliner Schauspielhaus kam nie zustande. Die Ausmalung der Aula der neuen preußischen Universität in Bonn überließ er seinen Schülern. Die Arbeit in der Münchener Glyptothek nahm ihn voll in Anspruch.

VI.

Der Münchener Auftrag stellte den Lukasbruder Cornelius vor eine ihm scheinbar wesensfremde Aufgabe: durch den Schmuck eines Antikenmuseums zu jener Sphäre zurückzukehren, die die Lukasbrüder durch ihre Hinwendung zum Christentum und zur vaterländischen Geschichte gerade programmatisch verlassen hatten. In der Tat waren die Lukasbrüder enttäuscht, daß ihre Wirksamkeit in Deutschland mit einem klassischen Thema beginnen sollte.

Die Bedeutung von Cornelius' scheinbarer Wendung zur Antike in den Fresken der Münchener Glyptothek erschließt sich freilich nur dann, wenn man sich klar macht, daß es sich hier nicht um eine Rückkehr zum Klassizismus, nicht um den Versuch einer Wiedererweckung der klassischen Mythen im Sinne Winckelmanns, einer Erneuerung der Kunst im Sinne Goethes und der Weimarer Kunstfreunde, sondern um den Versuch handelt, die antike Welt noch einmal als ein gestalthaftes Ganzes aufzufassen und, wie in den Jahrhunderten bis in den Barock hinein, dem christlichen Denken einzuschmelzen. Es war der stolzeste und wagemutigste Aufschwung, den die deutsche Romantik in dieser Richtung genommen hat, weit hinausgehend über das Programm, das Friedrich Schlegel entworfen hatte, weit aber auch über die schöpferischen Möglichkeiten Overbecks.

Ehe es zu diesem Versuch einer neuen Synthese von Antike und Christentum kommen konnte, mußte sich freilich die Auffassung der Antike in der Tiefe wandeln. Erinnern wir uns, daß durch Winckelmann Antike und Christentum in Gegensatz getreten, der Griechenkult gleichsam an die Stelle des Christenglaubens gerückt war, so mußten nun die verbindenden Kräfte wieder ins Bewußtsein gehoben werden. Das war das Ergebnis der romantischen Sicht des Griechentums, wie sie, durch Friedrich Schlegel vorbereitet, bei Schelling lebendig, durch Zoëga, Creutzer, Welcker u. a. wissenschaftlich begründet worden ist. Wir können nicht mit Sicherheit angeben, wie weit Cornelius' Griechenbild durch die zeitgenössische Literatur bestimmt worden ist. Wichtiger aber als jede Vermittlung ist die persönliche Begegnung und Auseinandersetzung des Künstlers mit der Antike selbst, die dieser durch und durch selbständige Kopf, der nach seinen eigenen Worten danach rang, „ein Organ der höchsten Weisheit" in seiner Kunst zu sein, aus eigener Kraft vollzogen und durch die er sich in der Geschichte der Auseinandersetzung mit der Antike einen Platz gesichert hat, der bisher kaum richtig gewürdigt worden ist. Homer, Hesiod und die Tragiker — vor allem der „Agamemnon" des Aeschylos, den er in der Übersetzung Wilhelm v. Humboldts kennengelernt hatte — haben sein neues Griechenbild geprägt.

Mochte der Münchener Auftrag zunächst wie ein Abweg erscheinen, so war er es gerade für diesen Künstler in keiner Weise. Cornelius selbst hat ihn denn auch als segensreiches Schicksal empfunden. „Es war ein großes Glück" — so hat er sich später geäußert — „daß ich damals in München die Bilder aus der klassischen Mythologie erhielt; ich war bald ganz eingelebt, und dies war so wichtig, da sonst vielleicht alles in einem schwächlichen Pietismus ausgelaufen wäre." Auch später betonte er die Notwendigkeit der Begegnung mit der Antike immer wieder — als Ergänzung des Eigenen und um der Kontinuität des Geschichtlichen willen, die ihm wie je einem Romantiker heilig war. „Das ist" — so predigte er seinen Schülern — „das einzige Heilmittel gegen die magere Sentimentalität unserer Zeit, gegen die Madonnensucht und Undinenschwärmerei. Da ist die ganze Welt in jenen großen Schöpfungen, selbst Christentum und Christenpoesie! Denken wir immer daran, daß uns Einheit in die Geschichte komme, daß wir die Wurzel, die uns nährt, nicht vom Stamme trennen."

Wie die Restaurierung der kirchlichen Welt, so war freilich auch die Restaurierung der antiken Welt als einer Ganzheit nicht mehr möglich. Was früher Natur, Leben, Wirklichkeit gewesen war, was unabhängig von der gestaltenden Phantasie des Künstlers Bestand gehabt hatte, das war hier nur noch Kunstprodukt. Was früher gewachsen war, indem fortwirkende Tradition und jugendliche Schöpferkraft einander fruchtbar begegneten, das sollte nun künstlich durch den Willen eines genialen Einzelnen hervorgerufen werden. „Cornelius wurde" — so hat Herman Grimm gesagt — „vom Schicksal nicht geboten, ein großer Maler zu werden, der Werke schuf, die in heiterem Farbenglanz von den Kirchen- und Rathausmauern dem Volke predigten, wie die Gemälde der Meister des 16. Jahrhunderts. Als Ideal stand ihm das so fest vor der Seele, daß er sich für berufen hielt, in dieser Richtung das Höchste zu leisten, niemals hat er aber auch nur einen Schritt tun dürfen, um es zu erreichen. Es wurde ihm nicht gegönnt vom Geist der Zeit, in der er lebte."

Der Münchener Auftrag forderte, die beiden als Empfangs- und Fcsträume gedachten quadratischen Säle der Glyptothek und die zwischen ihnen liegende kleine Vorhalle mit Fresken antiken Inhalts zu schmücken. Die Auswahl der Themen scheint dem Künstler überlassen gewesen zu sein. Cornelius' Bestreben war es, die Werke antiker Kunst, die in der Glyptothek ihre Heimat finden sollten, in den Lebenszusammenhang wieder hineinzustellen, aus dem sie herausgerissen waren, und zugleich die in ihnen offenbar werdende Kraft des künstlerischen Genies zu verherrlichen — ein Gedanke, der tief in romantischer Kunst- und Lebensauffassung begründet war.

Die Themen der Eingangshalle waren Künstlerstolz, Künstlertragik und Künstlermoral. Im Rundfeld der Mitte Prometheus, das Urbild des Schaffenden. Er bildet den Menschen, den Pallas Athene beseelt. In den Lünetten zur Linken der gefesselte Prometheus, von Herakles befreit, zur Rechten Epimetheus mit Pandora, aus deren Büchse die Übel steigen. Schon hier wird deutlich, daß Cornelius die griechischen Mythen symbolisch auffaßt. Das Bilden des Künstlers bleibt — so müssen wir den Symbolgehalt der Darstellungen umschreiben — unfruchtbar ohne die beseelende Hilfe von oben. Der Künstler, durch selbstherrliche Überhebung in Fesseln geschlagen, wird durch Heldenmut wieder frei: das Los des Prometheus. Der Künstler, den Übeln der Pandora — Geldgier, Eitelkeit, Lüsternheit — verfallen, ist zur Ohnmacht verdammt: das Los des Epimetheus. Das Thema menschlichen Schöpfertums wird im Göttersaal weitergesponnen und in den Zusammenhang des Naturganzen gerückt.

Die Fresken des Göttersaales schildern die Natur. An der Decke die Elemente, Wasser, Feuer, Luft und Erde, ihnen zugeordnet der Kreislauf der Jahres- und Tageszeiten. Wie dieser Kreislauf durch die Urgewalt der Liebe bewegt und gelenkt wird (Eros bändigt die Elemente), so schildern Arabeskenfriese, die die Decke umziehen, den Sieg des Geistes über die Sinne und den Kampf von Menschen und menschenähnlichen Gebilden mit Tieren. Die Wände führen den Gedanken der Decke weiter. Den Naturreichen entsprechen die Reiche der olympischen Götter, der Erde die Unterwelt, dem Wasser die Wasserwelt, dem Feuer der Olymp. Anstelle der Luft tritt das Fenster ein. Noch einmal feiert Cornelius hier das menschliche Schöpfertum, das sich bis zu den Göttern zu erheben vermag. Herakles erzwingt sich den Eintritt in den Olymp, wo ihm Zeus die Unsterblichkeit gewährt. Poseidon und Amphitrite lauschen entzückt den Klängen des Sängers Arion. Orpheus dringt bis an die Stufen des Hades vor und vermag den Herrn der Unterwelt zu rühren.

Die Fresken des Heldensaales schildern Szenen des Trojanischen Krieges. An der Decke Ursache und Beginn, ferner die acht besten griechischen und trojanischen Helden in charakteristischen Kampfsituationen. An den Wänden der Zorn des Achilleus, der Kampf um den Leichnam des Patroklos, die Zerstörung Trojas. Auch hier müssen wir den symbolischen, ja den religiösen Grundton vernehmen: der geordneten Gottnatur des Göttersaales stellt Cornelius im Heldensaal die tragische Verstrickung der Menschennatur gegenüber. Zugleich singt er das hohe Lied der Vergänglichkeit.

Leider sind die Fresken in und nach dem zweiten Weltkrieg zerstört worden.

Gleichzeitig mit der Ausschmückung der Glyptothek hatte Cornelius den Auftrag übernommen, in dem langen Bogengang der Pinakothek, der den oberen Stock gegen Süden schloß, und der aus einer Folge von fünfundzwanzig Hängekuppeln bestand, die Geschichte der Malerei darzustellen. Cornelius hat nur die

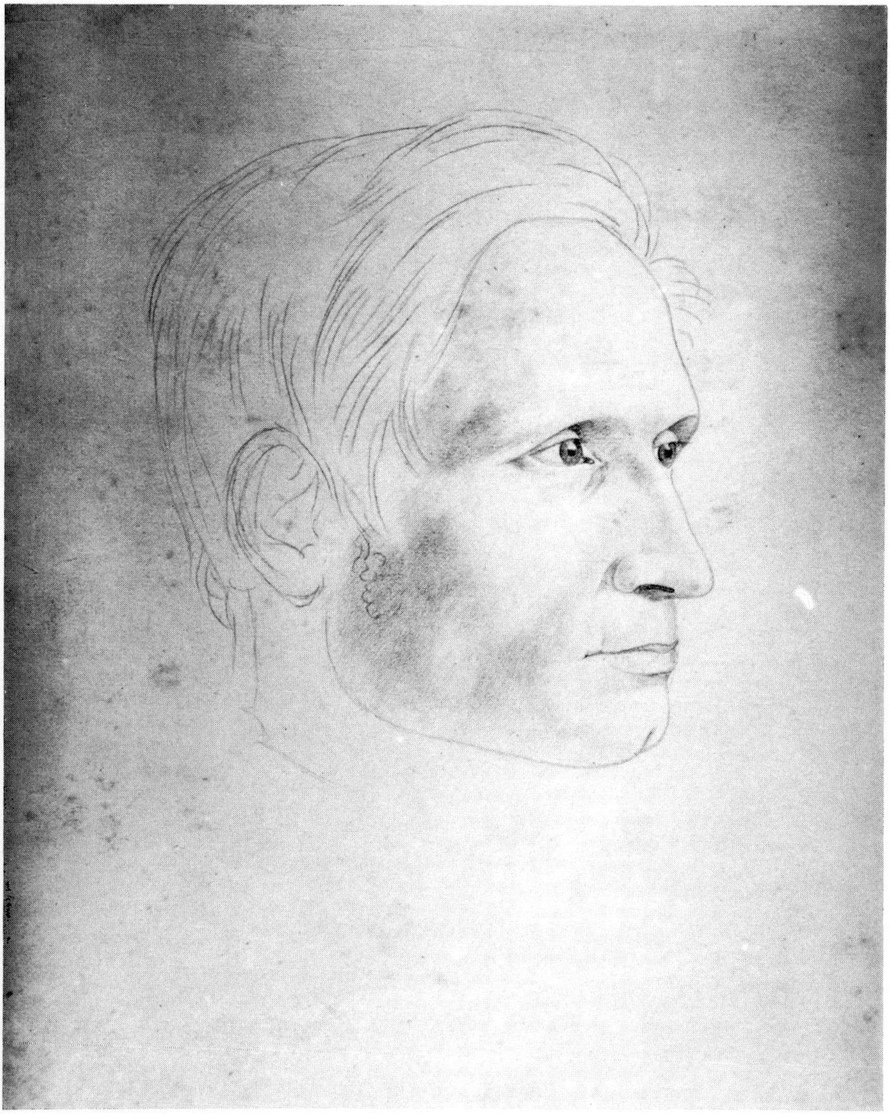

Peter Cornelius
Handzeichnung von Karl Philipp Fohr — Foto von Einem.

Die Natur ist die Frau, der Genius der Mann,
wenn beide sich in Liebe vereinen, erzeugen sie
unsterbliche Kinder, schön und herrlich wie sie selber
Dr P. v. Cornelius
Düsseldorf d. 7n August 1862

Peter v. Cornelius
Porträt von Eduard Bendemann (1862) — Foto Kunstakademie Düsseldorf.

Zeichnungen entworfen. Die Ausführung durch Schülerhand ist ebenfalls im zweiten Weltkrieg vernichtet worden.

VII.

Schon vor Abschluß der Glyptothekfresken sehen wir Cornelius mit dem Plan eines großen christlichen Zyklus beschäftigt. Die Anfänge dieses Planes gehen bis in seine römische Zeit zurück. Die Beschäftigung mit ihm begleitet seine Arbeit an den Glyptothekfresken. Dieses Nebeneinander wirft auch auf sie erst das rechte Licht. Bei diesem Plan handelt es sich nach des Künstlers Worten „um eine große christliche Konzeption, die sich ganz auf die Heilige Schrift basieren würde, vom Abfall der Engel bis zum Ende der Dinge (Apokalypse), das ganze Leben Christi gleichsam als Herz und Zentrum und sein endlicher Sieg in der Anbetung des Lammes als Schlußstein des Ganzen gesetzt. Als Einleitung die Zeit der Patriarchen (das Alte Testament überhaupt)."

Wir wissen nicht, wie weit der bayrische König in diesen Plan eingeweiht war und ihm Rechnung tragen wollte, als er Cornelius den Auftrag in Aussicht stellte, das Innere der neu zu erbauenden St.-Ludwigs-Kirche in München auszumalen. Cornelius jedenfalls glaubte nun den Augenblick der Erfüllung seiner eigentlichen Lebensaufgabe gekommen. Der Freundin Emilie Lindner schrieb er nach Basel: „Denken Sie sich mein Glück! Ich soll nach Vollendung der Glyptothek eine Kirche ausmalen. Schon seit sechzehn Jahren trage ich mich herum mit einem christlichen Epos in der Malerei, mit einer gemalten Commedia Divina, und ich hatte häufig Stunden und ganze Zeiten, wo es mir schien, ich wäre dazu ausersehen. Und nun tritt die himmlische Geliebte als Braut mir in aller Schönheit entgegen. Welchen Sterblichen soll ich nun noch beneiden? Das Universum öffnet sich vor meinen Augen. Ich sehe Himmel, Erde und Hölle; ich sehe Vergangenheit, Gegenwart und Zukunft. Ich stehe auf dem Sinai und sehe das Neue Jerusalem. Ich bin trunken und doch besonnen."

Zum zweiten Male schienen König Ludwigs und Cornelius' Wünsche in fruchtbarer Weise zusammenzutreffen. Die antike Aufgabe des Glyptotheksdmuckes hatte den Künstler aus der engen Umgrenzung des Lukasbundes herausgeführt und ihm den Zugang zu einer Welt eröffnet, in der er sich bald völlig zu Hause fühlte. Die neue Aufgabe wies ihn auf seinen christlichen Ausgangspunkt zurück, ja, zwang ihn geradezu, eine Synthese von Antike und Christentum zu suchen.

Cornelius' Plan, der sich auf den Schmuck der ganzen Kirche bezog, kam freilich nicht zustande. Der König schreckte vor ihm zurück und räumte dem Künstler nur Wände und Decke von Presbyterium und Kreuz für „einen zusammenhängenden Zyklus von bildlichen Darstellungen aus der christlichen Religionsgeschichte" ein. Das war für Cornelius ein harter Schlag. Aber es ist für seine

Willens- und Tatkraft charakteristisch, daß er nicht resignierte, sondern sofort einen neuen Plan entwarf, der, ohne von seinem inneren Anspruch abzulassen, auf die Erfüllung der gestellten Aufgabe abzielte. „Das Feld" — so schrieb er dem König — „das Sie mir angewiesen, ist dennoch unermeßlich!"

Cornelius entwarf nunmehr für Querschiff und Presbyterium einen Zyklus, der die Offenbarung des dreieinigen Gottes vor, in und nach der Zeit, Weltschöpfung und Weltordnung durch den Vater, das Erlösungswerk des Sohnes, Gründung und Erhaltung der Kirche durch den Heiligen Geist und endlich das Jüngste Gericht zum Thema hat.

Gedankenführung und architektonisch-dekorative Gliederung stehen wieder in innigem Bezug. Den Decken ist das himmlische Geschehen eingeräumt. Über dem Hochaltar das Wirken Gottvaters, im Querschiff das Wirken des Heiligen Geistes. Die Wände des Querschiffes schildern das Erlösungswerk Christi auf Erden in seinen Hauptmomenten: Verkündigung, Geburt, Tod und Auferstehung (das noli me tangere). Die Abschlußwand des Chores zeigt die Wiederkunft Christi am Jüngsten Tag, Gericht, Aufstieg der Seligen, Sturz der Verdammten (Abb.). — Die Ludwigsfresken haben den zweiten Weltkrieg überstanden.

Anspruch und Ziel seiner neuen Arbeit hat Cornelius wie folgt umschrieben: „Die Ludwigskirche ist die Kirche der Zukunft! Von meiner Hand wird sie nichts erhalten, wozu nicht jeder Protestant, solange er noch Christ ist, sich mit Überzeugung bekennen kann. Ich möchte mich auch nicht einmal in den alten Formen ausdrücken: aber freilich! was ich Neues bringe, muß mit dem Alten naturwüchsig verbunden sein, wie der junge Zweig mit dem Ast, dem Stamm und der Wurzel." Diese Worte geben den Schlüssel zum geschichtlichen Verständnis der gedanklichen und bildnerischen Absichten, die Cornelius hier verfolgt hat. Wie er in der Glyptothek die Welt der Antike nicht als etwas Abgeschlossenes, Vergangenes, das es nur zu reproduzieren galt, sondern als etwas lebendig Fortwirkendes, Gegenwärtiges aufgefaßt hatte, so war es ihm auch hier nicht darum zu tun, etwas Altes bloß nachzuahmen oder zu erneuern, sondern aus den Elementen des Alten etwas zukunftsträchtig Neues selbständig zu bilden. Dabei mußte sich ihm mit Notwendigkeit die Aufgabe stellen, eine Synthese jener beiden getrennten Welten herbeizuführen. Wie in der Glyptothek die Antike gleichsam schon aus christlichem Geiste gedeutet worden war, so bleibt in seinen späteren christlichen Schöpfungen die Nähe der Antike spürbar. Das bewahrte sie vor geistiger Enge und gab ihrer Formensprache das Mächtige, das sie vor den übrigen Romantikern auszeichnet. Aber noch mehr. Wie immer in Cornelius' Entwicklung, so bedeutet der neue Stoff zugleich den Griff nach einem höheren Gestaltungsziel.

Cornelius hatte bei seinem Versuch, die Monumentalmalerei zu erneuern, das Ziel verfolgt, die im Klassizismus verlorene alte Einheit des Gedanklichen und

Dekorativen wiederherzustellen. Sein Dantezyklus war der erste Schritt zur Erreichung dieses Zieles. Die Richtung, die er damals eingeschlagen, hat er nicht mehr verlassen. Aber innerhalb dieser Richtung beobachten wir eine deutliche Entwicklung. Noch im Casino Massimo hatte ihm — wie den anderen Lukasbrüdern — die gebundene Formensprache der Primitiven als Mittel symbolischen Ausdrucks gedient. Von ihr hatte er sich in den Glyptothekfresken freigemacht. Diese Befreiung hatte seiner Kunst ihre Weite und ihren großen Atem gegeben. Aber sie hatte eine Gefahr mit sich gebracht. In der neuen Freiheit drohte der Gewinn jener früheren Bindung, die so heiß ersehnte und so leidenschaftlich angestrebte Fähigkeit symbolischen Ausdrucks wieder verloren zu gehen — eine Gefahr, die Cornelius' Ethos in den Glyptothekfresken zu bannen wußte, die aber bei seinen Schülern, die seinem Wege zu folgen suchten, offenbar wird. In den Ludwigsfresken rang Cornelius nun darum, das Symbolische auf einer höheren Stufe zu verwirklichen, den Gewinn der Glyptothekfresken nicht preiszugeben, aber über sie in der alten Richtung hinauszugehen. Dabei sind Stoff und Behandlung nicht zu trennen. Es ist gewiß kein Zufall, daß es die christliche Stoffwelt war, die ihn zu diesem Schritt trieb, aber wenn wir uns von den Glyptothekfresken zu den Fresken der Ludwigskirche wenden, so weht uns aus dem neuen Stoff doch eben auch dieser neue Geist entgegen, den wir von Cornelius' Entwicklung her als höhere Stufe ansprechen müssen.

Ganz eigenhändig ist allein das Fresko des Jüngsten Gerichtes an der Abschlußwand des Chores. Es ist nicht nur ein Höhepunkt der deutschen Romantik, sondern ein Höhepunkt der deutschen Kunst des 19. Jahrhunderts überhaupt. Wer wäre später noch in der Lage gewesen, einer so großen Aufgabe gerecht zu werden!

Das Thema war wie geschaffen für Cornelius. Der tiefe gedankliche Gehalt, den nur eine symbolische Darstellung ganz auszuschöpfen vermag, dazu das dramatische Geschehen des Gerichtes mußten seinen Geist und seine Phantasie auf das höchste anspannen. Es gehört zu den Glücksfällen in seinem Leben, daß ihm die Gelegenheit der monumentalen Ausführung dieses Werkes gegeben worden ist. „Ich darf Ihnen sagen!" — so schrieb er der Basler Freundin während der Arbeit an dem Karton aus Rom — „daß ich eine selige Zeit, die Hochzeit, die Erfüllung meiner heiligsten Wünsche hier feiere. Wie wenig Menschen erlangen ein solches Glück! und wie wenig ist diese Welt geeignet zu solcher Erfüllung!" Das vollendete Werk hat er das „beachtenswerteste Ergebnis seines Lebens" genannt.

Die riesige Fläche (größer als die Fläche, die Michelangelo in der Sixtinischen Kapelle für das Gerichtsfresko zur Verfügung stand) ist in drei Zonen geteilt. Oben thront Christus vor einer kreisrunden Glorie auf Wolken, die Arme ausgebreitet, den rechten zum Segen, den linken zur Verdammnis. Im Halbkreis umgeben ihn Heilige des alten und neuen Bundes. Maria und Johannes d. T.

knien fürbittend zu seinen Füßen. Über ihm schweben Engel mit den Marterwerkzeugen, unter ihm sitzt inmitten der vier Gerichtsengel, die die Posaune blasen, der Engel mit dem Buch des Lebens und des Todes. In der unteren Zone steht, aus der Mitte ein wenig nach links gerückt, der hl. Michael auf Wolken mit hocherhobenen Armen, die Schwert und Schild tragen. Links Selige: zwei Freundinnen, die sich umschlungen halten, ein Liebespaar, das von einem Engel bekränzt wird, eine Gruppe von Männern (unter ihnen König Ludwig als Stifter) mit einem Engel. Ganz vorn ein Engel, der schützend sein Schwert über eine Frau hält, die Hilfe suchend vor einem Teufel zu ihm geflohen ist. Rechts Verdammte in mannigfachen Stellungen und Gebärden, die von Teufeln gepackt werden. Zwischen diesen beiden Zonen vollzieht sich in mittlerer Zone der Aufstieg der Seligen und der Sturz der Verdammten. Die Seligen, unter ihnen Dante und Fra Angelico, ein Papst und ein Fürst, schweben, von Engeln geleitet, nach oben und werden von Engeln willkommen geheißen. Die Verdammten werden in ihrem Zug nach oben von Engeln aufgehalten und von Teufeln in die Tiefe gezogen. Unter ihnen die Vertreter der Todsünden: der Hochmütige, ein König, dem ein Teufel die Krone tief in die Stirn drückt, daß das Blut über das geängstigte Antlitz fließt, der Neidische, der Schlemmer, der Geizige, der zornig Wütende, die Wollüstige, der Träge. Rechts thront der geflügelte Höllenfürst und setzt seinen Fuß auf die Verräter Judas Ischarioth und Segestes.

Die Aufteilung in drei Zonen und der Gedanke des Aufstiegs der Seligen und des Sturzes der Verdammten ist durch das große Vorbild Michelangelos in der Sixtinischen Kapelle angeregt worden. Auch das Größenverhältnis der Figuren ist nicht unähnlich. Cornelius verkleinert die oberen Partien nicht, wie es perspektivisch erforderlich gewesen wäre, sondern steigert ihren Maßstab. Christus wird sogar noch einmal über Engel und Heilige hinausgehoben. Ziel und Gehalt des Werkes sind aber völlig andere.

Bewegung und Geschehen haben nur stellvertretenden Wert. Nicht so sehr das Ereignis wie der Gedanke des Gerichtes ist das Thema. Die Bildfläche ist durch Betonung der Mittelachse, Auswägen der Seiten, Ausgleich vertikaler und horizontaler Formen klar gegliedert und trägt zugleich der architektonischen Funktion des Bildes als Schlußakkord in der Mittelachse der Kirche Rechnung. Der Aufbau der Zonen hat in seiner Stufung von unten nach oben etwas dogmatisch Lehrhaftes. Die Unheimlichkeit des Geschehens (bei Michelangelo das eigentliche Thema) ist kaum mehr spürbar, das alttestamentliche Tremendum dem versöhnlicheren Geiste des Neuen Testamentes gewichen. Christus ist nicht nur Richter, sondern Herr der triumphierenden Kirche, die als feierliches Tribunal um ihn versammelt ist. Sein Antlitz, die Gebärde beider Arme gelten nicht so sehr dem Geschehen zu seinen Füßen, sondern sind in die Ferne auf die Gemeinde gerichtet. Es ist, als sei sie mit zum Gericht gerufen. Unter Christus, Vollzugsorgane seines Willens, die Engel des Gerichtes und der hl. Michael. Sie setzen die Vertikale der Mitte nach unten fort. Zugleich steigern sie durch ihr geringes Maß und die Verhaltenheit ihrer Bewegung Größe und Freiheit von Christi Gebärde. Aufstieg der Seligen und Sturz der Verdammten fügen sich dem strengen Aufbau ein, ohne sein Gleichgewicht zu erschüttern. Nur die leise Verschiebung Michaels aus der Bildmitte gibt der Bewegung den Schein selbständigen Lebens.

VIII.

Daß König Ludwig nicht mehr, wie zehn Jahre früher, dem Künstler willig und begeistert folgte, hat nicht nur persönliche Gründe. Deutlich spüren wir die Wende der Zeit. Der reiche Sommer, von dem Cornelius im Bunde mit seinen römischen Gefährten geträumt hatte, war ausgeblieben, die reine Blütensaat des Frühlings nicht aufgegangen. Die Romantik als lebendige Bewegung neigte sich nach 1830 ihrem Ende zu. Historienmalerei und Genremalerei folgten, gegen die dann die oppositionelle Kunst der späteren Deutschrömer und des Leiblkreises den Kampf aufnahm. Cornelius trauerte über den „allgemeinen Schiffbruch der Kunst". „Diese Generation" — so schrieb er an Moritz von Schwind — „verwüstet mit plunderhafter Gemeinheit den Boden, den die höchste Begeisterung und reinste Liebe geschaffen hat." Wir müssen diese Zeitsituation bedenken, um die zweite Hälfte von Cornelius' Schaffen zu begreifen. Cornelius wurde nicht mehr von seiner Zeit getragen, sondern begann, gegen sie zu stehen. Aber seine Kräfte erlahmten nicht. Es scheint vielmehr, als wären sie mit den Widerständen gewachsen. Die zweite Hälfte seines Lebens bietet ein Schauspiel, dessen Unheimlichkeit auch den Zeitgenossen nicht verborgen geblieben ist. „Cornelius ist ein Schöpfer," — so urteilte Heinrich Heine 1828 — „doch betrachten wir seine Geschöpfe, so will es uns bedünken, als könnten sie alle nicht lange leben, als seien sie eine Stunde vor ihrem Tod gemalt, als trügen sie alle die bewußte Ahnung des Sterbens." Auch Heines weitere Sätze verdienen unsere Aufmerksamkeit. „Ach, er ist nicht bloß der einzige große Maler, der jetzt lebt, sondern vielleicht auch der letzte, der auf dieser Erde malen wird. — Seine Hand ist eine lichte einsame Geisterhand in der Nacht der Kunst, und die Bilder, die sie malt, tragen die unheimliche Trauer einer solchen ernsten, schroffen Abgeschiedenheit" (H. Heine, Italien I, Kap. 33).

Die innere Folgerichtigkeit von Cornelius' Weg offenbart sich in der zweiten Hälfte seines Lebens noch erstaunlicher. Aus seinen Niederlagen ging der Künstler ungebrochen, ja, innerlich als Sieger hervor. Als es längst feststand, daß er auch in Berlin sein Lebenswerk nicht zur Vollendung bringen konnte, gab er es dennoch nicht verloren, sondern arbeitete an ihm weiter, bis der Tod ihm den Stift aus der Hand nahm. Endlich segnete er diese letzte, schwerste Prüfung, weil sie seine Kräfte von allen beengenden Fesseln frei machte. „Es hat mich früher oft sehr gegrämt" — so sagte der Greis 1865 zu Herman Grimm — „daß nicht gemalt worden ist. Jetzt bin ich darüber hinaus und, wenn ich mich recht bedenke, ist es ein Glück, daß es so kam. Ich habe so alle meine Kräfte dem zuwenden können, was meine eigentliche Stärke, mein eigentliches, eigentümliches Handwerk ist, worin ich etwas kann und leiste, und habe diese Kartons geschaffen, die tausend Jahre dauern können."

Widerstand und Kampf waren das Element, das Cornelius zu seiner Entfaltung brauchte. Nicht mit Unrecht hat er sich mit Herkules verglichen, „der beim Eintritt in den Olymp zuerst der Juno die Hand geküßt und, als die ihm freundlichen Götter darüber erstaunt gewesen, gesagt habe, daß er ohne deren Feindschaft und die Arbeiten, die diese ihm bereitet, kein Gott geworden wäre".

Cornelius hatte den Gedanken eines christlichen Epos nicht aufgegeben. Nach Ablehnung seines großen Planes schrieb er an Köing Ludwig: „Mir und der Kunst bin ich schuldig, dereinst das Ganze, wie ich mir's gedacht, zu entwerfen." Als er 1840 nach dem Bruch mit König Ludwig dem Preußenkönig Friedrich Wilhelm IV. seine Dienste antrug, ging es ihm einzig darum, seinen alten Plan durchzusetzen. „Möchte das, was ich seit geraumer Zeit mit mir herumtrage, mit den erhabenen Absichten Seiner Majestät in Einklang sein! Möchte er mir zur Ausführung diejenige Muße gönnen, die zu einem Werk von solchem Umfang nötig ist!" Er täuschte sich nicht. Friedrich Wilhelm, der Romantiker auf dem preußischen Königsthron, von dem lebhaften Wunsche erfüllt, „den Glanz seiner Regierung dadurch zu begründen, daß er die großen Geister seiner Zeit, die Schöpfer erhabener Kunstwerke um sich versammelte", war glücklich, Cornelius für Preußen zurückzugewinnen. Der Gedanke des christlichen Epos traf mit seinen Plänen, den Gegensatz der Konfessionen zu überbrücken, zusammen. So gab er dem Künstler den Auftrag, mit ihm die Friedhofshalle des für Berlin geplanten Domneubaues, die ihm nach dem Vorbild des Campo santo in Pisa vorschwebte, zu schmücken. Noch einmal in der deutschen Kunstgeschichte schien durch die Harmonie von Auftraggeber und Künstler die Gewähr einer großen künstlerischen Tat gegeben zu sein. Denn auch den Künstler beflügelte die Aussicht, die sich ihm bot, zur Anspannung aller Kräfte. Noch von München aus schrieb er an Bunsen in Berlin: „Ich darf es aussprechen, mein Geist ist nicht nur noch nicht erschöpft, sondern es öffnen sich mir immer neue Regionen."

Die Zukunft freilich trog diese Erwartungen. Die Stürme der Revolution von 1848 brachten den Plan von König und Künstler zum Scheitern. Nicht nur, daß dem König Wille und Kraft fehlten, den Widerständen der Zeit zu begegnen, das Band, das den Künstler noch mit seiner Zeit verknüpfte, zerriß nun endgültig. „Sein Publikum war rein zerstoben und zerstreut und kam nie wieder zum Vorschein. Seine Kompositionen nahmen den Anschein von Rätseln an, über deren Lösung nachzusinnen niemand mehr Lust noch Zeit hatte. Es war aus mit ihm" (Herman Grimm). Trotzdem müssen wir die Berliner Zeit den Höhepunkt in Cornelius' Leben nennen. Wenn er auch sein christliches Epos gleichsam in den luftleeren Raum hineinstellen mußte, hat er es dennoch als Konzeption vollendet. Es ist das letzte große Vermächtnis der deutschen Romantik.

Der Künstler ging von der Tatsache der Grabesstätte aus und entwickelte aus ihr — freilich in dem universalen Gedankengang, der ihm für sein Epos vorschwebte — Hoffnung und Gewißheit des christlichen Glaubens... „Das Walten der göttlichen Gnade der Menschheit gegenüber, die Erlösung von Sünden, Verderben und Tod, der Sieg des Lebens und der Unsterblichkeit wird" (wie es in der Beschreibung Theodor Brüggemanns von 1848 heißt) „dem Auge des Beschauenden in ernsten Bildern vorgeführt, die ihn mit dem erhebenden Bewußtsein des Ewigen in ihm selbst erfüllen und hier, an der Stätte der Toten, auffordern sollen, einzustimmen in den Jubelruf des Apostels: Tod, wo ist dein Stachel, Hölle, wo ist dein Sieg!"

Zwischen den Hauptbildern, die den systematischen Gedankengang veranschaulichen, gibt Cornelius in monumentalen Einzelfiguren, über alle vier Wände fortlaufend, dennoch in deutlichem Bezug zu den ihnen benachbarten Bildern, die Verkörperung der acht Seligkeiten. Sie enthalten die Tugenden, die für jeden Christen notwendig sind, um der Seligkeit und Gnade teilhaftig zu werden.

Die Durchführung ist von größtem Reichtum. Der Fülle der Gestalten, der Vielfalt gedanklicher und dichterischer Motive könnte nur eine eingehende, Bild für Bild einzeln betrachtende Deutung gerecht werden. Jede Wand ist in sich eine gedankliche Einheit. Innerhalb der Wände sind die Bilder genau aufeinander abgestimmt. Jedes einzelne Bild wiederum ist ein übergreifender Zusammenhang, der sich aus Hauptdarstellung, Lünette und Predella zusammensetzt. Die Hauptdarstellung gibt das eigentliche Thema. Die Lünette führt es fort oder variiert es, die Predella gibt meist eine Antithese. Der Betrachter wird gezwungen, immer wieder vom Einzelnen zum Ganzen fortzuschreiten und vom Ganzen zum Einzelnen zurückzukehren. Auch hier haben die Seligpreisungen ihre wichtige Aufgabe. Sie fassen das vielfältige Einzelne groß zusammen, verbinden und trennen es.

Die Glyptothekfresken hatten zum ersten Mal die Formelhaftigkeit und Gebundenheit der Frühwerke gesprengt. Ihre Freiheit war im Aufblick zur Kunst des reifen Raffael und seines Kreises erreicht worden. Die Antike selbst war Cornelius noch fern geblieben; vielmehr hatte er sie allein mit Raffaels Augen gesehen. So sehr Cornelius später an der Formenwelt des 16. Jahrhunderts festhielt, steht doch hinter dem Camposantozyklus als etwas Neues die Begegnung mit der Antike selbst, und zwar nicht mit der späteren Antike, die in der Nachfolge Winckelmanns der Klassizismus allein gekannt hatte, sondern mit der klassischen Antike der Parthenonskulpturen. Im Jahre 1841 hatte Cornelius sie in London kennengelernt. Seit dieser Zeit datierte ihre Wirkung. „Wie ich die Arbeiten des Phidias gesehen, ist eine neue Welt in mir aufgegangen; ich habe sie studiert und erfaßt. In den Apokalyptischen Reitern steckt ein Stück vom Phidias, aber die trockenen Archäologen empfinden das nicht."

Allein die im Weimarer Schloßmuseum befindlichen Entwürfe lassen uns die gedanklich-künstlerische Leistung von Cornelius' letztem Zyklus erkennen. Nach ihnen fertigte er die Kartons an, die fast nicht mehr als Vorbereitung der Wandbilder, sondern als Selbstzweck angesprochen werden müssen. Die Arbeit an diesen Kartons zog sich über zwanzig Jahre hin und ist von Cornelius nicht mehr zu Ende gebracht worden. Die Kartons aus dem Besitz der Berliner Nationalgalerie sind zum größten Teil seit Ende des zweiten Weltkrieges verschwunden.

Von den Kartons war, was Einheit von Erfindung und künstlerischer Durchbildung betrifft, der Zug der Apokalyptischen Reiter der eindrucksvollste (Abb.). Noch einmal begegnet Cornelius hier dem Ideal seiner Jugend, Dürer. Diese letzte Begegnung ist genau so frei wie die letzten Begegnungen mit Raffael, Michelangelo und der Antike. Was ihn mit Dürer verbindet, ist die Glut, gepaart mit Strenge, in der er schon früh Dürers Wesen erkannt hatte. Was ihn von Dürer trennt, ist das „Stück Phidias", das er dem lebenslangen Umgang mit der Kunst des Südens und dem Erlebnis seiner englischen Reise verdankte.

In Dürers Holzschnitt der Apokalyptischen Reiter bewundern wir die naive Kraft in der Schilderung der dämonischen Wesen, ihres Aussehens, der Vehemenz ihrer Bewegungen, des Dunkels, aus dem sie kommen! Die Grenzen von Wirklichem und Unwirklichem sind aufgehoben. Die Wolken sind wie wirbelnder Staub, die fliegenden Mäntel, die Mähnen der Rosse wie Flammen. Unbekümmert stürmt der Zug vorwärts. Die Menschen sind nicht viel mehr als Attribute der Reiter. Die Übergewalt des Dämonischen, die Nichtigkeit des Menschen will Dürer darstellen. Er schildert wie ein Epiker, ohne Pathos und gleichsam ohne Mitleid. Cornelius fehlt diese naive Kraft der Vergegenwärtigung des Dämonischen vollständig. Seine Reiter haben nicht eigentlich etwas Gespenstisches. Sie sind keine dämonischen Wesen, an deren Existenz wir unmittelbar glauben könnten. Erst aus dem Gegensatz zu der Welt, die sie vernichten, ziehen sie ihre übermenschliche Kraft. Ja, von ihr aus — gleichsam als Gegenkräfte des Menschen — sind sie allein zu verstehen. Cornelius schildert mit hohem Pathos und innerstem Mitgefühl das tragische Los des unterliegenden Menschen. Der heiße Atem des Münchener Heldensaales weht durch das Bild.

Dem tragischen Bild der Zerstörung stellt Cornelius in der „Herabkunft des neuen Jerusalem" das versöhnliche Bild hoffnungsvoller Verheißung entgegen. Hier, wo die Tradition kein Vorbild bereithielt, an das der Künstler hätte anschließen können, ist die Kraft dichterischer Erfindung noch erstaunlicher. Sie

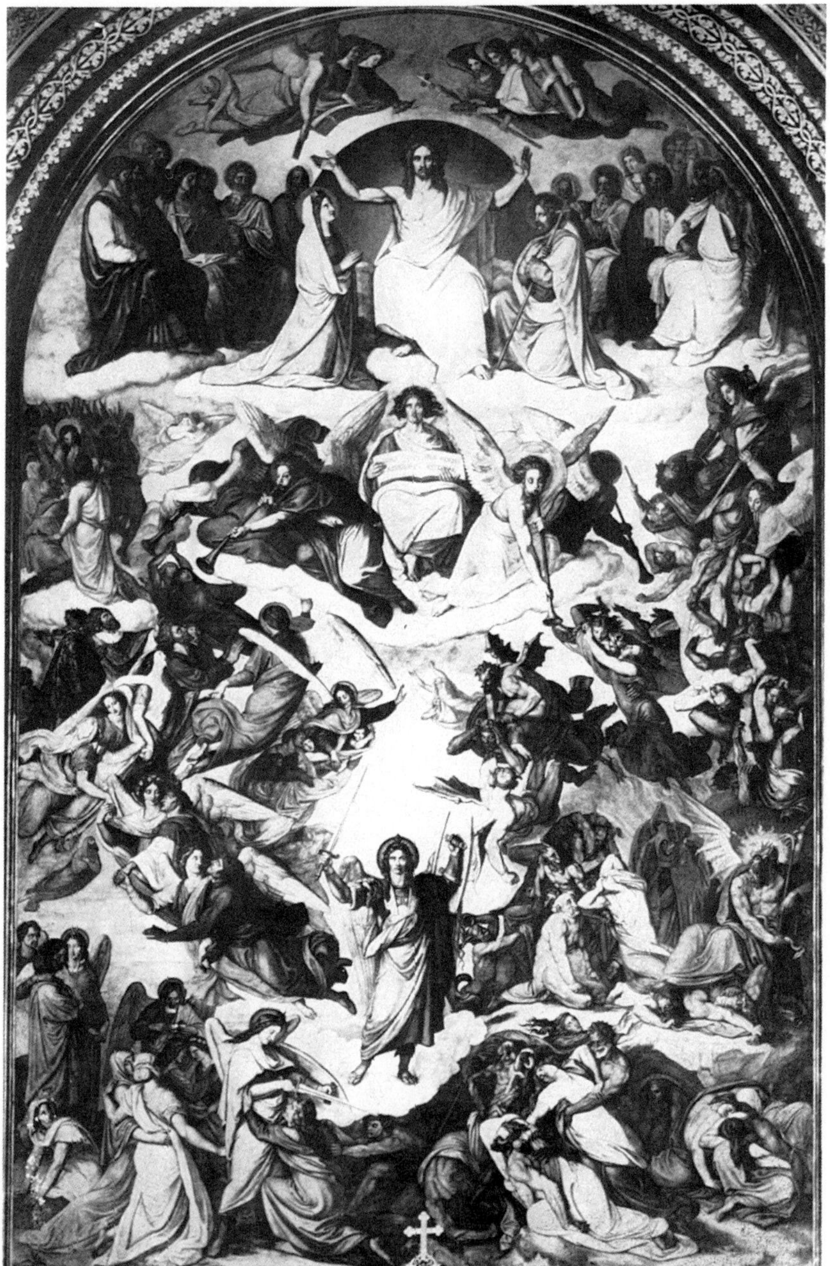

München, Ludwigskirche (1823—1844) — Innen: Fresko von Peter v. Cornelius (1835—1840) — An der D-Wand: Jüngstes Gericht
Foto Marburg, Institut für Kunstwissenschaft, Archiv-Nr. 121332.

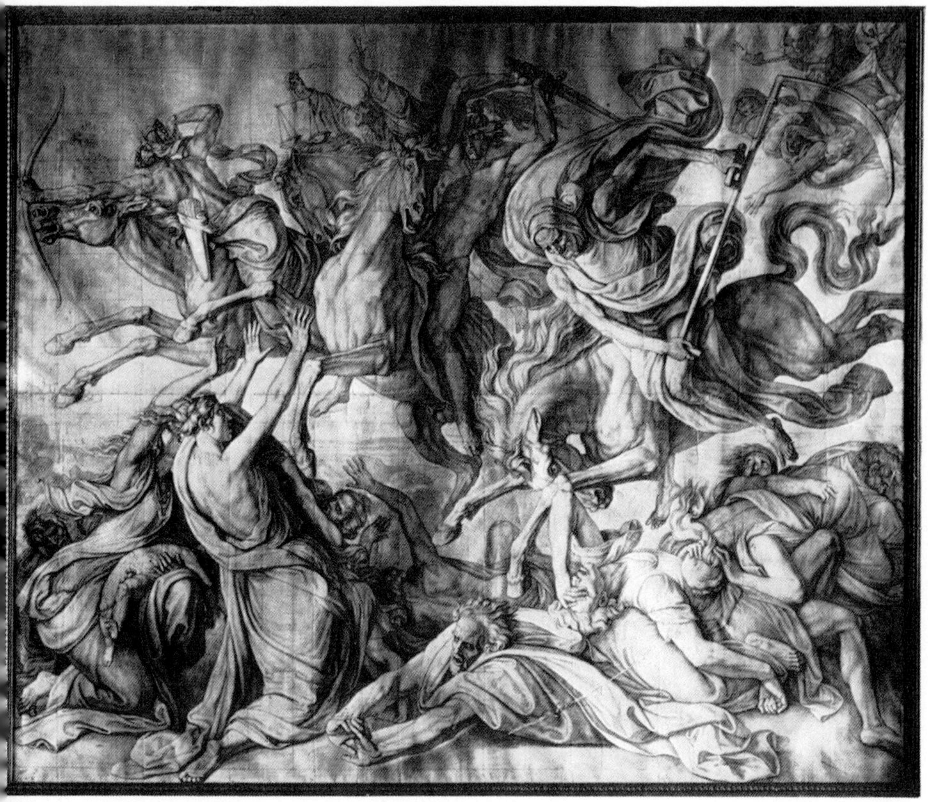

Peter v. Cornelius, Die apokalyptischen Reiter
Kohle 472 : 588 cm. — Kriegsverlust — Foto Berlin, Kupferstichkabinett und Sammlung der Zeichnungen.

kommt freilich nur noch in dem Entwurf rein zum Ausdruck. Links ein felsiges Eiland. Auf ihm hocken die von der Katastrophe übrig gebliebenen letzten Menschen: ein Greis, ein Jüngling, Frauen und Kinder. Der Greis und der Jüngling in tiefen Betrachtungen, die Frauen in dumpfer Ergebung. Die Kinder aber sehen auf und erblicken schon die rettende Erscheinung: die königliche Jungfrau mit der Kreuzesfahne in der Hand, die, von Engeln getragen, heranschwebt, das Sinnbild des neuen Jerusalem, wie es der apokalyptische Sänger beschreibt. Im Hintergrund, zart angedeutet, nahen Schiffe mit den Königen der Erde, die die Braut begrüßen.

Eines besonderen Wortes bedürfen die Seligkeiten, von denen im Karton freilich nur zwei ausgeführt worden sind. Der Inhalt der Bibelworte gibt das Motiv für Stellung und Gebärde der Hauptfigur und für Bewegung und Tun der Putten, die mit den Hauptfiguren zusammen die monumentalen Gruppen ausmachen. Die symbolische Deutung ist von zarter Zurückhaltung, die plastische Durchbildung dagegen von einer statuarischen Größe und einem Reichtum der Motive, so daß man den Wunsch des Bildhauers Rauch verstehen kann, der Cornelius verschiedentlich darum anging, sie ihm zur Ausführung als Skulptur zu überlassen.

IX.

Allein in Peter Cornelius' Werk hat die bildende Kunst der deutschen Romantik europäische Geltung gewonnen. „Würdevoll haben Sie" — so hat der französische Bildhauer David d'Angers dem Künstler geschrieben — „Wünsche und Gedanken ausgedrückt, die allen gebildeten und künstlerischen Geistern der großen europäischen Familie verständlich sein müssen. Tröstlich ist der Gedanke, daß die Völker endlich zu der Einsicht gelangen, der kleinliche Ehrgeiz, der sie nur zu oft entzweit hat, darf nicht mehr dauern, und nur das edle Gefühl des Wettstreits um das Große und Erhabene soll unter ihnen bestehen."

Wie sehr aber Cornelius seine Zeit überlebt hatte, geht aus Worten Herman Grimms nach dem Tode des Künstlers hervor: „Cornelius verschwand, wie ein alter Dom zusammenstürzt, in dem schon lange kein Gottesdienst mehr gehalten ward."

Der Maler Wilhelm Steinhausen hat den alten Künstler in Berlin geschildert: „Wenn ich morgens den weiten Weg von der Lützowstraße zur Akademie Unter den Linden ging, da konnte ich einige Male am Brandenburger Tor einen alten kleinen Mann sehen, der von einer jugendlichen Frau sorgsam geführt wurde. Ein Blick nur, und ich wußte, wer dieser Mann war. Unauslöschlich hat sich seine Gestalt mir eingeprägt, es war Cornelius. Seine Augen schienen groß in Unergründliches zu schauen. Sie lagen tief unter der mächtigen Stirn, nicht mehr zu den Lebenden schien er zu gehören, das Leben um ihn berührte ihn nicht mehr. — Und er war auch von ihm vergessen. Wer kümmerte sich in Berlin

noch um Cornelius und um seine Kunst? Nur wie spottend sprach man von ihm. Die Mauern des Campo Santo ragten wohl am Dom empor, die Kartons waren gezeichnet, aber man wußte, daß alles Ruinen bleiben sollten."
Cornelius war Mitglied vieler Kunstakademien (Berlin, München, Wien, Kassel, Amsterdam, Florenz, Urbino, Paris, Philadelphia u. a.), Ehrendoktor der Philosophischen Fakultät der Akademie von Münster (1844), Meister des Freien Deutschen Hochstifts in Frankfurt a. M. (1859), Vizekanzler (seit 1842) und Kanzler (seit 1862) des Ordens Pour le Mérite für Wissenschaften und Künste. Am 6. März 1867 ist Peter Cornelius in Berlin gestorben. Auf dem katholischen Friedhof an der Liesenstraße hat er seine letzte Ruhe gefunden.

QUELLEN UND LITERATUR

Werkverzeichnis: *H. Riegel*, 1866 und 1883.
Literatur: *H. Grimm*, Berlin und Peter Cornelius, Neue Essays 1865.
H. Grimm, Die Kartons von Peter Cornelius, Neue Essays, S. 300.
H. Grimm, Cornelius und die ersten fünfzig Jahre nach 1800. Fünfzehn Esseys, Neue Folge (Berlin 1875).
H. Riegel, Cornelius, der Meister der deutschen Malerei (Hannover 1866).
H. Riegel, Peter Cornelius, Festschrift (1883), darin Stimmtafel der Familie Cornelius aus Düsseldorf sowie Angaben über die drei Ehen von Peter Cornelius und die Nachkommen.
A. Frhr. v. Wolzogen, Peter v. Cornelius (Berlin 1867).
E. Förster, Peter v. Cornelius, 2 Bde. (Berlin 1874).
A. Kuhn, Die Faustillustrationen des Peter Cornelius in ihrer Beziehung zur deutschen Nationalbewegung der Romantik (Berlin 1916).
A. Kuhn, Peter Cornelius und die geistigen Strömungen seiner Zeit (Berlin 1921).
K. Simon, Aus Peter Cornelius' Frankfurter Tagen (Zeitschrift für bildende Kunst, 1917).
E. Firmenich-Richartz, Peter Cornelius und die Romantik (Hochland 1920).
K. Koetschau, Peter Cornelius in seiner Vollendung (Düsseldorf 1934).
H. v. Einem, Peter Cornelius (Wallraf-Richartz-Jahrbuch 1954).

THEODOR FLIEDNER

(1800—1864)

Von Anna Sticker

Im Oktober 1855 verlieh die Universität Bonn Theodor Fliedner, dem Pfarrer der evangelischen Gemeinde Kaiserswerth, den theologischen Ehrendoktor. Die Laudatio bezeichnet ihn als eine „Zierde (decus) nicht nur der rheinischen, sondern der ganzen evangelischen Kirche"; er wird genannt „der Gründer der Diakonissenanstalt, ihr allezeit erfolgreicher Leiter, ein überaus erfinderischer Fürsorger allen Elends und auch sein bester Fürsprecher durch die Schriften, die er herausgegeben hat".

Fredrika Bremer, eine schwedische Romanschriftstellerin und frühe Vorkämpferin der Frauenrechte, Zeitgenossin Fliedners, berichtete 1846, ihr sei „das Fliednersche Diakonisseninstitut als ein Wikingwerk der Zeit" genannt worden.

I.

Pfarrer Theodor Fliedner hatte die Forderungen seiner Zeit, des beginnenden Industriezeitalters erkannt. Mit seinem Werk suchte er dem Massenelend der Unterschicht und der Funktionsleere der unverheirateten Frau des Bürgertums gleichzeitig zu begegnen. Er begriff die Nachfrage der Gesellschaft und bot in seinem Frauenbildungswerk das an, was die Zukunft erforderte, damit die christliche Gemeinde und mit ihr die Gesellschaft bestehen könne. Daraus erklärt sich die Größe seines Erfolgs.

Hinzu kommt, daß gerade die Rheinlande, die im Wiener Kongreß 1815 an Preußen gefallen waren, besondere Möglichkeiten boten. Denn Frankreich hatte in den linksrheinischen Gebieten die alten Monopole und Privilegien beseitigt, eine neuzeitliche Gesellschaftsordnung und ein neues Recht eingeführt. Es hatte der persönlichen Initiative und der Konkurrenz freien Raum gegeben und in den Handelskammern Mainz und Köln erste Interessenvertretungen geschaffen. Diese Freiheiten hatten sich die Rheinländer in ihrem bürgerlichen Selbstbewußtsein von der preußischen Regierung nicht nehmen lassen. Im Rheinland kannte man auch nicht den schroffen Unterschied zwischen Herrenschicht und Untertanen wie östlich der Elbe. Vor allem hatte die presbyteriale und synodale Verfassung der reformierten Kirche am Niederrhein ein lebendiges Verantwortungsbewußtsein der Gemeinden gepflegt, wie es die lutherisch bestimmte preußische Staatskirche auch nach Abschluß der Union nicht kannte. Solche Umstände sollten dem Fliednerschen Werk in Kaiserswerth zugute kommen.

Am preußischen Niederrhein fand der 1800 im nassauischen Eppstein geborene Theodor Fliedner, der mit gerade zweiundzwanzig Jahren in Kaiserswerth das evangelische Pfarramt angetreten hatte, seine Wahlheimat. Die verzweifelte wirtschaftliche Lage der kleinen Diasporagemeinde veranlaßte ihn, dem Weg seiner Vorgänger zu folgen und durch Kollektieren die nötigen Geldmittel zu beschaffen. Mit erstaunlicher Gründlichkeit bereitete der junge Mann seine Kollektenreise nach den Niederlanden und Großbritannien vor, die er dann 1823/24 mit großer Umsicht durchführte.

Während seines halbjährigen Englandaufenthalts fand Fliedner Gelegenheit, die Errungenschaften der neuen Zeit kennenzulernen. Staunend stand er vor den Wundern der maschinellen Fabrikation und der Dampflokomotive und freute sich über die tägliche Straßenbeleuchtung in London durch das „wunderbar helle und liebliche Licht der Gaslampen". Auch die Schattenseiten der industriellen Revolution blieben dem interessierten Reisenden nicht verborgen. Mit wacher Aufmerksamkeit verfolgte er die Versuche, der materiellen und seelischen Not zu steuern. Er studierte die Schul- und Erziehungseinrichtungen, die Armen-, Waisen- und Krankenhäuser, die Gefängnisse und die neuen Vereinigungen zur Besserung der Gefangenen wie auch die sehr tätigen Bibel- und Missionsgesellschaften. Dem jungen Pfarrer, der von der hessen-nassauischen Heimatkirche her im Rationalismus wurzelte, fiel auf, daß in England nicht humanitäre Bestrebungen im Vordergrund standen, sondern lebendige Christen sich mit Sachwissen und brennendem Eifer um die sozialen Fragen bemühten. Dank der vielseitigen Tätigkeit von John Wesley, dem Begründer des Methodismus, wurden die soziale Bewegung und der Sozialismus in England auf dem Boden christlichen Gedankenguts diskutiert. Wesley, seinen Mitarbeitern und Nachfolgern war es gelungen, die neuen Arbeitermassen dem Christentum nahe zu bringen. In der methodistischen Bewegung hatten auch viele Frauen eine Vertrauensstellung. Schon damals besaß die Frau in England und in den Vereinigten Staaten neben dem Mann eine grundsätzliche Gleichberechtigung. Diese Beobachtung kam Fliedners persönlicher Einsicht entgegen und wurde für die Entwicklung des „Diakonisseninstituts" ein wichtiges Moment. Im Unterschied zu der üblichen Haltung der männlich bestimmten deutschen Gesellschaft gestand er der Frau verantwortliche und selbständige Mitarbeit zu und empfand es als Schaden für Gesellschaft und Kirche, daß diese Kräfte brachlagen.

Als Fliedner nach vierzehn Monaten in seine Kaiserswerther Pfarre zurückkehrte, konnte er aus den Zinsen des gesammelten Kapitals von 18 645 Bergischen Talern den Fortbestand seiner gefährdeten Gemeinde sichern. Vor allem aber hatte er seinen Horizont erweitert und wertvolle Impulse gewonnen, gegen die Nöte des Industriezeitalters anzukämpfen.

II.

Als erstes unternahm Theodor Fliedner eine Reform des *Gefängniswesens*. 1826 veranlaßte er nach englischem Vorbild die Gründung einer — überkonfessionellen — „Rheinisch-Westfälischen Gefängnisgesellschaft zur sittlichen und bürgerlichen Besserung der Gefangenen" mit verantwortlichen Tochtergesellschaften. Zur Vorbereitung hatte er ausführliche Statistiken angelegt: 45 % der Gefangenen konnten nicht lesen, fast 70 % nicht schreiben. Aber die Zahl der Schenken war erstaunlich hoch: Auf 143 Einwohner kam im Durchschnitt eine Schankwirtschaft; es gab auch Kreise, wo eine Wirtschaft nur 96 Einwohnern diente. Um das Leben in einem Gefängnis selbst kennenzulernen, bat Fliedner die Regierung in Düsseldorf um Erlaubnis, sich für einige Wochen mit den Gefangenen einschließen zu lassen. Der Antrag wurde jedoch abgelehnt.

Als Ziel der Gesellschaft hatte Fliedner im Sinn das, was man heute Bewußtseinsbildung nennt, die er durch Unterricht im Lesen und Schreiben, christliche Unterweisung, durch Beschäftigung und bei den Jugendlichen durch Erlernung eines Handwerks erreichen wollte, sowie durch Gruppensystem. Zugleich griff er die Frage der Rehabilitation auf. Dabei nahm er sich bezeichnenderweise besonders der weiblichen Strafentlassenen an. Seine erste Frau Friederike Fliedner drängte ihn, es in Kaiserswerth selbst mit „einem Werk der gläubigen Frauen für die verirrten Frauen" zu versuchen. 1833 eröffnete er das „evangelische Asyl für weibliche Entlassene". Ihre erste Betreuerin war Katharina Göbel, eine Bekannte der Pfarrfrau. Fliedner entwarf einen Plan der Fürsorgeerziehung. Aber die aufgenommenen Frauen und Mädchen waren, wie die erhaltenen Psychogramme nachweisen, so sehr verwahrlost, daß die meisten ungebessert wieder weggeschickt werden mußten.

III.

Der Mißerfolg veranlaßte Theodor Fliedner, das Übel an der Wurzel anzugreifen und in einer *Bildungsanstalt für evangelische Pflegerinnen* ein Volkserziehungswerk großen Stils aufzubauen. Am 13. Oktober 1836 eröffnete er in einem mit geliehenem Geld erworbenen Haus am Kaiserswerther Markt eine „Pflegerinnen- oder Diakonissenanstalt". Als provisorische Vorsteherin wurde die achtundvierzigjährige Arzttochter Gertrud Reichardt aus Ruhrort verpflichtet. In Lina Kessler aus Marburg nahm er die erste „Kinderdiakonisse oder Lehrerin für Kleinkinderschulen" zur Ausbildung auf. Da sich „Schwester Reichardt" nicht als Vorsteherin geeignet erwies, übergab Fliedner Anfang

Januar 1837 seiner Frau die vorläufige Leitung. Nach weiteren vergeblichen Versuchen, andere Frauen für dieses Amt zu gewinnen, übernahm Frau Fliedner zu ihren Aufgaben im Pfarrhaus und in der Familie endgültig die innere Verwaltung der Anstalt und die Anleitung in der Krankenpflege.

Das „Pflegerinnenbuch", in dem Fliedner die Namen und Daten der Krankenpflegerinnen, Krankenwärter, Mägde, Kinderpflegerinnen und Hilfsgeistlichen wie auch geführte Gespräche aufzeichnete, gibt einen Einblick in den Personenkreis und das Leben der Anfangszeit. Mit seinem „Aufruf zum Dienst" hatte der Gründer an die unverheirateten Frauen des gebildeten Bürgertums gedacht, die die Verantwortung eines „kirchlichen Amts" auf sich nehmen könnten. In die neue Bildungsanstalt kamen jedoch zunächst nur wenig bildungsfähige Mägde, die sich an Reinlichkeit und Ordnung schwer gewöhnten, noch schwerer sich die zur Krankenpflege nötigen Kenntnisse und Geschicklichkeiten aneigneten. Die Großfamilie gab die Frau für ein Berufsleben nicht frei, obwohl das Bedürfnis nach besserer Krankenpflege und Betreuung der verwahrlosten Kinder und Jugendlichen sowie der unversorgten Alten groß war. Theodor Fliedner war indessen kein Mensch der Resignation. Er stellte sich auf eine umfassende Erziehung um und legte eindeutige und klare Ordnungen fest. Frau Fliedner, die die große Willigkeit dieser einfachen Frauen sah, nahm sich ihrer mit um so größerer Geduld und Liebe an.

Über die äußere Entwicklung der jungen Anstalt gibt das Wirtschaftsbuch von 1836 bis 1846 Auskunft. In seinem ersten Teil enthält es die von Fliedner in klarer Handschrift eingetragenen Einnahmen an Geld und Naturalgegenständen. Im ersten Jahr, als die Grundlagen erst geschaffen werden mußten, bestanden die Geldeinnahmen zu 43 % aus Anleihen, zu 52,5 % aus Spenden und jährlichen Beiträgen und nur zu 4,5 % aus Pflege- und Kostgeldern. Im vierten Jahr stiegen die letztgenanten Einnahmen bereits auf 26,5 %. Von den Kranken wurden ein Drittel unentgeltlich versorgt; doch mußten sie nach Möglichkeit ihre Pflegekosten abarbeiten. Um die fehlenden Mittel zusammenzubringen und zugleich das Vertrauen der Öffentlichkeit für das völlig neuartige Unternehmen zu wecken, war Fliedner zunächst bis zu drei Monaten im Jahr unterwegs. Während dieser Zeit trug seine Frau die ganze Verantwortung. Sie galt als seine Stellvertreterin auch gegenüber dem Arzt des Krankenhauses und nahm die Kompetenzschwierigkeiten mit diesem Mann, für den es unerhört war, eine Frau als Partnerin annehmen zu sollen, gelassen hin.

Die Gesamtausgaben des ersten Jahres verteilen sich mit je einem Drittel auf den Hauskauf, die ersten Anschaffungen und die laufenden Ausgaben. Die von Frau Fliedner eingetragenen Posten zeigen das Bild eines gut eingerichteten

Hauses und einer bürgerlichen Lebenshaltung. Der wöchentliche Fleischverbrauch von 800 Gramm je Person lag weit über dem damaligen Durchschnitt in Preußen. Frau Fliedner verteidigte die gute Küche mit dem Hinweis, daß die Pflegerinnen bei ihrem anstrengenden Beruf kräftige Nahrung brauchten.

Als juristische Grundlage des Bildungswerks hatte Theodor Fliedner bereits am 30. Mai 1836 einen Verein gegründet. Nach zehnjährigem Ringen mit der Bürokratie wurde dieser unter dem Namen „Rheinisch-westfälischer Verein für Bildung und Beschäftigung evangelischer Diakonissen" von Friedrich Wilhelm IV. bestätigt. Der Name enthält das ganze zukunftsträchtige Programm. Er nahm das Ziel des dreißig Jahre später in Berlin gegründeten „Lette-Vereins" vorweg, der durch Lehranstalten, Werkstätten, Berufsberatung und Stellennachweis die Bildung, Berufsvorbereitung und Berufsarbeit der Frau fördern wollte.

Als einer der ersten hatte Fliedner die Berufsberechtigung der Frau erkannt. Er hatte mit der Anschauung gebrochen, daß die Frau nur im Bereich der Großfamilie eine Aufgabe habe und daß eine Entlohnung für die Frau „entehrend" sei. Auch wehrte er sich gegen die allgemeine Meinung, daß die „mütterlichen Liebeskräfte", die auch unverheiratete Frauen entwickelten, für eine berufliche Tätigkeit in Krankenpflege und Kindererziehung genügen müßten und forderte eine fachliche Ausbildung in Theorie und Praxis. In seinem Verein schuf er eine Stelle, die diese Ausbildung bot, die Beschäftigung regelte und den Beschäftigten Arbeitsschutz gewährte. Nach einer Probezeit wurden die Frauen auf fünf Jahre mit einem jährlichen Gehalt von 25 oder 30 Talern „engagiert". Zu dieser damals nicht geringen Summe kamen noch, in ihrem Wert über dem Doppelten des preußischen Durchschnitts liegend, Verpflegung, Unterkunft und die gewährte Berufskleidung, ferner Versorgung bei Krankheit und im Alter, alles in allem für einen Menschen, der keine Familie zu versorgen hatte, ein wirkliches Gehalt. So wurde die Frau als Beschäftigte des Diakonissenvereins der Macht und dem zuweilen auch knechtenden Schutz der Großfamilie entzogen. Sie erhielt die Möglichkeit eines selbständigen Lebens.

Die von dem Verein ausgebildeten und in seinem Dienst arbeitenden Pflegerinnen sowie die im Auftrag von Kleinkinderschulvereinen und Gemeinden in Kaiserswerth ausgebildeten Kleinkinderlehrerinnen bezeichnete Fliedner als „Diakonissen". Er nahm damit einen Gedanken der Zeit auf, der sich auf die Wiedereinführung des altkirchlichen Diakonissenamts richtete. Wie das Pfarramt mit seinen umfassenden, auch volkserzieherischen Aufgaben als Amt des Mannes in der Kirche galt, so wollte Fliedner alle soziale und erzieherische Tätigkeit der Frau in der kirchlichen Gemeinde im Diakonissenamt zusammenfassen. Auch in den Vereinssatzungen war der Begriff „Diakonisse" weit angelegt. Das Wort „Mutterhaus", mit dem heute in Deutschland der Status der Diakonisse verbunden ist, kommt in den Satzungen nicht vor.

IV.

Die „erste weibliche Zentralbildungsanstalt für christliche Liebespflege" entwickelte sich von vornherein in den beiden Zweigen der *Kranken- und Pflegediakonie* sowie der Lehr- und Erziehungsdiakonie. Aus dem Fachschrifttum und durch Besichtigungen hatte Theodor Fliedner sich eine genaue Kenntnis des Krankenpflegewesens verschafft. Davon legen seine Bauten und sein Ausbildungssystem Zeugnis ab. Schon nach sieben Jahren vergrößerte er das 1836 erworbene Haus am Kaiserswerther Markt durch einen Anbau auf das Doppelte. Mit den weiteren Anbauten von 1854 und 1861 bildete das Gebäude den Komplex der Diakonissenanstalt, das heutige „Stammhaus". Schon mit dem ersten Anbau erhielt das Haus neben der Männer- und Frauenstation besondere Kinderkrankenstuben. Noch war es weithin üblich, die Kinder zu den kranken Frauen zu legen und sie ihrer Obhut anzuvertrauen. Fliedner aber hatte früh die Eigenart der Kinderkrankenpflege erkannt und vermittelte den Pflegerinnen eine Spezialausbildung. Für die unterrichtsfähigen kranken Kinder richtete er Schulzimmer ein, für die arbeitsfähigen erwachsenen Kranken Arbeitsstuben. Baderäume und besondere Badehäuser auf Pontons im nahen Rheinstrom dienten der Krankenbehandlung. Eine „Ökonomie" mit ständig sich vergrößerndem Viehbestand und neu erworbenem Ackerland sorgte für die Ernährung. 1856 richtete Fliedner eine „Dispensieranstalt" ein, um die Arzneimittel durch ausgebildete Apothekerschwestern billiger herzustellen.

Auf seine mehrfachen Anträge stellte der preußische König der Diakonissenanstalt eine in ihrer Nähe liegende ehemalige Invalidenkaserne zur Verfügung. In ihr eröffnete Fliedner nach gründlichen Um- und Ausbauten 1852 eine „Heilanstalt für gemütskranke Frauen". Den Krankenbestand hielt er in beiden Häusern klein, da sie vor allem als Ausbildungs- und Übungsstätten dienen sollten.

Das Unterrichts- und Ausbildungsprogramm dieser ersten evangelischen Krankenpflegeschule hatte Fliedner selbst entworfen. Der katholische Anstaltsarzt Dr. Joseph Thönissen erteilte vertragsgemäß den ärztlichen Unterricht in Theorie und Praxis, und zwar nach der „Anleitung zur Krankenwartung" von Johann Friedrich Dieffenbach, dem berühmten Chirurgen der Berliner Charité und Begründer der dortigen Krankenwartschule. Schwester Reichardt unterstützte den praktischen Unterricht vor allem durch Übungen im Verbinden. Der Anstaltslehrer Friedrich Ranke förderte die Allgemeinbildung der Pflegerinnen und Seminaristinnen, gab Singstunden und nahm sich auch der kranken Kinder an. Fliedner unterrichtete in Berufskunde und Krankenseelsorge. Da er in seinem Krankenhaus zugleich volkserzieherisch wirken wollte, lernten die Pflegerinnen auch, die Kranken zu Ordnung, Sauberkeit und einer Beschäftigung anzuleiten. Die Gesamterziehung lag Frau Fliedner ob. In einer Zeit, die noch nichts

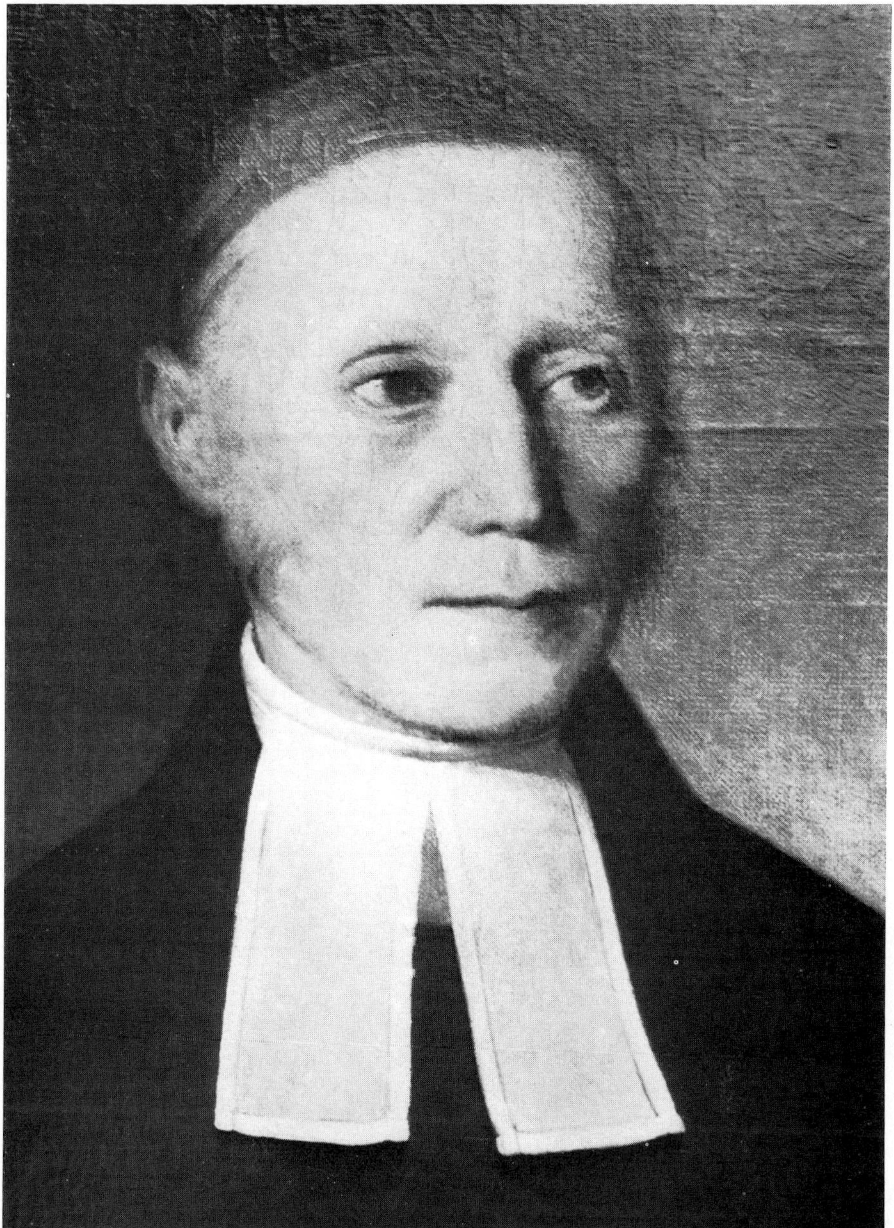

Theodor Fliedner
Foto Düsseldorf — Kaiserswerth, Fliednerarchiv.

von Antisepsis wußte, achtete sie auf Grund der Erfahrung, daß die eigentliche Krankheitsursache oft in der allgemeinen Verwahrlosung lag, auf besondere Reinlichkeit. Die „Einwirkung einer geschickten weiblichen Aufsicht" wurde selbst Außenstehenden erkennbar.

1839 erstattete der Kreisphysikus Dr. Karl H. Ebermaier nach einer Visitation des „Fliednerschen Krankenhauses" der Regierung in Düsseldorf einen ausführlichen Bericht, in dem er die „musterhafte Reinlichkeit, die reichliche zweckmäßige Beschaffenheit der Betten sowie der übrigen Apparate" rühmte. Er erwähnte „die heiteren und freundlichen Diakonissen, die keine frömmelnde Richtung noch Neigung zur Quacksalberei haben, sich vielmehr mit wahrer Liebe lediglich der eigentlichen Krankenpflege unterziehen".

Christliche Pflege aber bedeutete für Fliedner mehr als sachgemäße Pflege. Ihrem Namen entsprechend sollten die Diakonissen „Dienerinnen der Armen und Kranken um Jesu willen" sein. Sie sollten gemäß dem Evangelium in den Kranken den Herrn Jesus selbst pflegen und sie im Erweis solcher Liebe offenmachen für die christliche Botschaft.

Die ausgebildeten Pflegerinnen stellte der Verein den Gemeinden im Sinn der heutigen Entwicklungshelferinnen zur Verfügung. Sie wurden in meist recht verwahrloste Kranken- und Armenhäuser entsandt, um hier eine wirkliche Pflege einzuführen. Sie wurden an Orten mit Typhus- und Choleraepidemien eingesetzt. Sie arbeiteten als ständige Gemeindepflegerinnen. Sie leiteten auch die von Fliedner als unabhängige Ausbildungsstätten gegründeten Diakonissenhäuser in Dresden, Berlin, Breslau und Königsberg und verbreiteten so die neue Krankenpflege weit über das Rheinland hinaus.

Fliedner begnügte sich nicht mit dem Werk in Deutschland. 1846 brachte er vier Krankendiakonissen in das Deutsche Hospital Dalston bei London. 1849 reiste er mit vier Pflegerinnen in die Vereinigten Staaten nach Pittsburg, um sie dem dortigen neuen Diakonissenkrankenhaus zur Verfügung zu stellen. 1851 begab er sich mit zwei Krankenpflegerinnen und zwei Lehrschwestern nach Jerusalem. Auf der Rückreise bereitete er die Gründung einer Mädchenschule in Smyrna und die Übernahme des Deutschen Hospitals in Istanbul vor.

Nach Fliedners missionarisch-diakonischer Absicht sollte jede auswärts arbeitende Diakonisse sich als Wegbereiter neuzeitlicher Krankenpflege und Frauenberufsarbeit bewähren. Der von ihm den entsprechenden Verhältnissen angepaßte „Gestellungsvertrag", den er von den Barmherzigen Schwestern, katholischen Frauengenossenschaften für Krankenpflege, übernommen hatte, regelte für den Vertragspartner nicht nur das Verhältnis zu den eingestellten Pflegerinnen, — er bedeutete zugleich die Übernahme einer auf neuzeitlichen Grundsätzen aufgebauten Krankenpflege. Wenn Starrsinn, Gehässigkeit oder auch nur Unverständnis der Verwaltungen die neue Ordnung gefährdeten, kam es zuweilen zu Konflikten. Denn das Kaiserswerther System übertrug der vorstehenden Schwester mit der Verantwortung für die Gesamtpflege auch die Führung der Wirtschaft. So mußte es in der männlich orientierten Gesellschaft Anstoß erregen. Doch halfen das Vorbild des Kaiserswerther Krankenhauses und die Leistungen der dort ausgebildeten Pflegerinnen die Wege zu ebnen.

Die als musterhaft anerkannte Krankenpflege in der Fliednerschen Anstalt gewann bald solches Ansehen, daß auch Frauen aus dem Ausland zur Vorbildung und Weiterbildung nach Kaiserswerth kamen. Eine dieser „Studierenden" war Florence Nightingale, die später durch ihre Lazarettorganisation im Krimkrieg und die Gestaltung des englischen Krankenpflegewesens berühmt wurde. 1850 weilte sie zum erstenmal in Kaiserswerth und erhielt durch Fliedner und seine zweite Frau Karoline einen Überblick über das weitverzweigte Werk. Hier sah sie die Möglichkeit praktischer Frauenbildung, den Weg zu einem erfüllten Leben außerhalb der Ehe in verschiedenen Berufen verwirklicht. 1851 kam sie wieder, diesmal für drei Monate zur praktischen Ausbildung in der Krankenpflege. Gegenüber Sidney Herbert, dem späteren britischen Kriegsminister, der sie zu Ende ihres Aufenthalts besuchte, äußerte sich Fliedner, es habe noch nie jemand eine so ausgezeichnete Prüfung bestanden wie Miss Nightingale. In einer auf Fliedners Bitte verfaßten englischen Schrift über die Diakonissenanstalt bemerkte sie: „Pastor Fliedner begann sein Werk mit zwei Betten unter einem Dach, und nun strömt Kaiserswerth seine Segnungen und seine Diakonissen über fast alle protestantischen Länder."

V.

In den unverheirateten Frauen sah Theodor Fliedner nicht nur die gegebenen „Kranken- und Gemeindemütter", er sah in ihnen auch die Erzieherinnen des Kleinkinds und die berufenen Lehrkräfte für Mädchenschulen. So ging der Pfarrer als Pädagoge an den Aufbau der *Lehr- und Erziehungsdiakonie*. 1836 begann er mit einer Kleinkinderschule, die einen Hof mit Spielgeräten hatte und als Übungsstätte für die im Stammhaus lebenden „Kleinkinderseminaristinnen" diente. 1842 gab er ein „Liederbuch für Kleinkinderschulen" heraus, das mit seinen Anhängen als ein regelrechtes Handbuch der Kinderarbeit die Sache in der Öffentlichkeit verbreitete. Als Anschauungsmaterial stellte er eine Schulbilderbibel von Blättern im Großformat zusammen. Der begabte Anstaltslehrer Friedrich Ranke unterstützte die Arbeit durch die Herausgabe weiterer pädagogischer Hilfsmittel für die Betreuerinnen der Kleinkinder und für Mütter.

Im Gegensatz zu Friedrich Fröbel, der 1840 den „Allgemeinen deutschen Kindergarten" im Sinn des deutschen Idealismus gegründet hatte, bediente Fliedner sich in der pädagogischen Führung der Methoden des Pietismus. Aber er sah das Kind klar in seiner Andersartigkeit; spielend sollte es den Übergang zum

Lernen finden, eine neue Erkenntnis in der Zeit der selbstverständlichen Haus- und Fabrikarbeit der Kinder. Die von Fliedner in seinem Liederbuch gebrachten Kinderspiele sind meist vergnüglich und lehrreich zugleich, zum Teil auf Erziehung zur Selbsttätigkeit angelegt. So konnten die Kaiserswerther Kleinkinderlehrerinnen ihre Aufgaben in den Gemeinden gut vorbereitet übernehmen.

Um die allgemeine Lehrerinnenbildung mußte der Kaiserswerther Pfarrer einen harten Kampf führen. Noch herrschte das Vorurteil, daß nur Männer wissenschaftlich unterrichten und rechte Zucht zu halten vermöchten. Gerade damals machte jedoch der preußische Staat seine ersten Versuche, Frauen hierzu einen Weg zu bahnen. Da ergriff Fliedner die Initiative und baute auf dem Seminar für Kleinkinderlehrerinnen ein Seminar für Volksschullehrerinnen auf. Den Lehrplan verfaßte er wieder selbst. Als Übungsstätten dienten die Kinderstation des Krankenhauses, die Schule des Waisenhauses und die evangelische Gemeindeschule. Besonderen Wert legte er auf gründliche Kenntnisse und Übung in Haus- und Handarbeiten. Denn die ausgebildeten Lehrerinnen sollten ihre Beschäftigung nicht nur an Volksschulen, sondern auch an den sogenannten Industrieschulen, frühen Vorläufern der Mädchen- und Frauenberufsschulen, finden. 1847 errichtete er, im Norden an das Waisenhaus anschließend, ein großes Seminargebäude. Der gesamte Häuserkomplex an der Fliednerstraße, das heutige Fliednerheim, wurde das Zentrum der Lehr- und Erziehungsdiakonie.

Der Staat erkannte die Leistungen der Kaiserswerther Lehrerinnen an. Preußen wie auch Sachsen errichteten Seminare nach dem Kaiserswerther Vorbild. Aber noch bis in die fünfziger Jahre widerstrebte die öffentliche Meinung einer Lehrtätigkeit der Frauen. Fliedner hoffte indessen, die „theoretischen Vorurteile" durch die Erfolge zu überwinden. 1850 erfuhr die Kaiserswerther Lehrerinnenbildung durch die Einführung des französischen und englischen Sprachunterrichts eine letzte Erweiterung. Das Schulsystem erhielt den Namen: Kaiserswerther Evangelisches Lehrerinnenseminar für Kleinkinder-, Elementar-, Industrie- und Höhere Töchterschulen und für Gouvernanten. Fliedner beabsichtigte jedoch nicht die Errichtung einer großen Schulsiedlung. Auch hier leitete ihn der missionarisch-diakonische Gedanke, ein Ausbildungs- und Aussendezentrum zu schaffen, um evangelischen Gemeinden fachlich gut vorbereitete, im christlichen Glauben wurzelnde Lehrkräfte zur Verfügung zu stellen. Die durch die Fliednerschen Seminare gegangenen Frauen haben in Kindergärten und Schulen bis nach Brasilien den Auftrag an den „getauften kleinen Heiden" übernommen. Die Lehrerinnen, die später heirateten, brachten eine gute Mütterschulung in die Ehe und wirkten so im Sinn einer Volkserziehung weiter.

Die ehemaligen Seminaristinnen blieben mit der Diakonissenanstalt in lebendiger Verbindung. Auf den jährlichen „Lehrerinnenkonferenzen" wurden sie fachlich und diakonisch fortgebildet. Fliedner nannte sie gern das „Freiwilligenkorps" oder die „leichten Hilfstruppen" der Diakonissenanstalt. Denn sie arbeiteten im gleichen Sinn wie die Krankendiakonissen, gehörten aber nicht zum Verband des Mutterhauses, trugen auch nicht seine Berufstracht.

VI.

Der Begriff „Diakonisse" umfaßte ein Frauenamt im Dienst der Kirche und zugleich die Zugehörigkeit zu einer Gemeinschaft, dem *Diakonissenmutterhaus*. Mit dieser Verbindung trat im Grund eine Verengung ein. In Großbritannien waren von Anfang an die Kirchen Träger des Diakonissenamts, während die Ortsgemeinden die Organisationsform der Tätigkeit bestimmten, nicht ein Mutterhaus. Das war auch wohl die ursprüngliche Absicht Theodor Fliedners, der sich des öfteren mit dem Begriff „Diakonie" auseinandergesetzt hat. Nach dem Evangelium ist der Ursprung der Diakonie die Liebe Christi; sie gibt den Auftrag, die empfangene Liebe auf mancherlei Weise weiterzugeben; Diakonie ist ein Dienst am ganzen Menschen, an Leib und Seele. Deshalb gehörte für Fliedner zur Diakonie ein Miteinander von Erziehen, Lehren und Pflegen, um Menschen für Jesus zu gewinnen. So wollte er die Diakonie als ein Frauenamt der Kirche aufbauen. Mit dieser Aufgabe war das Konsistorium als reine Verwaltungsbehörde überfordert. Fliedner blieb nur die Möglichkeit eines christlichen Vereins, des bereits genannten Rheinisch-westfälischen Vereins für Bildung und Beschäftigung evangelischer Diakonissen. Denn im Zeitalter des Staatskirchentums waren es die Vereine, die als „lebendige Notgemeinden" (Beyreuther) den christlichen Einsatz aktivierten.

Angesichts der damaligen Stellung der Frau in der Gesellschaft mußte jedoch eine Form gemeinsamen Lebens für die Diakonissen gefunden werden. Als Vorbilder boten sich Fliedner die Hausordnung des Evangelischen Seminars der Rheinischen Missionsgesellschaft von 1827 an und die 1833 veröffentlichten Ordnungen der Clemensschwestern in Münster, denen in ihrem „Mutterhaus" neben der Versorgung auch der Schutz einer Gemeinschaft, persönlicher Halt und berufliche Förderung geboten wurden. Das waren für die Pflegediakonissen der Anfangszeit unerläßliche Voraussetzungen. Aus diesen Grundlagen und aus praktischen Erfahrungen gewann Fliedners „Diakonissenmutterhaus" allmählich Inhalt und Gestalt. 1857 legte er die erste bleibende „Hausordnung und Dienstanweisung für Diakonissen und Probeschwestern in der Diakonissenanstalt zu Kaiserswerth" vor, ein Buch von 88 Seiten. Es beginnt mit der biblischen Begründung des Diakonissenberufs und der Ordnung des Gemeinschaftslebens, führt über die praktischen Dienstanweisungen der Arbeitsgebiete bis zu einer genauen Tagesordnung und einer sorgfältigen Kleiderordnung.

Die geniale Kombination „Mutterhausdiakonie" gab um die Mitte des neunzehnten Jahrhunderts der unverheirateten bürgerlichen Frau die Möglichkeit einer außerhäuslichen Berufstätigkeit und sicherte ihr zugleich Geborgenheit und Fürsorge. Der geforderten Mobilität des Dienstes entsprachen die Gelegenheiten einer ständigen Weiterbildung. So wurde in Kaiserswerth ein erstaunlich modernes Modell der Frauenbildung aufgestellt, das im Gegensatz zu der überlieferten kleinbürgerlichen Erziehung für die Rolle der Hausfrau und Mutter den Horizont der Frau durch Teilnahme an den größeren Aufgaben der Gesellschaft weitete.

Das Werk Fliedners hat die Entwicklung aller nun entstehenden Diakonissenhäuser bestimmt. Das Kaiserswerther Berufsethos wurde über den Bereich der Frauendiakonie hinaus in der kontinentalen Krankenpflege wegweisend.

Als sich die Mutterhausform besonders für die auswärts arbeitenden Krankenpflegerinnen bewährte, entschloß sich Fliedner, auch Kindergärtnerinnen und Lehrerinnen, die auf dem Kaiserswerther Seminar ausgebildet waren, in den Verband des Mutterhauses aufzunehmen. Zugleich richtete er eine gesonderte Lehrstation zur Vorbildung von „Lehrschwestern" ein. So kam 1851 der von Anfang an gehegte Plan, den Gemeinden neben den Kranken- und Pflegediakonissen auch Kinder- und Lehrdiakonissen zur Verfügung zu stellen, nach fünfzehn Jahren in einer andern Form, der Bindung an das Mutterhaus, zur Ausführung. Seiner missionarisch-diakonischen Zielsetzung entsprechend sandte Fliedner in demselben Jahr noch die ersten Lehrdiakonissen in den Orient. Zu den beiden, von Bischof Samuel Gobat für Jerusalem erbetenen Krankendiakonissen nahm er im Einvernehmen mit Friedrich Wilhelm IV., der das Unternehmen in dem anglikanisch-preußischen Bistum Jerusalem nur zu gern unterstützte, auch zwei Lehrschwestern mit. Damit legte Fliedner den Grundstein für eine deutsch-evangelische Schul- und Bildungsarbeit im Orient. 1864 arbeiteten in Florenz, Bukarest, Istanbul, Smyrna, Beirut und Jerusalem vierundvierzig Lehrschwestern in Jugendheimen, Pensionaten und Schulen.

Das war in diesem Jahr 1864, dem Todesjahr Fliedners, die *Gesamtlage* des Diakoniewerks Kaiserswerth: Zum Mutterhaus gehörten 425 Schwestern, davon 220 Krankendiakonissen und 52 Lehrdiakonissen, 133 Lernpflegerinnen und 20 Lehrprobeschwestern. Sie waren tätig in 46 Krankenhäusern, 6 Alten- und Siechenheimen, 26 Gemeinden, 1 Seminar, 14 Kinder- und Jugendheimen und Schulen, 10 Kindergärten, 2 Asylen und Gefängnissen, 4 „Mägdebildungsanstalten", 1 Blindenanstalt, 5 Diakonissenanstalten (Leitung).

Die Seminare hatten 1 038 ausgebildete Kindergärtnerinnen und Lehrerinnen in das Leben entlassen. Fast vierzig „Diakonissenhilfsvereine" und weitere vierzig „Zionsvereine" waren in deutschen Städten und in den Niederlanden entstanden, um die Diakonissenanstalt und das Orientwerk mit Geld, Naturalgaben, Wäschestücken und Lotteriegegenständen zu unterstützen.

Es bestanden dreißig selbständige Diakonissenhäuser in Deutschland, Frankreich, der Schweiz, den Niederlanden, Schweden, Rußland und in den Vereinigten Staaten. Bereits zum fünfundzwanzigsten Jahresfest der ersten Diakonissenanstalt 1861 hatten sich Abgeordnete von dreizehn Mutterhäusern zu einer „ökumenischen" Konferenz in Kaiserswerth zusammengefunden. Der Gedanke der Frauendiakonie hatte in den evangelischen Kirchen Wurzeln geschlagen.

VII.

Schon in den dreißiger Jahren hatte sich Theodor Fliedner mit dem Gedanken befaßt, eine *Diakonenanstalt* als männliches Gegenstück der Frauendiakonie zu schaffen. Wahrscheinlich waren ihm damals die ersten Berichte Johann Hinrich Wicherns über das Rauhe Haus in Hamburg begegnet. Wichern ging von der Rettung der verwahrlosten Großstadtjugend aus; dazu brauchte er Helfer seiner „Pädagogik aus Glauben", die er sich in den Brüdern heranbildete. Fliedners Ausgangspunkt war eine „Pastoralgehilfenanstalt", eine „Vorbildungsschule für Helfer in der Seelsorge", die als praktisches Seminar für Pfarramtskandidaten und als Diakonenausbildungsstätte für junge Männer zur Hilfe in der Kranken-, Armen-, Kinder- und Gefangenenpflege dienen sollte. Da Fliedner durch nachbarschaftliches Zusammenleben von unverheirateten Männern und Frauen keine Probleme heraufbeschwören wollte, wählte er als Sitz der neuen Anstalt das nahe Duisburg, damals ein Städtchen von 5 500 Einwohnern.

Am 31. Oktober 1844 wurde die Diakonenanstalt eröffnet. Ein kleines, nur für Knaben bestimmtes „Rettungshaus" und ein Krankenhaus für fünfzig bis sechzig kranke Männer dienten als Übungsstätten. In der Einweihungsrede entwickelte Fliedner sein soziales Programm. Er erinnerte an die „Riesenfortschritte in der Erweiterung der Industrie", in Handel und Verkehr und an den zunehmenden Wohlstand der Bürger, um dann nachzuweisen, daß in den unteren Schichten Armut und Unsittlichkeit stärker als die Bevölkerung gewachsen seien. Die Hilfsdiakone sollten dem religiös-sittlichen Verfall in den Gemeinden, der doch nur Symptom der Verhältnisse war, entgegenarbeiten. Die Gründe für den Verfall, nämlich die unmöglichen Wohnverhältnisse, die langen Arbeitszeiten und die geringen Löhne, die Kinderarbeit und die gesundheitsschädigenden Zustände in den Fabriken erwähnte er nicht. 1847 übernahm Richard Engelberg die Duisburger Anstalt.

Um für seine Unternehmungen zu werben und für ihre Unterhaltung die notwendigen Mittel zu gewinnen, fand Fliedner mit einer Phantasie der Liebe immer neue Wege der *Öffentlichkeitsarbeit*. Er verbreitete Berichte und Zeitschriften, verkaufte Bilder, veranstaltete Geldsammlungen und Lotterien, stellte Aktienpläne auf. 1842 gründete er einen Verlag und verpflichtete Reisende für den Vertrieb. Er war Verleger und Journalist in einer Person. Geschickt wußte er sich dem jeweiligen Leserkreis anzupassen. Für die Freundeskreise der verschiedenen Anstalten veröffentlichte er Jahresberichte. Vierteljährlich erschien seit 1849 „Der Armen- und Krankenfreund, eine Zeitschrift für die Diakonie der evangelischen Kirche, namentlich für die Armen-, Kinder-, Kranken- und Gefangen-Pflege", ein Gegenstück zu Wicherns Fliegenden Blättern. Die weiteste Verbreitung fand sein „Christlicher Volkskalender, ein freundlicher Ratgeber und Erzähler für die liebe Christenheit", der noch zu Fliedners Lebzeiten eine jährliche Auflage von 80 000 Exemplaren erreichte. Der Kalender, der seinen Weg bis nach Ostpreußen fand, hat manchem jungen Mädchen den Weg in die Diakonie gewiesen.

VIII.

Ein so vielgestaltiges Werk läßt den Blick auf den Menschen Fliedner und den *Ablauf seines Lebens* zurückwenden.

Theodor Fliedner wurde am 21. Januar 1800 in dem Taunusstädtchen Eppstein als Sohn des Pfarrers Jacob Ludwig Fliedner und seiner Frau Henriette Caroline Heinold geboren. Auch seine beiden Großväter waren Pfarrer gewesen. Schon für den Knaben stand es fest, daß er einmal den gleichen Beruf ausüben würde. Der überaus eifrige Schüler begnügte sich jedoch nicht mit der Erlernung des Lateinischen, Griechischen und Hebräischen, er betrieb auch das Studium der modernen Sprachen Französisch, Englisch und Italienisch, was ihm später auf seinen Reisen von Nutzen werden sollte. Bald nach der Konfirmation des Knaben starb der Vater, und der Vierzehnjährige sah sich in die Verantwortung für Mutter und Geschwister gestellt.

Fliedner studierte in Gießen und Göttingen Theologie mit erstaunlichem Fleiß. Die Tagebücher seiner Ferienwanderungen, die ihn nach Nürnberg, nach Bremen, Hamburg und Leipzig führten, zeugen von einer besonderen Aufgeschlossenheit für Natur und Geschichte, aber auch für die industriellen Fortschritte der Zeit.

Die Glaubensvorstellungen des Studenten unterschieden sich nicht wesentlich von denen des Konfirmanden. Die historische Bibelkritik des Göttinger Alttestamentlers Johann G. Eichhorn wehrte er ab. Doch auch in dem Wirken des Kieler lutherischen Pfarrers Klaus Harms, der 1817 zum Reformationsjubiläum 95 gegen den Rationalismus und gegen die Union gerichtete Thesen veröffentlicht hatte, sah er nur theologische Streitsucht. Von seinem Vater hatte er das rationalistische Pfarrerideal übernommen. Seinem ganzen Wesen nach war schon der junge Fliedner weniger Theoretiker als Praktiker. 1819 bemerkte der Tugendprediger in seinem Tagebuch: „Moral muß die Hauptsache, Dogmatik Nebensache bleiben, ausgenommen der Glaube an Gott, Freiheit, Unsterblichkeit." Nach seiner Ausbildung auf dem Predigerseminar in Herborn übernahm er eine Hauslehrerstelle in Köln, wo ihn der reformierte Pietismus Johann Gottlob Kraffts und seine biblischen Erweckungspredigten beeindruckten. Als Pfarrer an die evangelische Diasporagemeinde Kaiserswerth berufen, lernte Fliedner auf der erwähnten Kollektenreise in den Niederlanden und in Großbritannien den Kalvinismus kennen. Die Begegnungen mit lebendigen, tätigen Christen wandelten den Rationalisten in einen gläubigen Bibelchristen. „Jesus Christus, der Gekreuzigte, ist das stärkste Band im Glauben und in der Liebe und daß durch ihn feststeht die Gemeinschaft der Heiligen, das ist die erste Lektion, die ich auf der Reise gelernt habe", bezeugte er seiner Gemeinde nach seiner Rückkehr. Er griff zu den Schriften der alten lutherischen Pietisten Spener, Francke und Zinzendorf. Besonderen Anteil nahm er an der diakonisch-missionarischen Erziehungsarbeit der Brüdergemeine, von der sich mancher Einfluß in dem Kaiserswerther Werk nachweisen läßt.

So kamen mannigfaltige Anregungen Fliedners Veranlagung entgegen. Als Aufklärer wollte er erziehen und belehren. Die kalvinistische Ethik bestärkte ihn in seinem Lebensstil und Arbeitsethos. Der Barockpietismus, der zahlreiche patriarchalische Arbeitgeber, berufstreue Arbeiter und Beamte prägte, bestätigte ihn in der eigenen Haltung und seinem Erziehungsideal. In der praktischen Gemeindearbeit war er als Seelsorger orthodox, als Lehrer ein aufgeklärter Pfarrer (A. M. Frick). Als geborener Praktiker aber ging er stets den Weg, der ihm am sichersten Erfolg versprach.

IX.

Entscheidende Bedeutung für Fliedners Werk und Leben gewannen seine beiden Frauen. In der ersten, der ihm gleichaltrigen *Friederike geborene Münster*, fand er die notwendige Ergänzung seines Wesens. Sie war die Tochter eines willensstarken, mutigen, bis zur Starrheit unbeugsamen Mannes aus Braunfels, einer Exklave der Rheinischen Kirche. Seit dem Frühjahr 1826 hatte sie eine Stellung in dem Kinderrettungswerk des Grafen Adelbert von der Recke-Volmerstein in Düsselthal. Hier lernte Theodor Fliedner die hochbegabte Lehrerin kennen. Das war die gegebene Frau, die er für Leben und Dienst brauchte. Er bot ihr die Ehe und zugleich einen weiten Wirkungskreis an. Im April 1828 zog Friederike Fliedner als Pfarrfrau in Kaiserswerth ein.

Zwei starke schöpferische Persönlichkeiten hatten einander gefunden: er, der fähige Organisator, der keine Hindernisse kannte, sein Ziel anzugehen, der geborene Erzieher der Erzieherinnen, der den Frauen Verantwortung zugestand; sie, die ebenbürtige Partnerin, die durch ihr einfühlendes Verständnis und ihre Arbeitsleistung seine Pläne verwirklichen half, eine Frau von innerer Freiheit und warmer Menschlichkeit, die gegenüber der Grundsätzlichkeit ihres Mannes die Belange der Frau zu vertreten wußte.

Die Kaiserswerther Bildungsanstalt ist das Ergebnis einer erfinderischen Leistung und eines partnerschaftlichen Zusammenwirkens von Mann und Frau. Der Beitrag Fliedners bestand in der theologischen Konzeption, dem organisatorischen Aufbau und der finanziellen Sicherstellung, der Beitrag seiner Frau in ihrer menschlichen Kontaktfähigkeit, der Führung des Berufs- und Gemeinschaftslebens und der wirtschaftlichen Einrichtung.

Der Vorsteherin oblag die Leitung des Krankenhauses und die Ausbildung der Pflegerinnen, die persönliche Fühlungnahme mit den Schwestern, den Seminaristinnen und den Mitarbeitern, die Übersicht über die Wirtschaft, ausführliche schriftliche Berichterstattung, wenn ihr Mann verreist war, die Einweisung der Pflegerinnen in neuübernommene Krankenhäuser, der Briefverkehr mit den auswärtigen Schwestern — ein weiter Arbeitsbereich für die Pfarrfrau und kinderreiche Mutter.

Die Alltagsnöte in der Schwesterngemeinschaft nahm Frau Fliedner nüchtern und sachlich. Doch nur unter Spannungen vermochte sie, die jedem als mündigen Christen Selbständigkeit zugestand, sich in die von ihrem Mann entworfene Ordnung der Diakonissenanstalt einzufügen. Als Urbild sah sie die aus evangelischem Geist lebende Gemeinde reformierten Bekenntnisses, eine vita communis der Schwesternschaft. Ein in Paragraphen eingefangenes Leben widerstrebte ihr. In evangelischem Verständnis betonte sie bei den Diakonissen nicht die Überordnung der Vorgesetzten, sondern schwesterliches Miteinander. Immer wieder hat sie als Frau und Vorsteherin mit ihrem Mann und Vorsteher um eine Gestaltung aus der Freiheit des Evangeliums gerungen und sich gegen seinen autoritären Anspruch gewehrt.

Friederike Fliedner starb 1842 im Alter von nur zweiundvierzig Jahren bei der Geburt ihres elften Kindes. Sechs Kinder waren totgeboren oder nicht lebensfähig. Der Verlust von zwei Kindern an Typhus im Jahr 1841 nahm der an sich vitalen Frau die Kraft. Nur drei Kinder haben sie überlebt. Welchen Anteil sie an dem neuen Frauenbildungswerk hatte, hat später die Regierung in Düsseldorf bezeugt, indem sie die Pastorin „die Seele des Ganzen" nannte.

Schon bald nach dem Tod seiner Frau suchte der rastlos arbeitende Fliedner die in seiner Familie und in seinem Unternehmen gerissene Lücke zu schließen. Doch erst bei dem dritten Versuch erhielt der Werber das Jawort. Er war im Auftrag Friedrich Wilhelms IV. von Berlin nach Hamburg gereist, um Amalie Sieveking als Vorsteherin für das vom König in Berlin geplante Diakonissenhaus zu gewinnen. Doch Amalie Sieveking wollte sich nicht von ihrem Lebenswerk in der Heimatstadt trennen. Sie schlug Fliedner *Karoline Bertheau,* die Oberaufseherin der Frauenabteilung des Hamburger Allgemeinen Krankenhauses, vor. Während diese den Pfarrer durch die Krankensäle führte, erkannte er ihren Wert und legte ihr kurz entschlossen am folgenden Tag die Doppelfrage vor, ob sie dem Ruf des Königs von Preußen nach Berlin folgen oder seine Frau werden wollte. Die überraschte Zweiunddreißigjährige brauchte nicht viel Bedenkzeit, — stets hatte sie sich Mann und Kinder gewünscht. So gab sie dem hochgeschätzten Mann ihre uneingeschränkte Zustimmung. Zwei Monate später, im Mai 1843 wurde das Paar getraut.

Bewundernd ordnete Karoline Fliedner sich dem elf Jahre Älteren unter. In seinen Briefen redete er sie nie anders als „Mein liebes theures Kind" an. Sie war ihm leidenschaftlich zugetan. Ihre sieben Kinder, sechs Knaben und ein Mädchen, liebte sie zärtlich. Von den Kindern aus Fliedners erster Ehe wurde die älteste Tochter Luise früh zur Mitverantwortung herangezogen. Über zwei Jahrzehnte hat Frau Karoline den Lebensweg Fliedners begleitet und die weitere Entwicklung des immer größer werdenden Diakonissenwerks wesentlich bestimmt. Zu ihrer Entlastung berief ihr Mann 1847 aus dem Schwesternkreis die Württembergerin Sophie Wagner als vorstehende Schwester des Mutterhauses.

Während die eigengeprägte Friederike Fliedner als ergänzende Partnerin ihres Mannes es verstanden hatte, das Werk in lebendiger Spannung zwischen Freiheit und Gebundenheit zu halten, bestärkte Karoline Fliedner mit ihrem starken Willen zur Form ihren Mann in der autoritären Handhabung der Ordnung. An die Stelle der mündigen Freiheit der Anfangszeit trat so mehr und mehr ein Gehorsam soldatischen und klösterlichen Gepräges. Die nach dem Fehlschlag der Revolution von 1848 einsetzende Restaurationszeit hat diese Entwicklung gefördert. Jetzt erhielt die Berufskleidung der Diakonisse den Charakter einer „Ordenstracht". Im Oktober 1848 legte die Mutterhausleitung den Schwestern eine „Kleiderordnung" vor, die „in jeder Hinsicht zur Richtschnur dienen" sollte. Sprache und Ton des Rundschreibens erinnern an jene politische Reaktionszeit. Bevor Fliedner 1849 seine Reise in die Vereinigten Staaten antrat, verschaffte er seiner Frau, die schon während seiner früheren Reisen die Gesamtverantwortung getragen hatte, nach dem Vereinsrecht Sitz und Stimme in der Direktion des Diakonissenvereins. Zu ihren schwersten Entscheidungen gehörte der auswärtige Einsatz von Diakonissen in der Choleraepidemie 1849, die zwei Todesopfer aus dem Schwesternkreis forderte.

Eine neue Stütze erhielt das Werk 1855 in dem sehr begabten achtundzwanzigjährigen Pfarrer *Julius Disselhoff*. Ehe er sein Jawort gab, erbat er von Fliedner seine Tochter Luise als Frau. Der Schwiegersohn nahm dem Schwiegervater einen Teil der Verantwortung ab. Viele Jahre lang hatte Fliedner trotz gelegentlicher Krankheiten seinen langen Arbeitstag mit nur sechsstündigem Schlaf durchgehalten. Pocken, Typhus, Grippe, Lungenentzündungen hatte der kerngesunde Mann ohne Nachwirkungen überstanden. Seit 1852 aber mußte sich seine Frau Sorgen um seine Gesundheit machen. Von seiner Orientreise 1856/57, auf der er in dem trockenen Klima Ägyptens Heilung für sein aufgebrochenes Lungenleiden suchte, kehrte er hoffnungslos krank, hustend, bleich und abgezehrt zurück. Mit erstaunlicher Willenskraft rang er dem Tod noch sieben arbeitsreiche

Jahre ab. Als er am 4. Oktober 1864 starb, brach für seine Frau eine Welt zusammen. Seine Abschiedsworte an sie waren wie eine erneute Ordination zum Amt der Vorsteherin. Noch neunzehn Jahre hat Karoline Fliedner an der Seite ihres Schwiegersohnes Julius Disselhoff dem Werk vorgestanden, gebunden an das Konzept ihres verstorbenen Mannes, obwohl längst eine neue Zeit Veränderung der Formen forderte.

Entscheidend wurde für Fliedner und sein Werk auch die Verbindung mit dem preußischen Staat und Friedrich Wilhelm IV. Noch 1835 hatte der Pfarrer auf Seiten der rheinischen Gemeinden mit ihrer presbyterial-synodalen Verfassung gegen die Agende Friedrich Wilhelms III. gekämpft und den Eingriff des Staates in kirchliche Verhältnisse verurteilt. In den Erschütterungen der Revolution von 1848 suchte der Wahlpreuße Fliedner den Hohenzollernthron zu stützen. Er stand Friedrich Wilhelm IV. persönlich nahe, der noch als Kronprinz 1839 das Frauenbildungswerk in Kaiserswerth besichtigt und hier einen seiner Lieblingswünsche erfüllt gefunden hatte. Von 1840 bis 1857 ist Fliedner achtundzwanzigmal in Berlin gewesen, um bei dem König und in den Ministerien vorzusprechen und den Gesuchen für seine Anstalten Nachdruck zu verleihen. Friedrich Wilhelm IV. hat die Unternehmungen des Kaiserswerther Pfarrers gern unterstützt und ihn auch bei eigenen Plänen als Berater zugezogen.

In einer Zeit, in der die Berliner Behörden die freien kirchlichen Vereine nicht ohne Mißtrauen wirken sahen, hat das persönliche Vertrauensverhältnis zwischen dem König und Fliedner manche Hindernisse bei dem Aufbau in Kaiserswerth beseitigen können. 1847 weilte Friedrich Wilhelm IV. nochmals in der Diakonissenanstalt und gab seiner Freude über den Fortgang der Werke lebhaften Ausdruck.

Den so entstandenen äußeren Bindungen entsprachen auch innere In dem preußischen Staat fand Fliedner das Modell für den Aufbau seines Werks. Alle Mitarbeiter, auch seine Frau als Vorsteherin, erhielten ihre bis in die Einzelheiten gehenden Dienstanweisungen, die ihnen geboten, nach oben Gehorsam zu leisten, nach unten Gehorsam zu fordern. So haben Fliedners Ausbildungsstätten wie sein Christlicher Volkskalender, der politischen Entwicklung folgend und diese zugleich beeinflussend, als Stützen für „Thron und Altar" gewirkt.

X.

Während Theodor Fliedner durch seine Werke an der Änderung der gesellschaftlichen Struktur mitwirkte, machte er andererseits durch seine Pädagogik äußerste Anstrengungen, die alte überfällige Ordnung zu erhalten. Er stand in dem Widerstreit, der die gesamte Diakonie des neunzehnten Jahrhunderts kennzeichnet. Auf der einen Seite die Zuwendung zu der erkannten sozialen und geschichtlichen Wirklichkeit, auf der anderen die Bindung an eine noch nicht aufgearbeitete Glaubensüberlieferung und damit an eine konservative, sich den zentralen Problemen der Zeit nicht stellenden Theologie (Luck).

Die *bleibende Leistung* Theodor Fliedners liegt in seinen zahlreichen arbeitsfähigen und dauerhaften Ausbildungsstätten. In nur zwanzig Jahren hat er ein lückenloses System von der Erziehung des Kleinkinds bis zu den verschiedenen Frauenberufen aufgebaut. Er gehört zu den Charismatikern, den Berufenen in jener Aufbruchszeit im deutschsprachigen evangelischen Raum, die eine Fülle von Unternehmungen der äußeren und inneren Mission hervorbrachte. Mit der ansteckenden Macht des Muts und einer Verwegenheit des Glaubens band er eine freiwillige Gefolgschaft an sich, die er in verschiedenen Vereinen organisierte. Mehr als die kirchlichen Behörden besaß er einen Blick für den zerstörenden Einfluß sozialer Not. Das zeigt vor allem seine Haltung im Februar des Krisenjahrs 1848, als in dem äußersten Südosten des preußischen Staates, in dem polnischen Gebiet Oberschlesiens, der Hungertyphus ausbrach, an dem achtzigtausend Menschen erkrankten, von denen sechszehntausend starben. Selbst gerade von einer schweren Lungenentzündung genesen, begab sich Fliedner unmittelbar nach Erhalt der alarmierenden Zeitungsnachrichten über Berlin nach Pless, um fünf Diakonissen in dem Notstandsgebiet einzusetzen. Vier verwaiste Mädchen nahm er mit an den Rhein.

Das Diakoniewerk Kaiserswerth, das Theodor Fliedner bis an sein Ende mit zielbewußter Zähigkeit aufbaute, lebt noch heute, und der Gedanke des Frauendienstes, den er in vier Erdteilen verbreitete, ist zur selbstverständlichen Lebensäußerung der protestantischen Kirchen geworden.

QUELLEN UND LITERATUR

Archivalien der Diakonissenanstalt Kaiserswerth, Fliednerarchiv.
Jahresberichte der Werke, in: Fachbücherei für Frauendiakonie, Düsseldorf-Kaiserswerth.
H. A. Pierer, Universallexikon der Gegenwart und Vergangenheit, 34 Bde. (^{2}1840—46);
F. Bremer, Kaiserswerth am Rhein 1846, in: Deutsches Lesebuch für die oberen Klassen der höheren Töchterschulen, hrsg. v. F. Seinecke (1850), S, 386—391;
Fl. Nightingale, The Institution of Kaiserswerth (1851); *dieselbe,* Curriculum vitae with informations about Fl. Nightingale (1957);
M. Gerhardt, Th. Fliedner, ein Lebensbild, 2 Bde (1933—37);
A. Sticker, Theodor-Fliedner-Quellen, Kindernot und Kinderhilfe vor 120 Jahren (1958); *dieselbe,* Theodor Fliedner (^{2}1959); *dieselbe,* Die Entstehung der neuzeitlichen Krankenpflege (1960 mit weiteren Literaturangaben); *dieselbe,* Friederike Fliedner und die Anfänge der Frauendiakonie (1961); *dieselbe,* Das Diakoniewerk Kaiserswerth, seine geschichtliche Entwicklung von 1836—1966, in: Diakonissenmutterhaus Kaiserswerth (1967);
U. Luck, Moderne Theologie und diakonischer Dienst (1965);

A. M. Frick, Theodor Fliedner, zum Verständnis von Religion und Reaktion in der Erziehungstheorie des 19. Jahrhunderts (1968);
H. Fromme, der Lebensentwurf der Frau und die pädagogischen Grundlagen im Werk Th. Fliedners (1968);
H. U. Wehler (Hrsg.), Moderne deutsche Sozialgeschichte (1968).

ALFRED VON REUMONT

(1808—1887)

Von Hubert Jedin

Am Ende des vorigen Jahrhunderts sind drei deutsche Historiker Ehrenbürger der Stadt Rom geworden: Theodor Mommsen, Ferdinand Gregorovius und Alfred von Reumont. Mommsen war in Italien mehr noch als durch seine „Römische Geschichte" durch seine Arbeit an den lateinischen Inschriften bekannt, die ihn bis in entlegene Orte führte; Gregorovius hatte durch seine „Geschichte der Stadt Rom im Mittelalter" den historischen Reichtum dieser einzigen Stadt und in seinen „Wanderfahrten" den Reiz ihrer Umgebung erschlossen. Warum wurde der Diplomat Alfred von Reumont mit dem Ehrenbürgerrecht Roms ausgezeichnet?

Seine „Geschichte der Stadt Rom" umspannte zwar die ganze Geschichte der Urbs vom Altertum bis an die Schwelle der Gegenwart, konnte sich aber an wissenschaftlichem Dauerwert nicht mit den Werken der beiden anderen messen; sie ist heute so gut wie vergessen. Unvergessen ist — oder sollte doch bleiben —, daß Reumont „ein lebendiges Mittelglied zwischen Deutschland und Italien" (Höfler), im tiefsten Sinn des Wortes ein „Gesandter" des deutschen Volkes an das italienische war, dessen Mentalität er wahrscheinlich tiefer erfaßt hat als die beiden anderen großen Gelehrten.

I.

Als Reumont im Jahre 1855 als Begleiter König Friedrich Wilhelms IV. Münster besuchte, glaubte er in einem Porträt des Obersten Johann von Reumont, das im Friedenssaal hängt, einen Vorfahren gefunden zu haben. Allein schon die Verschiedenheit des Wappens schließt eine Verwandtschaft aus. Auf festen historischen Boden führt die Nachricht, daß Alfreds Urgroßvater Hubert aus Spa nach Aachen kam, wo sein Sohn Lambert († 1811) eine Farbkesselfabrik gründete und zu solchem Wohlstand gelangte, daß er seinen Sohn Gerhard (1765—1828), Alfreds Vater, an der alten Universität Bonn (bei Rougemont) Medizin studieren und sogar dieses Studium im Ausland, in Paris (bei Desault) und Edinburgh (bei Gregory und Bell) fortsetzen lassen konnte. Nach Aachen zurückgekehrt, wurde Gerhard in der napoleonischen Zeit Inspektor der Aachener Bäder und behandelte sogar Mitglieder der Familie Napoleons. Als Arzt hoch

~ Lüttich 17. 9. 1708, † zw. 1759—1764 wurde 1732 Aachener Bürger, übernahm um 1740 das Kaffeehaus s. Schwiegervaters im Aach. Badeviertel ∞ Aachen 15. 1. 1730 Margarete Therese (de) Langlade Tochter d. aus Südfrankr. eingew. Jean d'Anglade, □ Aachen 24. 6. 1774 führte als „Wittib Reumont" das „Grand-Café" weiter das 1764 die erste Aachener Konzession für Glücksspiele erhielt	Johann Heinrich Hamächer ~ Aachen 10. 10. 1686, † zw. 1745—63 Stadtbaumeister in Aachen ∞ Aachen 3. 1. 1734 Anna Catharina Franck	Johannes Peter Craussen □ Randerath 1. 5. 1776 ∞ Randerath 14. 11. 1740 Elisabeth Haaren ~ Randerath 25. 12. 1717 † Randerath 18. 9. 1781	Heinrich Jansen ∞ Aachen 30. 1. 1752 Emerentia Hessen
Lambert Reumont ~ Spa 20. 5. 1739 † Hülchrath 13. 5. 1811 Inh. einer Farbkesselgießerei in Aachen, Ratsmitglied	Odilia Hamächer ~ Aachen 7. 10. 1737 † Aachen 19. 10. 1790	Joh. Peter Kraussen ~ Randerath 17. 8. 1761 † Randerath 22. 4. 1844 Landwirt	Anna Maria Janse ~ Aachen 2. 1. 1753 † Randerath 14. 7. 1801
∞ wahrscheinl. Aachen 1764		∞ Randerath 30. 10. 1783	
Dr. med Gerhard Reumont * Aachen 19. 4. 1765, † Aachen 27. 8. 1828 prakt. Arzt und Brunnenarzt, Bäderinspekteur, Medizinalrat		Lambertine Kraussen ~ Randerath 22. 4. 1786 † Endenich 12. 4. 1850	
∞ Randerath 16. 9. 1807			

Dr. iur. et phil ALFRED (VON) REUMONT
* Aachen 15. 8. 1808, † Aachen 27. 4. 1887
Wirkl. Geheimer Rat, Kgl. Kammerherr

usammengestellt, größtenteils nach Unterlagen der Familie v. Reumont, durch Elisabeth Janss

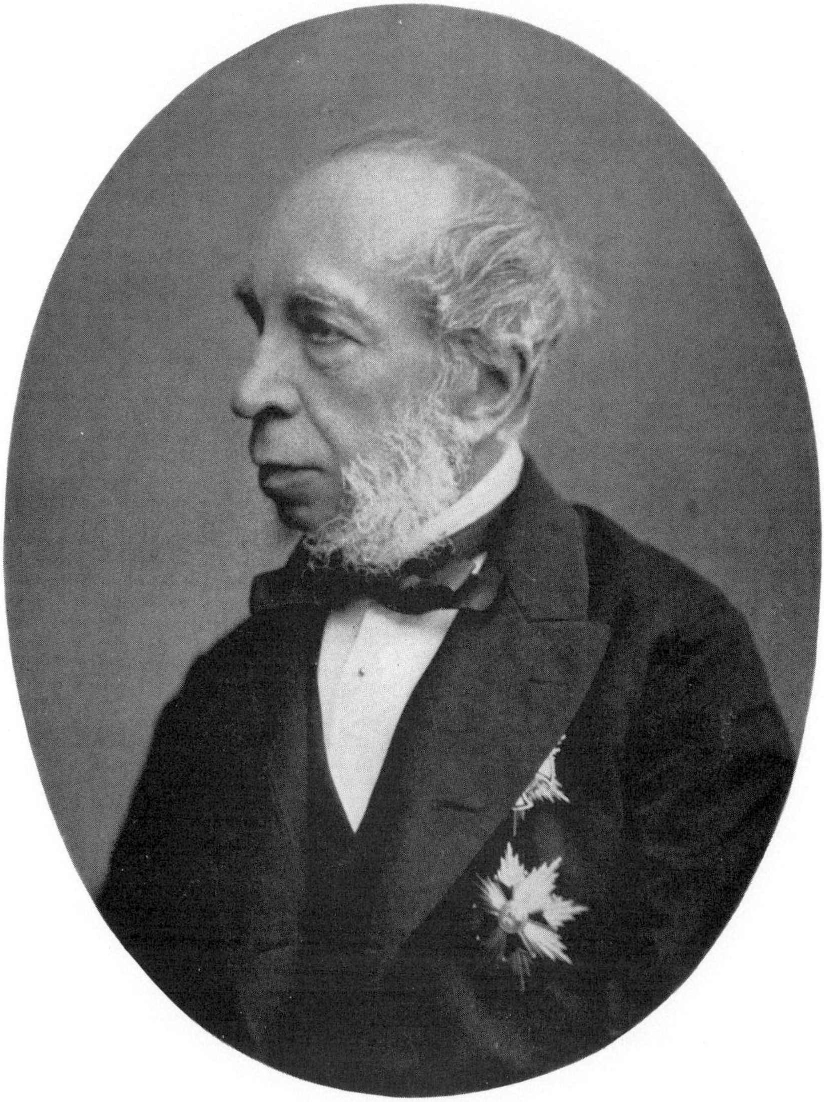

Alfred von Reumont
Foto Achen: Berta Steinfels — Stadtarchiv P 61.

geachtet und Mitglied mehrerer gelehrter Gesellschaften, in ständiger Berührung mit dem internationalen Publikum der Badestadt, aller drei großen Kultursprachen vollkommen mächtig, von regem Interesse vor allem für England und seine Literatur, vermochte er seinem ältesten, am 15. August 1808 in Aachen von seiner Gattin Lambertine Kraussen aus Randerath geborenen Sohne Alfred schon früh geistige Interessen einzupflanzen und eine gute Erziehung zu geben. „Schon als Kind", gesteht Reumont in seinen Jugenderinnerungen, „vernahm ich viel von fremden Ländern und bekannten Leuten, ein Vorteil für das spätere Leben, der nicht hoch genug angeschlagen werden kann."

Zu seinen frühesten Erinnerungen gehörten Erzählungen von der Völkerschlacht bei Leipzig und der anschließende Durchzug der alliierten Truppen, unter ihnen Kosaken und Baschkiren, nach Frankreich. Unvergeßlich blieb das Erlebnis des knapp Siebenjährigen, die Huldigung der Rheinlande für den König von Preußen in Aachen am 15. Mai 1815, wenn er auch gesteht, daß „gerade in Aachen die preußische Herrschaft beinahe wie eine Art Fremdherrschaft erschien". Die Bewohner Aachens hatten sich früher stets als Bürger der Krönungsstadt der deutschen Kaiser gefühlt; während der zwei Jahrzehnte französischer Herrschaft hatten sie die napoleonische Verwaltung und das moderne Recht des Code Napoléon schätzen gelernt; Preußen war ihnen fremd, sein Mißtrauen gegen die Bindungen an den Westen unbequem. Im Vorzimmer seines Vaters sah Alfred den preußischen Gendarmen sitzen, der Pierre Pocholle, den Generalsekretär des ehemaligen Roer-Departements, zu überwachen hatte; der ehemalige napoleonische Staatssekretär Graf Regnaud, dessen Gattin im Hause Reumont verkehrte, mußte sich über das Dach der Redoute vor der Verhaftung retten. Unter den Badegästen, die den Vater konsultierten, war der aus Frankreich verbannte Cambacérès; der abgedankte König Gustav IV. von Schweden war häufig Tischgast des Vaters.

Den ersten Unterricht im Lateinischen, Französischen und in der Geschichte erhielt Alfred bei dem Vikar der Petruspfarre Johann Joseph Scheen, dem er bei der Messe diente und von dem er zur ersten Kommunion vorbereitet wurde. Der spätere Stadtbibliothekar und verdiente Aachener Geschichtsforscher Christian Quix brachte ihm die Anfangsgründe des Griechischen bei. Dieser Privatunterricht wurde für Alfreds Ausbildung um so wichtiger, als der Unterricht auf dem Aachener Gymnasium (1821—1823) — wenigstens nach der Ansicht Reumonts— viel zu wünschen übrig ließ. Es fehlte nicht viel, so wäre der Sechzehnjährige einem Freunde seines Elternhauses, dem Philhellenen Lord Guilford, nach Korfu gefolgt, wo dieser aus eigenen Mitteln eine Privatuniversität gründen wollte; die Koffer waren schon gepackt, da zerschlug sich der abenteuerliche Plan, weil die Aachener Regierung den Paß verweigerte. Alfred begleitete Guilford bis nach Bonn, besuchte mit ihm Niebuhr, genoß vom Alten Zoll aus den

Blick auf das Siebengebirge und sah auf der Rückreise zum ersten Mal den Kölner Dom. Ihm, der für die Universität noch zu jung war, begann die Vielheit literarischer und künstlerischer Interessen eine Gefahr zu werden. Mit der französischen Sprache aufgewachsen, las der junge Bibliomane Corneille und Racine, Montesquieu und Chateaubriand, aber auch Geschichts- und Reisewerke und übte sich in Übersetzungen im Englischen und Französischen, die ein Hausfreund, der Arzt Günther aus Neviges, durchsah. Schon versuchte er sich in der kurzlebigen Zeitschrift „Rheinische Flora" in eigenen Aufsätzen, die der Herausgeber J. B. Rousseau, häufig Sonntagsgast im Hause Reumont, bereitwillig aufnahm. Alfred war auf dem besten Wege, unter dem Einfluß des nicht unbegabten, aber leichtsinnigen Literaten einem oberflächlichen Journalismus zu verfallen. „Ich bin vielleicht nur durch Fügung des Geschickes", schrieb er später in seinen Jugenderinnerungen, „die mich von der Heimat entfernte und auf andere Bahnen führte, dem Überwiegen der Belletristik entzogen worden."

Im Herbst 1826 bezog Alfred die Universität Bonn, um nach dem Wunsche des Vaters Medizin zu studieren. Seine Neigung freilich zog ihn mehr zu den Philologen und Historikern. Er hörte Niebuhr und August Wilhelm Schlegel und sah dem Maler Götzenberger zu, wie er in der Aula der Universität die symbolische Figur der Jurisprudenz al fresco malte. Derartige Interessen teilten seine Mitstudenten Ernst von Lassaulx und August Reichensperger. Während der Ferien lernte er im Elternhause den Schotten William Crauford kennen, der ihm den ersten Shakespeare schenkte und von Edward Gibbon, dem Historiker des spätrömischen Reiches, erzählen konnte. Mit Craufords Schwestern übte er sich im Zeichnen „nach der Natur".

Das Interesse für Kunst wurde weiter gefördert, als Alfred im Sommersemester 1828 in Heidelberg den Zeichner Graimberg kennen und von ihm die Architektur des Schlosses verstehen lernte. Bald einsam, bald in Gesellschaft seiner Mitstudenten durchstreifte er die Umgebung Heidelbergs und vertiefte sich in deren Geschichte: schon jetzt verband er Schauen und Lernen, wie später in seinem Schicksalsland Italien. Unter den Empfehlungen, die er nach Heidelberg mitbekommen hatte, befand sich auch eine an die Gattin des Historikers Friedrich Christoph Schlosser, in dessen gastlichem Hause am Abhang des Schloßberges er „die geist- und lehreichesten Stunden" zubrachte, und dessen Geschichtsauffassung nicht ohne Einfluß auf Reumont geblieben ist. Dante freilich, auf den Schlosser ihn hinwies, vermochte er noch nicht im Original zu lesen. Vor allem „blieb der Zwiespalt zwischen Brotstudium und Neigung bestehen". Diesem Zwiespalt, aber auch dem romantischen Schweifen in die Geschichte, Literatur und Kunst machte der unerwartete Tod des Vaters ein jähes Ende. Auf der Heimreise nach Aachen, die Alfred teils zu Fuß, von Biebrich ab zu Schiff machte, erreichte ihn in Bonn die Nachricht, daß sein Vater am 27. August 1828 plötzlich verstorben war. Mit ihm schied aus seinem Leben die Persönlichkeit, die mehr als jede andere seine Geistigkeit geprägt, seine Offenheit für die Werte der eigenen wie der französischen und englischen Kultur grundgelegt hatte. Obwohl ein tüchtiger Arzt, der im Jahre 1800 von England die Blattern-Schutzimpfung auf den Kontinent gebracht hatte, hatte der Vater kein Vermögen gesammelt. Die Witwe stand mit sechs Kindern nahezu mittellos da, Alfred war gezwungen, sein Studium abzubrechen. Der Familienfreund William Crauford bot ihm an, bei seinem Bruder John in Florenz die Stelle eines Hauslehrers zu übernehmen. So trat Reumont am Abend des 17. November 1829 die Reise nach Italien an, in das Land, das seine zweite Heimat werden, seine Laufbahn wie sein Lebenswerk bestimmen sollte.

II.

Der erste Eindruck, den er nach abenteuerlicher Schlittenfahrt über den Splügen in dem Dorfe Isola(to) — in einem Seitental des Bergell gelegen — empfing, war keineswegs einladend: im Dorfgasthaus fand er Männer „von ziemlich wüstem Aussehen mit kleinen roten Käppchen und großen Bärten", aber „verschmizten Physiognomien"; den Kaffee löffelte man aus einem Teller. Für den Rheinländer war es eine fremde Welt.

Aber schon nach einiger Zeit schlug das einzige Florenz ihn in seinen Bann. Die Hauslehrerstelle vertauschte er bald mit der eines Privatsekretärs bei dem Preußischen Geschäftsträger Friedrich von Martens. Sie brachte es mit sich, daß er die politischen Verhältnisse des Großherzogtums Toscana und dessen Geschichte zu studieren begann, sie erleichterte ihm auch die Berührung mit dem geistig hochstehenden Kreis um die literarisch-historische Zeitschrift „Antologia", die der Genfer Vieusseux gegründet hatte, und dem der gelehrte Marchese Gino Capponi angehörte, der im Laufe der Jahre der beste unter seinen vielen italienischen Freunden wurde. Er lernte den Dante-Forscher Karl Witte kennen, drei Monate hindurch war er Tischgenosse des jungen Berliner Geschichtsprofessors Leopold Ranke, damals mit den Vorstudien für seine „Römischen Päpste" befaßt. Durch ihn entwuchs er der Geschichtsauffassung Schlossers und lernte die moderne quellenkritische Forschung kennen. Die gemeinsam verlebten Florentiner Wochen wurden der Anfang einer lebenslangen Freundschaft.

Im Herbst 1832 folgte Reumont dem inzwischen nach Konstantinopel versetzten Martens an den Bosporus. Dort erlebte er die diplomatischen Verwicklungen um den Krieg zwischen der Hohen Pforte und Mehmed Ali von Ägypten, kehrte aber schon im folgenden Jahre nach Florenz zurück, um dort bei Martens' Nachfolger, dem schlesischen Grafen Carl Schaffgotsch, wiederum die Stelle eines Privatsekretärs zu übernehmen. Auf der Reise dorthin besuchte er Athen und Nauplia im Peloponnes, die Residenz König Ottos von Griechenland. Von dem bayrischen Kommandanten der mächtigen venezianischen Festung über der Stadt zum Frühstück eingeladen, genoß er die unvergleichliche Schönheit der griechischen Landschaft. Bald nach der Rückkehr gab er durch die Promotion zum Dr. phil. in Erlangen (am 3. Mai 1833) seinen historischen Studien einen formellen Abschluß und schuf sich dadurch die Grundlage für seine weitere Laufbahn. Durch Dekret vom 28. Juni 1835 wurde er, inzwischen nach Berlin zurückgekehrt, im Ministerium des Auswärtigen angestellt, und am 10. Januar 1836 verschaffte ihm das Interesse des Ministers Ancillon eine Einladung zu Kronprinz Friedrich Wilhelm. Ihm überreichte Reumont sein im Vorjahr erschienenes Buch über Andrea del Sarto und die „Reiseschilderungen und Umrisse aus südlichen Gegenden", in denen er seine italienischen und griechischen Reiseeindrücke verarbeitet hatte. Diese Audienz wurde der Anfang einer engen persönlichen Beziehung zu dem späteren Monarchen.

Vorerst kehrte der nunmehrige Diplomat im Juni 1836 als „Geheimer expedierender Sekretär", begleitet von seinem Aachener Landsmann Clemens August Alertz — bekanntgeworden als Leibarzt Papst Gregors XVI. (vgl. Rheinische Lebensbilder III 159—172) — über Südfrankreich nach Italien zurück, und zwar nach Rom. Dort erlebte er als interimistischer Mitarbeiter der Preußischen Gesandtschaft den Zusammenbruch der Politik Bunsens im Kölner Mischehenstreit mit und unterstützte nach Bunsens Abgang den Geschäftsträger, seinen Aachener Mitschüler von Buch, sowie den Sondergesandten Graf Brühl, der im Auftrage des nunmehrigen Königs Friedrich Wilhelm IV. mit dem Vatikan über die Beilegung des Kölner Kirchenstreites verhandelte.

Reumonts Fähigkeit, gesellschaftliche Verbindungen anzuknüpfen, bewährte sich auch während dieses ersten Romaufenthaltes. Die deutsche Kolonie war reich an hervorragenden Persönlichkeiten der Wissenschaft und Kunst. Reumont wurde in die diplomatische und adlige Gesellschaft Roms eingeführt. Er lernte den Archäologen Gerhard kennen, Plattner, den Sammler von Literatur über Rom, Kestner, den Sohn von Goethes Lotte. Vom König dazu aufgefordert, berichtete er diesem regelmäßig über Literatur und Kunst Italiens; die „Römischen Briefe von einem Florentiner", die 1844 zu erscheinen begannen, enthielten reiche Informationen über kirchliche und soziale Zustände, über die großen Adelsfamilien dieser Stadt. Reumont hatte seine Aufgabe erkannt, Brücken zwischen deutschem und italienischem Geistesleben zu schlagen. Seine mit diesem Ziel gegründete Zeitschrift „Italia" freilich ging schon nach dem zweiten Jahrgang (1840) wieder ein, obwohl er in Heinrich Leo, dem Kunsthistoriker Rumohr und dem Danteforscher Witte ausgezeichnete Mitarbeiter gewonnen hatte. Schon galt er als Kenner italienischer Kunst: man bot dem erst Fünfunddreißigjährigen die Leitung der Weimarer Kunstsammlung an. Reumont lehnte ab, nachdem er durch endgültige Übernahme in den preußischen Staatsdienst beamtenrechtlich sichergestellt worden war. Man geht schwerlich fehl in der Annahme, daß bei dieser folgenschweren Entscheidung der König selbst seine Hand im Spiel hatte. Nach Berlin zurückberufen, wurde Reumont für nahezu vier Jahre (1843—1846) in die unmittelbare Nähe Friedrich Wilhelms gezogen, in den engsten Kreis, der sich um ihn in Sanssouci oder in den Stadtschlössern zu versammeln pflegte. Der an der Kunst und der Literatur Italiens interessierte Monarch ließ sich durch ihn Neuerscheinungen, wie das Werk des Abbate Magrini über Palladio, vorlegen und aus dem Drama eines heute vergessenen Dichters über Arnold von Brescia vorlesen; die von Reumont selbst verfaßte kleine Schrift über die Gräber Dantes, Petrarcas und Bocaccios erregte sein höchstes Interesse. Sogar bei der Gestaltung von Hoffesten wirkte er mit: für einen Kostümball im Weißen Saal des Berliner Schlosses verfaßte er den Prolog und die begleitenden Verse zu acht gestellten Bildern nach Volksmärchen von Musäus. Bei der Gedächtnisfeier für Thorwaldsen in der Singakademie hielt er die Festrede. Noch nach vierzig Jahren, bei der Niederschrift seiner Erinnerungen an Friedrich Wilhelm IV., zogen die Persönlichkeiten der damaligen Berliner Hofgesellschaft an seinem Auge vorüber: der Zeremonienmeister Graf Pourtalès, der russische Botschafter Graf Meyendorff, der das größte Haus in Berlin hielt, der englische Botschafter Graf Westmorland, ein großer Musikfreund, der dem Königshause nahestehende Prinz Radziwill, aber auch Künstler wie Rauch und Kaulbach, der Dichter Freiligrath, nicht zuletzt die Gelehrten, obenan Alexander von Humboldt, der Geograph Ritter, die Historiker Ranke, Friedrich von Raumer und Ernst Curtius, dem, wie Reumont bemerkt, „zu jeder Zeit Philologie und Altertumskunde keine getrockneten Herbariumsblumen, sondern lebendige, fruchtbare Zweige geboten haben". Humboldt verschmähte es nicht, der Tafelrunde aus Büchern und Aufsätzen Reumonts vorzulesen und nannte ihn — sicherlich höfisch übertreibend — seinen „teuren, edlen und geistreichen Freund". Sein Ausscheiden aus dem Kreise um den König hinterließ für diesen eine schmerzliche Lücke: „Sie fehlen unsern ruhigen Abenden recht in diesem Winter", schrieb er am 22. Januar 1848 an den inzwischen nach Italien zurückgekehrten Reumont. Die während dieser Jahre in der Berliner Allgemeinen Zeitung veröffentlichten, meist biographischen Artikel über Italiens Geschichte und Gegenwart wurden später in erweiterter Form im Verlag des Hofbuchdruckers Decker als „Beiträge zur italienischen Geschichte" (6 Bändchen, 1853—1847) herausgegeben. Der damalige Major von Moltke forderte Reumont auf, zu der von ihm geplanten Karte der römischen Campagna, die er als Adjutant des in Rom lebenden Prinzen Heinrich von Preußen entworfen hatte, den Begleittext zu schreiben. Der junge Jacob Burckhardt allerdings, erbost über eine ungünstige Rezension der von ihm bearbeiteten Neuauflage von Kuglers „Geschichte der Malerei" in der Preußischen Staatszeitung, nannte Reumont in einem Brief an A. Heusler-Ryhiner vom 9. Juli 1847 (Jacob Burckhardt, Briefe

III, Basel 1955, 77) „eine der größten Giftkröten von Berlin ... selbst unter seines Gleichen allgemein verhaßt". Man darf diese Reaktion eines jungen Autors — Burckhardt war damals neunundzwanzig Jahre alt — nicht allzu wichtig nehmen, zumal da der Freund Gottfried Kinkels in Reumont einen typischen Repräsentanten des damals in Preußen herrschenden politischen Systems sah, gegen das er heftig aufbegehrte.

Reumonts Teilnahme am Berliner Hofleben in den Jahren 1843 bis 1847 wurde durch mehrere dienstliche und halbdienstliche Reisen unterbrochen, die ihn auch wieder nach Italien führten. Im Herbst 1844 begleitete er die Prinzessin Karl von Preußen nach Florenz und besuchte anschließend Ravenna, das er ein Mittelglied zwischen Mittelalter und Altertum nannte. Im folgenden Jahre begleitete er den König nach Aachen zum Empfang der Königin Victoria von England, 1846 nahm er, als Vertreter des Gesandtschaftssekretärs von Thile, an der Seite des von ihm wenig geschätzten Gesandten von Bunsen am Empfang der Prinzessin von Preußen — der späteren Kaiserin Augusta — in London teil; auf der Rückreise besuchte er in Paris den Historiker und Außenminister Guizot. Als der König im Sommer 1847 nach Venedig reiste, wurde Reumont zum Cicerone auserschen; bezeichnend für ihn ist, daß er an Bord des in Venedig ankernden Schiffes „Imperator" vor dem König Gedichte von Platen rezitierte. Von der anschließenden Fahrt über den Gardasee von Desenzano bis Riva gesteht er: „Nie in meinem Leben habe ich eine schönere Fahrt gemacht." In Rovereto verabschiedete er sich von Friedrich Wilhelm IV. „Als ich ihn nach zehn Monaten wiedersah, war er ein in manchen Beziehungen veränderter Mann." Die Revolution von 1848 hatten den König im tiefsten erschüttert.

Während der Berliner Jahre ist Reumont durch die Person des Monarchen mit dem preußischen Staatsgedanken, so wie dieser ihn auffaßte, versöhnt worden. Die spätere Kaltstellung während der Aera Bismarck hat die dynastisch bestimmte Anhänglichkeit nicht mehr aufzulösen vermocht.

III.

Als Reumont Anfang Oktober 1847 nach Florenz zurückkehrte, bereitete sich dort schon die Revolution vor, die Presse war „außer Rand und Band", Großherzog Leopold II. unfähig, die Gärung zu meistern. Am 14. Februar 1848 war Reumont Zeuge, wie die neue Verfassung der Toscana verkündet wurde. Zum Sommerurlaub nach Berlin zurückgekehrt, fand er auch dort eine „permanente Revolution", den König tief beunruhigt und entschlußlos, die Regierung außerstande, die Zügel zu führen. Während einer Abendgesellschaft bei dem bisherigen Ministerpräsidenten Camphausen am 21. August, an der Reumont teilnahm, wurden die Fensterscheiben des Palais eingeschlagen. Revolution auch in Wien, das Reumont auf der Rückreise nach Florenz berührte. In Florenz mußte das Ministerium seines Freundes Capponi bald radikalen Elementen weichen, die von dem schwachen Großherzog eine Konzession nach der anderen erpreßten. Zum Sekretär an der Preußischen Gesandtschaft beim Hl. Stuhl ernannt, erhielt Reumont von dem Gesandten Graf Usedom, der dem vor der römischen Revolution geflohenen Papst Pius IX. in das Exil nach Gaeta gefolgt war, den Auftrag, die Ereignisse im aufständischen Rom zu beobachten. So sah er die Ausrufung der römischen Republik auf dem Capitol mit an, es gelang ihm, den von den Mazzinianern verhafteten Archäologen Braun zu befreien, aber Ende März 1849 erreichte ihn der strikte Befehl des Königs, Rom zu verlassen. Er begab sich nach Gaeta. Seine sehr lebendige Schilderung des päpstlichen Hoflebens in der engen Festung ist heute ein Dokument der Papstgeschichte. Für den Diplomaten war wenig zu tun. Reumont benutzte die Muße, um Sizilien zu besuchen und in Neapel das Material für die Familiengeschichte der Carafa von Maddaloni zu sammeln, die ein äußerst farbenreiches, im Grunde doch erschreckendes Bild vom Leben Neapels unter spanischer Herrschaft im 17. Jahrhundert bietet (erschienen Berlin 1851). Das Exil war zu Ende, nachdem Rom von den französischen Truppen erobert worden war. Am 12. April 1850 fuhr Reumont, wegen der Abwesenheit Usedoms Geschäftsträger, im Gefolge des Papstes in Rom ein, neben sich im Wagen sein Aachener Freund Alertz.

Nach Ablauf des Herbsturlaubs 1850 wurde Reumont zum Preußischen Geschäftsträger in Florenz, zunächst noch in Unterordnung unter den Gesandten in Rom, jedoch mit eigenem Geschäftsbereich ernannt; seit 1856 führte er den Titel „Ministerresident". Seine politische Berichterstattung über die Vorgänge im Großherzogtum Toscana bis zu dessen Einverleibung in das Königreich Italien zu würdigen, überschreitet die Grenzen dieser Skizze. Wir müssen uns begnügen, einige Vorgänge herauszuheben, die Licht auf seinen Charakter werfen. Alexander von Humboldt hat es ihm hoch angerechnet, daß er aus eigenem Antrieb für die Begnadigung des wegen Proselytenmacherei mit Zuchthaus bestraften protestantischen Ehepaars Madiai eintrat. Bei dem ihm aus seiner römischen Zeit bekannten Präfekten des Vatikanischen Archivs Augustin Theiner setzte er sich für den Juden Philipp Jaffé ein, den Verfasser der heute noch benutzten Papstregesten; bei Theiner bemühte er sich auch um die Zurücknahme der Indizierung des „Archivio Storico Italiano", der ersten historischen Zeitschrift Italiens, an deren Gründung er selbst beteiligt gewesen war. In allen drei Fällen wählte er den diplomatisch richtigen Weg, um in heiklen Angelegenheiten doch etwas, wenn auch vielleicht nicht alles zu erreichen. Der Verkehr mit seinen Florentiner Freunden wurde fortgesetzt und vertieft; mit ihnen feierte er 1854 den 25. Jahrestag seiner Ankunft in der Arnostadt. Politisch stand Florenz längst im Schatten von Turin; die am Florentiner Hof beglaubigten Diplomaten, unter ihnen der österreichische Gesandte Baron von Hügel, der Vater des Religionsphilosophen, waren mehr mit dem Hofleben als mit Politik beschäftigt. Die persönlichen Beziehungen Reumonts zu König Friedrich Wilhelm IV. wurden weiter gepflegt; er verbrachte seine langen Urlaube im Norden meist in der Nähe des Königs. So wohnte er im Sommer 1855 auf dessen Einladung zusammen mit dem Bildhauer Rauch in der berühmten Potsdamer Mühle, wurde vom König nach Schloß Erdmannsdorf im Riesengebirge eingeladen und begleitete ihn auf einer Reise an den Rhein, wo er in seiner Vaterstadt aus dessen Hand den Schlüssel eines königlichen Kammerherrn erhielt. Die Fahrt führte den Hof nach Trier und an die Saar, von da nach Köln, wo am 3. Oktober 1855 über dem Südportal des Domes die Kreuzblume aufgezogen wurde. In den Sommern 1856 und 1857 war Reumont Gast des Königs in Marienbad. Dort pflegte er vormittags dem Monarchen Gesandtenberichte vorzulesen, abends historische Porträts aus den venezianischen Relationen, auf die er durch Ranke aufmerksam geworden war. Der König sah ihn gern um sich und genoß die geistvolle Unterhaltung des kenntnisreichen Diplomaten.

Der Schlaganfall, der Friedrich Wilhelm IV. am 6. Oktober 1857 traf und regierungsunfähig machte, stellte Reumont vor eine neue, gewiß nicht leichtere Aufgabe. Fast ein Jahr, von Juli 1858 bis Ende April 1859 wurde er der ständige Gesellschafter des Kranken, erst in Tegernsee, dann in Meran, schließlich auf einer Italienreise, die bis nach Rom und Neapel führte. Vor der Abreise nach dem Süden, am 7. Oktober 1858, hatte der König seinem Bruder Prinz Wilhelm die Regentschaft übertragen. Mit großem Geschick und feinem Takt verstand es Reumont, den physisch gehemmten und zeitweise tief niedergeschlagenen Monarchen durch die Betrachtung der historischen Denkmäler und Kunstwerke der Ewigen Stadt aufzuheitern; die bissigen Bemerkungen des Flügeladjutanten Prinz von Hohenlohe-Ingelfingen über sein damaliges Verhalten sind ungerecht. Es gelang Reumont sogar, in unauffälliger Form eine Zusammenkunft des kranken Königs und der ursprünglich katholischen, zum Protestantismus übergetretenen Königin Elisabeth mit Papst Pius IX. in Giardino della Pigna zu arrangieren.

Die Italienreise mußte nach der Rückkehr aus Neapel abgebrochen werden, weil zwischen Österreich und dem von Frankreich unterstützten Sardinien der Krieg ausgebrochen war. Auf einem russischen Kriegsschiff wurde das Königspaar von Ancona nach Triest gebracht, Reumont kehrte an seinen Amtssitz Florenz zurück und erlebte dort das Ende des Großherzogtums. Damit war seinem Diplomatenposten am Arno der Boden entzogen. Am 28. März 1860 wurde er formell abberufen.

Die Beurteilung der Revolution von 1848 und des italienischen Risorgimento, dessen Verlauf er aus der Nähe verfolgen konnte, werfen Licht auf Reumonts politische Anschauungen. Obwohl ein entschiedener Gegner der Revolution und der Demokratie nach französischem Muster, verurteilte er nicht weniger die starre Reaktion. Seine im tiefsten konservativen Grundanschauungen vom historischen Recht und von der Notwendigkeit, historisch gewachsene Institutionen weiterzubilden, werden sichtbar in seiner Beurteilung des preußischen Vereinigten Landtags von 1847. In Reumonts Augen war es ein Unglück, daß Preußen während der Friedensjahre nach den Befreiungskriegen die ständische Verfassung nicht fortgebildet hatte. Die Einberufung des Vereinigten Landtags kam zu spät, die Rede des Königs bei der Eröffnung enttäuschte, weil sie dem Landtag keine „Gesamtrepräsentation" des Volkes und keine ausreichenden Rechte zubilligte; am stärksten, meint er, war die Opposition der Ostpreußen und der Rheinländer. Aber das Erlebnis der Revolution von 1848 in Rom und in Berlin hat auch ihn — wie Pius IX. — zum Gegner der „radikalen Demokratie" gemacht, deren phrasenreichen Wortschwall er verachtete. An dem Gesandten Usedom tadelte er, daß er sich eine „vollkommene Illusion über den Charakter der Berliner Märzbewegung machte, bis er ihr ins Gesicht schaute." Reumont billigte den Einsatz der Armee gegen die Revolution und rezitierte während einer Abendgesellschaft beim Prinzen von Preußen in Babelsberg Grillparzers Gedicht an Marschall Radetzky: „In deinem Lager ist Österreich." Die nationale Einigung Italiens hielt er für unaufhaltsam, die italienischen Kleinstaaten für reif zum Untergang. Aber die Verwirklichung des Risorgimento in einem laizistischen Einheitsstaat betrachtete er als ein Unglück; er hätte eine föderative, die einzigartige Stellung Roms wahrende Lösung vorgezogen; eine zeitweilige Verstimmung zwischen ihm und Capponi in dieser Frage wurde aber bald überwunden. Die Gründung des Deutschen Reiches durch Bismarck hat er bejaht, dem Kanzler selbst aber schon vor dem Kulturkampf eher skeptisch gegenübergestanden.

IV.

Nach der Einverleibung Toscanas in das Königreich Italien hatte sich Reumont Hoffnung auf den römischen Gesandtenposten gemacht und um dessen Übertragung nachgesucht. Außenminister von Schleinitz lehnte durch Schreiben vom 30. Juli 1859 sein Gesuch ab, weil es nicht ratsam sei, diese Stelle einem Katholiken zu übertragen. Freiherr von Canitz, bisher Gesandter in Neapel, wurde nach Rom, Reumont durch Verfügung vom 27. Juni 1860 zum 1. Januar 1861 „in den einstweiligen Ruhestand" versetzt. Als Canitz — angeblich wegen Geistesgestörtheit — ausscheiden mußte und Reumont sich neue Hoffnungen auf Rom machte, teilte ihm sein einstiger Kollege an der Römischen Gesandtschaft, von Thile, nunmehr Mitarbeiter Bismarcks, in dessen Auftrag am 8. Januar 1863 mit, der römische Gesandtenposten sei anderweitig besetzt worden (durch den Hofgeneral von Willisen, vormaligen Flügeladjutanten Friedrich

Wilhelms IV.): „Bei der vollsten Anerkennung Ihrer Qualifikation", schrieb von Thile, habe man Reumont nicht zur Ernennung vorschlagen können; das Motiv liege „lediglich in Ihrer Konfession. Die Gesandtschaft in Rom ist, wie Sie wissen, seit Jahren der Stütz- und Zentralpunkt einer Anzahl von Etablissements welche ganz oder vorherrschend einen evangelischen Charakter tragen. Wir können sie nicht fallen lassen. Der Römische Hof sieht sie — sehr begreiflicher und verzeihlicher Weise — nicht mit günstigen Augen an, und wir können nicht absehen, wie ein katholischer Gesandter unbeschadet seiner konfessionellen Stellung jenen Schöpfungen mit so vollem Herzen und solcher Freudigkeit seine Teilnahme widmen könnte, wie wir es erwarten und wünschen müssen" (Hüffer, Reumont 179). In einem späteren Brief vom 29. Januar 1863 äußerte Thile die Ansicht, daß „ein katholischer Gesandter des evangelischen Königs von Preußen in Rom in bedenkliche Situationen kommen kann" (ebda 182).

Dieser Bescheid hat Reumont schwer getroffen, denn auch in der Folgezeit fand man für den noch nicht Sechzigjährigen keine Aufgabe mehr im diplomatischen Dienst. Er hatte anfangs mit einer Wiederverwendung gerechnet und meist in Rom gelebt; am 9. Dezember 1861 hatte er dort im Archäologischen Institut die traditionelle Rede auf Winckelmann gehalten. Erst im Oktober 1863 löste er seine Florentiner Wohnung auf und schickte die Möbel nach Aachen, wo seine zwei unverheirateten Schwestern eine Wohnung für ihn einrichteten. Den endgültigen Entschluß, Italien zu verlassen und seinen Wohnsitz in Deutschland zu nehmen, vermochte er erst nach Jahren zu fassen. Die Universität Bonn hatte ihm bei ihrem fünfzigjährigen Jubiläum den Ehrendoktor der Philosophie verliehen. Diese Ehrung mag der Anlaß, aber nicht die Ursache dafür gewesen sein, daß er 1868 in Bonn am Hofgarten ein Haus erwarb, das er ein Jahrzehnt lang bewohnte; er wollte in einer Universitätsstadt und in der Nähe einer Universitätsbibliothek wohnen, um seine historischen Arbeiten weiterführen zu können. Nach dem erzwungenen Ausscheiden aus dem diplomatischen Dienst hatte er einen neuen Lebensinhalt gefunden.

König Maximilian II. von Bayern hatte ihn im Frühjahr 1863 auffordern lassen, „eine Geschichte der Stadt Rom in übersichtlicher Darstellung für einen größeren Leserkreis auszuarbeiten" (Vorwort zu Bd. I, 1867). Nie zuvor, gesteht Reumont, habe er den Gedanken an ein solches Werk gefaßt; jetzt nahm er das Angebot an und vollendete in nur sieben Jahren das drei starke Bände umfassende Werk (Bd. II und III in je zwei Teilen). Die Schnelligkeit der Niederschrift ist nur erklärlich, wenn man sich gegenwärtig hält, daß der Verfasser schon vorher eine genaue Kenntnis der historischen Monumente wie großer Teile des gedruckten Quellenmaterials besaß. Obwohl in den meisten Einzelheiten überholt, bleibt es auch heute noch eine erstaunliche Leistung, die zu

Unrecht hinter der „Geschichte der Stadt Rom im Mittelalter" von Ferdinand Gregorovius zurückgetreten ist. Diese, auf einer viel breiteren Quellenbasis ruhend und viel ausführlicher und von weit höherem literarischem Wert, entspricht nur dem zweiten Bande des Reumontschen Werkes. Gregorovius selbst hat diesem „einen hervorragenden Platz in unserer Literatur" zugestanden; er hat aber auch keine Zweifel darüber gelassen, daß er sich über den „Condottiere der Feder, der eigentlich in die seltsame Klasse allwissender Abbés des vorigen Jahrhunderts gehörte", hocherhaben fühlte und dessen Werk als eine „Kompilation" betrachtete. Seine Bemerkung, er verlache diejenigen, die sein Werk in Gegensatz zu dem Reumonts stellten, hat einen ironischen Beigeschmack. Im Vorwort des letzten Bandes, niedergeschrieben am 21. März 1870, mithin nur ein halbes Jahr vor der Eroberung Roms durch die italienischen Truppen, hat Reumont ausgesprochen, was Rom für ihn war: Verbindung der alten Welt mit der neuen, Symbol der Einheit der christlichen Völker und Heimat Aller: „In Rom durchlebt der Teutsche wie der Britte, der Franzose wie der Spanier ein Stück der eigenen Geschichte, in seinen Kirchen tritt jeder auf heimischen Boden." Diese universale Geltung Roms sah Reumont durch die Erhebung zur Hauptstadt des Königsreiches Italien gefährdet. Gegen die gewaltsame Besetzung der Stadt am 20. September 1870 hat er in der Broschüre „Pro Romano Pontifice" (1871) Einspruch erhoben.

In Bonn schrieb der „Florentiner", als den Reumont sich gern selbst bezeichnete, nach Vollendung der Geschichte der Stadt Rom noch zwei umfangreiche Werke zur Geschichte Toscanas: „Lorenzo de' Medici, il Magnifico" (2 Bde, 1874) und die „Geschichte Toscanas seit dem Ende des florentinischen Freistaates" (2 Bde, 1877), die bis zum Untergang des Großherzogtums reichte, den Reumont selbst miterlebt hatte. Das erste Werk war Gino Capponi gewidmet, in dessen Florentiner Palast er während der Ausarbeitung wiederholt zu Gaste war und dessen großenteils aus persönlichen Erinnerungen geschöpfte Biographie er bald nach dem Tode des Freundes (1876) veröffentlichte. Die Geschichte Toscanas war der Stadt Florenz gewidmet, die ihn zu ihrem Ehrenbürger ernannt hatte. Im „Lorenzo" fand Ranke „reiche Kenntnisse, wie sie in der Fülle wie Sie niemand besitzt, mit populärer Darstellung vereinigt" (an R., 8. 6. 1874). Dieses, ja auch schon nicht unbedingt positive Urteil ließe sich ergänzen, wenn man Burckhardts „Kultur der Renaissance" zum Vergleich heranzieht. Für Reumont ist Lorenzo „Produkt wie Vollender" des Zustandes, „wie die *christliche* Welt ihn nur einmal in dieser lebendigen und fruchtbringenden Durchdringung und Wechselwirkung idealer und realer Elemente hervorgebracht hat." Der Unterschied gegenüber Burckhardt springt in die Augen. Besser behauptet hat sich die Geschichte Toscanas, obwohl auch sie in vielen Einzelheiten überholt ist; sie ist bis heute die einzige deutsche Gesamtdarstellung der Geschichte des Großherzog-

tums geblieben. Ihr Verfasser konnte (im Vorwort zu Bd. II) sagen: „Drei Decennien lang bin ich Personen wie Dingen nahegestanden, und das, wovon ich Augenzeuge war, gestattete mir oft einen Rückschluß auf die Vergangenheit. Kaum einen Theil des Landes gibt es, den ich nicht besucht habe."
Von seiner intensiven Beschäftigung mit dem größten Sohn der Stadt Florenz zeugt ein umfangreiches Manuskript über Dante im Rahmen der Geschichte von Florenz, das zusammen mit seiner großen Dantebibliothek im Jahre 1897 von seinem Neffen der Stadtbibliothek Aachen übergeben worden ist. Es ist selbstverständlich durch die neuere Forschung, schon durch das 1897 erschienene Dantewerk von Franz Xaver Kraus, überholt. Reumonts Dantebibliothek umfaßte nahezu alle Textausgaben und Kommentare der Divina Commedia und der kleineren Schriften Dantes, die zu seinen Lebzeiten in Italien erschienen waren, erst recht natürlich die verschiedenen Auflagen der deutschen Danteübersetzung seines Freundes Karl Witte und dessen „Danteforschungen".

Im April 1877 gab Reumont seine Bonner Wohnung auf und kehrte nach Aachen zurück, wo er sich ein Haus hatte bauen lassen. In dem nun beginnenden letzten Lebensjahrzehnt veröffentlichte er eine lange Reihe meist biographischer Bücher und Essays, darunter das schöne Buch über die Dichterin Vittoria Colonna (1881) und die Aufsatzsammlungen „Kleine historische Schriften" (1882) und „Charakterbilder aus der neueren Geschichte Italiens" (1886). Wie in den früher erschienenen Aufsatzsammlungen „Zeitgenossen" (1862) und „Biographische Denkblätter" (1878) ist in ihnen eine Fülle wertvollen Materials mit vielen persönlichen Erinnerungen aufgespeichert.

Reumont war kein zünftiger Historiker. Von den verfeinerten Methoden der Quellenkritik, die während des 19. Jahrhunderts erarbeitet wurden, und von der Vertiefung der Problemstellungen hat er nur wenig Kenntnis genommen. Aber er besaß ein ausgebreitetes Tatsachenwissen, eine lebendige Anschauung historischer Stätten und lebender Personen, ein geradezu stupendes Gedächtnis für genealogische Zusammenhänge, so daß fast alle seine Schriften wegen ihres Reichtums an Material von umsichtigen Historikern auch heute noch eingesehen, wenn auch kaum gelesen werden. Er schrieb leicht und bemühte sich wenig um die Ausfeilung der sprachlichen Form. Hüffer schildert die Arbeitsweise seines Freundes folgendermaßen: „Alles wurde vorher reiflich überdacht; dann schrieb er gewöhnlich in raschem Flusse auf der einen Seite großer Quartblätter seine Gedanken nieder, und gleich die erste Niederschrift wanderte, häufig fast ohne Verbesserungen, in die Druckerei" (S. 170).

Das Angebot Rankes, für die „Allgemeine Deutsche Biographie" den Artikel über König Friedrich Wilhelm IV. zu schreiben, da er ja „lebendig in der Erinnerung jener Zeiten lebe" (Ranke an R., 24. 2. 1877), hat er abgelehnt, wahrscheinlich weil er nicht gegen Rankes Buch über Friedrich Wilhelm IV. und

Bunsen (erschienen 1873) Stellung nehmen wollte. Sieben Jahre später hat er aber dann doch, schon fast erblindet, in einem umfangreichen, 579 Seiten starken Buch „Aus König Friedrich Wilhelms IV. gesunden und kranken Tagen", seine persönlichen Erinnerungen an ihn niedergeschrieben. Wiederholte Besuche, die er nach dem Tode des Königs seiner Witwe Elisabeth in Sanssouci und Stolzenfels abgestattet hat, waren Ausdruck seiner Anhänglichkeit an das Herrscherpaar, dessen Andenken hinter den glänzenden Siegen seines Nachfolgers und den Erfolgen Bismarcks in den Schatten gerückt war.

Vor allem hatte der preußische Kulturkampf alte Wunden aufgerissen. „Mit unverkennbarem Schmerze" sprach sich Reumont gegenüber August Reichensperger über den „Gegensatz der Regierungszeit Friedrich Wilhelms IV. und der jetzigen Situation" aus (Pastor, A. Reichensperger II 129); seine Warnungen in den höchsten Regionen — offenbar beim Kaiser oder der Kaiserin — seien unbeachtet geblieben. In der Verhaftung des Erzbischofs Melchers von Köln am 31. März 1875 sah er eine Wiederholung des Kölner Ereignisses von 1837: „Sein Ziel verfehlt das Drohen und das Hassen, der Leidenswoche folgt das Osterfest" schrieb er in einem Gedicht „Karwoche", das Reichensperger aufbewahrt hat. Ohne sich am politischen Kampf zu beteiligen, ließ Reumont keine Zweifel über seinen Standpunkt aufkommen; er blieb auch der nach dem I. Vatikanischen Konzil einsetzenden, unter den Gebildeten des Rheinlandes weit verbreiteten Altkatholischen Bewegung fern. Im Sinne des politischen Katholizismus hat er sich jedoch nicht betätigt. Welcher Art seine religiösen Ideale waren, lassen seine „Briefe heiliger und gottesfürchtiger Italiener" (1877) erkennen, in denen Katharina von Siena und Savonarola, die christlichen Humanisten Traversari und Sadoleto zu Worte kommen, aus der jüngsten Zeit Rosmini und Manzoni. Sie sind für ihn Zeugen für das „Fortleben des unbesiegbaren christlichen Geistes". Man zögert aber, von diesen Äußerungen eine Verbindungslinie zum „religiösen Katholizismus", zu ziehen, wie ihn an der Jahrhundertwende Franz Xaver Kraus vertrat. Reumonts kirchliche und politische Haltung entsprach freilich nicht der damals im deutschen Katholizismus vorwaltenden Richtung. Als er sich einmal gegenüber dem Geschichtsschreiber Johannes Janssen darüber beklagte, daß er auf die Katholiken gar nicht einwirke, erhielt er die Antwort: „Das kommt daher, weil das Publikum keine Aachener Printen, sondern echten Pumpernickel verlangt" (Ludwig v. Pastor Tagebücher, Briefe, Erinnerungen, hg. v. W. Wühr, Heidelberg 1950, 204).

Nach Aachen zurückgekehrt, begann Reumont sich wieder für die Geschichte seiner Vaterstadt zu interessieren. In seinen jüngeren Jahren, als die Rheinromantik in ihrer Hochblüte stand, hatte er eine Sammlung von Rheinlandsagen veröffentlicht (1837, 2. Aufl. 1844); jetzt rief er zusammen mit dem Bonner Rechtshistoriker Loersch und dem Aachener Stiftsherrn Kessel zur

Gründung eines Aachener Geschichtsvereins auf. Die bisher von den Aachener Heimatforschern erreichten Resultate, hieß es darin, entsprächen nicht dem Einfluß, den die Krönungsstadt einst ausgeübt habe, die Zeit sei reif, „dem im deutschen Vaterland für heimatliche Geschichts-, Kunst- und Altertumsforschung allseitig erwachten Sinn und Interesse auch für Aachen und den Aachener Regierungsbezirk gerecht zu werden". Die am 27. Mai 1879 zusammengetretene Gründungsversammlung des Aachener Geschichtsvereins wählte Reumont zu dessen Vorsitzenden. Der Vorwurf der Exklusivität, der später wohl in erster Linie gegen Reumont gerichtet wurde, führte zwar (1885) zur Gründung eines zweiten „Vereins für Kunde der Aachener Vorzeit", doch hat diese Absplitterung dem Bestand und Weiterblühen des Aachener Geschichtsvereins und seiner Zeitschrift keinen erheblichen Eintrag getan. Reumont legte (am 28. September 1885) den Vorsitz nieder und wurde zum Ehrenpräsidenten ernannt. Mit gutem Grund ehrte die Stadt Aachen ihren Sohn durch Verleihung des Ehrenbürgerrechts, nach seinem Tode durch Errichtung eines Denkmals und Benennung einer Straße nach ihm.

Während dieser letzten Aachener Jahre, während deren er einen Freund nach dem andern ins Grab sinken sah: den Danteforscher Karl Witte (1883), den belgischen Historiker Louis Gachard (1885), zuletzt auch Ranke (1886), wurde ihm von Seiten des preußischen Herrscherhauses noch eine Anerkennung zuteil, die er als eine, wenn auch späte Genugtuung empfinden mußte. Als er, fünfzig Jahre nach seinem Eintritt in den preußischen Staatsdienst, um seine formelle Entlassung einkam (am 28. Juni 1885), verlieh ihm Kaiser Wilhelm I. den Titel eines „Wirklichen Geheimen Rates" mit dem Prädikat Excellenz. Nur noch zwei Jahre waren Reumont vergönnt.

Schon in seinen jungen Jahren war seine Gesundheit so schwach gewesen, daß er sich den Anstrengungen einer ärztlichen Praxis, wie sie die Vollendung des Medizinstudiums verlangt hätte, nicht gewachsen fühlte. Er litt schwer an Asthma. Sein Kollege an der Römischen Gesandtschaft, von Thile, hörte ihn „mehrere Zimmer weit stöhnen"; „aber kaum wich der böse Feind etwas", warf er sich wieder in die Arbeit, mit der die Gesandtschaft wegen des Kölner Kirchenstreits damals überlastet war. Als Sechzigjähriger traute er sich nicht mehr zu, zur hochgelegenen Dienstwohnung des Päpstlichen Archivpräfekten Theiner im Vatikan emporzusteigen. Mit Reumonts schwacher Konstitution hing wohl auch zusammen, daß er unverheiratet blieb. Ohne auf eine Familie Rücksicht zu nehmen, konnte er so seiner Vorliebe für große Reisen nachgehen. Bis in seine letzten Jahre hinein besuchte er sein geliebtes Florenz, aber auch das Bad Biarritz. Auf dem Rückweg von dort beraubte ihn in Paris am 29. Juni 1883 ein Bluterguß der Sehkraft des rechten Auges; es mußte operativ entfernt werden. Im November 1886 erlitt er einen Schlaganfall, der eine Körperseite lähmte, ihn aber nicht abhielt, weiter mit seinen Freunden zu korrespondieren und kleinere Arbeiten zu vollenden. Am Morgen des 27. April 1887 wurde er von seinen Leiden erlöst.

*

Blickt man auf Reumonts Leben zurück, so zeichnen sich zwei Entwicklungslinien deutlich ab. Der Rheinländer, von seinem Vaterhause her kulturell eher nach Frankreich und England orientiert, wird durch sein persönliches Verhältnis zu König Friedrich Wilhelm IV. zum „Preußen". Er hat die Bindung an die Dynastie auch dann nicht gelöst, als sie durch seine Kaltstellung als Diplomat in der Ära Bismarck und durch den Preußischen Kulturkampf Belastungsproben ausgesetzt war. Die andere Linie: der junge rheinische Katholik saugt Geschichte, Kunst und Volkstum Italiens so tief in sich ein, daß der italienische Historiker Tommasini ihm (1877) das Zeugnis ausstellen konnte: Unter allen deutschen Gelehrten, die sich mit italienischer Kultur und Geschichte beschäftigt haben, kann keiner sich rühmen, eine so tiefe, ausgebreitete und vorurteilslose Kenntnis der italienischen Mentalität erlangt zu haben, wie er. Die Abgewogenheit des historischen Urteils, die Tommasini an ihm weiter rühmt, tritt nirgendwo so vorteilhaft zutage, wie in dem langen Nachruf, den er Ranke (im Hist. Jahrbuch 7, 1886, 608—635) gewidmet hat. Er schließt mit dem Satz: „Den Ruhm des größten deutschen Historikers hat er mit ins Grab genommen." Nie hätte Reumont gewagt, sich mit ihm zu vergleichen, und erst recht würde man die Dimensionen verzerren, wenn man der Versuchung nachgäbe, ihn mit dem größten Deuter italienischer Kultur und Kunst in seinem Jahrhundert, mit Jacob Burckhardt, zu vergleichen. In weiser Selbstbescheidung hat der Sohn und Ehrenbürger Aachens, der auch Ehrenbürger von Florenz und Rom war, Aristokrat des Geistes, nicht der Geburt, als Diplomat wie als historischer Schriftsteller danach getrachtet, ein Brückenbauer zwischen Deutschland und Italien zu sein.

QUELLEN UND LITERATUR

Unsere Skizze kann sich nur rechtfertigen als eine Aufforderung, Reumont eine ausführliche Biographie zu widmen, wie sie für Gregorovius längst vorliegt. Als Quellen wären heranzuziehen: die in der Universitätsbibliothek Bonn verwahrten Briefe an ihn, Familienbriefe und einzelne Stücke aus dem Nachlaß im Besitze des Sozialgerichtsrates a. D. A. von Reumont in Aachen, offizielle Aktenstücke, insbesondere über Beförderungen und Ordensverleihungen, die von der Familie als Depositum dem Stadtarchiv Aachen übergeben worden sind. Ferner wären zu benützen: Reumonts diplomatische Berichte aus Florenz und Rom, früher im Preußischen Geheimen Staatsarchiv Berlin (mit den dortigen Beständen des A. A. in den Flakturm Friedrichshain in Berlin ausgelagert; über den Verbleib der Akten 1945 ist dem Geheimen Staatsarchiv nichts bekannt)

und die weit verstreuten Briefe in der Empfängerüberlieferung; seine persönlichen Briefe an König Friedrich Wilhelm IV. sind während des Zweiten Weltkrieges im Hohenzollernschen Hausarchiv verbrannt. Dringend notwendig wäre endlich eine auch die italienischen Schriften und die in Zeitungen und Zeitschriften erschienenen Aufsätze vollständig erfassende Bibliographie; seine in die Stadtbibliothek Aachen übergegangene Bibliothek vermittelt eine Vorstellung vom Umfang seiner geistigen Interessen.
Das hier gezeichnete Lebensbild benutzt die in den Jahren 1870/71 niedergeschriebenen Jugenderinnerungen, die freilich nur bis zum Jahre 1829 reichen, abgedruckt in der Biographie von *H. Hüffer*, Alfred von Reumont (Annalen des Hist. Vereins f. d. Niederrhein 77, 1904, 5—241), wo am Schluß (240 f) eine nur die größeren Werke verzeichnende Bibliographie gegeben wird. Als Fortsetzung der Jugenderinnerungen für die Zeit von 1829 bis 1861 kann gelten das Erinnerungsbuch „Aus König Friedrich Wilhelms IV. gesunden und kranken Tagen" (Leipzig ²1885), in dem die Tagebücher benutzt sind, die R. vor seinem Tode vernichtet hat. Nachdem bereits *Hüffer* im Anhang zu der erwähnten Biographie Briefe des Königs, des späteren Staatssekretärs von Thile und Rankes an Reumont mitgeteilt hatte, wurden sieben Briefe Rankes an ihn gedruckt, in: Leopold von Ranke. Das Briefwerk hgb. vom *W. P. Fuchs* (Hamburg 1949) 523—575; Briefe Karl Wittes an ihn aus den Jahren 1836 bis 1882, in: Dantejahrbuch 23, 1941, 145—181; sechs Briefe Reumonts an Augustin Theiner, den Präfekten des Vatikanischen Geheimarchivs, hgb. von *H. Jedin*, (Zeitschrift des Aachener Geschichtsvereins 81, 1971, 161—171); die Korrespondenz mit Gino Capponi bei *A. Carraresi*, Lettere di Gino Capponi e di altri a lui, 6 Bde (Florenz 1882—1890).
Neben der noch auf persönlichen Erinnerungen beruhenden Biographie aus der Feder von *H. Hüffer* besitzen immer noch selbständigen Wert der Nachruf von *C. Höfler* „Ein Gedenkblatt auf das Grab Alfreds von Reumont" (Hist. Jahrbuch 9, 1888, 49—75); *H. Loersch*, Zur Erinnerung an A. v. R. (Zeitschrift des Aachener Geschichtsvereins 10, 1888, 1—21); *A. Bellesheim*, Zum 100. Geburtstage von Excellenz A. v. R. (Echo der Gegenwart vom 15. August 1908); der Aachener Stiftspropst Bellesheim hat R. noch persönlich gekannt und ihm in seiner Todeskrankheit beigestanden. *L. Just*, Alfred von Reumont (Annalen d. Hist. Vereins f. d. Niederrhein 131, 1937, 133—148) ist eine Gedenkrede, mit Mitteilungen über den Nachlaß. Ein Nachtrag über bisher unbekannte Bildnisse ebd. 135, 1939, 105 ff. Ebenfalls eine Gedenkrede ist *F. Siebert*, Alfred von Reumont und Italien. Ein Beitrag zur Geschichte der geistigen Beziehungen zwischen Deutschland und Italien (Leipzig 1937). *J. Hönig*, Bismarcks Staatssekretär Hermann von Thile und seine Freundschaft mit Alfred von Reumont; in: Gelbe Hefte 16, 1940, 232—245; über R.s Beziehungen zu Gregorovius. *J. Hönig*, Ferdinand Gregorovius (Stuttgart 1943) 279 f., 351. Das am Schluß erwähnte Urteil Tommasinis über R. in: Archivio della Società Romana di Storia Patria 1, 1877, 33.

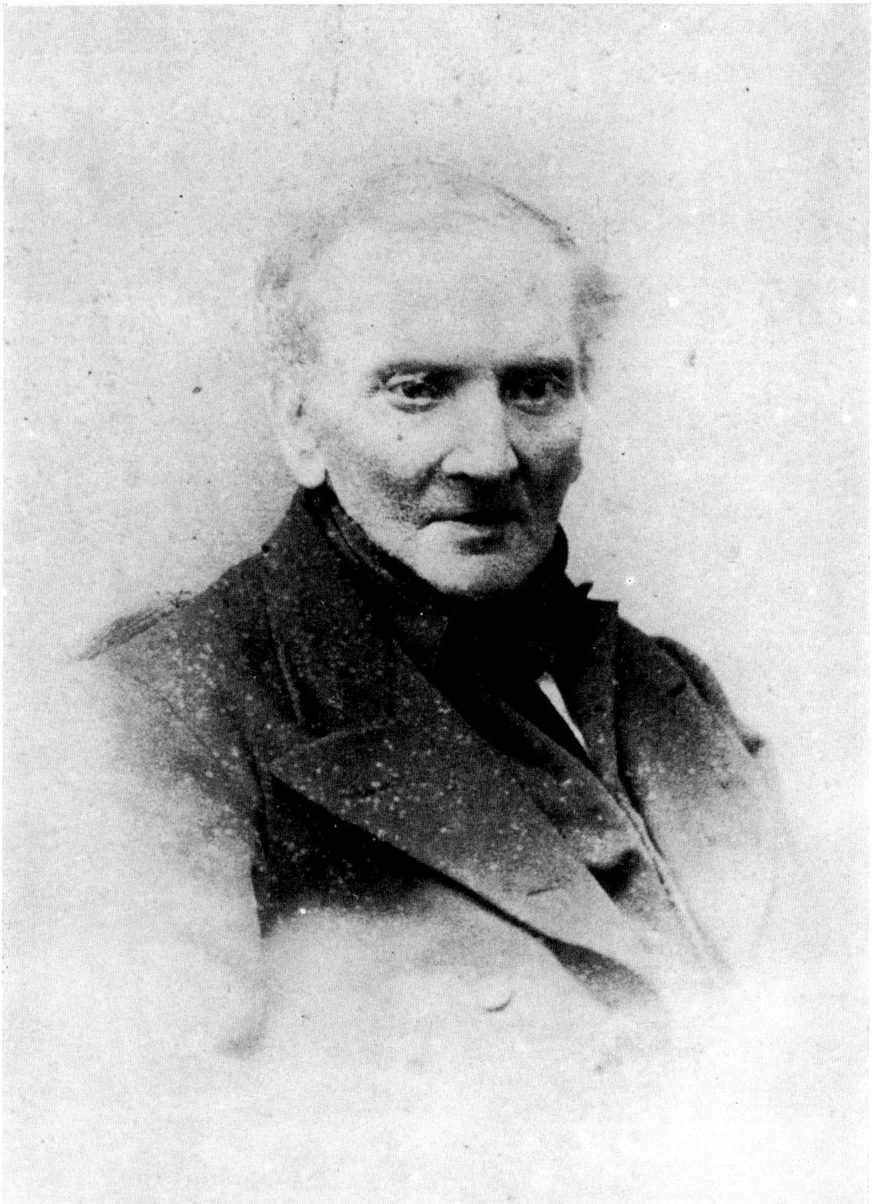

Johann Wilhelm Frenken
Foto im Besitz von Ehrendechant G. Frenken, Karpen.

JOHANN WILHELM FRENKEN

(1809—1887)

Von Norbert Trippen

Vor der Säkularisation hatte sich das Domkapitel des alten Erzbistums Köln in der Regel aus nachgeborenen Söhnen von Familien des hohen Adels zusammengesetzt. Diese Domherren, die vielfach nicht einmal Priester waren, nannte man in Köln „Domgrafen". Sie waren im allgemeinen nicht im Dienste der Diözese tätig und nicht einmal in Köln ansässig.
Als durch die Bulle „De salute animarum" im Jahre 1821 die kirchlichen Verhältnisse in Preußen neu geregelt wurden, stellte man die Domkapitel auf eine ganz neue Grundlage. An die Stelle einer einträglichen Pfründe trat ein relativ bescheidenes Staatsgehalt, und der Erzbischof, dem die Mittel fehlten, sich sonstige Mitarbeiter zu suchen und zu besolden, war auf das Domkapitel in der Diözesanverwaltung angewiesen. Voraussetzung für die Berufung in das Domkapitel war deshalb im 19. Jahrhundert nicht mehr adelige Abkunft, sondern theologische Allgemeinbildung und seelsorgerliche Erfahrung.
Um einen kontrollierenden Einfluß auf die Diözesanverwaltungen ausüben zu können, hatte der preußische Staat sich das Recht gesichert, für die in den ungeraden Monaten des Jahres (Januar, März usw.) freiwerdenden Kapitelsstellen die neuen Inhaber zu benennen, während dem Erzbischof die Besetzung der in den geraden Monaten erledigten Kanonikate verblieb.
Die Folge davon war, daß es im Kölner Domkapitel während des 19. Jahrhunderts mehr oder minder sichtbar eine staatliche und eine erzbischöfliche Fraktion gab. Die Erzbischöfe mißtrauten oftmals den vom Staat nominierten Domherren und ernannten ihrerseits vor allem Geistliche zu Kanonikern, deren loyale Gesinnung sie in erster Linie für eine solche Position empfahl, während andere Qualitäten hierfür weniger als ausschlaggebend betrachtet wurden. Nicht selten wählte der Staat seine Kandidaten weitsichtiger aus, legte aber auf ihre kirchliche Haltung zu geringen Wert und mußte dann erleben, daß die Männer seines Vertrauens vom Erzbischof isoliert wurden. Aus ihrer Unzufriedenheit oder gar Verbitterung heraus haben diese Domherren oft unheilvoll auf die örtlichen Verhältnisse eingewirkt. Das gilt in Köln vor allem von dem Kanoniker Frenken, der dem Domkapitel von 1851 bis 1887 angehört und in der Kölner Kirchengeschichte des 19. Jahrhunderts als Widersacher des Kardinals Johannes von Geissel eine bisher wenig bekannte, verhängnisvolle Rolle gespielt hat.

Matthias Frenken ~ Karken 5. 6. 1724 † Karken 14. 2. 1793 ∞ Maria Brodermans ~Karken 11. 1. 1721 † Karken 31. 3. 1771	Leonhard Linnards (Linnerz) † Karken 17. 11. 1766 ∞ Gertrud Goetens		Wilhelm Wolfs † Karken 1754 Karken 17. 9. 1735 Anna Windelen ∞
WilhelmFrenken ~ Karken 24. 3. 1751 † Karken 6. 1. 1808	Helene Linnards (Lennerz) ~ Karken 31. 10. 1757 † Karken 21. 12. 1828	Hermann von der Lohe † Karken 3. 4. 1806	Anna Katharina Wolfs ~ Karken 17. 11. 1740 † 17. 7. 1806
∞ Karken 24. 5. 1778		∞ Karken 13. 2. 1763	
Matthias Joseph Frenken ~ Karken 24. 1. 1781 † Karken 5. 2. 1845		Maria Elisabeth von der Lohe ~ Karken 24. 9. 1780 † Karken 14. 12. 1853	
∞ Karken 26. 4. 1803			

Domkapitular Dr. theol. h. c.
JOHANN WILHELM FRENKEN
* Karken, Krs. Heinsberg, 10. 11. 1809
† Köln 11. 12. 1887

Die Ahnentafel wurde erstellt aus den Kirchenbüchern der Pfarre Karken im Rheinischen Personenstandsarchiv Brühl und aufgrund der Schrift (als Manuskript gedruckt ³1969) von Gerhard Frenken, Geschichte der Familie Wilhelm Frenken (Nachforschungen und Feststellungen des Ehrendechanten und Ehrendomherrn Gerhard Frenken, Karken). Die Lücken in der Ahnentafel konnte auch das Bischöfliche Diözesanarchiv Aachen nicht schließen.

I.

Johann Wilhelm Frenken war eine der geistvollsten und aktivsten, aber auch charakterlich unausgeglichensten Persönlichkeiten, die dem Kölner Domkapitel seit seiner Wiederbegründung 1825 angehörten. Er wurde am 10. November 1809 als Sohn einer eingesessenen Bauernfamilie in Karken/Kreis Heinsberg geboren, die seit ⋅1650 von den Grafen von Mirbach auf Schloß Harff den ‚Länderhof' in Karken gepachtet hatte. Wenn Frenken anläßlich seiner ersten staatlichen Anstellung bei der Aachener Bezirksregierung 1838 in seinem Lebenslauf schrieb, seine Eltern seien „Gutsbesitzer" gewesen, so war das eine wohl aus Ehrgeiz geborene Übertreibung. „Meine Eltern . . . übergaben mich nach vollendetem gewöhnlichem Elementarschulkursus zu weiterer Fortbildung zuerst einem Privatlehrer und dann dem Königl(ichen) Gymnasium hierselbst" (d. h. in Aachen). Zeugnisse oder sonstige Nachrichten aus der Schulzeit Frenkens sind nicht mehr vorhanden. 1829 bestand er die Reifeprüfung; er entschloß sich zum Studium der Theologie in Bonn, wo er Schüler von Georg Hermes war. Ein von Frenken als Student angelegter „Kurzer Auszug aus der Dogmatik nach Hermes" in seinem handschriftlichen Nachlaß bezeugt, daß er nicht nur nomineller Hermesianer, sondern vermutlich unter den seinerzeit als Hermesianern verrufenen Kölner Domherren einer der wenigen war, die Hermes verstanden und sich seine Anschauungen in etwa zu eigen gemacht hatten.

„Zu Ostern 1832 trat ich in das Erzbischöfliche Klerikalseminar zu Köln. Der selige Erzbischof, Graf Spiegel, erteilte mir die hl. Weihen (Priesterweihe am 16. April 1833) und überwies mich der Seelsorge als Kaplan der Münsterkirche zu Bonn". Im November 1834 wurde Frenken bereits als Religionslehrer an das Gymnasium in Aachen berufen. Nach seinen eigenen Angaben erteilte er in den höheren Klassen Religions- und hebräischen Sprachunterricht. Leider geben die Schulprogramme des Aachener Gymnasiums über Frenkens Wirken keine Auskunft außer einigen wenig besagenden Lobesworten, die ihm und einem anderen ausscheidenden Lehrer der Schule gemeinsam anläßlich der Verabschiedung 1840 gewidmet wurden.

Über seine Tätigkeit als Religionslehrer heißt es Ende 1887 etwas übertreibend in einem Nachruf der liberalen „Kölnischen Zeitung", den ein Frenken Nahestehender schrieb: „Wohl noch nie hat ein katholischer Religionslehrer an einem preußischen Gymnasium ähnliche Bedeutung und nachhaltigen Einfluß erlangt wie Frenken in dieser kurzen Zeit. Ein scharfsinniger Lehrer und Interpret der katholischen Dogmen, ein gewandter Apologet, ein Achtung einflößender Vertreter des wahren Geistes der katholischen Kirche, der die Schüler fesselte. Noch heute reden diejenigen derselben, welche ihn überleben, mit Ehrerbietung und Dankbarkeit von ihm". Jedenfalls zog Frenken durch seine Tätigkeit an der Schule die Aufmerksamkeit der staatlichen Behörden auf sich.

Als es nach der Verhaftung des Kölner Erzbischofs Klemens August von Droste-Vischering im November 1837 zu den „Kölner Wirren" und einem mehrjährigen Kampf zwischen den preußischen Behörden und der Mehrheit des katholischen Volkes im Rheinland kam, stieß die Regierung vor allem im Aachener Raum auf den Widerstand und das Mißtrauen der Geistlichkeit. Während dieser Spannungen schlug der damalige Konsistorial- und Schulrat bei der Aachener Regierung, der spätere Kölner Dompropst und Weihbischof Anton Gottfried Claessen, im Herbst 1838 den Religionslehrer Frenken als Hilfsarbeiter zu seiner Stellvertretung beim Aachener Regierungskollegium vor. Diese Empfehlung durch Claessen bestätigt die Behauptung des Aachener Regierungspräsidenten von Cuny in einem Schreiben an Kultusminister Altenstein, Frenken stehe „nicht nur bei den wohlgesinnten jüngeren Geistlichen, sondern selbst bei den älteren und auch unter der ultramontanen Partei der Geistlichkeit wegen seiner anerkannten, gründlichen wissenschaftlichen Bildung in Ansehen, und würde dieser ältere Teil der Geistlichkeit in seiner Mitwirkung bei Bearbeitung der von dem Regierungs-Collegio unterbreiteten kirchlichen Angelegenheiten keinen Grund zur Beschwerde finden".

Demnach wurde Frenken im ersten Jahr der „Kölner Wirren" in kirchlichen Kreisen noch als geistvoller und tüchtiger Mann geschätzt, ohne daß man seine ehrgeizige, dem Staate zuneigende Haltung durchschaut hätte. In dieser Beziehung erkannte ihn Regierungspräsident von Cuny klarer: Er schrieb an den Oberpräsidenten von Bodelschwingh in Koblenz, Frenken sei ein „unterrichteter und geschickter Mann", der „hinsichtlich der Anmaßungen der ultramontanen Partei bei verschiedenen Veranlassungen sich gegen mich als sehr verständig und wohlgesinnt erwiesen hat". Unter den derzeitigen Umständen sei es wünschenswert, „daß jüngere Männer dieser Art für jene wichtigen Verwaltungszweige gewonnen werden". Wenn Frenken bei der Regierung angestellt werde, könne er außer der Vertretung Claessens noch die Aufgabe übernehmen, „von dem Verhalten der Pfarrgeistlichkeit sich zu unterrichten". Frenken sollte also für die Regierung seine Mitbrüder im Aachener Klerus bespitzeln. Der Oberpräsident und der Kultusminister hatten gegen eine solche Verwendung Frenkens nichts einzuwenden, zumal dieser ohne Vergütung über sein Religionslehrergehalt hinaus bereit war, in den Dienst der Regierung zu treten. Der Oberpräsident bemerkte, daß ihm Frenken „auch durch den Regierungsrat Dr. Eilers, welcher ihn bei einer Visitation des dasigen Gymnasii näher kennengelernt hat, von einer sehr vorteilhaften Seite geschildert" worden sei. Am 27. November 1838 wurde Frenken nebenamtlich als Hilfsarbeiter bei der Aachener Regierung eingestellt.

Schon bald scheint der junge Mann das Wohlgefallen seiner Vorgesetzten gefunden zu haben. Durch Kabinettsorder vom 10. Februar 1840 wurde er mit dreißig

Jahren zum Regierungs- und Schulrat in Aachen ernannt und trat damit die Nachfolge Claessens an. Offenbar hat Frenken in den folgenden Jahren zu seiner rational bestimmten Theologie mehr und mehr eine Neigung für die preußische Verwaltungspraxis und Kulturpolitik gewonnen. Gleichzeitig erwachte und wuchs allerdings auch das Mißtrauen der integral-kirchlichen Kreise, dem Frenken Zeitlebens ausgesetzt bleiben sollte..

Kardinal Geissels Biograph Otto Pfülf nennt Frenken wohl nicht ganz zu Unrecht einen „leidenschaftlichen Gegner" des verhafteten Kölner Erzbischofs Droste-Vischering und einen „entschiedenen Parteigänger der Hermesianer". Dagegen muß allerdings einschränkend festgestellt werden, was schon im Nachruf der „Kölnischen Zeitung" über Frenken zu lesen ist: „Das philosophische Gebiet war nicht sein eigenstes Feld; aber die Gewissenhaftigkeit in der Wissenschaft, die Sorgfalt in der Methode, den prüfenden, kritischen Geist eignete er sich an, verlor er nie." Frenkens Stärke wurde auch nicht die theologische Spekulation, sondern der scharfe Blick für juristische Zusammenhänge.

Über seine Tätigkeit als Schulrat heißt es im Nachruf: „Auch in diesem Amte suchte er bald seinesgleichen. Ein heutiger Schulrat in Aachen könnte zur Gewinnung der rechten Erfahrung für sein Amt nichts Besseres tun, als die Akten während der Dienstzeit des Regierungs- und Schulrats Frenken lernbegierig (zu) studieren." Wie Frenkens Personalakte beim Aachener Regierungspräsidenten erkennen läßt, fand seine Arbeit zwar uneingeschränkte Anerkennung der preußischen Behörden im Rheinland, aber nur unter Schwierigkeiten eine einigermaßen angemessene Bezahlung durch die Regierung in Berlin.

Als Frenken 1843 erstmals an den Kultusminister schrieb, um eine Erhöhung seiner kärglichen Bezüge zu erreichen, erinnerte er den Minister daran, „daß, nachdem ich auf den Ruf der Behörde aus der geistlichen Seelsorge ausgeschieden und an das hiesige Gymnasium übergegangen war, ich die vollen sechs Jahre ein Drittel meiner Besoldung an den Amtsvorgänger abzugeben hatte und daher die ganze Zeit hindurch bis jetzt in den mir zugefallenen äußeren Verhältnissen des Staatsdienstes wenig Erfolg gefunden habe für die Aussichten, die mir der Kirchendienst vielleicht gewährt hätte". Auf den Wunsch, „den ich offenbar auch im Interesse des Dienstes hegen konnte, daß es mir endlich möglich sein möchte, mich selbständig häuslich einzurichten, mußte ich vorderhand noch verzichten".

Demnach hatte Frenken nach fast zehnjährigem Staatsdienst noch nicht ein Einkommen ereicht, das zur Führung eines eigenen Haushalts ausgereicht hätte. Regierungspräsident von Cuny unterstützte daher das Gesuch seines geistlichen Schulrats um Gehaltsaufbesserung angelegentlich, „mit dessen amtlicher Wirksamkeit und Verhalten ich in jeder Hinsicht zufrieden zu sein Ursache habe, der insbesondere seine treue Ergebenheit für das Gouvernement bei jeder Gelegenheit betätigt."

Solche Nachrichten hörte man in Berlin zwar gern, aber zur Honorierung in klingender Münze ließ man sich dadurch nicht bewegen. So verlegte sich Frenken schon 1844 auf einen neuen Plan, sein Einkommen und gleichzeitig sein in kirchlichen Kreisen angeschlagenes Ansehen aufzubessern. Er bewarb sich beim Regierungspräsidenten um ein zur bischöflichen Verleihung freigewordenes Kanonikat am Aachener Stift unter dem bei Frenkens Kenntnis der Rechtsverhältnisse unglaubwürdigen Hinweis, daß dieses Kanonikat „lediglich unter Mitwirkung des Herrn Erzbischofs und daher ohne langwierige Verhandlungen" wieder besetzt werden könne. Es gehe nicht nur um eine Aufbesserung seines Gehaltes, sondern um das Ansehen seiner amtlichen Stellung im Klerus und im Volk. Seit seinen Vorgängern sei man in Aachen gewohnt, daß die Stellung des Schulrats bei der Regierung mit der eines Stiftsherrn am Münster verbunden sei.

Cuny gab Frenkens Bewerbung nach Koblenz weiter, der Oberpräsident aber wies auf das Recht des Erzbischofs von Köln zur Besetzung dieser Stelle hin. Es müsse daher Frenken überlassen bleiben, „sich zunächst direkt oder mittelbar an den Herrn Erzbischof p. von Geissel zu wenden. Eine Verwendung von meiner Seite würde mich dem unangenehmen Falle aussetzen, die Empfehlung des Geistlichen- und Schulrates der dortigen Königlichen Regierung möglicherweise zurückgewiesen zu sehen".

Hier zeichnete sich zum ersten Mal Frenkens schlechtes Ansehen bei seinem Erzbischof ab. Er selbst bestätigte den Verdacht des Oberpräsidenten: Cuny antwortete diesem, daß Frenken Bedenken habe, „unmittelbar bei dem Herrn Erzbischof um die Verleihung des bei dem hiesigen Kollegiatstifte erledigten Numerarkanonikats sich zu bewerben". Frenkens Begründung für diese Hemmung ist wenig stichhaltig: „weil die eigene Nachsuchung einer solchen Gunstbezeugung ihm seiner amtlichen Stellung nicht angemessen scheint". Den preußischen Behörden gegenüber hatte Frenken solche Hemmungen nicht. Der Staat stand ihm sichtlich näher als sein Bischof. Ein persönlicher Vorstoß des Aachener Regierungspräsidenten zugunsten seines Schulrats bei Geissel blieb ohne Erfolg.

Im Jahre 1845 kam es zwischen dem neuen Aachener Regierungspräsidenten von Wedell und Kultusminister Eichhorn zu einer mehrmonatigen Korrespondenz und zu einem Feilschen um die Erhöhung der Bezüge Frenkens. Die Schriftstücke sind ein einzigartiges Zeugnis für den Mut eines preußischen Regierungspräsidenten gegenüber seiner Regierung in der Zeit des Vormärz, aber auch ein schriftliches Denkmal für die extreme Sparsamkeit des preußischen Staates. Außerdem wird darin die menschliche Lage Frenkens deutlich.

Wedell schrieb: „Die sehr wesentlichen Fortschritte im katholischen Schulwesen des Regierungsbezirkes, welches früher sehr im Argen lag, verdankt man besonders dem p. Frenken, der dasselbe mit Eifer und Geschick leitet." Bei Geissel habe er keine Beförderung zu erwarten, da die Regierung in bezug auf die Anstellung von Religionslehrern und die Niederlassung von Sacré-Coeur-Schwestern „der erzbischöflichen Behörde nicht willfahren durfte". Es liege im Interesse der Regierung, Frenken in Aachen eine angemessene Stellung zu ermöglichen, „wo die Verhältnisse besonders schwierig sind", „und zwar um so mehr, da, wie ich wahrzunehmen glaube, die Gegner des Gouvernements die Meinung zu erregen suchen, vom letzteren habe der p. Frenken ... wenig zu erwarten usw., was darauf zurückzielt, die Ergebenheit des p. Frenken für die Regierung zu schwächen". Demnach wurde Frenken im Aachener Klerus bereits damit gehänselt, daß seine Ergebenheit für den Staat ihm nichts einbringe. So heißt es denn auch in einem weiteren Schreiben Wedells nach Berlin: „Die Stellung des p. Frenken ist h i e r ä u ß e r s t s c h w i e r i g ... er sucht geschickt und vorsichtig die Interessen des Staats u(nd) der Kirche zu vermitteln, sieht sie nicht als einander entgegentretend an, hat aber dadurch jener Partei gegenüber (gemeint ist die integral-kirchliche) ein schwieriges Verhältnis. Sie läßt es an Bemühungen im Stillen nicht fehlen, ihn zu sich hinüberzuziehen, da seine Fähigkeit allgemein Anerkennung findet". In sparsamen Raten, über mehrere Jahre verteilt, erhielt Frenken endlich 1848 die Gehaltserhöhung, die ihn den übrigen geistlichen Regierungsräten der Rheinprovinz gleichstellte.

Bereits 1845 beantragte der rheinische Oberpräsident bei der Regierung in Berlin auch zum erstenmal Frenkens Nomination zum (wahlberechtigten) Ehrendomherrn in Köln, wurde aber vom Kultusminister belehrt, die Ehrendomherrnstellen seien dem Pfarrerstand vorbehalten. Für Frenken empfehle sich die Beförderung zum Stiftskanoniker in Aachen. Als der Oberpräsident dann im Januar 1847 Erzbischof Geissel die Absicht der Regierung eröffnete, Frenken über königliche Nomination ein Kanonikat in Aachen zu verschaffen, wies Geissel auf Frenkens unklerikale Kleidung in der Öffentlichkeit hin, auf die er trotz mehrfacher Ermahnungen des Erzbischofs nicht verzichtet habe. Der Oberpräsident antwortete im März 1847, daß Frenken sich auf s e i n e Mahnung hin nun klerikal kleide und um ein gutes Einvernehmen mit der übrigen Geistlichkeit bemüht sei.

Auf die Ernennung Frenkens nahm der ihm in seiner Haltung zu Staat und Kirche sehr verwandte Koblenzer Regierungsrat und spätere Trierer Dompropst Holzer maßgeblich Einfluß. Der Erzbischof stellte im Juli 1847 das Idoneitätszeugnis für Frenken aus, das mit der königlichen Nominationsurkunde zur Einholung der päpstlichen Ernennung einzusenden war. In seinem Begleitschreiben an den Münchner Nuntius befürwortete Geissel Frenkens Ernennung zum Stiftsherrn in Aachen nicht ohne Einschränkungen. Er schrieb: „Wenn es sich je, früher oder später, darum handeln sollte, ihn in das Domkapitel von

Köln zu bringen, so würde ich nicht raten, die Hand dazu zu bieten, denn inmitten dieser Körperschaft wird er Gelegenheit finden, auf den Klerus Einfluß zu üben, und vielleicht nicht in einer für die Kirche vorteilhaften Weise." Geissels Warnungen hatten zur Folge, daß der ehrgeizige Schulrat in Aachen fast zwei Jahre, bis zum Mai 1849, auf die päpstliche Ernennung zum Stiftsherrn warten mußte.

II.

Da der Erzbischof seinen späteren Widersacher 1847 schon so genau zu kennen schien und vor einer Beförderung in das Domkapitel warnte, ist es um so überraschender, daß er 1851 die Berufung des Aachener Stiftsherrn Frenken in das Kölner Domkapitel selbst kräftig unterstützte. Geissel hat durchaus nicht widerwillig dieser Beförderung zugestimmt. Vielmehr schrieb er am 4. März 1851 dem Kultusminister von Raumer auf eine entsprechende Anfrage: „Gerne bin ich bereit, für denselben das Idoneitätszeugnis auszustellen. Ich habe den p. Frenken bei vielen Gelegenheiten und namentlich während des Sommers 1848, wo ich mit ihm in der vormaligen Nationalversammlung zusammen war, in näherem Umgange als einen kenntnisreichen, geschäftsgewandten, würdigen, der Kirche und dem Staate mit gleicher besonnener Treue ergebenen Geistlichen kennengelernt. Sein Eintritt in das Domkapitel und in die Beihilfe in der Diözesanverwaltung wird mir willkommen sein."

Wie der Erzbischof selbst andeutet, hatte er im Revolutionsjahr 1848 in Berlin seine Meinung über Frenken geändert. Als Abgeordnete der Berliner Nationalversammlung trafen sich die beiden anscheinend in der Abneigung gegen das anarchische Element in der Bewegung dieses Jahres, wobei es Frenken mehr um die Stützung des Thrones, Geissel dagegen um die Würde des Altares ging. Frenken scheint dann auch an der Revision der preußischen Verfassung im Jahre 1849 mitgearbeitet und dabei die Aufmerksamkeit des Kultusministers von Ladenberg erregt zu haben, „während er (Frenken) in der Katholischen Abteilung des Kultusministeriums merkwürdige Erfahrungen machte". Welcher Art diese Erfahrungen, von denen der Nachruf in der „K. Z." spricht, waren, ließ sich nicht ermitteln. Jedenfalls ergab es sich, daß bei Frenkens Berufung ins Kapitel Erzbischof und Kultusminister in vollem Einvernehmen handelten.

Nachdem Frenken am 31. Dezember 1851 im Domkapitel installiert worden war, übertrug ihm der Erzbischof eine besoldete Ratsstelle im Generalvikariat und die Leitung der soeben errichteten Erzbischöflichen Rechnungskammer für die Kirchengemeinden, um ihn bei seinem Eintritt in das Domkapitel keine finanzielle Einbuße erleiden zu lassen. Aber bereits im ersten Jahr, das auf Frenkens Übersiedlung nach Köln folgte, bereute es der Kardinal, zu seiner Berufung die Hand gereicht zu haben. Wie sich das Verhältnis des Domherrn zu seinem Erzbischof zunehmend vergiftete, ergibt sich aus einer umfangreichen

Aktennotiz, die Frenken sich machte, nachdem er am 18. Juni 1861 von Geissel auf unehrenhafte Weise von allen Funktionen im Generalvikariat entbunden worden war.

Am 23. März 1861 hatte Frenken den Kardinal gebeten, von der Teilnahme an der samstags stattfindenden Sitzung des Erzbischöflichen Rates entbunden zu werden, nachdem Geissel an diesem Morgen ihn „die seit Jahr und Tag mit Vorbedacht gesteigerte Erbitterung" in roher Weise hatte spüren lassen. Im Mai 1861 war Frenken dann nach seinen Worten entschlossen, sich wegen nervöser Zerrüttung seiner Gesundheit vom Amt des Direktors der Rechnungskammer entbinden zu lassen. Als Hintergrund schildert er seine Arbeitsbedingungen im Generalvikariat. Er klagt über fehlende Bürokräfte in der Rechnungskammer, über Eingriffe in seine leitende Stellung und über die damalige Desorganisation der gesamten Behörde. „Indessen weder Erzbischof noch Generalvikar, (noch) auch nur die ersten Elemente verstanden, entsprechenden Fortgang zu verschaffen." Er habe anfangs überall redlichen Willen vermutet und deshalb seine Klagen vorgebracht, allmählich aber alles passiv hingenommen. Schließlich habe er feststellen müssen, „daß aus dem, was die Rechnungskammer zu wünschen übrig ließ, wozu dann noch alles das hinzukam, was die mir feindliche augendienerische Clique an falschen Beschwerden zutrug, ein Mittel gemacht wurde, mich, den bloß scheinbaren Dirigenten, gewissermaßen in Anklagezustand zu versetzen".

Um Frenken zu verstehen, muß man den Unterschied zwischen einem geordneten preußischen Regierungspräsidium, das Frenken in Aachen kennengelernt hatte, und einer von wenigen Theologen in unvorstellbarer finanzieller Beschränkung geführten kirchlichen Behörde des vorigen Jahrhunderts berücksichtigen. Unerträglich wurde dann für Frenken das zunehmende Mißtrauen des Erzbischofs und seiner Vertrauensleute, vor allem des Generalvikars und Weihbischofs Baudri. Während des Streites um die Erzbischofswahl nach Geissels Tod († 1864) schrieb der Seminarpräses Westhoff in einem vertraulichen Brief an den Münchener Nuntius Gonella, zwischen Frenken und Baudri bestehe „eine alte Feindschaft und Haß. Wegen seiner Freundschaft mit dem Regierungspräsidenten verlor er (Frenken) Huld und Vertrauen des Kardinals und Erzbischofs, und, nachdem er von allen erzbischöflichen Aufträgen und vom Amt des Erzbischöflichen Rates entbunden worden war, wurde der Domherr Broix, einstmals Anhänger der Hermesianer, unter Mitwirkung des Generalvikars in die Ämter und Aufgaben des entlassenen Hochwürdigen Herrn Frenken berufen." Demnach hatte Baudri an der wachsenden Feindschaft zwischen Frenken und dem Erzbischof einen nicht unwesentlichen Anteil.

Am 30. Mai 1861 hatte Frenken bei Geissel Besuch gemacht, um sich von der Leitung der Rechnungskammer entbinden zu lassen: „Ich fürchtetete eine Begegnung, die es mir zum vollen Ruin meiner Gesundheit unvermeidlich machen würde, den ganzen Unmut über den arglistigen Betrug, womit ich nach Köln gelockt worden, und über die ununterbrochene Serie rohester Mißhandlung und demütigendster Verkennung, die ich nunmehr neun verlorene Jahre meines Lebens zu erdulden gehabt hatte, gegen den tückisch lügenhaften und boshaft hochmütigen Hierarchen loszulassen, was ich seit Jahren in mein Inneres hatte verschließen müssen." Frenkens Befürchtungen gingen nach seinen Worten voll in Erfüllung. Es kam zu einem heftigen Auftritt mit einer beiderseits kleinlichen Aufrechnung der Vorwürfe. Frenken berichtet: „Ich hätte einmal in der Domsakristei über die Zulassung der Jesuiten mich tadelnd ausgesprochen und dieselben als ‚Ungeziefer in der Kirche' geschmäht". Ferner warf der Erzbischof ihm vor, er sei überempfindlich, verlange zuviel von einer geistlichen Behörde, die man nicht mit einer staatlichen verwechseln dürfe.

Entgegen einer bei dieser Auseinandersetzung getroffenen Vereinbarung wurde Frenken während seines anschließenden Kururlaubs in Burtscheid bei Aachen am 18. Juni in Abwesenheit von sämtlichen Aufgaben, also auch von der Ratsstelle im Generalvikariat, entbunden. An seinem Urlaubsort wies ihn der Ortspfarrer auf die entsprechende Mitteilung im kirchlichen Amtsblatt hin. Bei seiner Rückkehr nach Köln erfuhr der Domherr noch, daß „der Erzbischof unter Zuziehung des mir untergebenen Büropersonals auf meine Schreibstube gedrungen und dort bemüht gewesen war, Anhalt für allerlei Tadel zu finden". Dabei hatte sich der Erzbischof auf Denunzianten gestützt, die bei Frenken immer große Aktenberge gesehen und diese in Geschäftsunkenntnis als Arbeitsrückstände betrachtet hatten. „Offenbar hatte der Erzbischof sich hinterher den boshaften Racheplan ersonnen, mein Ausscheiden in der Öffentlichkeit als von ihm mir aufgedrungen erscheinen zu lassen." Frenken hatte aber seinen Angestellten bereits vor seiner Abreise nach Burtscheid seine Rücktrittsabsicht mitgeteilt. „Mein Nachfolger Broix hatte sich beeilt, sofort und ohne meine als in wenigen Tagen bevorstehend gekannte Rückkehr abzuwarten, auf meine Stube einzudringen und sich ohne weiteres über alle vorgefundenen Papiere — privates und amtliches Eigentum — herzumachen, auch ein Zirkular an die Landdechanten zu redigieren, worin zur Unterstützung des erzbischöflichen Lügenplanes ziemlich klar angedeutet war, daß die bisherige Verwaltung der Rechnungskammer mannigfacher Tadel treffe und das alles von nun an besser werden solle."

Frenken schließt seine Eigendarstellung mit der Bemerkung, es sei ihm als Gewinn erschienen, „der entehrenden Solidarität mit einer Behörde losgeworden zu sein, deren kolossale Unfähigkeit und schandbare Schlechtigkeit ich zu erleben jahrelang zu höchstem moralischem Ekel verurteilt gewesen war". Amtlich war Frenken fortan nur noch als Mitglied des Verwaltungsrats des Gymnasial- und Stiftungsfonds tätig, wozu er bereits 1853 ernannt worden war. Auf welchen Seitenwegen er von Anfang an in Köln für seine hohe Intelligenz ein Betätigungsfeld suchte und fand, wird im folgenden darzustellen sein. Von der Diözesanverwaltung hielt ihn auch Geissels Nachfolger Melchers fern. Es muß nachträglich wie eine Ironie wirken, daß Erzbischof Krementz am 21. September 1887 den achtundsiebzigjährigen Frenken, wenige Wochen vor dessen Tod, gemeinsam mit den übrigen Domherren wieder zum Generalvikariatsrat ernannte.

III.

Für seine Behandlung durch Geissel erhielt Frenken schon sehr bald und möglicherweise nicht ohne Ausnutzung seiner Beziehungen zu staatlichen Stellen eine Genugtuung: die katholisch-theologische Fakultät der Universität Breslau promovierte den Kölner Domkapitular Frenken mit acht anderen Geistlichen aus Anlaß der Fünfzigjahrfeier der preußischen Universität in Breslau am 4. August 1861 ehrenhalber „wegen seiner Verdienste zunächst als Lehrer und dann als Schulrat". Der Schachzug gegen Geissel, der in dieser Ehrung lag, war deutlich und wurde auch als solcher empfunden. Geissel schrieb am 17. September 1861 an Fürstbischof Förster in Breslau: „Die zwei Auserwählten aus meiner Diözese haben bis heute von ihrer Promotion bei mir nichts vernehmen lassen; sie scheinen auf eine Anerkennung von kirchlicher Seite nicht zu zählen und um eine solche Anerkennung sich auch nicht kümmern zu wollen. Sie tun wohl daran. Denn wenn auch offenbar ihre Promotion ein Schachzug gegen mich hat sein sollen, so ist derselbe doch gänzlich verunglückt". Geissel hat bis zu seinem Tode den Gebrauch des Frenkenschen Dr.-Titels in kirchlichen Akten und im Personalschematismus der Erzdiözese unterbunden.

Erscheint Frenken nach seinen eigenen Angaben als ein Opfer erbarmungsloser Intrigen und als ein Märtyrer der kirchlichen Verwaltung, so kann man ihm bei Kenntnis der sonstigen Quellen seiner Zeit die Vorwürfe nicht ersparen, die er selbst gegen Kardinal Geissel und seine Mitarbeiter erhebt. Es dürfte schwer zu entscheiden sein, wer da die größere Schuld trägt.

Wie die staatlichen und kirchlichen Akten erkennen lassen und damals allgemein bekannt war, übernahm Frenken genau die Aufgabe, welche die preußische Regierung den staatlichen Nominaten in den Domkapiteln stets zugedacht hatte: Er überwachte und bespitzelte den Erzbischof und seine Behörde, pflegte freundschaftliche Beziehungen zu den preußischen Oberbeamten und berichtete an sie alle entscheidenden Vorgänge.

Ein Mann von den geistigen Qualitäten und der staatskirchlichen Gesinnung Frenkens paßte nicht in das personalpolitische Programm des Erzbischofs. Hätte Geissel ihn wirklich frühzeitig durchschaut, hätte er Mittel und Wege finden können, seinen Eintritt ins Kapitel zu verhindern. Aber dem sonst so bedeutenden Kölner Erzbischof fehlte es an Menschenkenntnis. An theologischem und kanonistischem Wissen war Frenken den Vertrauensleuten des Kardinals im Kapitel überlegen. Auch durch seine Aktivität, sein Verhandlungsgeschick und sein Verwaltungstalent überragte er sie fast alle. Geissel hätte gut daran getan, ihn in dem theologisch und kirchenpolitisch unverfänglichen, dafür aber selbständigen Tätigkeitsbereich der Rechnungskammer unbehelligt sich entfalten zu lassen. Der ungeschickte Versuch, eine Persönlichkeit wie Frenken von geistig ihm nicht gewachsenen Kollegen oder gar von untergeordneten Büroangestellten überwachen zu lassen und ihn schließlich auf unlautere Weise von jeder Aktivität auszuschließen, mußte dazu führen, daß ein so frustriertes Talent sich eine andere Beschäftigung suchte und fand.

Frenken tat dies auf zweierlei Weise. Lange vor dem endgültigen Bruch mit Geissel begann er, im Kapitel und in der Geistlichkeit des Erzbistums eine Partei gegen den Kardinal zu bilden. Den Einfluß auf die Diözesanverwaltung, von dem Geissel ihn so ungeschickt ausschließen wollte, verschaffte er sich, indem er persönliche Beziehungen zu den Regierungspräsidenten von Moeller in Köln und Kühlwetter in Aachen und zu den Oberpräsidenten von Kleist-Retzow und von Pommer-Esche in Koblenz pflegte und deren kirchenpolitische Maßnahmen steuerte.

Die Parteibildung im Kapitel gelang Frenken in einer Reihe von Streitigkeiten, die sich zwischen Erzbischof und Domkapitel seit 1850 nicht ohne Geissels Schuld und das Zutun seiner nicht immer ganz lauteren Vertrauensleute im Kapitel ergaben. Zur schärfsten und für Geissel peinlichsten Kontroverse mit dem Domkapitel kam es 1855 wegen der Berufung eines neuen Dompfarrers. Geissel wollte das Designationsrecht der Domherren übergehen und einen Mann seines Vertrauens zum Dompfarrer ernennen. In einem mehrmonatigen kanonistischen Streit mußte der Kardinal schließlich nachgeben. Der kanonistischen Argumentation einer wesentlich von Frenken gesteuerten Kapitelskommission war der Erzbischof nicht gewachsen und hatte schließlich einen Prozeß vor der römischen Rota mit zweifelhaftem Ausgang zu befürchten.

Über Frenkens engen Kontakt zu den Spitzen der Behörden war Geissel spätestens 1855/56 unterrichtet, als seine Vertrauensleute Baudri und der Bonner Dogmatiker Franz Xaver Dieringer vom König von der Paderborner Wahlliste für eine Bischofswahl gestrichen wurden und Geissel in einem Brief an seinen Freund, Nuntius Viale-Prelà in Wien, Frenken nicht zu Unrecht dafür verantwortlich machte, „welcher das unbedingte Vertrauen derer besitzt, die gegenwärtig an der Spitze der Verwaltung stehen, und der in allem zu ihnen hält ... Es ist ohne Zweifel überaus niederschlagend für befähigte Männer von unbestreitbarem Verdienste wie Baudri und Dieringer, sich durch einen Intriganten mattgesetzt zu sehen, der nichts für sich hat als die Büroroutine, die gemeine Servilität gegen die Regierung und seine rohe Frechheit." Es ist auffallend, daß der Erzbischof über seinen Widersacher in der gleichen Schärfe, zum Teil sogar mit den gleichen Worten, urteilte, wie dieser es umgekehrt in seinen persönlichen Aufzeichnungen über Geissel tat.

Ihre Beziehungen zu Frenken haben die preußischen Beamten in den Akten sorgfältig zu verbergen gesucht. Sie nennen ihre Quelle in Köln nie mit Namen. Was sie aber nach Berlin oder Koblenz an Einzelheiten aus dem Domkapitel oder dem Generalvikariat berichten, stimmt nicht selten mit Frenkenschen Privataufzeichnungen und Kapitelsvoten überein.

Außer dem unangenehmen Bewußtsein, daß jede entscheidende Maßnahme, womöglich noch vor ihrer Ausführung, der Regierungsseite bekannt wurde, mußte der Erzbischof auch noch ertragen, daß Frenken über seine einflußreichen Beziehungen die Personalpolitik der Regierung gegenüber dem Kölner Erzbischof bestimmte. Über zehn Jahre lang vermochte es der Domherr, der Regierung bei jeder ihr zustehenden Nomination auf eine Kölner Kapitelsstelle einen Mann seiner Partei zu insinuieren. Das ging, wie vom Verfasser in seiner Arbeit über die Kölner Erzbischofswahlen belegt wird, gelegentlich so weit, daß die Regierung eine vom König bereits unterzeichnete Nomination zurückzog, um dem von Koblenz unterstützten Manne Frenkens Platz zu machen. Frenkens Ziel dabei war nicht nur die Verstärkung seiner Fraktion im Domkapitel gegen den derzeitigen Erzbischof, sondern eine langfristige Veränderung der Verhältnisse in Köln im Hinblick auf eine zukünftige Erzbischofswahl.

Gegen dieses Intrigenspiel hinter seinem Rücken wußte Geissel sich nur dadurch zu wehren, daß er sämtlichen staatlichen Nominaten in dieser Zeit das Idoneitätszeugnis verweigerte. Als Vorwand für dieses an sich unzulässige Vorgehen diente dem Erzbischof die Tatsache, daß die preußische Regierung im Jahre 1852 die Beförderung des seit den Kölner Wirren kirchlich kompromittierten Domherrn Dr. Nikolaus München zum Dompropst betrieben hatte; als aber München durch die ungeschickte Veröffentlichung seiner Vergebungsbitte, die er wegen seiner früheren Verfehlungen an den Papst gerichtet hatte, in der Öffentlichkeit zum Gegenstand von Spott und Hohn geworden war, wollte die Regierung von einer staatlichen Nomination für München auch dann nichts mehr wissen, als die auf Wunsch der Regierung durch Geissels Vermittlung erwirkte päpstliche Ernennung bereits vorlag. So konnte Geissel bei jeder von Frenken betriebenen Kapitelsnomination erklären, er werde kein Idoneitätszeugnis ausstellen, bevor die Regierung nicht in der Münchenschen Angelegenheit zu ihrem Wort stehe.

So hatte Frenken bei seinen personalpolitischen Intrigen wenig Erfolg, zumal in diesen Jahren auch relativ zahlreiche Todesfälle von Domkapitularen in „erzbischöfliche Monate" fielen und Geissel dann jedesmal Männer seines Vertrauens ernennen konnte. Trotzdem zählte das Domkapitel im Jahre 1863, als man das Fest zur Vollendung des Domes vorbereitete, nur sieben Kanoniker und zwei Ehrendomherren. Um den peinlichen Eindruck, der durch ein so unvollständiges Domkapitel bei dieser Feier in der Öffentlichkeit entstehen konnte, zu vermeiden, war die Regierung zum Einlenken bereit. In einer persönlichen Verhandlung zwischen Geissel und Ministerialdirektor Aulike von der Katholischen Abteilung des Kultusministeriums wurde die Beförderung Münchens zum Propst und sieben weiterer Kandidaten zu Domherren und Ehrendomherren vereinbart, von denen einige nicht Parteigänger Frenkens waren. Weil schon ein Jahr später durch den Tod Geissels die Wahl eines neuen Erzbischofs bevorstand, für die Frenken gern eine Mehrheit seiner Anhänger im Domkapitel gehabt hätte, erlitt er bei der großen Kapitelsergänzung 1863 eine entscheidende Niederlage.

Der Domherr verließ sich indessen nicht nur auf Mehrheitsverhältnisse im Domkapitel. Sein zweites Instrument zur Beeinflussung einer künftigen Erzbischofswahl war die Diskreditierung möglicher Kandidaten der Geisselschen Partei in Berlin. Seit 1853 liest man in den Berichten des Koblenzer Oberpräsidenten an den Kultusminister auffällig viele Ausführungen, die das Ansehen Baudris und anderer Männer Geissels zerstören mußten. Ihre kölnische Herkunft ist sehr eindeutig; offenbar waren sie auf eine entsprechende Wirkung in Berlin berechnet.

Eine willkommene Gelegenheit für Frenken, seine Kölner Widersacher in Berlin zu „personae minus gratae" zu machen, ergab sich aus der Paderborner Bischofswahl 1855/56, als das Paderborner Domkapitel vier Kölner Priester, alle Vertrauensleute Geissels, auf seine Kandidatenliste setzte (Weihbischof Baudri, die Professoren Dieringer und Konrad Martin in Bonn, Pfarrer Peter Adam Keller in Burtscheid). Wie im preußischen Behördenverkehr üblich, zog der westfälische Oberpräsident von Düesberg als königlicher Wahlkommissar seine Erkundigungen über die aus dem Kölner Erzbistum stammenden Kandidaten bei den zuständigen Regierungspräsidenten in Köln und Aachen ein. Was er dann nach Berlin zu berichten wußte, zeigt zumindest bezüglich der Person Baudris auffällige Parallelen zu den persönlichen Aufzeichnungen Frenkens aus dem Jahre 1861. Der Erfolg war, daß bis auf Konrad Martin, der schließlich gewählt wurde, alle Kölner Kandidaten durch den König von der Paderborner Kandidatenliste gestrichen wurden und damit im Sinne Frenkens für eine Erzbischofswahl in Köln vorbelastet waren.

Der Ausgang der Paderborner Bischofswahl 1856 muß Frenken aber bewußt gemacht haben, daß auch die Diskreditierung mißliebiger Persönlichkeiten in Berlin kein sicherer Weg war, um eine künftige Kölner Wahl im eigenen Sinne zu steuern. Infolgedessen blieb nur noch eine Möglichkeit übrig, in Köln mit Sicherheit die Wahl eines Geisselanhängers zu verhindern: die Regierung mußte dazu bewegt werden, das Listenverfahren bei den Bischofswahlen zu verwerfen, das ihr nur die Exklusive für minder genehme Kandidaten offenließ. Stattdessen müßte sie zu der bis 1840 geübten Designation eines einzigen Kandidaten an das wählende Domkapitel zurückkehren. Frenken vermochte es, den Oberpräsidenten in Koblenz zu mehreren Eingaben an das Kultusministerium zu bestimmen, in denen die Regierung vor den Nachteilen des Listenverfahrens bei Bischofswahlen gewarnt wurde. Aber in Berlin war man nicht bereit, die Direktiven des Verhaltens in einer so spannungsgeladenen Frage sich von Provinzbehörden und ihren Hintermännern geben zu lassen. Die Regierung hatte mit dem Listenverfahren bei Bischofswahlen bessere Erfahrungen gemacht als bei Nominationen einzelner Kandidaten, die sie später gelegentlich bitter enttäuscht hatten. In Berlin wollte man deshalb auf eine mit Mehrheit aufgestellte Kandidatenliste nicht verzichten. Damit war auch der dritte Plan Frenkens gescheitert, eine künftige Bischofswahl im voraus in seinem Sinne zu lenken.

IV.

Die Verhinderung einer ihm unerwünschten Erzbischofswahl nach Geissels Tod in den Jahren 1864 bis 1866 muß als das entscheidende und verhängnisvolle Werk Frenkens bezeichnet werden, das seine Energie und Geistesschärfe, aber auch die erheblichen Schwächen seines Charakters offenbarte. Der Kölner Wahlstreit von 1864/66 war zu verwickelt und Frenkens Beteiligung an allen Einzelheiten zu unüberschaubar vielseitig, um hier einigermaßen genau dargestellt werden zu können. Nur eine grobe Skizze soll hier einen Überblick über Frenkens Anteil an dem Geschehen vermitteln.

Geissel starb am 8. September 1864. Frenken überblickte gleich zu Anfang, daß seine Anhänger im Kapitel nicht ausreichen würden, um die Mehrheit der Vertrauensleute Geissels an der Wahl des Mainzer Bischofs Wilhelm Emanuel von Ketteler oder eines anderen Mannes ihrer Richtung zu hindern. Er versuchte deshalb, über den Oberpräsidenten von Pommer-Esche die Regierung zu bewegen, es zu einer Kandidatenaufstellung durch das Domkapitel gar nicht kommen zu lassen. Vielmehr sollte sich die Regierung mit der Kurie über einen ihr genehmen Kandidaten verständigen, den das Kapitel dann zu wählen hätte. Als die Regierung sich gegenüber solchen Plänen spröde zeigte, verlegte Frenken sich darauf, mit seiner Minderheit im Kapitel eine Wahl zu verschleppen, damit die dreimonatige Wahlfrist ungenutzt verstreiche und das Kapitelswahlrecht an den Papst devolviere, der sich dann seinerseits mit der Regierung über einen neuen Erzbischof hätte verständigen müssen.

Als die Kapitelsmehrheit zur Aufstellung einer Kandidatenliste schreiten wollte, hob der zu Frenkens Partei gehörige Dompropst Dr. München die Kapitelssitzung kurzerhand auf und legte im Namen der Minderheit eine Rechtsverwahrung an den Heiligen Stuhl ein. Die Begründung für diesen wohlvorbereiteten Schritt gab Frenken selbst: Die Aufstellung einer verbindlichen Kandidatenliste vor der eigentlichen Wahl sei in Preußen nie vereinbartes Recht gewesen. In einer solchen Liste erblicke die Minderheit eine unerlaubte Beschneidung des Wahlrechts der einzelnen Domkapitulare durch einen Mehrheitsbeschluß des Kapitels. Das Wahlrecht komme den einzelnen Wählern, nicht dem Kapitel als Korporation zu. Da weder die Kurie noch die Regierung sich öffentlich zur Verbindlichkeit einer Kandidatenliste in Preußen äußern wollten, konnte Frenken seine starre Haltung über ein Jahr lang mit diesen Argumenten erfolgreich verteidigen.

Der Verlauf der Verhandlungen im Kapitel zeigte die kanonistische und taktische Überlegenheit Frenkens, der mit juristisch geschliffenen Ausarbeitungen auftrat und diese wörtlich ins Protokoll übernehmen ließ, wenn zu erwarten stand, daß eine Eingabe mit Protokollabschriften an den staatlichen Wahlkommissar oder den päpstlichen Nuntius in München beschlossen würde. Frenken stand mit Regierungspräsident von Moeller in Köln in täglichem Kontakt. Der Oberpräsident erschien vor jeder Kapitelssitzung bei Frenken und München in Köln, um die Taktik des Vorgehens abzusprechen. Als eine entscheidende Waffe in der Hand Frenkens erwies sich Münchens Stellung als Vorsitzender des Domkapitels, die er bedenkenlos einsetzte und zweifellos mißbrauchte.

Die Kapitelsmajorität zeigte sich solcher Überlegenheit nicht gewachsen; im November 1864 stellte sie auf einer rechtlich anfechtbaren Sondersitzung eine Liste von fünf Kandidaten auf, die der König im Dezember samt und sonders ablehnte: Baudri, Dieringer und Martin als minder genehm, die Bischöfe Ketteler von Mainz und Melchers von Osnabrück, weil sie mit der Übernahme ihres Bischofsamtes außerhalb des preußischen Staates die preußische Staatsangehörigkeit verloren hatten und deshalb nicht wählbar seien.

Nunmehr gelang es der Kölner Minderheit und dem Oberpräsidenten, ihre Idee von der bereits eingetretenen Devolution des Kapitelswahlrechts an den Papst und von diplomatischen Verhandlungen mit der Kurie in Berlin durchzusetzen. Im Frühjahr 1865 versuchte der preußische Gesandte beim Heiligen Stuhl, von Arnim, im Auftrage des Königs, bei Kardinalstaatssekretär Antonelli die päpstliche Ernennung des wenig profilierten päpstlichen Großalmoseniers, Erzbischof Gustav Adolf von Hohenlohe-Schillingsfürst, zum Erzbischof von Köln zu erreichen. Frenken, der sich selbst keine Chance auf den Kölner Stuhl ausrechnete, hoffte wohl, unter dem schwachen Regiment Hohenlohes Generalvikar zu werden und den gesamten Anhang Geissels aus der Diözesanverwaltung vertreiben zu können. Aber Antonelli war weder bereit, auf eine Ernennung Hohenlohes einzugehen, noch einen der staatlichen Ersatzkandidaten,

Bischof Leopold Pelldram von Trier und Benediktinerabt Daniel Bonifatius Haneberg von St. Bonifaz in München, zu akzeptieren. Das Domkapitel solle eine neue Kandidatenliste mit früheren und neuen Namen aufstellen und dann wählen dürfen.

Neben der amtlichen Korrespondenz des Domkapitels mit dem Oberpräsidenten und der Nuntiatur in München liefen verschiedene Ströme privater Korrespondenz zwischen der Kapitelsmehrheit und dem einflußreichen Kurienkardinal von Reisach in Rom, der ebenso auf Anregung der Kölner Kapitelsmehrheit von anderen deutschen Bischöfen und einflußreichen Persönlichkeiten unterrichtet wurde. Auf eine amtliche Verfügung Antonellis hin kam es im Sommer 1865 zu einem erneuten Versuch, eine gemeinsame Kandidatenliste des Domkapitels zustande zu bringen. Die Bemühungen scheiterten jedoch immer wieder, weil die Partei Frenkens die Aufstellung einer Liste mit Stimmenmehrheit ablehnte und man andererseits wußte, daß bei gleichzeitiger Aufstellung von Kandidaten der Mehrheit und der Minderheit der König sämtliche Mehrheitskandidaten streichen würde. Frenken hatte sich das durch Vermittlung des Oberpräsidenten in Berlin ausdrücklich zusichern lassen.

Nachdem wieder ein Vierteljahr mit unfruchtbaren Wortgefechten verstrichen war und mehrere amtliche und vertrauliche Schreiben aus Rom die Frenkensche Taktik im Domkapitel nicht hatten brechen können, befahl Kardinal Antonelli am 29. Juli 1865 dem Kapitel, mit Stimmenmehrheit eine neue Kandidatenliste aufzustellen. Am 25. August kam endlich eine Kapitelsliste mit den Namen Ketteler, Melchers, Franz Seraph Hettinger, Haneberg und Baudri zustande. Der Würzburger Apologet Hettinger, der als Konsultor bei der Vorbereitung des ersten Vatikanischen Konzils noch Bedeutung erlangen sollte, war der Kapitelsmajorität wohl außerhalb Kölns empfohlen worden.

Die preußische Regierung war es inzwischen leid geworden, sich von einer Kapitelspartei und den von ihr abhängigen Oberbeamten der Rheinprovinz weiter in wenig erfreuliche innerdiözesane Streitigkeiten hineinziehen zu lassen. Sie beschloß, Haneberg und Melchers, also einen Kandidaten von jeder Partei, dazu Hohenlohe und Pelldram zur Wahl zuzulassen. Zum neuen Wahlkommissar ernannte der König statt des in Köln zur Partei gewordenen rheinischen Oberpräsidenten den westfälischen Oberpräsidenten von Düesberg. Frenken fühlte sich durch diese Entscheidung tief getroffen. In seinen umfangreichen Aufzeichnungen über das Wahlverfahren werden die Äußerungen über das Verhalten der Regierung bitterer, sie nennen schließlich die Entscheidung über die Kandidatenliste einen „skandalösen Treubruch des Ministers".

Um so größer war Frenkens Schadenfreude, als auch Kultusminister von Mühler mit seiner Methode des Vorgehens schließlich scheiterte: In einer Kapitelssitzung am 3. November 1865 lehnten die Kölner Domherren eine Wahl unter nur zwei rechtmäßig aufgestellten Kandidaten als kanonisch unzulässig ab und appellierten abermals an den Papst. Die Bestürzung in Berlin war groß. Noch größer war die persönliche Genugtuung Frenkens: „Daß der neue Kommissar auf diese Weise klägliches Fiasko machte, war der Berliner Feigheit und Falschheit vielseitig gegönnt". Nach kurzer Verständigung zwischen dem Kardinalstaatssekretär und dem preußischen Gesandten beim Heiligen Stuhl ernannte Pius IX. am 8. Januar 1866 den Osnabrücker Bischof Paulus Melchers zum neuen Erzbischof von Köln.

V.

Damit war Frenkens Plan, für den er seit mehr als einem Jahrzehnt mit allen erlaubten und unerlaubten Mitteln gekämpft hatte, gescheitert: die Ablösung des integral-kirchlichen Systems im Kölner Erzbistum. Erzbischof Melchers übernahm den Generalvikar und dessen wesentliche Mitarbeiter von seinem Vorgänger. Am 26./27. Mai 1866 notierte Frenken das Gerücht, Melchers habe ihn als Kanzler des Erzbistums mit in Aussicht genommen. Zwar fürchte er sich nicht vor der Aufgabe, aber „unter einem so wahnsprühenden, geschäftlich so unfähigen Generalvikar mitsamt der ganzen Geisselschen Personalerbschaft dürfte mir nur eine Wiederholung der früheren Katastrophe erblühen". So blieb Frenken bis zu seinem Tode von der Diözesanverwaltung ausgeschlossen.

Der Staat entledigte sich seiner Dankesverpflichtungen gegenüber Frenken auf eine Weise, die nicht viel kostete und darum in Berlin gern praktiziert wurde: Der König verlieh Frenken am 5. Februar 1868 den „Roten Adler Orden II. Klasse mit Eichenlaub". Dafür mußte aber zunächst noch eine für die Öffentlichkeit unverfängliche Veranlassung geschaffen werden. Sie ergab sich unverhofft durch den Friedensvertrag der Krone Preußen mit dem Großherzog von Hessen-Darmstadt vom 3. September 1866.

Die hochberühmte, über tausendjährige Manuskriptenbibliothek des Kölner Domes war im Verlaufe der napoleonischen Wirren über Arnsberg nach Darmstadt gelangt. Einen über fünfzehn Jahre mit Unterstützung der preußischen Regierung geführten Prozeß um die Rückgabe dieses Schatzes hatte das Kölner Domkapitel 1852 vor dem Darmstädter Oberappellationsgericht verloren. In Artikel XVII des Friedensvertrages von 1866 hatte sich Preußen nun die Rückgabe der Bibliothek an das Kölner Domkapitel ausbedungen. Am 22. November 1866 wurde daraufhin der Domherr Johann Wilhelm Frenken zum Königlichen Kommissar für die Rückführung der Dombibliothek ernannt. Er hat, wie der von ihm selbst veröffentlichte Bericht deutlich macht, diese Aufgabe mit der ihm eigenen Genauigkeit und Akribie ausgeführt. Das Kölner Domkapitel hatte deshalb am 20. September 1867 berechtigten Anlaß, zu Protokoll zu geben, „daß es dem Herrn Domkapitular Dr. Frenken für die bei dem Wiedererwerb der höchst schätzbaren Dombibliothek bewiesene große aufopferungsvolle Tätigkeit, der das überaus günstige Resultat zu verdanken sei, ganz besonderen Dank schulde und ausspreche".

Für den relativ hohen staatlichen Orden Frenkens dürfte allerdings seine Tätigkeit in Darmstadt nicht allein bestimmend gewesen sein. Damit wollte der Staat sich einer älteren Schuld Frenken gegenüber entledigen.

Es scheint, daß die Verbitterung über seine Erfahrungen mit der Regierung anläßlich des Wahlstreits 1864/66 Frenken auch den preußischen Behörden gegenüber etwas zurückhaltender gemacht hat. Seiner kirchlich-politischen Grundüberzeugung blieb er jedoch bis zu seinem Tode treu. Als während des Kulturkampfes am 28. Juni 1876 Erzbischof Melchers durch den Berliner Gerichtshof für kirchliche Angelegenheiten für abgesetzt erklärt worden war, forderte Oberpräsident von Bardeleben am 15. Juli die Kölner Domherren auf, einen Erzbistumsverweser zu wählen, als ob das Erzbistum verwaist sei. Auf der Kapitelssitzung am 19. Juli schlug Dompropst Dr. München vor, dem Oberpräsidenten zu antworten, man wolle eine Anfrage nach Rom richten, wie das Kapitel sich verhalten solle. Das Protokoll fährt fort: „Nur die H(ochwürdigen) H(erren) Dr. Frenken u(nd) Welter (der letzte vom König vor Ausbruch des Kulturkampfes nominierte Domherr) stimmten damit ein, u(nd) blieb die Ansicht in der Minorität, indem die übrigen fünf Mitglieder einfach dahin sich erklärten, dem Oberpräsidenten zu antworten, daß die Wahl eines Verwesers nach kanonischen Gründen unzulässig sei". München und Frenken hatten also 1876 ihre mehr auf die Interessen des Staates als der Kirche bedachte Einstellung nicht geändert! Das ließ Frenken auch noch bei einer anderen Gelegenheit deutlich werden. Als die Festfeier zur Vollendung der Domtürme am 15. Oktober 1880 vorbereitet wurde, kam es zu einer Auseinandersetzung zwischen Domkapitel und Oberpräsident Bardeleben, weil dem Kaiser ein Festprogramm mit liturgischen Einzelheiten zur Genehmigung vorgelegt worden war, an dessen Zustandekommen man das Domkapitel nicht beteiligt hatte und von dem es erst durch die Veröffentlichung in der „Kölnischen Zeitung" erfuhr. Als das Kapitel drohte, es werde sich bei Ignorierung seiner Änderungswünsche an der äußeren Feier des Festes nicht beteiligen, schloß die Regierung es ihrerseits von der Feier außerhalb des Domes aus.

Es scheint, daß wegen dieser Kontroverse, aber auch aus Solidarität mit dem im Exil lebenden Erzbischof Melchers, die Domherren an dem anschließenden offiziellen Festessen im Brühler Schloß nicht teilnahmen. Die einzige Ausnahme — so notiert Hecker — soll Johann Wilhelm Frenken gewesen sein.

Das seit dem Kölner Wahlstreit nicht mehr ganz unbelastete Verhältnis Frenkens zum preußischen Staat spiegelt sich in einigen Sätzen des Nachrufs in der „Kölnischen Zeitung" wieder: „Frenken war in seiner ganzen Haltung ein vornehmer Mann, den die Angesehenen im Staate hochschätzten. Seine Beziehungen zu dem früheren Regierungspräsidenten v(on) Moeller . . . waren die freundschaftlichsten. Die Oberpräsidenten der Rheinprovinz legten großen Wert auf sein Urteil. Bei allem Patriotismus konnte er der Staatsregierung wohl auch unsanft begegnen; aber da man in Berlin von seiner Ehrenhaftigkeit ganz durchdrungen war, wurde das ihm geschenkte Vertrauen nie erschüttert. Er erhielt Auszeichnungen und Aufträge diskreter Art . . .".

Im kirchlichen Bereich hatte Frenken sich durch sein Verhalten selbst den guten Ruf zerstört. Er hatte gehofft, mit staatlicher Unterstützung in der Kirche Karriere machen zu können, mußte aber erfahren, daß dies selbst unter den damaligen Verhältnissen nur in begrenztem Umfange möglich war. Frenken ist der Vorwurf nicht zu ersparen, daß er — aus persönlichem Ehrgeiz oder aus an Haß grenzender persönlicher Verbitterung — bereit war, in dem Wahlverfahren 1864/66 die Wahlfreiheit sämtlicher preußischer Domkapitel aufs Spiel zu setzen. Er war sicherlich zu klug, um die Tragweite seines Handels nicht zu überschauen. Die Unaufrichtigkeit seines Verhaltens lag darin, daß er dieses Manöver mit geschickten kanonistischen Exkursen als einen Kampf für die Wahlfreiheit der einzelnen Domkapitulare tarnte.

Unter diesen nicht unerheblichen Einschränkungen hinsichtlich seiner charakterlichen Schwächen kann man der Feststellung des Nachrufes zustimmen: „Manchen mittelmäßigen Geist bringen die Verhältnisse und die Mißgriffe der oberen Zehntausend in die Höhe . . .; dem Domherrn Frenken fehlten die Verhältnisse, um der Welt zu zeigen, daß er ein Geist ersten Ranges war". Wenn es dagegen in seinem Totenzettel heißt: „Um die Wahrung der Rechte und Interessen der Kirche wie des Staates in gleicher Weise bemüht, hat er beiden treu gedient . . .", dann sind zumindest die entscheidenden Nuancen im Verhältnis Frenkens zu Staat und Kirche beschönigend verwischt.

Frenken verstarb nach mehrjährigem Leiden am 11. Dezember 1887 und wurde am 14. Dezember in der Gruft des Domkapitels auf dem Friedhof Melaten in Köln beigesetzt. Das Begräbnis scheint noch einmal die ganze Problematik dieses Lebens deutlich gemacht zu haben: „Die Spitzen der Militär- und Zivilbehörden sah man im Geleite; aber in den nächsten Straßen sah man mehr Neugierige . . ., als Leidtragende im Zuge waren" (Nachruf). Zentrumsblätter wie die „Kölnische Volkszeitung" und das „Echo der Gegenwart" (Aachen) teilten ihren Lesern nur in wenigen Zeilen die Nachricht vom Tode und vom Begräbnis des Domherrn mit.

QUELLEN UND LITERATUR

Handschriftlicher Nachlaß Johann Wilhelm Frenkens: Historisches Archiv der Stadt Köln 1036a (Nachlaß Frenken), darin vor allem Frenkens Aufzeichnungen über die Entwicklung seines Verhältnisses zu Kardinal von Geissel und seine umfangreiche Sammlung zum Streit über die Kölner Erzbischofswahl 1864/66.

Zu Frenkens Tätigkeit als Religionslehrer und Schulrat in Aachen: Personalakte im Hauptstaatsarchiv Düsseldorf, Regierungspräsidium Aachen, Präsidialbüro 1788.
Zu Frenkens Berufung nach Köln und seiner Tätigkeit als Domkapitular: Protokollbücher des Metropolitankapitels in Köln A II 8$_{III}$ und A II 8$_V$; Historisches Archiv des Erzbistums Köln, Cabinets-Registratur, VI Metropolitan-Domkapitel und Domkirche zu Köln, 2$_{I,II}$: Die Erledigung resp. Wiederbesetzung erledigter Dompfründen, 1825—1887; Staatsarchiv Koblenz, Abt. 403: Oberpräsidium Koblenz, 10501 Die Domgeistlichkeit und die Beamten des Erzbistums Köln 1844—71, 16053 desgl. 1871—86; Staatsarchiv Münster, Oberpräsidium Münster B, 1930$_I$ Der Bischof von Paderborn, 1821—1856 (1879).
Personalien und Nachrichten aus dem Leben Frenkens, in: Die Mitglieder des Kölner Metropolitankapitels seit dessen Wiederherstellung im Jahre 1825, angelegt von Dompropst *H. J. Hecker* (Manuskript im Archiv des Metropolitankapitels Köln).
Totenzettel: Historisches Archiv des Erzbistums Köln und Historisches Archiv der Stadt Köln (1072 — Sammlung Merlo). Nachruf: „Kölnische Zeitung" Nr. 359 vom 28. 12. 1887.
J. W. Frenken, Das Schicksal der im Jahre 1794 über den Rhein geflüchteten Werthgegenstände des Cölner Domes, insbesondere die Zurückführung der Manuscripten-Bibliothek, Aktenmäßige Denkschrift (Köln und Neuss 1868).
O. *Pfülf,* Cardinal von Geissel, 1 und 2 (Freiburg 1895/96, da Pfülf meistens den Namen Frenkens durch wechselnde Deckbuchstaben verbirgt, bedarf es genauer Kenntnis der Zusammenhänge, um die Frenken betreffenden Stellen zu erkennen).
H. Schrörs, Die Kölner Erzbischofswahl nach Geissels Tode (1864—1865), in: Annalen des Hist. Vereins für den Niederrhein 108 (1926), S. 103—140.
K. Bachem, Vorgeschichte, Geschichte und Politik der Deutschen Zentrumspartei, 2 (Köln 1927, S. 361—410, Schrörs und Bachem bringen umfangreiche Abschnitte aus Frenkens Aufzeichnungen zur Erzbischofswahl 1864/66).
G. Frenken, Geschichte der Familie Wilhelm Frenken, als Manuskript gedruckt (^{3}1969).
N. Trippen, Das Domkapitel und die Erzbischofswahlen in Köln 1821—1929, in: Bonner Beiträge zur Kirchengeschichte 1 (Köln 1972).

FRANZISKA SCHERVIER

(1819—1876)

Von Erwin Gatz

Die Aachener Ordensstifterin Franziska Schervier war eine der wegweisenden Persönlichkeiten der karitativ-sozialen Bewegung des 19. Jahrhunderts. Sie legte sich selbst wie den Schwestern ihrer Gründung, der Genossenschaft der „Armen-Schwestern vom heiligen Franziskus", persönliche Zurückhaltung nach außen auf und erwartete von ihnen eine konsequente Einordnung in die Ziele der Genossenschaft. Diese sollte freilich die persönlichen Qualitäten der Mitglieder nicht nivellieren. Dennoch ist es bezeichnend, daß zur Geschichte der Genossenschaft, die auf sozialem Gebiet so viel geleistet hat, bis heute noch keine Monographie vorliegt, wohl aber mehrere Biographien über die Gründerin. Als Generaloberin hat Franziska Schervier Grundsatzentscheidungen getroffen, die zunächst ihre Genossenschaft betrafen, darüber hinaus jedoch die sozial-karitative Arbeit der katholischen Kirche im westlichen Deutschland bis heute bestimmen.

Der katholischen Bewegung des 19. Jahrhunderts ist die Mobilisierung der deutschen Katholiken für die Freiheit der Kirche von der staatlichen Bevormundung gelungen. Seit dem Anfang des Jahrhunderts wirkten Freundeskreise für eine religiöse Neubesinnung und kirchliche Vertiefung, die durch den Kölner Kirchenstreit (1837) und die Ereignisse des Jahres 1848 mächtige Impulse erhielten. Der seit dem Revolutionsjahr von den Bischöfen beanspruchte und von den katholischen Organisationen mit ihrer breiten Mitgliederbasis getragene Anspruch auf größeren Freiheitsraum für die Kirche umfaßte auch das Gebiet der sozial-karitativen Wirksamkeit. Die Aufklärung hatte die Sozialfürsorge — damals nannte man sie „Armenpflege" — zur öffentlichen, staatlichen Domäne erklärt. Im Gebiet des französischen Rechtes — links des Rheines — war daher die gesamte offizielle Armenfürsorge seit der Säkularisation an lokale Armenverwaltungen öffentlichen Rechts übergegangen, neben denen es keine Möglichkeit kirchlicher Sozialarbeit gab. Auch im Gebiet des Allgemeinen Landrechtes sind Armenverwaltungen geschaffen worden, die freilich im Gegensatz zum französischen Recht eine private und kirchliche Sozialfürsorge nicht ausschlossen. Die wenigen Gemeinschaften krankenpflegender Ordensschwestern und -brüder, welche die Säkularisation überdauert hatten, mußten sich den Armenverwaltungen einfügen und verloren dadurch die für eine positive Entwicklung unentbehrliche Selbständigkeit.

Die amtliche Armenpflege war außergewöhnlichen Notfällen nicht gewachsen, weil sie ausschließlich über Stiftungsmittel verfügte und Steuergelder nur subsidiär heranziehen konnte. Daher kam es bei konkreten Notlagen tatsächlich doch zu Hilfsmaßnahmen, die von den Armenverwaltungen unabhängig waren. Ein frühes und zugleich sehr bekanntes Beispiel ist die Gründung eines Hilfsvereins in Koblenz, der auf Veranlassung von Joseph Görres und Hermann Joseph Dietz nach der bekannten Mißernte in Westeuropa 1816 entstand. Er begnügte sich nicht mit vorübergehenden Hilfsmaßnahmen, sondern gründete 1819 darüber hinaus eine Freischule und 1832 das Waisenhaus St. Barbara. Große Verdienste erwarb er sich ferner um die Reorganisation des Koblenzer Bürgerhospitals und um die Berufung von Barmherzigen Schwestern zu seiner Betreuung (1826). Durch die Vermittlung von Luise Hensel wurden seine Ideen auch nach Aachen übertragen.

Der Wiederaufstieg der katholischen Kirche und die seit dem Kölner Ereignis von 1837 einsetzende konfessionelle Aktivität wirkten sich auch auf die Sozialarbeit aus, denn nach dem Selbstverständnis der Kirche ist die karitativ-soziale Wirksamkeit eine ihrem Wesen gemäße Grundfunktion. Die soziale und wirtschaftliche Umstrukturierung, die Industrialisierung und Verstädterung sowie die Bevölkerungsvermehrung, mit der das wirtschaftliche Wachstum nicht Schritt hielt, führten um die Mitte des Jahrhunderts weithin zu einer Notlage, welche die Kirche zum Handeln herausfordern mußte, wollte sie ihrem Selbstverständnis treu bleiben. Daher errichtete beispielsweise der Aachener Pfarrklerus noch vor 1840 eine kirchliche Armenversorgung neben der amtlichen Armenverwaltung. Das bedeutsamste Ergebnis der neu aufbrechenden Bewegung sind jedoch die zahlreichen, um die Mitte des Jahrhunderts gegründeten Genossenschaften für die karitativ-soziale Arbeit sowie die kirchliche Beteiligung an der Gründung und Entfaltung der neuzeitlichen Anstaltsfürsorge.

Die Fülle der neu entstandenen Genossenschaften ist vielleicht zu groß gewesen; sie entbehrte auch längere Zeit der kirchenamtlichen Planung. Aber gerade die Vielfalt und Spontaneität des karitativen Aufbruchs macht deutlich, daß die Bewegung einen großen Teil des Katholizismus ergriffen hatte. Vielfach traten die Führungskräfte, an denen es den neuen Gründungen nicht mangelte, entsprechend dem für Ordensleute geltenden Prinzip der humilitas, in den Hintergrund. Nicht wenige Gemeinschaften tragen jedoch unverkennbar den ganz persönlichen Stempel ihrer Gründer, die dadurch weit über jene hinauswirkten. Das gilt insbesondere für Franziska Schervier und die von ihr gegründete Genossenschaft der „Armen-Schwestern vom heiligen Franziskus".

Kupferschläger Simon Schervier * Eilendorf 11. 6. 1704 † Aachen 17. 3. 1768 ∞ Aachen 23. 10. 1729 Anna Theresia Thenen * Aachen 6. 4. 1705 † Aachen 24. 1. 1792	Kupferschläger Petrus Thielen * Aachen 30. 7. 1714 † Aachen 31. 12. 1798 ∞ Aachen 21. 1. 1742 Maria Katharina Frohn * Aachen 19. 5. 1703		
Bürgercapitain, Kupferschläger Joh. Gerh. Schervier * Aachen 4. 1. 1743 † Aachen 2. 7. 1826	Maria Elisabeth Thielen * Aachen 13. 11. 1742 † Aachen 27. 8. 1817	Vivien Migeon	Caterine Mernier

∞ Aachen 15. 7. 1763

Nadelfabrikant Joh. Heinr. Caspar Jos. Schervier * Aachen 5. 1. 1784 † Aachen 25. 2. 1845	Maria Aloysia Migeon * Charleville 30. 9. 1781 †Aachen 22. 2. 1832

∞ Aachen 13. 3. 1811

FRANZISKA SCHERVIER
* Aachen 3. 1. 1819
† Aachen 14. 12. 1876

Für ergänzende Angaben sei dem Diözesanarchiv Aachen bestens gedankt.

I.

Franziska Schervier wurde am 3. Januar 1819 zu Aachen als Tochter des Nadelfabrikanten und Beigeordneten Bürgermeisters Johann Heinrich Kaspar Joseph Schervier und seiner Gattin Maria Aloysia Migeon geboren. Bei der Taufe erhielt sie ihren Vornamen nach Kaiser Franz I. von Österreich, der im Herbst 1818 am Aachener Monarchenkongreß teilnahm und dem man bei einem Besuch der Schervierschen Fabrik die Patenschaft für das damals noch nicht geborene Kind antrug. Die Eheleute Schervier hatten acht Kinder. Religiöser Geist und strenge Pflichterfüllung prägten das Familienleben. Die Mutter stammte aus Charleville in den Ardennen; sie hielt auf französische Erziehungsgrundsätze. Danach durften die Töchter z. B. außer zur Kirche und zur Schule nur selten ausgehen, nie ohne Begleitung der Eltern oder einer älteren Hausmagd. Da Frau Schervier ihre französische Muttersprache bevorzugte, erfuhren die Kinder in ihrem Elternhaus nicht nur etwas vom öffentlichen Leben ihrer Vaterstadt, sondern auch von den alten Beziehungen Aachens zum französischen Sprachraum.

Franziska Schervier besuchte die Aachener Töchterschule St. Leonhard, an der von 1827 bis 1832 die Konvertitin Luise Hensel (1798—1876) für ein vertieftes Glaubensleben ihrer Schülerinnen wirkte. Ohne sie wäre manche Aachener Klostergründung des 19. Jahrhunderts undenkbar gewesen. Luise Hensel hatte während der Jahre 1825/26 auf Einladung von Hermann Joseph Dietz mit zwei Freundinnen im Koblenzer Bürgerhospital gearbeitet und dazu beigetragen, das Hospital pflegerisch zu verbessern. Außerdem hatte sie die vielfältigen Arbeiten des schon genannten Hilfsvereins kennengelernt und später ihre Aachener Schülerinnen für die gleichen Ideale zu begeistern gewußt.

Nach dem Tode ihrer Mutter (1832) war Franziska Schervier im elterlichen Haushalt tätig, wo sie früh zur Selbständigkeit angehalten wurde. Schon damals beschäftigte sie der Gedanke, in ein Kloster einzutreten. Dabei wandte sich ihre anfängliche Vorliebe von einem streng beschaulichen Orden zur tätigen Nächstenliebe, wozu ihr die Arbeit im Haushalt reichlich Gelegenheit gab. Franziska ging sogar soweit, heimlich ihre Aussteuer zugunsten der Armen zu verkaufen. Bald schon beschränkte sie sich nicht mehr darauf, Bettler zu unterstützen, sondern begann mit sozial-pflegerischen Hausbesuchen. Eine Augenzeugin berichtet darüber: „Ich sah sie alle Tage, wenn sie im einfachen Kleid, im schwarzen Umschlagtuch und einem kleinen schwarzen Hut in fliegender Eile die Straßen durchlief, um nur recht viele Kranke in den Wohnungen aufzusuchen und ihnen alle erdenklichen Liebesdienste zu erweisen. Je beschwerlicher und ekelhafter die Kranken, um so glücklicher war Franziska ... Ihre Angehörigen durften davon nichts wissen, weil sie fürchteten, sie möge ihnen Krankheiten und allerlei Unreinlichkeiten ins Haus schleppen." Tiefe Eindrücke erhielt sie im Josephinischen Institut, wo seit 1838 Barmherzige Schwestern (Borromäerinnen) in der Alten- und Krankenpflege tätig waren. Lange erwog sie, dieser Genossenschaft beizutreten, ein Plan, der von ihrem Vater abgelehnt wurde; denn dieser ließ sich trotz seiner pflichttreuen Kirchlichkeit nur mühsam das Einverständnis mit den sozialen Anliegen seiner Tochter abringen.

Die Motive von Franziska Scherviers Sozialarbeit waren primär religiöser Art; sie erklärte wiederholt, in den Armen Christus selbst zu dienen. Dennoch mag auch zwischen ihrem Verhalten und dem unternehmerischen Geist ihrer Familie und Umwelt, in deren Fabrik die Nadel- und Textilarbeiter ihren kargen Lohn verdienten, ein tieferer Zusammenhang bestanden haben. Die soziale Aktivität ist jedenfalls nur auf dem Hintergrund der Verhältnisse in der Stadt Aachen zu verstehen, wo in jenen Jahrzehnten die Arbeiter das Elend der Frühindustrialisierung erlebten. Das wirtschaftliche Leben der Reichsstadt war seit dem Mittelalter von der Tuchherstellung geprägt. Die Fertigung und Bearbeitung von Tuchen bot in irgendeiner Weise dem größeren Teil der Bevölkerung die Lebensgrundlage. Nach langer Stagnation hatte die französische Zeit vor allem im letzten Jahrzehnt einen Aufschwung gebracht, der aber seit dem Übergang Aachens an Preußen 1815 mit dem Verlust des großen französischen Absatzgebietes wieder abflachte. Trotzdem blieb die Tuchherstellung, gefördert durch die Aachener Wasserverhältnisse, im 19. Jahrhundert dominierend im Wirtschaftsleben der Stadt. Die Zahl der Tuchfabriken stieg von 1807 bis 1851 von einundvierzig auf einhundertachtzig. Durch die Einführung der Dampfmaschinen und durch die Mechanisierung der Betriebe kam es zu Arbeiterentlassungen. Der ehemals freie Zunftsgenosse war zum Lohnsklaven abgesunken. Das Überangebot der Arbeitskräfte drücke das Lohnniveau, die niedrigen Löhne der Arbeiter zwangen auch Frauen und Kinder zur Fabrikarbeit. War das Leben der Fabrikarbeiter bei normaler Wirtschaftslage schon armselig genug, so mußte es bei wirtschaftlichen Krisen völlig hoffnungslos werden. Nur auf diesem Hintergrund ist der Aufstand vom 30. August 1830 zu verstehen, bei dem mehrere hundert Arbeiter die Maschinen des Tuchfabrikanten Heinrich Nellessen in der Mörgensgasse zerschlagen wollten. Statt dessen zerstörten sie jedoch das Wohnhaus von Carl James Cockerill am Friedrich-Wilhelm-Platz, weil sie ihn für den Urheber der Mechanisierung hielten. Erst am Abend gelang es bewaffneten Bürgern, wenigen Gendarmen und Soldaten, den Aufstand zu unterdrücken.

Die Aachener Armenverwaltung erwarb sich große Verdienste um die Sozialhilfe, doch stieg das Elend der Arbeiterfamilien so sehr, daß die Methoden der traditionellen Armenpflege trotz steigender Ausgaben nicht mehr ausreichten. Jede zusätzliche Hilfe mußte daher willkommen sein.

Schon vor 1840 war neben der Armenverwaltung der Aachener Pfarrklerus in der Sozialarbeit tätig. Auch ihm ging es wie jener nicht um eine Sozialreform, sondern um die Linderung akuter Not. Gut informiert sind wir über die Anfänge der Armenküche in der Pfarre St. Paul. Am Sonntag Septuagesima 1840 rief der dort tätige Kaplan Joseph Istas (1807—1843) die Gläubigen in einer Predigt zur Unterstützung der Armen und Kranken auf. Er organisierte eine Armenspeisung, die bald auch auf andere Pfarrbezirke ausgedehnt wurde. Es gelang Istas, weiteste Bevölkerungskreise für seine Ideen und für regelmäßige Spenden zu gewinnen. Er empfahl die Bildung einer „Johanniskasse" in jeder Familie; auf diese Weise entstand dann der Name „Johannisküche". Franziska Schervier war eine der eifrigsten Helferinnen des Kaplans, die auch das Einsammeln der Spenden nicht scheute. Daneben übernahm sie Nachtwachen und reinigte die Wohnungen der Kranken. Über die Krankenpflege hinaus versuchte sie auch seelsorgerisch zu arbeiten und sprach den Kranken Trost zu. Bald dehnte sie ihre Tätigkeit auf die Betreuung von besserungswilligen Prostituierten aus, für die Oberpfarrer Leonhard Alois Joseph Nellessen von St. Nikolaus ein Wohnheim unterhielt. Franziska Schervier arbeitete zwar mit dem Kaplan Istas zusammen und holte sich Rat bei verschiedenen Priestern, dennoch ging sie nach eigenen Vorstellungen ans Werk. Bedeutenden Einfluß hat auf sie sicher der früh verstorbene Istas gehabt, der ein glühender Verehrer des Kölner Erzbischofs Clemens August Freiherrn von Droste zu Vischering war; alles spricht dafür, daß Franziska Scherviers tief eingewurzeltes Mißtrauen gegen die preußische Bürokratie hier ihre Wurzeln hat.

Höchst folgenreich für das sozial-karitative Wirken des rheinischen Katholizismus wurde Franziska Scherviers Gründung einer Genossenschaft von Ordensschwestern (1845), die heute über zweitausend Mitglieder zählt. Sie hat dem Aufbau einer freien kirchlichen Karitasarbeit neben den öffentlichen Armenverwaltungen wesentliche Impulse gegeben. Während der drei Jahrzehnte, in denen die Gründerin die Genossenschaft leitete, hat sie dieser ein Gepräge gegeben, das weit über ihren Tod hinaus sichtbar blieb. Noch heute mißt die Genossenschaft ihr Tun an dem, was ihre Stifterin grundlegte. Wer daher Franziska Schervier kennenlernen möchte, wird den Zugang zu ihr am ehesten über ihr Werk finden.

II.

Nach dem Tode von Istas (1843) führte Franziska Schervier die Armenküche der Pfarre St. Paul selbständig fort. Aber erst der Tod ihres Vaters (1845), der inzwischen ein positives Verhältnis zu ihrer Sozialarbeit gefunden hatte, den Gedanken an einen Ordenseintritt jedoch weiter ablehnte, ebnete ihr den Weg in ein Kloster. Im Juni 1844 war Franziska Schervier Franziskanerterziarin geworden. Dadurch lernte sie ihre späteren Gefährtinnen kennen: Katharina Daverkosen, Gertrud Frank und Johanna Bruchhaus. Nach einem Aufenthalt im Kloster der Lütticher Kreuzschwestern gewann sie schließlich die Überzeugung, gemeinsam mit ihren Freundinnen eine klösterliche Gemeinschaft gründen zu sollen. Am 4. Oktober 1845 begannen die Freundinnen in einem Miethaus vor Jacobs Tor, d. i. auf der heutigen Lütticher Straße, das gemeinsame Leben nach Art von Ordensschwestern. Von den höchst ärmlichen Lebensverhältnissen der kleinen Kommunität berichtet die Genossenschaftschronik: „Notdürftig wie die Nahrung war die innere Einrichtung des Hauses. Nicht alle Schwestern hatten eine Bettlade. Sie hatten ihre Strohsäcke am Boden liegen und zeitweise nur ein Kopfkissen für alle. Dieses wurde jede Nacht von einer anderen benutzt. Als aber die Zahl der Schwestern sich mehrte, reichten die Strohsäcke nicht mehr aus, und abwechselnd schliefen sie nun auf verschiedenen Stücken Stoff, die sich zur Verarbeitung im Hause befanden. Wie an Betten, so fehlte es auch an Schuhen, so daß, wenn sonntags die Schwestern in der Frühe in der Kirche waren, dieselben Schuhe von den anderen benutzt wurden, die zum Hochamt in die Pfarrkirche gingen."

Die erst sechsundzwanzigjährige Franziska Schervier wurde von den Mitgliedern der Gemeinschaft zur Vorsteherin gewählt und erhielt den Titel „Mutter Franziska", während die übrigen Gefährtinnen sich untereinander „Schwestern" nannten. Die Wahl war nicht unerwartet ausgegangen, denn Franziska überragte den Kreis durch die Kraft ihrer Persönlichkeit und ihrer vielseitigen Begabung. Dennoch empfand sie ihr Amt als eine Last und suchte schon früh, diese Aufgabe einer Mitschwester abzugeben. Im Jahre 1849 gelang ihr dies für kurze Zeit, doch endete das Zwischenspiel mit einer Krise für die Schwesternschaft. Während der folgenden Jahrzehnte, auch als eine hartnäckige Krankheit ihre Arbeitskraft beeinträchtigte, stand ihre Neuwahl nie ernstlich in Frage.

Aufgrund ihrer Beobachtungen bei den Lütticher Kreuzschwestern entwarf Franziska Schervier eine provisorische Hausordnug. Sie verpflichtete sich selbst zur täglichen Unterweisung ihrer Mitschwestern, während diese die Armenbetreuung in den Pfarren St. Paul und St. Jakob übernahmen, wo sie besonders von Pfarrer Gregor Kloth (bis 1856 an St. Jakob) unterstützt wurden. In diesen beiden Pfarren der inneren Stadt befanden sich in der Nähe der damaligen alten Fabrikbauten auch viele der verkommenen, überbelegten Wohnungen der Arbeiter. Der größere Teil des Klerus und auch die Bevölkerung zeigten wenig Verständnis für das neue Unternehmen. Eine sehr ungünstige Stimmung machte sich bemerkbar, als die Schwestern im November 1845 ihr Haus besserungswilligen Prostituierten öffneten, denen sie gute Arbeitsstellen vermittelten. Die Zahl der Betreuten stieg trotz der bescheidenen Wohnverhältnisse auf dreißig Personen, so daß in der Unterkunft eine drangvolle Enge herrschte. Schon bald übernahmen die Schwestern weitere Aufgaben. Seit dem November 1845 versahen sie den Haushalt im Marienhospital auf der Jakobstraße und ein Jahr später vertraute die Stadtverwaltung ihnen die Betreuung der syphilitischen

Kranken in den Räumen des ehemaligen Dominikanerklosters (Pfarre St. Paul) an.

Im Spätherbst 1848 geriet die Schwesternschaft, die inzwischen dreizehn Mitglieder zählte, in eine Existenzkrise. Die jahrelangen Bemühungen des Oberpfarrers Nellessen und des Gemeindeverordneten Dr. med. Heinrich Hahn erreichten damals die Gründung eines „Klosters vom guten Hirten" für die Betreuung gefährdeter Mädchen. Damit verlor die neue Gemeinschaft ihre wichtigste Aufgabe, doch kam ihr unerwartet ein besonderer Umstand zu Hilfe. Wegen der Choleragefahr richtete die Stadtverwaltung Ende 1848 im ehemaligen Dominikanerkloster ein Seuchenlazarett ein. Franziska Schervier bot sich daraufhin an, mit ihren Schwestern die Pflege der Cholerakranken zu übernehmen. Sie konnten im Januar 1849 das Dominikanerkloster beziehen. Die Choleraepidemie forderte in jenem Jahr in Aachen und Burtscheid zahlreiche Opfer, doch wurden die Kranken in anderen Spitälern untergebracht.

Im Sommer 1849 wählte die Kommunität Katharina — mit Klosternamen Maria — Daverkosen zur Vorsteherin. Sie erwies sich jedoch als zu schwach und war den nun beginnenden Verhandlungen über die Konstitutionen, die erzbischöfliche Genehmigung und die Errichtung einer kirchlichen Genossenschaft nicht gewachsen. Nicht nur in der täglichen Leitung der Gemeinschaft, sondern auch bei der Erarbeitung der Satzungen leistete Franziska Schervier die eigentliche Arbeit. Nachdrücklich gefördert wurden die Schwestern durch Bischof Johann Theodor Laurent, der 1841 bis 1848 als Apostolischer Vikar in Luxemburg tätig gewesen war und seitdem in Aachen lebte. Zu ihm gewann Franziska Schervier seit dem Frühjahr 1850 Verbindung. Er sah in der Leitung der inzwischen auf dreißig Mitglieder angewachsenen Gemeinschaft durch Maria Daverkosen eine ernste Gefahr. Zwischen Schwester Maria und Franziska Schervier gab es Meinungsverschiedenheiten über Grundsätze des Ordenslebens, vor allem der Armutspraxis. Laurent ermunterte Franziska, die Leitung der Genossenschaft ohne Neuwahl wieder zu übernehmen. Das geschah noch vor Ostern 1850.

Um die gleiche Zeit dehnten die Schwestern ihre Tätigkeit weiter aus. Sie übernahmen neue Armenküchen und erhielten dadurch Zugang zu noch mehr Armen. Außerdem betreuten sie unheilbare Kranke, die in den Spitälern der Stadt keine Aufnahme fanden, und nahmen junge Mädchen während der Stellungssuche auf. In dieser Zeit wurden auch die Konstitutionen fertiggestellt. Ihr Werden ist uns nicht im einzelnen bekannt. Wir wissen nur, daß Laurent wie Franziska Schervier für die Ablegung ewiger Gelübde eintraten, obwohl diese nach dem nicht förmlich aufgehobenen Gesetz vom 18. Februar 1809 nicht zulässig waren. Die überaus strenge Armutspraxis, nach der die Genossenschaft zwar ein Mutterhaus aber keine Dotation besitzen und ganz auf Spenden angewiesen sein sollte, fand bei Laurent keine Gegenliebe. Erst in langen Gesprächen konnten die Schwestern ihn für ihre Vorstellung gewinnen. Immerhin hatten sie mit der strengen Armutspraxis in den ersten fünf Jahren ihres Zusammenlebens positive Erfahrungen gemacht.

Im Oktober 1850 legten Franziska Schervier und Maria Daverkosen dem Kölner Erzbischof Kardinal Johannes Geissel den Entwurf der Konstitutionen vor, berichteten über das Werden der Schwesternschaft, baten um die Approbation der Satzungen und um die Erhebung ihrer Vereinigung zur kirchlichen Genossenschaft. Ein besonderes Charakteristikum der Statuten war die strenge Armut, zu der die Schwestern sich verpflichten wollten. Daß das einzelne Mitglied der Gemeinschaft ohne persönliches Eigentum und selbst ohne Taschengeld leben wollte, war in den wenigen Klöstern der Elisabethinnen, Cellitinnen und Alexianer, welche die Säkularisation überstanden hatten, keineswegs üblich, aber darin sahen die Berater des Erzbischofs keine prinzipielle Schwierigkeit. Der Verzicht auf Eigentum für das Kloster fand dagegen bei den kirchlichen Behörden kein Verständnis. In solch strenger Armutspraxis sahen diese eine ernste Gefahr für den Fortbestand der Genossenschaft und ihre Unabhängigkeit. Die Oberin wollte dagegen mit ihren Schwestern nach dem Vorbild des als Ordensvater betrachteten Franziskus ganz arm und anspruchslos leben, um so den Arbeiterfamilien und allen Armen näher zu sein. Daher entschied sie sich auch für den Namen „Armen-Schwestern vom heiligen Franziskus" (d. h. Schwestern für die Armen). Der Festigkeit der Vorsteherin, die von der Richtigkeit ihrer Konzeption überzeugt war, gelang es schließlich, sich gegen alle Bedenken durchzusetzen. Auch die Aachener Pfarrer Wilhelm Dilschneider (St. Peter, seit 1849 Stadtdechant) und Wilhelm Sartorius (St. Michael/Burtscheid) schlossen sich dieser Auffassung an. Die Schwestern hätten sich, schrieben sie dem Erzbischof, durch ihren opferbereiten Dienst den Behörden so unentbehrlich gemacht, daß sie auch ohne Dotation gesichert seien. Ihre Arbeit für die Armen und Kranken sichere ihnen die allgemeine Sympathie, die trotz ihrer Besitzlosigkeit oder gerade ihretwegen die beste Garantie für ihr Auskommen darstelle.

III.

Am 2. Juli 1851 unterzeichnete der Erzbischof die Errichtungsurkunde der Genossenschaft und genehmigte die Statuten. Am 12. August folgten dann in der Aachener Hauptpfarrkirche St. Paul die öffentliche Errichtung der Genossenschaft und die Aufnahme der ersten vierundzwanzig Schwestern. Damit war die Gemeinschaft der Armen-Schwestern kirchlich anerkannt; und von nun an ließ sich ihr braunes Ordenskleid aus den Straßen der Stadt Aachen ebensowenig wegdenken, wie das vom Volk so genannte „Klösterchen", das ehemalige

Klarissenkloster in der Kleinmarschierstraße, das Franziska Schervier erwarb. Hierhin verlegte sie 1852 das Mutterhaus.

Franziska Schervier und ihre Mitschwestern hatten sich zu einem besitzlosen Leben im Dienste der Armen verpflichtet. 1853 äußerte sich bei Verhandlungen über den Rechtsstatus der Genossenschaft der Aachener Oberbürgermeister Johann Contzen gegenüber dem Regierungspräsidenten Kühlwetter: „Die Anzahl der Armen und verlassenen Kranken, welche in Hütten, auf Speichern, in ärmlichen Stuben und auf noch ärmlicherem Lager von den Schwestern gepflegt und teilweise ernährt werden, kann man im Durchschnitt mit zweihundertfünfzig bis dreihundert Personen annehmen, indem in der Regel etwas mehr als dreißig auf jede Pfarre kommen." Franz Karl Haßlacher, Landrat und Polizeidirektor des Stadtkreises Aachen, schätzte ein Jahr später den Wert der jährlichen Zuwendungen an die Armen auf acht- bis neuntausend Taler. Die Schwestern finanzierten ihre Arbeit aus der Mitgift, die sie bei ihrem Klostereintritt mitbrachten. Daneben sammelten sie regelmäßig Gaben für ihre Schützlinge. War diese Praxis auch schon durch die kirchliche Anerkennung der Statuten und die Erteilung der staatlichen Korporationsrechte (1853 durch Friedrich Wilhelm IV.) anerkannt, so erbat Franziska Schervier doch auf Anraten des Landrates noch einmal die förmliche Genehmigung der Regierung für wöchentliche Kollekten im Aachener Raum, die sie auch erhielt. Die Schwestern durften sich nur an Katholiken wenden, von Evangelischen aber freiwillige Gaben entgegennehmen. Zugleich aber forderte die Regierung eine regelmäßige Berichterstattung über die Kollekteneinnahmen und deren Verwendung, damit die Tätigkeit der Schwestern mit der Armenverwaltung koordiniert werden könne. Die Oberin weigerte sich entschieden, dieser Aufforderung nachzukommen, da die Tätigkeit der Genossenschaft den Charakter privater Karitas trage und der öffentlichen Kontrolle nicht bedürfe. Der hierdurch ausgelöste Kollektenstreit beschäftigte die Behörden vier Jahre lang. Er endete mit einem vollen Sieg der Genossenschaft und war für deren künftigen Weg und für den Ausbau der kirchlichen Sozialarbeit von größter Bedeutung.

Im November 1853 schrieb Franziska Schervier an den Landrat: „Als kirchliche Genossenschaft zur Armen- und Krankenpflege vom Staate anerkannt und zum Sammeln milder Beiträge für unsere Zwecke ohne die vorgeschlagenen Bedingungen ermächtigt, dürfen und sollen die Armen-Schwestern bei der berufsmäßigen Ausübung ihrer Tätigkeit ihren christlichen Charakter nicht verleugnen, der sie zur besonderen Beobachtung der evangelischen Vorschrift verpflichtet, beim Almosengeben die linke Hand nicht wissen zu lassen, was die rechte tut." Sie halte es für unangebracht, über die Spender und ihre Gaben öffentlich zu berichten. Außerdem müsse die Unterstützung der „verschämten" Armen mit größter Diskretion erfolgen. Haßlacher versicherte zwar, die Rechnungslegung

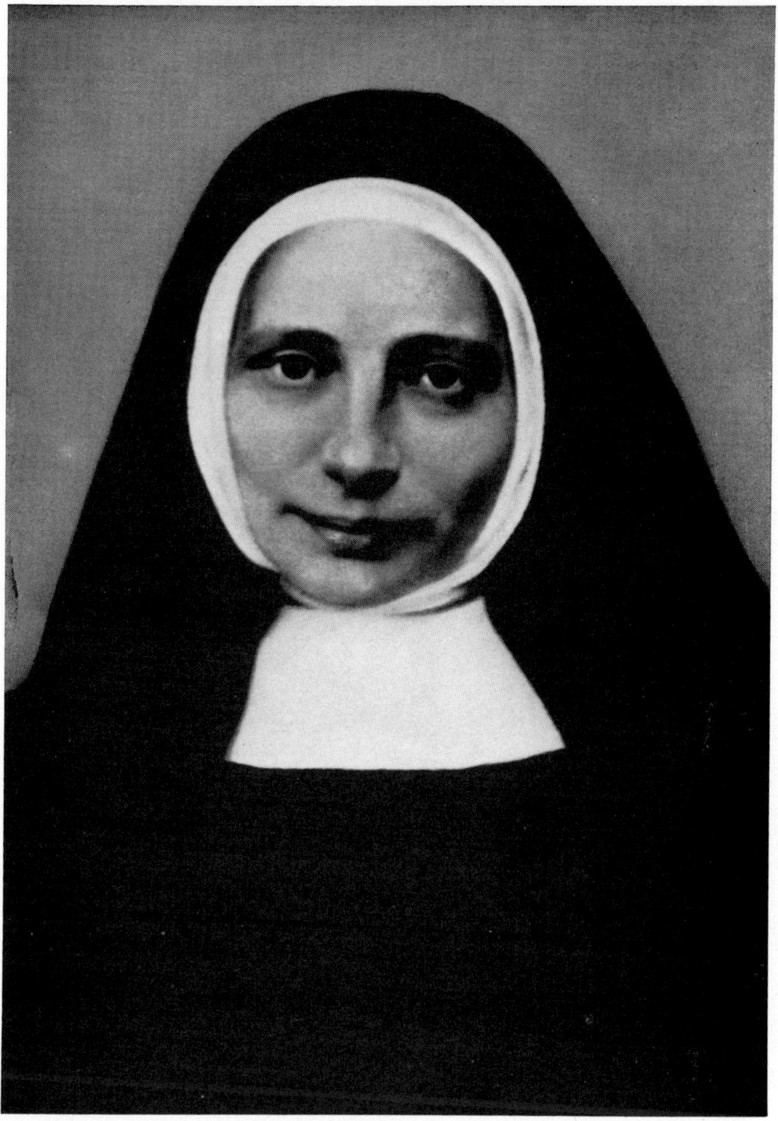

Mutter Franziska Schervier
Foto Aachen — Archiv der Genossenschaft.

sei nicht gefordert, um die karitative Aktivität zu beschränken, sondern solle dazu dienen, die Unterstützung zu verteilen; doch legte Franziska Schervier dar, daß sie die Freiheit, welche die preußische Verfassung der Kirche zubilligte, auch für die kirchliche Sozialarbeit in Anspruch nehme. Sie fürchte, der geforderte Nachweis könne zur Abhängigkeit von der Armenverwaltung führen: „Nun kann aber die geistliche Genossenschaft der Armen-Schwestern vom heiligen Franziskus unmöglich sich in bezug auf ihre Wirksamkeit als einen Zweig oder eine Abteilung oder ein Anhängsel der Armenverwaltung ansehen. Wenn die Armen-Schwestern ihre Person und ihr Leben opfern, auf allen Besitz verzichten, um die Armen und Kranken zu pflegen, so haben sie nie daran gedacht und werden auch nie daran denken, daß ihr Wohltun zu der öffentlichen, der Armenverwaltung überwiesenen Wohltätigkeit gehöre; sondern sie meinen und wollen nichts anderes als christliche Privatwohltätigkeit üben, die der öffentlichen Beaufsichtigung und Leitung nicht anheim fällt." Bei ihrer Arbeit handele es sich um „ganz freiwillige Privathandlungen", und die Geschenke ihrer Förderer seien „freie Privatalmosen". Auch eine staatliche Zustimmung zu den Kollekten könne deren Charakter nicht aufheben und den Ertrag nicht zu öffentlichen Mitteln machen. Da vom evangelischen Frauenverein in Aachen und den Diakonissen keine Rechnungslegung gefordert werde, sehe sie nicht ein, daß man sie ihrer Genossenschaft abverlange. Zu einem freiwilligen Nachweis sei sie jedenfalls nicht bereit, denn der öffentliche Charakter der Armenverwaltung mache eine vertrauliche Behandlung der geforderten Informationen unwahrscheinlich; außerdem stehe die von der Armenverwaltung und den Schwestern geleistete Unterstützung in keinem Verhältnis zum Bedürfnis. „Die tägliche Erfahrung lehrt, daß alle öffentlichen und privaten Kräfte der Wohltätigkeit zusammen der immer wachsenden Not nicht zu steuern vermögen." Diese Erklärung verfehlte ihren Eindruck nicht.

Haßlacher bat die Regierung, von dem geforderten Nachweis abzusehen, da der Arbeitsaufwand in keinem Verhältnis zu dem Ergebnis stehe. Nach seiner Ansicht halfen die Armen-Schwestern wirksamer als die Armenverwaltung; er hätten am liebsten die gesamte Armenpflege in ihren Händen gesehen. Die Regierung dagegen wollte von der einmal erhobenen Forderung nicht mehr abgehen, sich aber wohl mit einer allgemeinen Berichterstattung zufrieden geben. Auch jetzt vermochte Haßlacher die Schwestern nicht umzustimmen. Diese waren einig, lieber auf die Kollekte zu verzichten, als sich der geforderten Aufsicht zu fügen. Das aber hätte das Ende ihrer Sozialarbeit bedeutet.

Im gleichen Sommer demonstrierte Franziska Schervier am Beispiel des Gasthauses in Jülich, daß sie lieber eine Filiale als die Freiheit aufgab. Seit dem Jahre 1850 war eine Gruppe von Schwestern dort tätig. Als nun 1854 ein neuer Vertrag geschlossen werden sollte, forderte die Aachener Bezirksregierung als Aufsichtsbehörde, daß die Schwestern nur Angestellte des Hauses sein und nicht dessen Leitung selbständig übernehmen dürften. Franziska Schervier aber forderte „ehrendes Vertrauen" statt kleinlicher Kontrollen, die ihre Arbeit erschwerten. Da die Jülicher Armenverwaltung auf ihre Wünsche nicht eingehen durfte, zog die Genossenschaft sich von dort zurück.

Freiheit und Unabhängigkeit der Kirche waren seit 1837 das erklärte Ziel des deutschen und zumal des rheinischen Katholizismus. Franziska Schervier forderte Freiheit und Unabhängigkeit auch für die sozial-karitative Tätigkeit. Dieser Anspruch aber mußte erst erkämpft werden, und sie hat durch ihre Konsequenz einen entscheidenden Beitrag zum Aufbau der kirchlichen Sozialarbeit geleistet. Über die Auseinandersetzung mit der Aachener Regierung unterrichtete sie trotz der grundsätzlichen Bedeutung den Erzbischof erst mehrere Monate später, am 27. Mai 1854: „In dieser von uns geforderten Rechenschaft konnte ich nichts anderes erkennen als eine Unterwerfung der kirchlichen Genossenschaft unter die staatliche Armenverwaltung und eine Vermischung unserer rein christlichen Übung der Barmherzigkeit mit der rein bürgerlichen sog. öffentlichen Wohltätigkeit." Daß andere Bezirksregierungen der Genossenschaft keine Schwierigkeiten bereiteten, mache die Willkür der Aachener deutlich. Die Frage sei jedoch von so grundsätzlicher Bedeutung, daß sie sich nicht fügen könne. Der Kollektenstreit wurde schließlich 1856 vom Innenminister von Westphalen und Kultusminister von Rauner ganz in Franziskas Sinn entschieden.

Das Ergebnis dieser Auseinandersetzung hat wesentlich zum Aufbau eines kirchlichen Anstaltswesens im Rheinland beigetragen. Die Armen-Schwestern verzichteten seitdem auf die Arbeit in kommunalen oder staatlichen Anstalten und wirkten ausschließlich in der kirchlichen Wohlfahrtspflege. Die erzbischöfliche Behörde teilte diesen Standpunkt nicht und forderte die Tätigkeit anderer Frauengenossenschaften in den damals zahlreich entstehenden kommunalen Hospitälern. Man mag die Auffassung Franziska Scherviers nicht teilen, doch hat sie zweifellos beachtliche Kräfte mobilisiert. Zahlreiche Gemeinden, die aus eigener Kraft nie ein Hospital oder eine ähnliche Anstalt hätten schaffen können, erhielten diese durch kirchliche Initiativen. Dadurch sind der Armen- und Krankenpflege im Rheinland und anderwärts unschätzbare Dienste geleistet worden.

IV.

Auf Anregung einer amerikanischen Konvertitin entschloß die junge Genossenschaft sich schon 1858 zur Gründung einer Filiale in Cincinnati. Nach großen Anfangsschwierigkeiten ging daraus eine Ordensprovinz mit zahlreichen Hospitälern hervor, deren Verbindung mit dem Mutterhaus durch zwei Visitationsreisen der Generaloberin gefestigt wurde. Über den Verlauf dieser Reisen sind wir bis ins kleinste Detail genau unterrichtet, da Franziska Schervier den Schwestern des Mutterhauses fast täglich schrieb. Die lückenlos erhaltene Korrespondenz gestattet uns zugleich einen aufschlußreichen Blick in das innere Leben der Schwesternschaft, die sich als eine große Familie verstand und in der Generaloberin ihre geistliche Mutter sah. Franziska Schervier trat die erste Reise zusammen mit drei Schwestern am 15. Juni 1863 an. Der erste Reisetag führte sie mit der Eisenbahn nach Paris, wo sie gleich die damals berühmte Wallfahrtskirche Notre Dame des Victoires besuchten, wozu sie sicher durch die alljährlich in ihrer Heimatkirche St. Paul gefeierte Maria-Viktoria-Oktav angeregt wurden. Am nächsten Tag ging es nach Le Havre weiter, wo der Seelsorger der deutschen Gemeinde und Auswanderer, P. Lambert Rethmann, sie empfing. Er hat später die Oberin zur Niederschrift einer kleinen Autobiographie veranlaßt. Eine Seereise bedeutete damals, zumal für Frauen, eine wahre Strapaze, da die Fahrgastschiffe wenig Komfort besaßen. So wurden denn auch die Schwestern von der Seekrankheit ergriffen. Über die erste Nacht berichtet die Oberin: „Das sehr starke Schaukeln des Schiffes weckte uns bald, es blieb indes noch alles ruhig, bis mit einmal Schwester Afra ganz außerordentlich stark von dem bösen Übel ergriffen wurde. Sie konnte dabei das Stöhnen nicht lassen, und zwar tat sie es so stark, daß es einem dabei unheimlich geworden wäre, wenn man die Krankheit der Beschreibung nach nicht gekannt hätte. Sie meinte sterben zu müssen. Schwester Norberta sekundierte, jedoch in milderer Weise. Bald fühlte ich, daß es mir nicht besser gehen würde. ‚Alles zur Ehre Gottes und zum Trost der armen Seelen', sagte ich noch leise zu den Schwestern, ‚ich bin mit dabei'." Die letzten Worte sind nicht Ausfluß einer frömmelnden Attitüde. Die Schwestern waren vielmehr fest davon überzeugt, auch ihre ganz persönlichen Beschwerden in den größeren Plan Gottes einordnen zu sollen. Aus dieser ungebrochenen Gläubigkeit waren sie zu höchster Hingabe fähig.

In Amerika visitierte die Oberin alle Filialen, kleidete fünf Postulantinnen ein und nahm die ewigen Gelübde von acht weiteren Schwestern entgegen. Nach dreimonatiger Abwesenheit gelangte sie am 14. September wieder im Aachener Mutterhaus an. Die Hauschronik sagt darüber: „Kurz nach vier Uhr nachmittags traf sie ein und bei ihrem Eintritt in die rasch geöffnete und wieder geschlossene Kirchentüre begrüßte sie der Freudengesang des Te Deum, begleitet von den Klängen unserer neuen Orgel. Freude und innige Rührung drückten sich in den Zügen der lieben Mutter aus. Gott allein weiß, in welchen Herzen, in dem der Mutter oder ihrer geistlichen Töchter, die Freude und Dankbarkeit wegen des Wiedersehens am tiefsten empfunden wurde. Nach Beendigung des Lobgesanges sprach die Mutter ein Dankgebet und nach einigen herzlichen Worten der Begrüßung an alle Schwestern begab sie sich ins Haus, wo sie sofort von den sie erwartenden Freunden und Bekannten umringt und in Anspruch genommen wurde, so daß die Absicht der Schwestern, ihr nach der anstrengenden Nachtreise einige Ruhe zu verschaffen, nicht ausgeführt werden konnte."

Im Frühjahr 1868 unternahm die Generaloberin trotz ernster gesundheitlicher Störungen eine zweite Amerikareise, um die inzwischen neu gegründeten Filialen kennen zu lernen. Bei ihrer Rückkehr war sie durch den inzwischen erfolgten Neubau des Mutterhauses, der nach ihrer Ansicht zu kostspielig und prächtig ausgeführt war, sehr unangenehm berührt. Sie hatte zwar die Pläne vor ihrer Reise gesehen und genehmigt, sich aus mangelnder Sachkenntnis jedoch darin getäuscht. Nur schwer ertrug sie die nicht behebbare Fehlplanung, die dem von ihr vertretenen Armutsideal widersprach.

Die Linderung akuter Not und die Pflege zahlungsunfähiger Kranker war die ursprüngliche Hauptaufgabe der Genossenschaft. Die seit der Mitte des Jahrhunderts schnell fortschreitende Entwicklung der Medizin verlagerte indessen das Hauptgewicht mehr und mehr von der ambulanten auf die stationäre Krankenversorgung. In kirchlichen Krankenanstalten fanden die Schwestern daher ein weiteres Arbeitsfeld. Dabei wirkte die Konkurrenz mit den evangelischen Diakonissen gelegentlich anregend. So hat in Düsseldorf die Tätigkeit der Kaiserswerther Diakonissen im evangelischen Krankenhaus am Fürstenwall die Berufung der Franziskanerinnen in das Max-Josef-Hospital veranlaßt und schließlich dazu beigetragen, daß das katholische Marienhospital errichtet wurde. Die Konkurrenz der Konfessionen und die Absicht einer Stützung der katholischen Position haben auch andere Gründungen veranlaßt, so 1855 in Kaiserswerth, wo das Mutterhaus der Diakonissen seit 1836 in dem überwiegend katholischen Städchen eine intensive Tätigkeit entfaltete, 1863 in Erfurt, wo es um eine Hilfe für die katholische Diaspora-Gemeinde ging, und 1864 in Flensburg, wo die Ordensniederlassung die Konsolidierung der katholischen Gemeinde ermöglichte. In diesen Fällen ging es den Schwestern nicht nur um karitative Anliegen, sondern auch um eine als Laienapostolat verstandene Mithilfe in der Seelsorge.

V.

Unter der Leitung Franziska Scherviers hat sich die Genossenschaft der Aachener Armen-Schwestern über drei Jahrzehnte ohne ernste Führungskrise entfaltet. Die starke und doch verbindliche Persönlichkeit der Generaloberin hat ihr ein Gepräge gegeben, das nach ihrem Tode nicht verloren ging. Nicht nur in den Konstitutionen, die vornehmlich ihr Werk sind, sondern durch ihr Beispiel, durch ihre zahlreichen Visitationsreisen und Ansprachen sowie durch ihre intensive Korrespondenz mit den Schwestern gab sie der Genossenschaft das besondere Gepräge.

Ihrer Herkunft verdankte die Generaloberin eine gehobene Bildung sowie ihre charakterliche und religiöse Formung. Ihre konsequente Festigkeit, ja Hartnäckigkeit in den einmal als richtig erkannten Entscheidungen verband sie mit persönlicher Bescheidenheit. Das Bekenntnis zur Armut, um deren Verwirklichung sie ein Leben lang rang, war für sie ganz im Geiste des als Ordensvater betrachteten hl. Franz von Assisi von grundlegender Bedeutung. Den Verzicht auf alle Annehmlichkeiten, äußerste Einfachheit in Kleidung und Wohnung, in Essen und Reisekomfort verfocht sie daher mit aller Strenge. Den Armen verpflichtet, sollten die Schwestern auch wie diese leben.

Ihre vielseitige Begabung entfaltete Franziska Schervier — die Schwestern nennen sie noch heute „Mutter Franziska" — ausschließlich im Interesse ihrer Genossenschaft und der Armen. Dies alles entsprach jedoch nicht einem Zweckdenken oder der Hingabe an ein nur persönliches Ideal. Sie verstand sich vielmehr als zu diesem Amt und zu einem Leben in Armut berufen. Die Genossenschaft, so erklärte sie häufig, sei nicht von ihr, sondern von Gott gegründet. Nur aus diesem Grunde habe sie sich so großartig entfaltet. „In Christus" und „für Christus" wollte sie leben im Dienst an den Armen und an allen, die ihre Hilfe nötig hatten. Dem entsprach eine tiefe Innerlichkeit, die freilich nicht frei war von zeitbedingter Sentimentalität und peripheren Frömmigkeitsformen. Die Bußübungen, welche die Oberin sich und ihren Schwestern auferlegte, waren überaus streng und neben dem Übermaß an Arbeit wohl ein weiterer Grund für den frühen Tod mancher Schwester. So wird uns zuverlässig berichtet, daß die Oberin jahrelang an jedem Freitag Ochsengalle zu sich nahm. Bei einer Visitation im Jahre 1869 ordnete Erzbischof Paulus Melchers daher eine Milderung der strengen und häufigen Fasten an. Das Interesse der Schwestern galt jedoch primär der vielfältigen Arbeit an den Armen. Daher ist der soziale Dienst der Genossenschaft das eigentliche Lebenswerk Franziska Scherviers. 1875 zählte die Genossenschaft dreißig Häuser. Achthundertfünfzehn Schwestern hat die Stifterin persönlich in die Gemeinschaft aufgenommen. Dazu kamen weitere zweihundertzweiundsiebzig Mitglieder in der amerikanischen Provinz.

Seit 1865 litt Franziska Schervier an einem asthmatischen Leiden, das ihre Arbeitskraft schwer beeinträchtigte. Sie starb während des Kulturkampfes, der ihre Genossenschaft verschonte, soweit sie sich der Krankenpflege widmete, am 14. Dezember 1876 an einem Leistenbruch im Mutterhaus zu Aachen. Vier Tage später wurde sie unter großer Teilnahme der Bevölkerung und unter dem Geläute aller Glocken der Stadt auf dem Ostfriedhof beigesetzt; 1880 überführte man ihre Gebeine in das Kloster in der Kleinmarschierstraße. Hier befindet sich nach einer weiteren Umbettung noch heute ihr Grab. Am Tage nach der ersten Beisetzung ehrte in der Aachener Stadtverordnetenversammlung Dr. med. Hahn das Andenken der Verstorbenen, indem er sagte: „Sie hatte es sich zur Lebensaufgabe gemacht, die Armen zu pflegen, mit den Armen zu leben, sich den Armen hinzugeben."

QUELLEN UND LITERATUR

Im Archiv des Mutterhauses der Armen-Schwestern vom hl. Franziskus zu Aachen befindet sich der umfangreiche und wohlgeordnete Nachlaß Franziska Scherviers; für die Entwicklung der Genossenschaft aufschlußreiche Archivalien ferner im Hauptstaatsarchiv Düsseldorf (Regierung Aachen 2450), im Staatsarchiv Koblenz (Oberpräsidium Koblenz 7508) sowie im Bistumsarchiv Aachen (Gvo Aachen, Schwesternklöster).

Der Nachlaß von Franziska Schervier wurde bereits von Jeiler benutzt, dessen biographische Mitteilungen hier übernommen sind. Die Autobiographie und die Chronik der Genossenschaft müssen freilich kritischer, als durch Jeiler geschehen, gewertet werden, der die Stifterin noch persönlich gekannt hat. Aus den Jeiler unbekannten Quellen ergibt sich wenig Neues über Franziska Schervier selbst, wohl aber über wesentliche, von der Generaloberin zu verantwortende Vorgänge aus der Geschichte der Genossenschaft.

I. Jeiler, Die gottselige Mutter Franziska Schervier (^{4}1927);
B. Goßens, Die gottselige Mutter Franziska Schervier (1932);
J. G. Rey, Die Familie Schervier und deren Sippen (1936);
(C. A.) Salm, Historische Darstellung des Armenwesens der Stadt Aachen, 1870;
B. Poll, Geschichte Aachens in Daten (Die Jahre 1814 bis 1918), ^{2}1965;
E. Schmitz-Cliever, Die Choleraepidemien in Alt-Aachen und Burtscheid, in: Zeitschrift des Aachener Geschichtsvereins 64/65 (1952), 120—167;
E. Gatz, Kirche und Krankenpflege im 19. Jahrhundert. Katholische Bewegung und karitativer Aufbruch in den preußischen Provinzen Rheinland und Westfalen (1971);
Ders., Kaplan Josef Istas und der Aachener Karitaskreis, in: Rheinische Vierteljahres-Blätter 36 (1972) 207—228.

JACQUES OFFENBACH

(1819—1880)

Von Anna-Dorothee v. den Brincken

Liebe, dicke, unangenehme Schwester!
Warum schreibst Du uns nicht? Weiß Du nicht, wie Dein junger Bruder so faul ist mit Schreiben, weis Du nicht, böse Schwester, wie beschäftigt ich im Augenblick bin — enfin, ich verzeihe Dir, sous la condition, daß Du uns recht bald einen großen schönen Brief uns schicken wird.
Mein Concert findet dieses Jahr erst den 6ten Mai statt, ich bin forciert gewesen, es zu verschieben, da man eine einaktige Oper darin aufführen wird. Und hier in Paris geht es nicht wie in Cöln, wo die Sänger sich hinstellen, etwas auswendig vorzutragen, was sie inwendig nicht einmahl wissen, wie dies der Fall war mit „Marielle". Ich hoffe, das mein Operchen sehr gefallen wird, dieses wäre sehr gut für mich, den da es die Sänger aus der Komischen Oper mein Stück spielen, so würden sie es gleich in ihrem Theater aufführen.
Meine Kinderchen waren sehr unwohl gewesen, sind aber — Gott sei Dank — wieder hergestellt. Ich selbst war 8 Tage lang im Bette gelegen. Ich hoffe, diesen Sommer nach Köln zu gehen. Ich kann die Tagen nicht ganz bestimmen, das hängt von meinem Theater ab. Übrigens brauchst Du Dich gar nicht zu geniren mit Deiner Wohnung, denn wenn Ihr auch im Bauen wäret, so werden wir oder ich (wenn ich, was ich nicht glaube, allein sollte kommen) im Hotel logiren . . . Ich schließe diesen langen Brief mit der Hoffnung auf einer baldigen Antwort. Küsse Deinen lieben Moses, Deine Ditzcher (Isabella miteinverstanden). Grüße alle Freunde, Hermann, Röschen, Julchen, 1 000 amitié

Dein Dich liebender Bruder Ja. Offenbach

Beim Entziffern der Unterschrift stellt sich die Frage, wie der Vorname aufzulösen ist, Jacob oder Jacques. Anton Henseler, dem man die sachkundigste Offenbach-Biographie verdankt und der die kölnische Seite des „Begründers der modernen Operette" sorgfältig herausgearbeitet hat, nannte sein Buch programmatisch „Jakob Offenbach". Als Schulanfänger in Köln hat sich Offenbach in der Tat so geschrieben, in der Geburtsurkunde weist der Name ein c auf. Bald nach dem Wegzug nach Paris nimmt das Kölner Köbesche etwa um 1834 den Namen Jacques an. Offenbach betont nun zunehmend seine Sympathie für die Wahlheimat Frankreich, lange bevor er mehr als zwei Jahrzehnte später 1855 selbständiger Theaterunternehmer in der Seine-Metropole wird und 1858 mit „Orpheus in der Unterwelt" seinen ersten überragenden Bühnenerfolg erringen kann. Jacques spricht z. Z. der Abfassung des Briefes, der den Poststempel vom 20. April 1853 trägt, längst ständig und mittlerweile absolut fließend Französisch; nur im Umgang mit seiner Familie — hier mit seiner Lieblingsschwester — befleißigt er sich noch der deutschen Sprache, obgleich er bei den Seinen am Rhein Französisch-Kenntnisse voraussetzen darf, wie aus eingestreuten Brocken hier und in anderen Briefen hervorgeht. Sein einst fehlerfreies Deutsch hat freilich mit der Zeit empfindliche Einbußen erlitten.

Eine tüchtige Portion rheinischen Humors, gewürzt mit familiärer Derbheit, ist in den Brief hineingeflossen. Offenbar ist dies der den Geschwistern aus der Kölner Kinderzeit vertraute Umgangston. An die künstlerische Arbeit in Köln hat der Komponist hingegen keine guten Erinnerungen. Die Einstudierung von „Marielle" im Januar 1849, der deutschen Fassung von Offenbachs ältester, heute noch erhaltener „Operette" „L'Alcôve", war so unzureichend gewesen, daß das Werk nur durchfallen konnte. Da zeigen doch die Sänger der Opéra Comique in Paris, Jacques' ersehntem Fernziel als Bühne für seine Stücke, einen ganz anderen Einsatz!

Offenbach, das enfant terrible des Second Empire, erscheint endlich in dem Brief als besorgter Vater. Zugleich bleibt er zeitlebens seiner Verwandtschaft in Köln aufrichtig verbunden. Dieser Familiensinn, ohne Zweifel gefördert durch die gesellschaftliche Sonderstellung des Judentums vor der Emanzipation, ist ein charakteristischer Zug seines Wesens, den man angesichts der ganz anders denkenden Personen etwa in „Vie Parisienne" bei ihrem Schöpfer bisweilen zu vergessen geneigt ist.

Die Synthese von jüdischer Herkunft, rheinischer Kindheit und Pariser Wahlheimat hat Jakob alias Jacques Offenbach geprägt. Welche Komponente die entscheidende ist, hängt jeweils von der Sicht des Betrachters ab. Offenbach selbst gibt dem Esprit der Franzosen den Vorzug: er nennt sich Jacques. Er erwirbt 1860 durch die Gunst des Herzogs von Morny die französische Staatsbürgerschaft und empfängt im Folgejahr das Band der Ehrenlegion. Um die Katholikin Herminie d'Alcain ehelichen zu können, hat er bereits 1844 dem Judentum entsagt. Er ist nicht nur ein eleganter musikalischer Unterhalter, sondern auch ein rastloser Arbeiter gewesen. Als Direktor der „Bouffes-Parisiens" und des „Théâtre de la Gaité" hat er der leichten Muse gedient, sein Ziel aber ist das ganze Leben hindurch die Komische Oper gewesen. Die Tragik seines Daseins liegt darin, daß er dieses Haus erst nach seinem Tode mit seiner phantastischen Oper „Hoffmanns Erzählungen" im wahren Sinne des Wortes erobert hat. Es handelt sich bei diesem nachgelassenen Werk um die einzige Oper Offenbachs, die bis in unsere Zeit nichts von ihrer Anziehungskraft eingebüßt hat. Sie hat heute im Repertoire jedes besseren Opernhauses ihren festen Platz, während alle Versuche einer Offenbach-Renaissance bei den

Operetten bisher einen mäßigen Erfolg hatten, wenn ihre Initiatoren nicht geniale Literaten und Regisseure vom Range eines Karl Kraus oder Jean-Louis Barrault waren. In der Einschätzung seiner wahren Begabung hat Jacques Offenbach sehr klaren Verstand bewiesen. Gerade „Hoffmanns Erzählungen" ist nicht nur das Werk französischer Librettisten, sondern hat eine deutsche Dichtung zur Vorlage; zudem sind die guten Nummern aus den „Rhein-Nixen", Offenbachs Versuch einer romantischen deutschen Oper, übernommen worden.

I.

Jakob Offenbach war das siebente von den zehn Kindern des Isaak Juda Eberst. Dieser stammte aus Offenbach am Main, war der Sohn des Schutzjuden Juda Eberst, welcher zufolge mündlicher Tradition der Familie Offenbach Privatlehrer im Hause Rothschild zu Frankfurt gewesen sein soll. Nachdem Isaak in jungen Jahren seine Eltern verlor, erlernte er das Buchbinderhandwerk. Er entwickelte dabei frühzeitig nicht nur für den Einband, sondern ebenso für den Inhalt der Bücher Interesse. Daneben gehörte seine Liebe der Musik. Als Chasan diente er dem Synagogenkultus, aber er betrieb die Musik auch zur Unterhaltung und folgte damit der guten alten Tradition der Lezim, jener jüdischen Spielleute, die im Gottes- wie im Tanzhaus einer oft fremdartigen Gefühlswelt Ausdruck verliehen. 1799 verließ Isaak im Alter von zwanzig Jahren seine Heimatstadt und begab sich auf Wanderschaft, in seinem Reisepaß als Synagogenmusikant ausgewiesen. Auf seinem Weg rheinabwärts blieb er in Deutz hängen, dem rechtsrheinischen Vorort der mittelalterlichen Judengemeinde Kölns, der durch das Judenverbot von 1424 bis 1798 in Köln selbst sehr an Bedeutung gewonnen hatte. Isaak betätigte sich in der Synagoge und in Wirtshausorchestern, er sang, geigte, flötete und komponierte. Sogar als Verfasser eines Singspiels „Der Schreiner in seiner Werkstatt" wird er 1811 genannt. Die Deutzer hießen den Zugewanderten Eberst kurzerhand den „Offenbacher"; so wurde die Stadt seiner Herkunft bestimmend für seinen Zunamen — wie übrigens für viele Juden, die damals noch keinen solchen führten; denn als die Rheinlande später an Preußen kamen, wurde auch dort das Edikt von 1812, welches das Führen von Zunamen obligatorisch machte, endgültig.

Um 1805 ehelichte Isaak die Deutzerin Marianne Rindskopf, Tocher des Geldwechslers und Lotterieeinnehmers Joseph Moses Rindskopf und der Ranetta Flersheim. Er heiratete damit in eine angesehene, aber unvermögende jüdische Kaufmannsfamilie ein, deren Vorfahren seit Generationen am Niederrhein ansässig waren, wie aus ihren Zunamen Dülken und Moers deutlich wird.

Infolge der Befreiungskriege ging es dem Offenbacher Künstler so schlecht, daß er zeitweilig wieder als Buchbinder arbeitete. 1816 aber zog er mit den vier überlebenden seiner damals fünf Kinder nach Köln, ein Entschluß, der einigen

		Sara Dülcken	Moses Rindskopf
		∞ Deutz	

Juda Eberst Lehrer gest. Offenbach ca. 1794	Therese N. gest. Offenbach vor 1794	Joseph Moses Rindskopf Geldwechsler geb. Deutz ca. 1751 gest. Deutz 12. 1. 1826	Ranetta Flersheim
∞ Offenbach		∞ Deutz	

Isaak Juda Eberst gen. Offenbach
Buchbinder zu Offenbach
Musiker zu Deutz
Musiklehrer zu Köln seit 1816
Synagogenkantor
geb. Offenbach 26. 10. 1779
gest. Köln 26. 4. 1850

Marianne Rindskopf
geb. Deutz ca. 1785
gest. Köln 17. 11. 1840

∞ Deutz ca. 1805

- Theresia 1807—1842 ∞ 1833 Hermann Levie
- Ranetta 1809—1881 ∞ 1836 Moses Falk
- Sara 1811— 1820
- Charlotte 1813—1815
- Juda (Julius, Jules) 1815—1880
- Isabella 1817—1891 ∞ 1844 S. Maas
- JACOB (JACQUES) 1819—1880 ∞ in Paris 1844 Herminie d'Alcain
- Henriette 1821—1895 ∞ 1852 M. Jones
- Julia 1823—1907 ∞ 1854 Louis Grünewald
- Michael 1825—1840

Die Angaben sind der Tafel bei Anton Henseler entnommen.

Mut erforderte, da in der Stadt noch wiederholt antijüdische Strömungen zutage traten, die immer wieder den Gedanken an Niederlassungsbeschränkungen aufkommen ließen.

Isaak Offenbach ist beruflich für jene Zeit als Musiklehrer bezeugt, der einzige übrigens, den es in der Domstadt gab. Er unterrichtete in Gesang, Geige, Flöte und Gitarre. Erst im Laufe der zwanziger Jahre erhielt er den Posten des Kantors der jüdischen Gemeinde und damit später eine Dienstwohnung in der Glockengasse, mußte aber dauernd um seine Bezüge rechten und durch Unterricht seinen hauptsächlichen Lebensunterhalt erwerben. Er war gezwungen, durch ein Gutachten um das Ansehen des Vorsängerstandes in der Synagoge zu kämpfen, der nach seiner Berufsauffassung als Vertretung der Gemeinde vor Gott einen wichtigen und heiligen Dienst leistete. Bedeutende Denkmale setzte sich Isaak 1838 mit seiner Hagadah-Übersetzung, dem Ritual für die häusliche Feier des Pessach-Festes — die auch das fälschlich vielfach Jacques zugeschriebene, bekannte Lied vom Lämmchen enthielt —, und 1839 mit dem „allgemeinen Gebetbuch für die israelitische Jugend, hebräisch und deutsch". Angesichts des Rückgangs der hebräischen Sprachkenntnisse bei den Juden erwarb Isaak sich große Verdienste um die Verdeutlichung der Symbolik des Kultus. Aber auch über spritzigen Humor verfügte er, wie z. B. das kurz vor seinem Tode verfaßte Gedicht „Der Antiquar" erkennen läßt; dort heißt es u. a. bei den Angeboten:

> *Eine Sprosse der Leiter, wovon Jacob geträumt,*
> *Sie war zerbrochen, wurde aber wieder geleimt,*
> *Der Bruch entstand durch der Engel hartes Treten,*
> *Sie wurden verklagt wegen Schadenersatz, gingen aber flöten.*

In dieser frommen wie heiteren Atmosphäre ist der Schöpfer der modernen Operette groß geworden.

II.

Jakob Offenbach wurde am 20. Juni 1819 im Hause Großer Griechenmarkt 1 in einem Altwarenhändlerviertel zu Köln am Rhein geboren. Später zogen die Eltern in die Glockengasse um. Der Knabe wuchs in bescheidenen, aber geordneten Verhältnissen auf. Er hatte ein harmonisches und liebevolles, jedoch strenges Elternhaus. Die Musik nahm dort seit frühester Jugend einen Platz ein, nicht nur durch die Vorsänger- und Lehrtätigkeit des Vaters, sondern auch durch die Sangesfreudigkeit von Mutter und Schwestern. In der „Geschichte eines Walzers" von etwa 1876 hat der Komponist selbst erzählt, wie man ihn mit acht Takten eines Walzers, der von einem Musiker namens Rudolf Zimmer stammte, in den Schlaf wiegte; immer hatte er die Fortsetzung der Melodie gesucht und in allen Musikalienhandlungen vergebens nach ihr gefahndet, bis er im Alter ihrem ins Elend geratenen Schöpfer 1870 in Wien begegnete. Dem schwerkranken Musiklehrer war die Melodie entfallen, aber er fand sie in seinem Gedächtnis wieder und hinterließ sie Offenbach nach seinem Tode nebst einem Ring und einer Locke seiner früh verstorbenen Braut, deren Verlust ihn so getroffen hatte, daß er darüber einst seine Karriere vergaß. Jacques hatte ihm zuvor in seiner Notlage Unterstützung zukommen lassen.

Daß Köbesche, wie Jakob in Köln zärtlich gerufen wurde, zeitig Musikstunden erhielt, war in seinem Elternhaus eine Selbstverständlichkeit. Mit sieben Jahren spielte er nach eigener Aussage passabel die Geige; zwei Jahre später eroberte er sich das Cello als Autodidakt, weil sein Vater die körperliche Konstitution des Jungen als noch zu schwächlich für dieses Instrument erachtet hatte. Die Eltern gaben dann freilich nach und ließen Jakob zunächst von dem Sonderling Herrn Alexander unterrichten, später von Herrn Breuer. Diesem Bernhard Breuer hat Jacques Offenbach sein Opus 1 gewidmet, das „Divertimento über Schweizerlieder" für Violoncello mit Begleitung eines Streichquartetts. Vermutlich hat ihn bereits Breuer in die Anfangsgründe der Komposition eingewiesen, ihn aber auch als Mitglied des Kölner Theaterorchesters mit dem heimischen Musikleben vertraut gemacht. Er hat ihn vor allem in die Kölner Volkstheater, das „Hännesche" und das „Divertissementche" des Karnevals, eingeführt, die Stadtbühnen der Kinder und armen Leute. Früh betätigte sich Jakob mit seinen Geschwistern Julius und Isabella bereits selbst als Musikant in Gasthäusern und Cafés, um die elterlichen Finanzen ein wenig aufzubessern. Aufgrund seiner zarten Erscheinung gab man ihn gern für jünger aus, als er tatsächlich war, um ihm die Aura des Wunderkindes zu verleihen. Das hat in der Forschung zu Auseinandersetzungen über seinen Geburtstag geführt, der jedoch standesamtlich zu belegen ist.

In seinen ersten vierzehn Lebensjahren hat Jakob die Kölner Volksluft geatmet. Stoffe wie „Genovefa" und „Blaubart", die er in Buffo-Opern behandelte, begegneten ihm bereits hier in parodistischer Form, auch den Olymp lernte er im Hänneschen-Theater kennen. Seit 1823 gab es zudem den Rosenmontagszug. Nach seinem Weggang von Köln ist Offenbach in regelmäßigen Abständen in seiner Geburtsstadt gewesen. Mochte er es auch im Deutsch-Französischen Krieg von 1870/71 als naturalisierter Franzose bedauern, am Rhein geboren zu sein, mochten ihn die Franzosen als „deutsch durch Irrtum" charakterisieren, das Theaterleben seiner Vaterstadt hat dem angehenden Dramatiker den ersten Stempel aufgedrückt und ihn nie aus seinem Bann entlassen. In seinem Werk haben Kenner daher nahezu überall Reminiszenzen und Motive der Kölner Volksmusik entdeckt.

Die Erziehung Jakobs lag fast ausnahmslos in den Händen der Eltern. Die jüdische Elementarschule, die er besuchte, hatte zu jener Zeit geringes Niveau; andere Bildungsstätten waren den Offenbachs aus geldlichen Gründen nicht zugänglich. Von den Kölner Cello-Lehrern konnte Jakob bald nichts Förderliches mehr lernen. Deshalb beschloß der Vater, ihn und Juda, genannt Julius, zum Studium nach Paris zu bringen, zumal sich seine Glaubensgenossen in der Seine-Metropole wesentlich freier als am Rhein bewegen konnten. Auch hatten die Söhne des befreundeten Geigers Anton Lütgen dort bereits eine erfolgversprechende Laufbahn begonnen und konnten den jungen Offenbachs behilflich sein.

III.

Vater Isaak begleitete Julius, der 1815 geboren war, und Jakob im November 1833 selbst nach Paris. Cherubini, der Direktor des Pariser Conservatoire, das satzungsgemäß keine Ausländer aufzunehmen pflegte, war von Jakobs Cello-Spiel so bewegt, daß er eine Ausnahme machte und den jungen Virtuosen akzeptierte; Jakob konnte damit einen Erfolg verbuchen, der Franz Liszt zehn Jahre zuvor versagt geblieben war. Allerdings gehörte Jakob dem Institut nur ein Jahr an und verließ die Anstalt freiwillig. Zunächst der Klasse des Professors Vaslin zugeteilt, scheint er später bei Norblin studiert zu haben, vielleicht als Privatschüler. Jedenfalls erwarb er sich auf dem Konservatorium eine Visitenkarte, die ihn mühelos für eine Anstellung in den Pariser Theaterorchestern qualifizierte und ihm die Salons der Gesellschaft öffnete. Seinen Lebensunterhalt, den er anfangs notdürftig durch Synagogengesang verdient hatte, konnte er — nach kurzen Zwischenspielen in kleinen Orchestern — von 1835 bis 1838 recht und schlecht in der Opéra Comique erwerben.

Jacques trat daneben als Cello-Virtuose in Salons auf, komponierte Walzer sowie Romanzen und glänzte in Unterhaltungsstätten wie dem Jardin Turc, vor allem aber sammelte er Theatererfahrung. Ein großer Erfolg zeichnete sich allerdings noch nicht ab, doch lernte der junge Mann viele einflußreiche Menschen kennen. 1835 gewann er z. B. seinen Glaubensbruder Fromental Halévy, den Komponisten der „Jüdin", als Förderer und Lehrer in der Komposition. Ferner machte er 1838 die Bekanntschaft des begüterten mecklenburgischen Adligen Friedrich v. Flotow, des nachmaligen Schöpfers der „Martha", mit dem er gemeinsam Cello-Stücke komponierte. Flotow ließ Offenbach an seinen Beziehungen zu den Salons teilhaben; so konnte Jacques es sich leisten, ein eigenes Konzert zu veranstalten, bei dem er der nötigen Besucherzahl sicher sein durfte. Auf diesem Wege begegnete er z. B. der Gräfin de Vaux, die seine besondere Gönnerin und sogar Taufpatin wurde.

Allerdings gab es auch mancherlei Rückschläge. So hatte ihm die Zeitschrift „Ménestrel" 1837 die Verwendung von alten Synagogenweisen in seinem Walzer „Rebecca" heftig verübelt. Jacques Offenbach konnte und wollte nicht streng zwischen Kultus und volkstümlichem Musizieren scheiden, für ihn bildete beides eine Einheit; wie die jüdischen Lezim fühlte er sich in der Synagoge wie im Spielhaus daheim. Einfalt und Übermut, kindliche Frömmigkeit und geistreiches Spiel lagen für ihn unmittelbar nebeneinander.

1839 machte er seinen ersten musikdramatischen Versuch, das Vaudeville „Pascal et Chambord", das im Palais-Royal — der nachmaligen Uraufführungsstätte von „Pariser Leben" — total durchfiel. Fast ein Jahrzehnt mied Offenbach nun das Musiktheater; sein Erstling ist übrigens verschollen.

Im gleichen Jahr kehrten Julius — der sich jetzt Jules nannte — und Jacques erstmals besuchsweise nach Köln zurück, wo sie mit Erfolg Konzerte gaben. Da Jules eine Stelle im Orchester von Bordeaux angenommen hatte, mußten sie beide bald wieder nach Frankreich reisen. 1840 eilten sie erneut nach Hause, um ihre Mutter in ihrem Schmerz um den plötzlichen Tod ihres Jüngsten zu trösten. Marianne Offenbach verwand den Schicksalsschlag jedoch nicht und folgte noch im November dem geliebten Kind. Seiner um zehn Jahre älteren Schwester Ranetta Falk widmete der damals Einundzwanzigjährige den rührenden Nachruf auf seine Mutter:

> *Du bist glücklich dort oben,*
> *Auf Erde littst Du viel,*
> *Den Schöpfer woll'n wir loben!*
> *Erreicht ist ja Dein Ziel.*
> *Du bist glücklich dort oben,*
> *Denn Du hast oft beweint*
> *Den Sohn, den Du verloren,*
> *Mit ihm bist Du vereint.*
> *Vollbracht, vollbracht ist Deine Bahn. —*
> *Was Gott thut, daß ist wohlgethan.*
> *Von ihrem sie nie vergessenden Sohn Jacques Offenbach*
> *Cöln, den 17. November 1840.*

Mit diesem Einschnitt war Jacques' Jugend unwiderruflich zu Ende. Während der vierziger Jahre, 1841, 1843 und in der Revolutionszeit 1848/49, ist er in Köln gewesen. Dort lebte noch bis 1850 sein alter Vater, dort suchte er daher Zuflucht. Entscheidend für Jacques' Laufbahn wurde dieses Jahrzehnt nicht.

1844 ehelichte er in Paris Herminie d'Alcain, die Tochter eines in die karlistischen Wirren verwickelten Spaniers, deren Mutter in zweiter Ehe mit dem Buchhändler John Mitchell verheiratet war. Herminies Stiefvater war Offenbach als Konzertagent in London sehr behilflich, als Jacques dort vor der Hochzeit eine Probe seines Könnens abzulegen hatte, um die Familie seiner Auserwählten von der Sicherheit seiner Existenz zu überzeugen. Ehe Jacques seine Braut heimführen konnte, empfing er die Taufe und blieb bis zu seinem Ende Glied der katholischen Kirche. Versehen mit den Sterbesakramenten ist er gestorben. Unter seinen Werken finden sich zwei Messen, die er 1865 und 1870 anläßlich der Hochzeiten zweier seiner Töchter komponiert hatte. Sein kindliches Gottvertrauen hat er immer bewahrt, und dabei war es ihm nicht entscheidend, welcher Glaubensgemeinschaft er zugezählt wurde.

Sechunddreißig Jahre hindurch hat er bis zu seinem Ende mit Herminie eine gute Ehe geführt, der nach vier Töchtern auch endlich der ersehnte Stammhalter entsproß. Sechunddreißig Jahre hindurch verstand es Herminie, ihrem Jacques häusliche Geborgenheit in Glück und Leid zu schenken. Immer hörte er auf ihr zurückhaltendes sachliches Urteil. Offenbach ist auf der Höhe seiner Laufbahn mit vielen schönen Frauen zusammengekommen und ist viel geliebt worden. Er selbst wahrte zumeist Abstand, gerade von seinen attraktiven Primadonnen. Nur im Fall von Zulma Bouffar sind die Beziehungen nachweislich enger gewesen. Die mütterliche und etwas matronenhafte Herminie trieb den munteren Kreis, der sich um ihren Mann scharte, nicht aus dem Haus, sondern zog ihn zu sich heran und nahm lebhaften Anteil an seinen Interessen. Daher ist von ernsteren Mißstimmungen im Hause Offenbach nichts bekannt. Vielmehr war Jacques ein liebevolles und stets besorgtes Familienoberhaupt; seinen oft kränkelnden Jüngsten Auguste, der ihm als noch junger Mann in den Tod folgen sollte, hatte er besonders ins Herz geschlossen. Eduard Hanslick, der bekannte Wiener Kritiker, ein Verehrer des Meisters, charakterisiert Offenbach als *guten Hausvater,* der im Kreise der Seinen *einen durchaus deutsch gemütlichen Eindruck* macht.

Die jungen Eheleute mußten sich zunächst noch sehr einschränken. 1846 glaubte Vater Offenbach, seinem Sohn in einer damals durchaus üblichen Weise unter die Arme greifen zu müssen. Durch Moses Heß ließ er dem in Paris weilenden Schriftsteller und Politiker Jakob Venedey die Bitte zukommen, seinen Jacques durch einen Artikel für die „Kölnische Zeitung" in seiner Heimat bekannter zu machen, nachdem sich die ausländische Presse lobend über ihn geäußert hatte: *... Was Sie schreiben wollen, bleibt Ihrem Gutdünken überlassen, und bemerke ich schließlich, daß, wenn Sie Honorar wünschen, ich mit Freude und herzlichem Dank solchen zu entrichten bereit bin...* Isaak war mit irdischen Gütern nicht gesegnet, aber kein Einsatz war ihm zu hoch, wenn er Jacques helfen konnte. Nach mehr als zwölf Jahren Paris-Aufenthaltes hatte dieser noch keineswegs die Karriere begonnen, die der Vater sich erhoffte und für ihn voraussah.

Das Jahr 1847 brachte die Uraufführung des Einakters „L'Alcôve", der ältesten heute noch vorliegenden „Operette", allerdings nur im Rahmen eines Konzerts. Den Begriff „Operette" gab es freilich bislang nicht. Das Stück fand wohlwollende Aufnahme, aber die Pforten der Opéra Comique öffnete es Offenbach nicht. Die szenische Erstaufführung folgte in Köln, wohin sich Offenbach vor den Revolutionsunruhen in Paris als Ausländer geflüchtet hatte; sie stand unter einem unglücklichen Stern, wie aus dem eingangs zitierten Brief hervorgeht. In seiner Vaterstadt hatte Offenbach am 14. August 1848 der Sechshundert-Jahrfeier der Grundsteinlegung des Domes in Anwesenheit des Königs von Preußen und des Erzherzogs Johann von Österreich als Reichsverwesers beigewohnt. Er war bei einer Matinée des Männergesangvereins als Cellist mit einigen Glanzstücken wie seiner „Huldigung an Rossini" und seiner Rossini-Phantasie hervorgetreten. In seiner Geburtsstadt wurde er endlich von einer Welle nationaler Begeisterung ergriffen, die sein Bürgerwehr- und sein Vaterlandslied entstehen ließen; dieses hat er noch 1863 in seine romantische Oper „Die Rhein-Nixen" eingefügt. Er schrieb auch eine Anzahl deutscher Lieder, die bei Michael Schloß verlegt wurden, gab Konzerte und verbrachte fröhliche Tage mit seinen Jugendgespielen. Zu Anfang des Jahres 1849 hatten sich die Verhältnisse in Paris so weit stabilisiert, daß Offenbach zurückkehren konnte.

1850 fand er eine feste Anstellung als Kapellmeister am „Théâtre Français", wo er weitere Bühnenerfahrungen sammeln konnte. Leiter dieses Sprechtheaters war der Schriftsteller Arsène Houssaye, der durch Fürsprache der berühmten Schauspielerin Rachel zum Direktor des Hauses aufgestiegen war. Offenbach hatte hier wieder reichlich Gelegenheit, Beziehungen zu Persönlichkeiten des literarischen Lebens zu knüpfen. Für die Erstaufführung des Stückes „Le Chandelier" von Alfred de Musset komponierte er eine Tenor-Arie „La Chanson de Fortunio". Sie erwies sich allerdings als unaufführbar, weil sich erst bei den Proben herausstellte, daß der Interpret Delaunay eine tiefe Baßstimme hatte. Elf Jahre später hat Offenbach um diese gelunge „Chanson des Fortunio" seine gleichnamige Operette geschaffen.

Mittlerweile hatte das „Wunderkind" Jacques Offenbach längst die Dreißig überschritten und fristete ein bescheidenes Künstlerdasein an der Seine. Sein Name war mehr mit dem Violoncello als mit dem Theater verknüpft. 1853 brachte die Fertigstellung der ‚komischen Oper' „Le Trésor à Mathurin", eben des „Operchens", das er seiner Schwester Ranetta gegenüber in dem Brief vom April des Jahres erwähnte und das man später als „Operette" bezeichnete. Szenisch erst 1857 in den „Bouffes-Parisiens" unter dem Titel „Le Mariage aux Lanternes" uraufgeführt, erntete es auch in Berlin und Wien Beifall und taucht heute noch gelegentlich in den Spielplänen auf. In der gleichen Zeit entstand auch die komische Oper oder Operette „Pépito", auf deutschen Bühnen als „Das Mädchen von Elizondo" dargeboten.

IV.

Der Durchbruch zu einer neuen Form, der Parodie-Oper, sollte dem Komponisten erst im eigenen Hause gelingen.

Die politische Entwicklung Frankreichs war zu Beginn der fünfziger Jahre in ein neues Stadium getreten. Nach der Revolution von 1848 hatten die Kleinbürger zunächst versucht, die Republik zu stürzen, um nicht vom Großbürgertum beherrscht zu werden, während dieses sich mit dem Prinz-Präsidenten

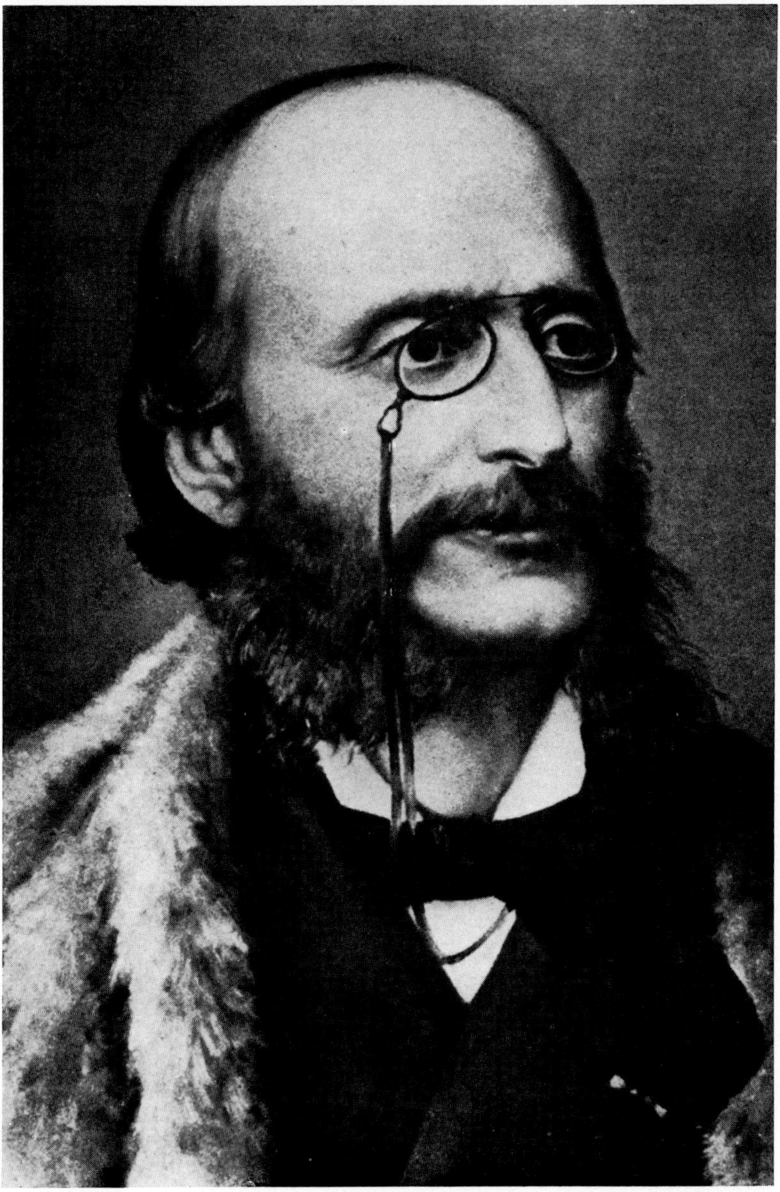

Jacques Offenbach
Aufnahme Rheinisches Bildarchiv, Platten-Nr. L 2409/22 nach Hist. Archiv 1136
Nr. 850-69.

Louis-Napoléon verband. Nach dem Staatsstreich vom 2. Dezember 1851 konnte Napoléon III. im November 1852 das Erbkaisertum einführen. Anfang 1853 ehelichte er die spanische Gräfin Eugenia de Montijo, nachdem der Versuch einer Einheirat in den regierenden Hochadel Europas mißlungen war. Einer seiner Hauptwegbereiter wurde sein Halbbruder, der Herzog Charles von Morny, 1851/52 vorübergehend Innenminister, dann Präsident des Corps Législatif, 1856/57 auch zeitweilig Gesandter in St.-Petersburg. Er war ein besonderer Freund Offenbachscher Kunst. Die Fürsprache dieses Politikers und der Schauspielerin Augustine Brohan vom „Théâtre Français" verschaffte Jacques 1855 sein erstes Theaterprivileg, das ihm in seinen „Bouffes-Parisiens" die Aufführung von Pantomimen und musikalischen Szenen mit höchstens drei Darstellern erlaubte. Dafür mietete Offenbach ein Holzbüdchen auf den Champs-Elysées, das früher einem Taschenspieler gedient hatte. Zur Einweihung lieferte der damals zweiundzwanzigjährige Ludovic Halévy erstmals ein Libretto. Als die sogenannte „Pralinenschachtel", deren Besucher sich ebenso wie die Schauspieler aus Platzmangel während der Pausen auf der Straße ergehen mußten, ständig ausverkauft war, zog der Direktor bei Beginn des Winters mit Rücksicht auf die Witterung in das Kindertheater „Théâtre des Jeunes Élèves" in die Passage Choiseul um. Die Devise dieses Etablissements lautete:

> Par les moeurs, le bon goût, modestement il brille,
> Et sans danger la mère y conduira sa fille.

In den „Bouffes" fanden nun während der folgenden drei Jahre rund dreißig Uraufführungen statt, darunter „Die beiden Blinden", „Martin der Geiger" sowie 1857 „Ritter Eisenfraß", als Offenbach bereits vier Personen auf die Bühne bringen durfte. 1858 gestattete ihm die Theaterzensur, so viele Schauspieler, wie er wollte, auftreten zu lassen. Waren die Jahre 1855 bis 1858 für den Theaterdirektor ein befriedigender Anfang, in denen er mit seinem Ensemble auch auf Tournee gehen konnte, so fällt in das Jahr 1858 sein durchschlagender Erfolg als Schöpfer der neuen Parodie-Operette. Jacques Offenbach stand vor Vollendung des vierzigsten Lebensjahres, als die „Bouffes" im Oktober 1858 „Orpheus in der Unterwelt" herausbrachten.

Gerade für dieses Genre hat man eine Kölner Traditionskomponente nachweisen können, die mit Sicherheit von Offenbach genutzt worden ist. Schon im „Hännesche" hatte er in seinen Kindertagen den griechischen Olymp vergnügt erlebt. Zu Anfang der fünfziger Jahre — in dieser Zeit hat Jacques seine Geschwister in Köln wiederholt besucht — gab der Koblenzer Hermann Kipper, nachmals Professor am Apostel-Gymnasium, der „Humorrhoidaria", einem aus dem Kölner Männergesangverein hervorgegangenen Kreis zur Pflege des Divertissementchens, Profil durch seinen „Haifisch". Dieses Opus war eine Travestie von Meyerbeers „Prophet". Zu erinnern ist auch an das 1854 von

Kipper herausgebrachte Divertissementchen „Richmondis von der Aducht und der Sängerkrieg auf dem Neumarkt, schauderhafte Oper der Zukunft in 4 Akten", zugleich eine Mittelalter- und Wagner-Parodie von Johann Maria Farina, sowie an Freudenthals „Alarich und Melusine".

In Frankreich fand Offenbach jedoch ähnliche Anregungen, u. a. bei Hervé, der als der erste „Begründer der Operette" zu gelten hat, dann aber von Offenbach wesentlich übertroffen wurde. Hervé, eigentlich Florimond Ronger (1825 bis 1892), hatte in seinem ein Jahr vor den „Bouffes" eröffneten Theater „Les Folies Concertantes" als Günstling Mornys mit Pantomimen und Szenen für nur zwei Darsteller größte Erfolge. Allerdings verfügte er nicht entfernt über den melodiösen und rhythmischen Einfallsreichtum Offenbachs, hatte auch nicht so hohe Ziele wie die Opéra Comique; so ist es kein Wunder, daß er zeitlebens nicht über den Rahmen seines Pariser Halbweltetablissements hinausgelangte.

Während Hervé seine Texte selbst verfaßte, auch selbst als Darsteller mitzuwirken pflegte, war Offenbach in dieser Hinsicht anspruchsvoller. Seit der Eröffnung der „Bouffes" stand ihm Ludovic Halévy zur Seite, ein Neffe des Komponisten der „Jüdin" und gleicher Herkunft wie Offenbach. Sohn eines von der Akademie preisgekrönten Schriftstellers und Nachdichters antiker Tragödien, schlug er die Beamtenlaufbahn ein und mußte sich als Spötter aller Autorität oft hinter einem Pseudonym verbergen, wollte er nicht seine Stellung verlieren. Seit 1860 arbeitete er häufig mit dem um zwei Jahre älteren Henri Meilhac, Buchhändler und Karikaturisten, zusammen. Hector Crémieux, der Bearbeiter des „Orpheus"-Stoffes, gleichfalls Jude, spielte bei Offenbach nicht die gleiche Rolle des Favoriten, und selbst beim „Orpheus" mußte Halévy im letzten Moment die Couplets noch überarbeiten und aufpolieren. Aus diesem Grunde widmete ihm der Komponist das Werk, nannte ihn jedoch mit Rücksicht auf seine Stellung im Ministerium für Algerien nicht unter den Autoren.

Offenbachs Parodien der Antike haben am stärksten bis in unsere Tage ihre Aktualität behalten. Hingegen hatten die Rittersatiren nur in der Zeit der Romantik mit ihrem Mittelalterkult Wirkung. Von den großen Offenbachiaden dürfte daher gleich die erste heute noch am häufigsten im Theater und Fernsehen aufgeführt werden.

„Orpheus in der Unterwelt" war erstmals ein abendfüllendes Werk, eine Karikatur des griechischen Götterhimmels. Das „Orpheus"-Drama, zuerst von Monteverdi 1607 auf die Opernbühne gebracht, von Gluck auf den Gipfel der Opernkunst geführt, wurde bereits im 17. Jahrhundert in Italien parodiert. Die bekannteste scherzhafte Fassung war die Karl Meisls, „Orpheus und Eurydike oder So geht es im Olymp zu", 1815 komponiert von Ferdinand Kauer; hierin beweint der Harfenist Orpherl sein Dizerl, weil er ohne dasselbe keinen Kredit mehr im Wirtshaus hat. Neben dieser österreichischen Version gab es einen Orpheus im Kölner Karneval, der auf den Lokaldichter Karl Cramer zurückging. Wenn auch diese rheinische Dichtung nicht Offenbachs Vorlage war, so hat sie ihn sicherlich erneut auf den Stoff hingewiesen. Bereits 1842 war Orpheus im Kölner Karneval mitgezogen. 1873 endlich, fünfzehn Jahre nach der Uraufführung, meldeten auch die Franzosen Ansprüche an der Urheberschaft der Offenbachschen Idee an.

Während Jacques seinen „Orpheus" komponierte, kämpfte er als Theaterdirektor bereits gegen den Bankrott. Nie ein Wirtschaftsgenie, war er sich bewußt, daß er jetzt dringend einen entscheidenden künstlerischen Durchbruch brauchte. Doch das Publikum nahm den „Orpheus" zunächst höchst reserviert auf. Erst durch einen radikalen Angriff des Kritikerkönigs Jules Janin nach rund zwei Monaten entzündete sich das Interesse. Janin sah das heilige Altertum angegriffen. Jetzt erwärmte sich die Hörerschaft für die Figur des John Styx, in Frankreich Exkönig von Böotien, im deutschen Sprachraum Exprinz von Arkadien, die ursprünglich nur als Einlage für den Schauspieler Bache gedacht war. Der Göttercancan riß alle Besucher hin, eine Tanzform, die ein Menschenalter zuvor aus Algerien importiert worden war. Der 228. Aufführung wohnte der Kaiser bei. 1859 fand die erste deutsche Wiedergabe in Breslau ohne großen Zuspruch statt, im Folgejahr stieß das Werk in Berlin und Wien auf mehr Wohlwollen.

Einen ähnlichen Höhepunkt hat der Komponist allenfalls noch mit seiner „Schönen Helena" erreicht. Die „Genovefa von Brabant" aus dem Jahre 1859, eine Ritterposse wie „Eisenfraß" — es handelt sich dabei nicht etwa um die heilige Genovefa, sondern um die Gemahlin des vertrottelten Pfalzgrafen Siegfried aus dem Volksstück —, hat nie durchschlagenden Erfolg gehabt, auch nicht als „Schöne Magelone" in Deutschland.

In das Jahr 1860 gehört eine Verulkung Richard Wagners mit der Szene „Der Musiker der Zukunft", die eine „Zukunftssymphonie" und ein „Zukunftsschnadahüpfl" enthielt. Sie war nicht gerade von Wagner-Kenntnis getrübt. Der deutsche Musikdramatiker revanchierte sich mit dem Vers:

> *O wie süß und angenehm,*
> *Und dabei für die Füße so recht bequem!*
> *Krak! Krak! Krakerakrak!*
> *O herrlicher Jack von Offenback!*

Wagner konnte es nur schwer verwinden, daß die Wiener Hofoper seinen „Tristan" nach 77 Proben als unaufführbar absetzte und statt dessen ausgerechnet Offenbachs „Rhein-Nixen" herausbrachte. Im Alter ließ er allerdings Gerechtigkeit walten und gab 1882 zu, daß Offenbach bisweilen dem göttlichen Mozart gleiche. In beiden Komponisten traten sich zwei denkbar verschiedenartige Musikerpersönlichkeiten gegenüber, deren Anhänger sich leidenschaftlich befehdeten. Während es in unserer Zeit gelungen ist, einen neuen Wagner-Stil zu finden, war dies für die Offenbachiaden schwieriger, da diese im Sujet sehr viel mehr ihrer Zeit verhaftet sind.

Zu Ende des Jahres 1860 erschien Offenbach auf der Bühne der Großen Oper in Paris mit seinem Ballett „Le Papillon". Das Schicksal wollte es, daß auf dem Programmzetteln die Aufführung von Wagners „Tannhäuser" vorangekündigt wurde, die einige Monate später ein totaler Mißerfolg werden sollte.

1861 brachte Offenbach den Einakter „Monsieur Choufleury restera chez lui le . . ." (Herr Choufleury gibt sich die Ehre am . . .) heraus, in Wien als „Salon Pitzelberger", in Berlin als „Salon Jäschke" gezeigt. Hinter dem Namen des Textdichters St.-Rémy verbarg sich kein geringerer als der Herzog von Morny persönlich. Allerdings hatten ihm Crémieux, Halévy und sein Privatsekretär Lépine dabei Hilfe geleistet. Das Stück war seine Parodie auf die italienische Oper und die Art des dort gepflegten Gesangs.

Im nächsten Jahr konnte Offenbach in Bad Ems, wo er häufig zur Kur weilte, mit der „Schwätzerin von Saragossa" in deutscher Bearbeitung von Karl Treumann Beifall erzielen.

Trotz mancher Erfolge waren die Finanzen der „Bouffes-Parisiens" auch bei stets ausverkauftem Haus nicht zu retten. Offenbach liebte zu aufwendige Ausstattungen. Gezwungenermaßen gab er 1861 die Theaterleitung wieder auf. Die „Bouffes" existierten zwar weiter, spielten auch noch Offenbach, die großen Premieren aber fanden nun vorzugsweise in den „Variétés" statt. Hier erlebte die zweite große Parodie auf die Antike, „Die schöne Helena", im Dezember 1864 ihre Uraufführung mit der berühmten Operettendiva Hortense Schneider, genannt „La Snédèr", in der Titelpartie. Die Schneider, bereits 1855 von Offenbach in den „Bouffes" eingesetzt, stand in der zweiten Hälfte der sechziger Jahre auf dem Höhepunkt ihrer Laufbahn. 1869 brachte Offenbach mit „La Diva" gewissermaßen ihren Lebenslauf auf die Bühne. Dichter der „Helena" war das Duo Meilhac und Halévy. Zeitsatirische Ausfälle finden sich hier häufiger als im „Orpheus", der dümmliche Hof des Menelaos bot dazu reiche Gelegenheit.

Mit „Blaubart" lieferte Offenbach 1866 unter Mitwirkung der „Helena"-Librettisten wieder eine Mittelalter-Parodie, die freilich durch ihren Grotesk-Charakter stellenweise abstoßend wirken mußte, jedoch wegen ihres musikalischen Reichtums Bewunderung fand.

„La Vie Parisienne", das Erfolgsstück desselben Jahres, das im Palais-Royal über die Bühne ging, kann als Offenbachs persönliche Huldigung an seine Wahlheimat gelten. Wiederum waren Meilhac und Halévy seine Helfer. Das Werk entstand im Hinblick auf den Fremdenverkehr 1867 bei der zweiten Pariser Weltausstellung. Als Sittenstück mit gesellschaftskritischen Glossen wurde es durch die Musik, vor allem durch den berauschenden Cancan, zu einem riesigen Maskenball.

Im Ausstellungsjahr selbst erschien die zu ihrer Zeit erfolgreichste Operette Offenbachs, „Die Großherzogin von Gerolstein", auf der Bühne, zugleich auch der größte Triumph der Hortense Schneider. Diese Parodie auf die Kaiserin Eugenie spielt im Duodezfürstentum Gerolstein; das Werk ist eine Militärsatire.

Versuche mit komischen Opern unternahm Offenbach mit „Robinson Crusoe" 1867 und mit „Fantasio" nach der Komödie von Alfred de Musset 1872. Beide Werke wurden in der Komischen Oper gegeben, zeitigten aber keinen Erfolg, da sie zwar poetisch, aber zu phantastisch waren.

V.

Bereits 1864 hatte sich Offenbach auf dem Gebiet der großen romantischen Oper deutscher Art versucht. Trotz aller Ablehnung des Musikdramas im Stile Richard Wagners hat der Künstler immer den Wunsch gehabt, auch im Fach der ernsten Oper etwas zu leisten. Das war nur allzu verständlich bei seinen musikalischen Fähigkeiten, die ihm schließlich den Namen eines „Mozart der Champs-Elysées" eingebracht hatten. Aber die Erfolgsserie seiner geistreichen Spötteleien, die Möglichkeit, hierfür Librettisten vom Rang eines Meilhac und Halévy zur Verfügung zu haben, verhinderten immer wieder seine Wendung zur großen Oper.

Im deutschen Sprachraum wurde vor allem Wien die Pflegestätte Offenbachscher Operetten. Manche Pariser Produktion fand hier mehr Beifall als in der Wahlheimat des Komponisten, zumal seit 1848 eine Paris-Leidenschaft die Donau-Metropole beherrschte. Der aus Hamburg stammende Schauspieler und Direktor des Carl-Theaters, Karl Treumann (1823—1877), war der eifrigste Offenbach-Apostel. Er führte „Die Verlobung bei der Laterne" sogar gegen den Willen des Schöpfers in einer eigenen Übersetzung und widerrechtlich nach dem Klavierauszug auf — mit größtem Erfolg. Der Meister grollte, denn er wünschte selbst im Carl-Theater zu gastieren. Als deutscher Bearbeiter verschiedener Werke, u. a. von „Pariser Leben", hatte Treumann große Verdienste um das Opus des Meisters im deutschen Sprachraum.

1863 veranlaßte die Wiener Hofoper den populären Komponisten, eine große Oper für ihr Haus zu schaffen. „Die Rhein-Nixen", zumindest im Titel entschieden an Wagners „Ring"-Vorspiel gemahnend, folgen einem Entwurf des französischen Advokaten und Musikwissenschaftlers Truinet, genannt Nuitter; das Textbuch in deutschen Versen verfaßte Regierungsrat Alfred Freiherr v. Wolzogen, nachmals Hoftheaterintendant in Schwerin. Das Libretto blieb nach Eduard Hanslick *eine Musterkarte deutscher Romantik, wie sie sich in dem Kopf eines poesielosen Franzosen spiegelt.* Bauern, Landsknechte und Nixen bescherten der Uraufführung zwar großen Erfolg, halten aber konnte sich das Stück nicht. Die besten musikalischen Nummern fanden im Giulietta-Akt aus „Hoffmanns Erzählungen" als Barkarole und Trinklied Verwendung.

Am Ende des 1. Aktes der „Rhein-Nixen" steht Offenbachs „Vaterlandslied" aus dem Jahre 1848; es hatte durch Wolzogen sogar eine „rheinische" Strophe erhalten:

> *Wer sollte Dich nicht ehren,*
> *Nicht Deinen Ruhm begehren,*
> *O Heimat hold und traut,*
> *Wo stolze Burgen thronen,*
> *Wo treue Menschen wohnen,*
> *Wo Sangeslust so laut,*
> *Da muß am schönen grünen Rhein*
> *Ein Leben voller Wonne sein.*
> *O liebes Land, o schönes Land,*
> *O schönes großes deutsches Vaterland.*

Dieser Vers war ein Zugeständnis an den Zeitgeschmack: Offenbach ließ es wie bisher bei kurzen Familienbesuchen an dem besungenen schönen grünen Rhein bewenden. Der überbetonte Patriotismus wirkte sogar in Deutschland zu gewollt. Die Romantik — kein echter Bestandteil der Konzeption — wurde auch nur aus Gründen des Theatereffekts aufgeboten. Die dramatische Funktion der Titelheldinnen in der Handlung ist gar nicht auszumachen. „Die schöne Helena", im gleichen Jahr über die Bühne gewirbelt wie „Die Rhein-Nixen", hatte eine ganz andere Überzeugungskraft.

VI.

Der Krieg von 1870/71 war für Offenbach Veranlassung, sich betont vom damaligen Deutschland zu distanzieren. Er, der sich als Franzose fühlte und das Preußen des „Wilhelm Krupp und seines schrecklichen Bismarck" haßte, äußerte im März 1871 gegenüber Nuitter: „Ich bin zutiefst traurig bei dem Gedanken, am Rhein geboren und durch irgendwelche Bande mit diesen entsetzlichen Wilden verbunden zu sein." Er beteuerte in diesem Zusammenhang, verärgert über Kollegen, die ihm seine deutsche Herkunft verübelten, daß er „bis auf die Knochen Franzose" sei. Ein knappes Jahr zuvor hatte er sich im „Figaro" gegen deutsche Presseleute gewandt, die ihm die Komposition antideutscher Lieder nachgesagt hatten. Man spielte damit auf eine 1862 entstandene Kaiserhymne an. Auf deutscher Seite warf man Offenbach auch vor, die Sitten zersetzt zu haben. Andererseits wollte die Dritte Republik in Frankreich ihm nicht nachsehen, daß er mit dem Second Empire gemeinsame Sache gemacht hatte, während er doch auch als Gesellschaftskritiker der Zeit

Napoléons III. wirkte. Im Grunde seines Wesens war Offenbach eine unpolitische Natur.

1873 unternahm er noch einmal einen Versuch als Theaterdirektor am „Théâtre de la Gaité". Mit großem Aufwand gestaltete er dort Operette und Schauspiel, spielte vor allem Ausstattungsstücke und formte auch frühere Werke der eigenen Produktion nach diesem Klischee um. In diese Zeit fällt seine Zusammenarbeit mit dem Theaterdichter Victorien Sardou. Nach zwei Jahren mußte Offenbach jedoch, finanziell ruiniert, die „Gaité" verlassen und sich 1875 für das Folgejahr aus Anlaß der Weltausstellung in Philadelphia zu einer Amerika-Tournée verpflichten, um seine Schulden zu bezahlen.

Der Abschied von Frankreich und seiner Familie fiel ihm schwer, wie er überhaupt alles andere als abenteuerlustig war. In Amerika bewunderte er den technischen Fortschritt, die Zivilisation, die sanitären Einrichtungen, die Möglichkeit einer komfortablen Schlafwagenreise, wie ihm auch die teilweise erstklassigen Instrumentalkörper imponierten, mit denen er zu arbeiten hatte. In seinen 1877 von Albert Wolff herausgegebenen „Notes d'un musicien en voyage" hat er eine farbige Schilderung seiner Eindrücke gegeben, des Theater- und Kunstlebens, des amerikanischen Freiheitsbegriffes, der Stellung des Judentums, des allgewaltigen Vereinswesens, der Werbekampagnen und der Presse, der wilden Autogrammjägerei und Eintrittskartenschnorrerei, der riesigen Hotels und der umständlichen Betreuung in den Restaurants. Als er an einem Sonntag ein Konzert geben wollte und erfuhr, daß an diesem Tag nur geistliche Musik zugelassen war, versuchte er — allerdings vergebens —, seinen Werken ein geistliches Gewand umzuhängen: Das „Dis-moi Vénus" aus der „Schönen Helena" („Was wohl das Herz Aphrodites bewegt") erschien als „Litanei", das „Sag ihm, als man kaum ihn geseh'n, sei's gescheh'n" aus „Die Großherzogin von Gerolstein" als „Gebet", ferner stand der „Angelus" aus der „Verlobung bei der Laterne" auf der Vorankündigung. Des Komponisten feinsinnige und geistreiche, zugleich kritische Amerika-Beschreibung schloß spürbar erleichtert mit den Worten: „und ich wurde wieder Offenbach in Frankreich". Die Tournée war ein Erfolg, insbesondere die Gartenkonzerte hatten großen Zulauf, zumal die Manager in der richtigen Weise die Werbetrommel rührten. Offenbach hat auch eigens für Amerika komponiert, so den Walzer „Die schönen Amerikanerinnen".

In Frankreich aber mußte er erleben, daß ihm der 1832 geborene Charles Lecocq mit seinen Operetten in der Art von Spielopern den Rang ablief. Lecocq war gemütvoller und traf damit besser die Tendenz jener bürgerlichen Zeit. Selbst Meilhac und Halévy machten mit dem neuen Stern gemeinsame Sache, was Offenbach tief kränkte. Nur 1875 hat er noch einmal mit seiner alten Mannschaft für die „Millionenbäckerin" zusammengearbeitet.

Körperliche Gebrechen plagten ihn in zunehmendem Maße, allerdings konnte er sich im Banne der Musik über sie erheben. So gibt es einen Bericht, wie er sich einmal über eine temperamentlose Probe so erboste, daß er die Leitung selbst übernahm und im Eifer des Gefechtes seinen Stock zerbrach, das lahme Heer der Mitwirkenden aber zu Höchstleistungen anfeuerte.

In seiner Produktion schwenkte er auf die Linie Lecocq ein und schrieb selbst Spielopern, u. a. 1873 „La jolie parfumeuse", in deren Titelpartie Louise Théo brillierte, 1875 „Die Millionenbäckerin" und 1878 „Madame Favart".

VII.

„Hoffmanns Erzählungen", Offenbachs am meisten zeitloses Werk, hat er selbst als Krönung seiner Laufbahn betrachtet. Er sollte sich nicht geirrt haben. Der Stoff entstammte der Dichtung des deutschen Romantikers E.T.A. Hoffmann. Bereits 1851 hatten Michel Carré und Jules Barbier ein Drama „Hoffmanns Erzählungen" in 5 Akten für das Odeon-Theater in französischer Sprache verfaßt. Dieses Stück diente dem Librettisten Jules Barbier als Vorlage. Hoffmann wurde hier selbst zum Helden einer Anzahl seiner Werke gemacht. In drei Bildern werden seine Liebeserlebnisse dargestellt, die zugleich die Rahmenerzählung, die Begegnung des Titelhelden mit der Mozartsängerin Stella, widerspiegeln.

Bereits 1879 stellte Offenbach in einem Konzert Partien des Werkes in seinem Hause geladenen Gästen vor. Zu den Hörern gehörten der Direktor der Opéra Comique Carvalho sowie der Direktor des Wiener Ring-Theaters. Doch sollte der Meister die Uraufführung nicht mehr erleben. Er starb am 5. Oktober 1880 in den Armen seiner Gattin Herminie, nachdem er zuvor den Klavierauszug bis zum letzten Akkord vollendet haben soll. Auf Wunsch der Familie Offenbach wurde der Komponist Ernest Guiraud (1836—1891) mit der Aufgabe der Instrumentierung betraut, für die der Klavierauszug bereits mannigfache Hinweise enthielt. Mit Pietät und Einfühlungsvermögen entledigte er sich dieser Aufgabe. Die Uraufführung in der Opéra Comique am 10. Februar 1881 wurde ein Triumph für den toten Schöpfer. Am 7. Dezember des Jahres folgte die deutsche Erstaufführung im Wiener Ring-Theater. Am Tage darauf brannte das Haus ab und forderte zahlreiche Opfer unter den Besuchern der zweiten Vorstellung. Man begann, das Werk mit seinen gespenstischen Visionen und dem geheimnisvollen Doktor Mirakel zu fürchten; dieser Bann wurde erst durch die Berliner Aufführung 1905 endgültig gebrochen. Gerade die Kombination deutscher Romantik mit französischer Eleganz hat Anklang gefunden. Sie macht zugleich deutlich, daß Offenbach seine Herkunft nie ganz verleugnen konnte.

VIII.

Jacques Offenbach wird gewöhnlich als „Schöpfer der modernen Operette" charakterisiert. Diese etwas phrasenhafte Formulierung ist durchaus berechtigt; doch muß zugleich gefragt werden, was man darunter verstehen will. Die Operette, wörtlich kleine Oper, besteht aus gesprochenen Dialogen und Musiknummern. Sie entstand als Parodie der Oper. Ihr Vorläufer ist das Singspiel. In Paris hatte Offenbach einen Vorgänger in dem sechs Jahre jüngeren Hervé, der gleichfalls durch die Beschränkungen, die ihm die Theaterzensur auferlegte, zu seiner ureigensten Form fand, der kleinen musikalischen Szene. Offenbach hingegen gab sich nicht mit der Beschneidung zufrieden, weil sein Talent von ganz anderer Breite war und erst in der großen Offenbachiade, in der er auf die Bühne bringen durfte, wen und was er wollte, zur vollen Entfaltung kam. So schuf er die abendfüllende Operette, die weit über Frankreich hinaus populär wurde. Trotz eines Johann Strauß konnte er die Donau-Metropole erobern: auch in Berlin verdrängte sein Melodienreichtum die Bedenken, die gegen die Frivolität mancher Werke aufkommen mochten. Allerdings war sein Theater zeitkritisches Theater, und viele seiner geistreichen Ausfälle werden heute kaum noch verstanden. Die Parodien auf die Antike, gewöhnlich um einige aktuelle Anspielungen bereichert, sind noch am ehesten zeitlos. Die Gesellschaftskritik am 19. Jahrhundert ist jedoch überholt. Strauß, der seine Zeit ohne Einschränkungen verherrlichte, wird nach wie vor gespielt, weil er in das Traumland der guten alten Zeit entführt; seine Werke bedürfen keiner Aktualisierung, um verstanden zu werden.

Die jüngere Offenbach-Forschung feiert mit Recht den Künstler vor allem als Gesellschaftskritiker. Doch würde man dem Komponisten Unrecht tun, wollte man diesen Zug als den alleinbeherrschenden herausstellen. Primär war Offenbach Musiker, die ersten zwanzig Jahre in Paris hat er nahezu ausnahmslos Cello-Musik komponiert. Erst die Konstellation des Second Empire ließ ihn zu seiner speziellen musikdramatischen Form finden. Entscheidend war dabei ein Publikum, das bereit war, seiner Karikatur rückhaltlos Abend für Abend zu applaudieren. Gerade der Erfolg der „Großherzogin von Gerolstein" macht das deutlich: kein gekröntes Haupt Europas, das die Weltausstellung in Paris besuchte, ließ sich diese Persiflage des Hochadels entgehen. Man lachte über sich selbst, doch fühlte niemand sich beleidigt. Offenbach traf, aber er verletzte nicht. Im Grunde seines Wesens war er ein durchaus harmonischer Mensch, trotz aller Schwierigkeiten, die ihm durch seine Herkunft vorgegeben sein mochten. Sein brieflicher Nachlaß bezeugt viel Wärme und Humor. Von seinen Mitarbeitern weiß man, daß sie ihm nicht böse sein konnten, zumal er sich bei ihnen schon im voraus Absolution erbat für den Fall, daß Temperament und Stimmung mit ihm durchgehen sollten; das war bei dem alternden und kränkelnden Musiker naturgemäß häufiger der Fall als früher. *Genie der*

Heiterkeit hat ihn Friedrich Nietzsche genannt. Dieses Element kennzeichnet auch Offenbachs Gesellschaftskritik: er hatte nicht so sehr die Absicht, die Menschen zu ändern, als sie gut zu unterhalten. Er hielt seinem Publikum den Spiegel vor, aber Spiegel haben immer eine magische Anziehungskraft. Sein Rhythmus berauschte die Gemüter, sein Melodienreichtum glättete die Wogen wieder.

Offenbach war weder Moralprediger noch Sittenverderber. Er selbst ist nicht in den Typen seiner „Vie Parisienne" wiederzufinden. Aber er liebte das Leben, das Lachen, das Temperament von Paris. Wenn er Geld hatte, gab er es aus, hatte auch eine Neigung für das Glücksspiel, leibliche Genüsse wußte er zu schätzen, aber er gab auch mit vollen Händen an andere. Für verführerische Frauen hatte er durchaus Sinn, war jedoch kein Bruder Leichtfuß: davor bewahrte ihn seine Disziplin, die ihn schon sein Elternhaus gelehrt hatte.

Zu seinen hervorstechenden Eigenschaften gehörte ein ausgesprochenes Verantwortungsbewußtsein für seine Familie und die seiner Direktion anvertrauten Künstler. Er wußte sein harmonisches Heim zu schätzen. Seine Verpflichtung, die Seinen sicherzustellen, nahm er ernst. Keine größere Reise trat er an, ohne Regelungen für den Fall getroffen zu haben, daß er nicht zurückkehren würde. In jüngeren Jahren war es sein Kollege und Pultnachbar aus der Komischen Oper Hypolite Seligman, später der Kritiker und Feuilletonist Albert Wolff, dem er die notwendigen Vollmachten zu erteilen pflegte. Als das Theater der „Gaité" nicht mehr zu halten war, zog er sich rechtzeitig daraus zurück und sorgte dafür, daß der große Mitarbeiterstab des Hauses voll entschädigt wurde. Er entschloß sich sogar zur Amerika-Reise, um allen Ansprüchen gerecht werden zu können.

Für den deutschen Leser sind Offenbachs Briefe an seine Kölner Verwandtschaft besondere Kostbarkeiten. Während sich seine heute zugängliche französische Korrespondenz vielfach auf geschäftliche Dinge bezieht, gibt er sich in den Verwandtenbriefen als Mensch. Dabei ist immer wieder von seiner Arbeit die Rede; denn diese beherrschte sein Leben. Seinen Eltern hat er stets tiefe Dankbarkeit bewahrt für ihre Bemühungen, ihn auf das Leben und seine künstlerische Laufbahn vorzubereiten. Nach ihrem Tode übernahm es seine zweitälteste Schwester Ranetta, genannt Netta, die Ehefrau des Kölner Kaufmanns Moses Falk, ihm in Köln noch ein Zuhause zu schaffen; hier ist er bei seinen Besuchen abgestiegen. Sein Bruder Jules, der mit ihm nach Frankreich gezogen war, folgte ihm als getreuer Schatten, blieb aber zeitlebens nur der Bruder von Jacques Offenbach. Seinen Unterhalt verdiente er in Pariser Orchestern und in solchen der französischen Provinz, zeitweise wirkte er an Jacques Theatern. Auch versuchte er sich als Cafétier, als Dirigent und Leiter eines deutschen Männergesangvereins in Paris. Nur sechs Tage nach Jacques folgte er ihm in aller Stille in den Tod.

Freunde hatte Offenbach nicht nur in Paris, sondern auch in Köln. Hier lebte der Musikverleger Michael Schloß, zu dessen Vater er schon in die jüdische Elementarschule gegangen war. Aus Köln stammte Ernst Pasqué, der um zwei Jahre jüngere Schriftsteller und Musiker, wie Offenbach Absolvent des Pariser Konservatoriums und später an verschiedenen, überwiegend deutschsprachigen Opernhäusern als Sänger und Regisseur tätig. Endlich hatte der mehrfach erwähnte Albert Wolff mit Jakob bereits gemeinsam die bescheidene Kölner Judenschule besucht.

Offenbachs Pariser Salon stand stets einem großen Freundeskreis offen; die Freitagabende bei ihm waren berühmt. Nach dem Erfolg des „Orpheus" konnte Offenbach sich in Etretat, einem kleinen Modebad nordöstlich von Le Havre, ein Haus kaufen, das er „Villa Orphée" nannte. Sein Geselligkeitsverlangen wirkte sich indessen keineswegs nachteilig auf seinen Arbeitseifer aus. Dabei war er von einer solchen Besessenheit, daß er alle Augenblicke Notizzettelchen mit irgendwelchen Einfällen in einer winzigen Notenschrift vollkritzelte. Die Fama dichtete ihm sogar an, daß er beim Spaziergang in Ermangelung von Papier auch Taschentücher für derartige Zwecke zu verwenden pflegte. Zu Fleiß und Begabung gesellte sich die Bereitschaft, sein Handwerk von der Pike auf zu erlernen, als ihm das Konservatorium nicht die gewünschten Lehrmeister anbieten konnte und er als Ausländer von Wettbewerben ausgeschlossen blieb. Als Theaterleiter und anerkannter Komponist stellte er an seine Mitarbeiter bei den Proben und Aufführungen hohe Anforderungen. In der Wahl seiner Darsteller hatte er eine glückliche Hand, manchem Talent hat er die Chance des Aufstiegs gegeben. Daß er sich bisweilen auch wiederholte, daß ihm Banalitäten in die Feder gerieten, war unvermeidlich, wenn man bedenkt, daß er in einem einzigen Jahre, 1855, dem ersten Jahr als Theaterleiter, nicht weniger als zwölf Stücke für seine Bühne zu Papier brachte.

In seiner Jugend hat Offenbach sich nicht mit der Laufbahn eines Salon-Cellisten zufrieden gegeben. Als er 1844 heiratete, hatte er lediglich als Virtuose einen Namen. Als Komponist hat er keineswegs von Kindesbeinen an Musik produziert, sondern lediglich Stücke für sein Instrument geschrieben, die sein Virtuosentum erweisen sollten. Zudem hatte er nie einen regelrechten Kompositionsunterricht genossen. Welchen Wert die Privatstunden bei Fromental Halévy hatten, ist schwer auszumachen. Ein bedeutender Lehrer war dieser nicht; immer wieder ist Offenbach von seinen Feinden zum Vorwurf gemacht worden, daß er Grundregeln mißachte. So ist es kein Wunder, daß der Künstler erst spät zu seiner persönlichen Form fand.

Der Reisebericht über die Amerika-Tournée ist ein reizvolles Dokument für den wachen Sinn und die ausgezeichnete Beobachtungsgabe, die dem Musiker eigen waren. Im Vorwort des Buches, das er Herminie widmet, behauptet er, seine Frau habe ihm den ersten Kummer in seiner Ehe mit der Bitte zur

Abfassung dieser Schrift zugefügt. In Wahrheit scheint ihm diese Arbeit rechte Freude bereitet zu haben.

Endlich ist für Jacques Offenbach seine kindliche Religiosität charakteristisch. Er fragte dabei wenig nach Bekenntnissen, sondern suchte schlicht die höhere Schutzmacht. Auch nach der Taufe blieb er dem Judentum verbunden. Nicht ein einziges Mal hat er einen Juden in seinen Werken als komische Figur auf der Bühne geduldet.

Sein Hohn ergoß sich über die Unverletzlichen, die Olympier der Klassik, die dümmlichen Ritter des Mittelalters, die Neureichen und die Duodezfürsten seiner Tage. Als Antwort fand er sich selbst wie wohl kein anderer Musiker seiner Zeit — ausgenommen Richard Wagner — von der Karikatur beachtet. Sein markantes und ein wenig skurriles Aussehen forderte die Zeichner geradezu heraus, und die heiteren Bühnenfiguren seiner Werke gaben den richtigen Rahmen dazu.

Mit Recht ist Jacques Offenbach als musikalischer Doppelgänger Heinrich Heines betrachtet worden, mit dem er nicht nur jüdische Herkunft, rheinische Kindheit und Vorliebe für Paris, sondern auch den Sinn für Romantik und für Ironie gemeinsam hat. Beider Wege haben sich indessen nicht gekreuzt, denn Heine war schon schwer leidend, als der Stern des zweiundzwanzig Jahre jüngeren Offenbach am Pariser Himmel emporstieg.

Quellen: Historisches Archiv der Stadt Köln, 1136, Sammlung Offenbach, bestehend aus: Sammlung des Dr. *Hans Kristeller*, vormals Berlin; Sammlung des *Francis Simon*, Genf; Erwerbungen des Historischen Archivs seit 1963.
Jacques Offenbach, Notes d'un musicien en voyage précédées d'une notice biographique par *Albert Wolff* (Paris 1877). *Jacques Offenbach*, Histoire d'une valse (ca. 1876), übertragen von *Anton Henseler*, Die Geschichte eines Walzers, in: Der Scheinwerfer, Blätter der Städtischen Bühnen Essen, 3, H. 3 (Oktober 1929).
Literatur seit 1930: *Anton Henseler* hat die Offenbach-Forschung 1930 auf ein quellenmäßig sorgsam erarbeitetes, neues Fundament gestellt. Die gesamte ältere Literatur findet sich in seinem unten zitierten Werk S. 485 ff.
A. *Henseler*, Jakob Offenbach (Berlin 1930);
H. *Kristeller*, Der Aufstieg des Kölners Jacques Offenbach. Ein Musikerleben in Bildern (Berlin 1931);
S. *Kracauer*, Jacques Offenbach und das Paris seiner Zeit (Amsterdam 1937); unverändert unter dem Titel: Pariser Leben. Jacques Offenbach und seine Zeit. Eine Gesellschaftsbiographie. (München 1962);
A. *Silbermann*, Das imaginäre Tagebuch des Herrn Jacques Offenbach (Berlin/Wiesbaden 1962);
A. *Decaux*, Offenbach, Roi du Second Empire (Paris 1966);
O. *Schneidereit*, Jacques Offenbach (Leipzig 1966);

P. W. Jacob, Jacques Offenbach in Selbstzeugnissen und Bilddokumenten. Rowohlts Monographien 155 (1969);
S. Luyken, Jacques Offenbach, Genie der Heiterkeit. Kölner Biographien 1 (1969);
Jacques Offenbach, Ausstellung des Historischen Archivs der Stadt Köln im Opernhaus aus Anlaß der 150. Wiederkehr des Geburtstages des Komponisten am 20. 6. 1969 (Katalog, bearb. von *A. v. den Brincken).*

MAX BRUCH
(1838—1920)

Von Karl Gustav Fellerer

Zu seiner Zeit stand Max Bruch an führender Stelle im deutschen Musikleben. Viele Jahre fand er größeres Interesse als sein Zeitgenosse Johannes Brahms, mit dem ihn in der Jugendzeit eine — freilich später getrübte — Freundschaft verband. Beide aber blieben sich einig in ihrer Gegnerschaft zum Wagnerkreis und zur neudeutschen Schule. Die mannigfachen künstlerischen Entwicklungen im 19. Jahrhundert und ihre Anhängerschaft führten zu den Kunstparteien, die sich gegenseitig heftig befehdeten. Schon in früher Jugend wurde Max Bruch gefestigt in seiner vom Klassizismus bestimmten Klarheit des künstlerischen Ausdrucks, wie er im Mendelssohn-Kreis verwirklicht wurde. In Düsseldorf und Köln hat diese Kunstrichtung einen Schwerpunkt gefunden. Max Bruch ist in dieser Zeit aufgewachsen; hier gewann er seine ersten künstlerischen Eindrücke, denen er sein ganzes Leben lang folgte.

Wenn Max Bruch als Dirigent in ganz Europa und in Amerika erfolgreich wirkte und in verschiedenen deutschen Städten seine künstlerische Tätigkeit entfaltete, so blieb sein Sinn auf die rheinische Heimat gerichtet. Immer wieder zog es ihn hierher zu den Aufführungen seiner Werke, vor allem nach Barmen und zu den rheinischen Freunden. Mit Verbitterung mußte er feststellen, daß ihm keine Gelegenheit zu einer festen Anstellung im Rheinland gegeben wurde. Doch wurde ihm der Igler Hof in Bergisch Gladbach zur zweiten Heimat, zu der er auf Einladung der Familie Zanders bis in das hohe Alter zurückfand. Hier entstand eine Reihe seiner Werke.

In seinem Schaffen wirkt, trotz aller Strenge der Berliner Akademiker, Max Bruchs rheinische Art in Melodie- und Klangfreudigkeit, volkstümlicher Einfachheit und übersichtlich gespannter Thematik nach. Im Gegensatz zur Schwere des Satzes und des Ausdrucks bei Brahms war Bruch eine leichte, temperamentvolle Arbeitsweise eigen, die zunächst sein Werk vor das von Brahms stellen ließ. Die eingängige klare Formbildung in ausgezeichnetem satztechnischem Können hat Bruchs Werk zu wirkungsvoller Verständlichkeit gebracht.

I.

In Köln wurde Max Bruch am 6. Januar 1838 als Sohn des stellvertretenden Polizeipräsidenten August K. F. Bruch und dessen Frau Wilhelmine Almenräder geboren. Die Familie des Vaters stammt aus dem lothringisch-pfälzischen Gebiet. Der Propst Thomas Bruch, geboren 1560 in Saarbrücken, trat zum Protestantismus über, während sein Bruder die katholische Linie der Familie fortführte. Dem protestantischen Zweig entstammte Christian Gottlieb Bruch, der 1803 als Pfarrer an die neu begründete evangelische Gemeinde in Köln berufen wurde und hier 1836 als Superintendent und Konsistorialrat starb. Er wurde der Großvater von Max Bruch, der in den „Jugenderinnerungen" von dessen Audienz bei Napoleon, von dem lateinisch-griechischen Kränzchen mit Ferdinand Franz Wallraf und den Kölner Domherren, der Freundschaft mit dem Kölner Erzbischof Graf Spiegel vom Desenberg berichtet.

Väterliche Ahnenreihe

Thomas Bruch Propst in Saarbrücken * 1560		Michael Philipp Beuther Generalsuperintendent in Zweibrücken
Johann Adam Bruch Spitalpfleger in Saarbrücken * 1635	∞	Sara Sybilla Beuther
Johann Balthasar Bruch herzogl. Wundarzt in Zweibrücken 1624—1648	∞	Anna Margarethe Koch 1626—1687
Johann Paul Bruch Oberkonsistorialrat in Zweibrücken 1668—1748	∞	Maria Sophia 1676—1694
Johann Paul Bruch Arzt in Bergzabern 1699—1755		
Christian Ludwig Bruch Apotheker in Pirmasens * 1736	∞	Luise Pauli aus Sülz
Christian Gottlieb Bruch Superintendent und Konsistorialrat in Köln 1771—1836	∞	Charlotte Friederike Umbscheider geb. in Meisenheim
August Bruch Polizeirat in Köln 1799—1861	∞	Wilhelmine Almenräder * 1799 in Ronsdorf † 1867 in Köln
MAX BRUCH 1838—1920	∞	Clara Tuczek 1854—1919

Margaretha Schriftstellerin 1882—1963	Max Felix Klarinettist 1884—1943	Hans Kunstmaler 1887—1913	Ewald Oberstleutnant der Schutzpolizei * 1890

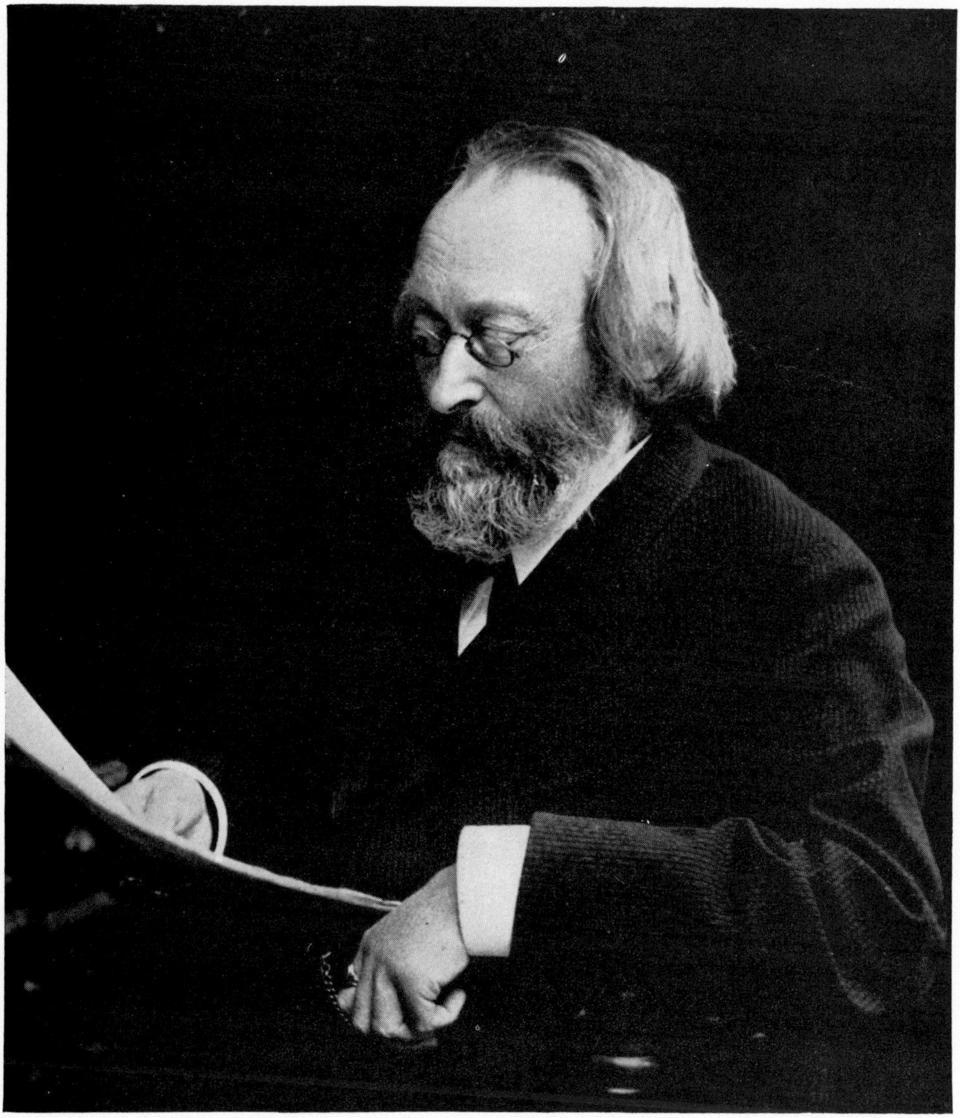

Max Bruch in Baden-Baden 1904
Foto Max-Bruch-Archiv: Musikwissenschaftl. Institut der Univ. Köln.

Die Mutter Max Bruchs stammte aus einer Musikerfamilie und war eine damals bekannte Sängerin. Ihr Vater und ihre drei Brüder waren 1821 Mitbegründer der Kölner Musikalischen Gesellschaft und standen an führender Stelle im Kölner Musikleben.

Familie der Mutter

    Johann Konrad Almenräder   ∞   Johanna Marie Kohl
    Lehrer in Ronsdorf und Köln   1758—1826
    * 1763 Radevormwald
    † 1844 Köln
    Anna Wilhelmine Almenräder   ∞   August Carl Bruch
    Sängerin in Köln   Polizeirat in Köln
    * 1799 Ronsdorf   1799—1861
    † 1867 Köln

So verdankten der junge Max und seine Schwester Mathilde der Mutter den ersten Musikunterricht. Zunächst schien es, als wollte Max sich der bildenden Kunst zuwenden, doch zeigten sich bald seine besonderen musikalischen Interessen, die ihn mit neun Jahren zu den ersten Kompositonsversuchen führten. Im Verständnis für die Begabung des Knaben gewannen die Eltern den ihnen befreundeten Bonner Universitätsmusikdirektor Heinrich Carl Breidenstein als seinen Lehrer, in dessen Schule er als Elfjähriger bereits Lieder, Kammermusik und sogar Orchesterwerke zu schreiben begann. Die geistige und künstlerische Entwicklung des Knaben fand reiche Förderung in der Familie und ihrem weiten Freundeskreis. Bereits 1852 wurde seine f-Moll-Symphonie von der Philharmonischen Gesellschaft in Köln aufgeführt; ein Streichquartett veranlaßte die Mozartstiftung in Frankfurt, ihm ein Stipendium zum Musikstudium bei F. Hiller, C. Reinecke und F. Breunung in Köln zu bewilligen.

Ferdinand Hiller (1811—1885) war 1850 als Nachfolger Heinrich Dorns nach Köln gekommen. Unter seiner Leitung erhielt das Kölner Musikleben internationale Bedeutung. Hillers weltweite Beziehungen sollten auch dem jungen Max Bruch zustatten kommen, der sich mit großem Eifer, aber selbständig in seiner Kunst und Kritik dem Musikstudium widmete. Seine Goethe-Oper „Scherz, List und Rache" gelangte 1858 in Köln zur Aufführung.

Viele seiner Werke wurden entworfen, die erst später vollendet wurden. Bereits 1857 beschäftigte sich Bruch mit einer Frithjofkantate, bald auch mit dem Loreley-Stoff. Die Musik zu Schillers „Jungfrau von Orleans" konnte er beenden. Das Klavier-Trio op. 5 hatte großen Erfolg. Die Kantate für Sopran, Chor und Orchester „Die Birken und die Erlen" op. 8 stand auf dem Programm des Abschiedskonzerts, das Bruch im November 1857 vor Beginn seiner Reise nach Leipzig (Anfang 1858) in Köln gab.

Leipzig war damals nicht nur ein Mittelpunkt des deutschen Musiklebens, sondern auch des Musikverlags. Dort konnte der junge Komponist seine Werke zur Veröffentlichung bringen. Seine satztechnische Fertigkeit, seine Erfindungskraft und sein Klangsinn prägten einen musikalischen Satz, der im Sinne romantischen Ausdruckswollens auf der Grundlage klassischer Gestaltungsformen die Kunst dieser Schaffenszeit bestimmt. Schon lagen über hundert Werke vor. In Leipzig gelang es Bruch auch, mehrere Entwürfe aus der Kölner Zeit fertigzustellen. 1859 kehrte er an den Rhein zurück, nicht zuletzt um seine allgemeine Bildung, auch an der Universität Bonn, zu fördern. Neue Werke entstanden. Vor allem ging die Arbeit an „Frithjof" weiter. Mit den Streichquartetten op. 9 und 10 hatte er großen Erfolg.

Von besonderer Bedeutung wurde Bruchs Freundschaft mit Richard Zanders in Bergisch Gladbach. Sie erhielt sich durch die Generationen.

Während die Klaviermusik in Bruchs späteren Werken zurücktrat, hat er unter seinen Frühwerken das vierhändige Capriccio op. 2, die Fantasie für zwei Klaviere op. 11, die Klavierstücke op. 12 und op. 14 veröffentlicht. In „Jubilate-Amen" für Sopransolo, Chor und Orchester op. 3 ist eine in seinem späteren Schaffen beliebte Kantaten-Besetzung gewählt. Die Duette für zwei Oberstimmen und Klavier op. 4, die zwei- und dreistimmigen Gesänge für weibliche Stimmen und Klavier op. 6, die Gesänge op. 7, op. 13, op. 15, op. 17, op. 18 zeigen eine frische, wenn auch im Ausdruck noch nicht vollendete Gestaltung. In den schottischen Volksliedern, die 1863 ohne Opus-Zahl erschienen, verweist er zum erstenmal auf die Bedeutung des Volksliedes, die ihm immer bewußt geblieben ist. In Bearbeitungen wie in Themenanklängen greift er häufig auf diesen Quell melodischer Gestaltung zurück. In den Männerchören op. 19, im „Gesang der Hl. Drei Könige" für drei Männerstimmen und Orchester op. 21 oder in dem gemischten Chor mit Orchester „Die Flucht der hl. Familie" op. 20 gewinnt Bruch die Ausdrucksgebung des Chorsatzes, die „Frithjof", Szenen für Männerchor, Solo und Orchester op. 23, zum bleibenden Erfolg werden ließ. In dieser dramatischen Kantate sind ausdrucksvolle Szenen zusammengefügt, wie es später auch in „Odysseus" und „Achilleus", vielleicht mit weniger innerer Berechtigung, der Fall war. Der Ausdruckskraft des Textes entspricht die musikalische Gestalt mit ihren charakteristischen Motiven. Personen und Handlung werden mit treffenden knappen Mitteln gezeichnet. Sie bestimmen eine Wirkung, die in dieser Geschlossenheit Bruch kaum mehr gelungen ist.

Groß war die Anregung, die von „Frithjof" für die Männerchorkomposition ausging und von Bruch selbst in mehreren dramatischen Kantaten verwirklicht wurde. Mit „Frithjof" hatte er ein Werk geschaffen, das seinen Namen verbreitete und einer Generation von Sängern ein neues Gefühl für die Möglichkeiten des Ausdrucks des Männerchors vermittelte. Mehr als in seinen Opern ist in

„Frithjof" eine innere dramatische Spannung zu voller Geschlossenheit in Text und Musik gestaltet worden. Damit hat Bruch einen der größten Erfolge des Jahrhunderts errungen,

Schon die frühen Werke Bruchs zeigten den Erfindungsreichtum, die Freude an Melodie und Klang, die sein ganzes Werk auszeichnen. Groß waren die Erfolge dieser Kompositionen. Sie trafen, was das Publikum damals liebte. Der Männerchor fand ebenso Interesse wie die feinsinnigen Kammermusikwerke und Lieder.

Mutter und Schwester suchten den jungen Komponisten in jeder Weise zu fördern: „Der Geldpunkt darf Dich nicht abhalten von Etwas, was Du Deiner Sache förderlich hältst" schrieb ihm die Mutter 1863, nachdem die Familie zwei Jahre zuvor den Vater verloren hatte. Alfred Krupp in Essen, ein entfernter Verwandter, blieb Max Bruch verbunden. Neue Reisen führten ihn in den Jahren 1861/62 nach Berlin, Leipzig, Wien, München, bis er 1863/64 in Mannheim einen festen Wohnsitz nahm. Die Oper „Loreley", die durch Hans Pfitzner 1916 in Straßburg wiederbelebt wurde, war neben dem Entwurf verschiedener Vokalwerke das bedeutendste Ergebnis dieser Zeit.

Die „Loreley" folgte einem Text von Geibel, der die Dichtung für Mendelssohn geschaffen hatte. Doch war durch Mendelssohns Tod die Komposition unvollendet geblieben. In seiner Verehrung für Mendelssohn konnte Geibel sich jedoch keinen anderen Komponisten vorstellen und weigerte sich daher, seine Dichtung anderen Komponisten wie Marschner, Perfall, Hauser, zunächst auch Bruch (Brief Geibels an Bruch vom 11. Dezember 1860) zu überlassen. Gleichwohl widmete dieser sich der Komposition auch ohne Genehmigung, spielte dann Geibel aus seiner Partitur vor, fand seine Anerkennung und auch die Zustimmung, den Text bei öffentlichen Aufführungen zu verwenden (1. Mai 1862).

II.

Nach der erfolgreichen Uraufführung der Oper „Loreley" 1863 in Mannheim begab sich Bruch wieder auf Reisen. Reiche Anregungen gewann er in Paris, Brüssel und Hannover, wo die Bekanntschaft mit Joseph Joachim für ihn bedeutungsvoll wurde. „Frithjof" hatte ihn allgemein bekannt gemacht. Überall war das Werk erklungen, doch suchte der Komponist nach den Wanderjahren eine feste Stellung. Er fand sie als Kapellmeister in Koblenz 1865 bis 1867. Hier, in der Geburtsstadt von Henriette Sonntag, Peter Joseph Lindpaintner und Franz Hünten, pflegte er rege Freundschaft mit Klara Schumann, Johannes Brahms, Vinzenz Lachner und Hermann Levi. Sein hochfahrendes Wesen führte freilich im Laufe der Jahre zu mannigfachen Trübungen dieser Freundschaften. Als Dirigent aber konnte Bruch in Koblenz Erfahrungen mit Chor und Orchester sammeln.

Wiederum suchte er nach einem neuen Opernstoff. „Meine unglückliche Liebe ist fortwährend ein neuer Operntext" schrieb er damals. Trotz reicher Überlegungen, in die eine Demetrius-Handlung nach Schiller, die Dichtung „Prinz Magnus von Schweden" des Wieners Mosenthal u. a. eingeschlossen waren, konnte er keine Entscheidung treffen. Doch bewährte sich seine Beherrschung des Vokal- und Orchestersatzes in Verbindung mit einem dramatischen Ausdruck in weiteren Kantaten wie „Schön Ellen" op. 24 (1867) und „Salamis" op. 25 (1868). Während Bruch die Vokalkomposition ganz erfaßte, hatte er nach eigenem Urteil mit dem instrumentalen Ausdruck noch Schwierigkeiten. Levi verwies ihn freundschaftlich auf „die Kluft, die Du noch auszufüllen hast, wenn Du das Höchste erreichen willst"; er riet ihm: „Schreibe immerhin noch einige Violinkonzerte oder Sonaten; man kann sich nicht genug mit den eigenen Schwächen beschäftigen..." Bruch folgte dem Freunde und befaßte sich nicht nur eingehend mit der Komposition des Violinkonzerts, sondern entwarf auch eine Sinfonie.

Mitten in seinen Plänen traf ihn 1867 als herber Schicksalsschlag der Tod der Mutter. Er erleichterte ihm den Entschluß, das Rheinland zu verlassen und die Stelle des Hofkapellmeisters in Sondershausen anzunehmen.

Das musikalische Interesse des Hofes in Sondershausen gab Bruch viele Möglichkeiten künstlerischer Entfaltung. Seine Beschäftigung mit dem Orchester förderte die Komposition der in Koblenz begonnenen Instrumentalwerke. Das berühmt gewordene Violinkonzert g-Moll op. 26 erlebte im Januar 1868 in Bremen mit Joseph Joachim unter Rheinthaler seine Uraufführung. Die Es-dur-Sinfonie op. 28, „Johannes Brahms in Freundschaft zugeeignet", fand durch den Komponisten in Sondershausen die erste Aufführung. Beide Werke wurden schnell verbreitet. Brahms bemühte sich um eine Wiener Aufführung. Ein zweite Sinfonie f-Moll op. 36 folgte 1870.

Als Instrumentalkomponist hat Bruch damit den gleichen Rang gewonnen, den er als Vokalkomponist bereits besaß. Doch zog es ihn wieder zur Oper. Endlich fand er in „Hermione" einen Stoff, den er trotz des Abratens von Paul Heyse mit Eifer vertonte. Auch die Aufführung in der Königlichen Oper in Berlin 1872 aber konnte dem Werk keinen bleibenden Erfolg sichern.

In den Sondershausener Jahren ist die Kunst Bruchs gereift. Zahlreiche Werke wurden abgeschlossen, andere entworfen. „Kyrie, Sanctus, Agnus" für Doppelchor, zwei Sopran-Soli, Orchester und Orgel op. 35, ein von Bruch besonders geschätztes Werk, ragt hervor. Eifersüchtig wachte Bruch über die Anerkennung seiner Kompositionen. Dem Vordringen der Kunst Wagners und Liszts trat er aus Überzeugung entgegen. So wurde er mit Brahms von den Antiwagnerianern auf ihren Schild erhoben. In seinem scharfen Urteil wandte Bruch sich nicht nur gegen Wagner, Liszt und die Neudeutschen, sondern auch gegen J. S. Bach, nicht

aber gegen Mozart, dessen Kantabilität ihm besonders entsprach: „Ein Takt von Mozart ist mir lieber als das ganze wohltemperierte Klavier!".
Die durch den deutsch-französischen Krieg ausgelöste nationale Begeisterung ließ ihn nicht nur sein „Lied vom Deutschen Kaiser" op. 37 schreiben, sondern verstärkte seine nationale Haltung im militanten Protestantismus. Sondershausen wurde ihm zu eng. Zum 1. Oktober 1870 erbat er seine Entlassung. Zwei Verbindungen aus der Sondershausener Zeit blieben jedoch bedeutungsvoll: die Begegnung mit Philipp Spitta und mit seinem Verleger Simrock.

III.

Begeistert von der Möglichkeit zu freiem Schaffen ging Max Bruch zunächst nach Köln und Berlin, von 1873 bis 1878 lebte er in Bonn. Neben der Oper „Hermione" beschäftigte ihn das Oratorium „Odysseus" op. 41, das 1873 unter seiner Leitung in Barmen die Uraufführung erlebte. Brahms war von dem Werk begeistert und brachte es in Wien zur Aufführung. An vielen Orten dirigierte Bruch selbst diese und andere seiner immer häufiger aufgeführten Kompositionen. Trotz solcher Erfolge ängstigte ihn seine wirtschaftliche Lage. In Bonn hoffte er auf die Nachfolge Breidensteins, später auf die Musikdirektorenstellen in Düsseldorf, Basel, Frankfurt und Rotterdam. Doch fand er nirgends Aufnahme.

Die Enttäuschungen vermochten jedoch sein weiteres Schaffen nicht zu hemmen. Aus dem geplanten Violinkonzert wurde die Romanze für Violine und Orchester op. 42 (1874). Vier Jahre später folgte das Violinkonzert d-Moll op. 44. Mit dem Textdichter des Odysseus plante er „Das Feuerkreuz" nach Walter Scott. Doch ließ er die ersten Entwürfe liegen und wandte sich dem Oratorium „Arminius" zu (Text von J. Küppers). In Bonn und Bergisch Gladbach wurde das Werk in kurzer Zeit geschrieben; im Dezember 1875 wurde es unter Bruchs Leitung in Barmen zuerst aufgeführt. Daneben ging die Arbeit am „Feuerkreuz" weiter. Die dadurch ausgelöste Beschäftigung mit dem schottischen Volkslied führte zur Publikation schottischer Volksliedsätze und zur „Fantasie" für Violine und Orchester op. 46 „unter freier Benutzung schottischer Volksmelodien", ein Werk, das er für den befreundeten spanischen Geiger Sarasate schrieb.

Besonderen Erfolg fand das empfindungsreiche Adagio nach hebräischen Melodien „Kol nidrei" für Cello, Orchester und Harfe op. 47 (1881). Die Melodie wurde Bruch durch einen Rabbiner vermittelt. Ihre Kantabilität begeisterte den Komponisten, der ihr in dem sinnenhaften Klang eine neue Gestalt gab. In den „Hebräischen Gesängen" für Chor, Orchester und Orgel (1888) folgte Bruch dann erneut jüdischer Melodientradition.

Vor der Fertigstellung der Komposition des „Feuerkreuz" beendete Bruch Schillers „Lied von der Glocke" op. 45. Die Dichtung, die auch andere Komponisten begeisterte, wurde von ihm, wie später von B. Scholz als Oratorium komponiert. Der Fluß der Dichtung verhindert ein phantasievolles Verweilen in den einzelnen Situationen und bedingte die Bildung musikalischer Schwerpunkte. Bruch hat sie feinsinnig gestaltet. Wenn er in dem Abschnitt „Holder Friede" im Instrumentalsatz das Weihnachtslied „Stille Nacht" anklingen läßt, zeigt dies ein Streben nach äußeren Wirkungen. Max Bruch hat 1879 in Barmen die Uraufführung des Werkes, das — ein außerordentlicher Erfolg — von allen großen Chorvereinigungen aufgenommen wurde, selbst dirigiert.

In diesem Jahr gelang es Bruch endlich, wieder eine feste Anstellung zu finden, nachdem er sich auch in England einen geachteten Namen erworben hatte. Die Nachfolge von Julius Stockhausen in der Leitung des Sternschen Gesangvereins in Berlin entschädigte ihn für die Enttäuschungen am Rhein. Die Spannungen im Berliner Musikleben wirkten sich freilich auch auf seine dortige Tätigkeit aus. So konnte er es nur begrüßen, als ihn im folgenden Jahr Einladungen zur Direktion seiner Werke in Liverpool und das Angebot, die Leitung der dortigen Philharmonic Society zu übernehmen, erreichten. Die künstlerischen Möglichkeiten und die wirtschaftlichen Verbesserungen reizten ihn, das Angebot anzunehmen. Im Juni 1880 verließ er Berlin, wo Ernst Rudorff seine Nachfolgeschaft antrat.

IV.

In Liverpool konnte Bruch ein reiches Musikleben gestalten. Seine eigenen Werke nahmen hier, wie in den Programmen der verschiedenen auswärtigen Gastkonzerte, einen breiten Raum ein. Während des Aufbaus seiner Stellung in England schlug er 1881 das Angebot, nach New York zu gehen, aus, folgte jedoch 1883 einer Einladung, mehrere Konzerte in den Vereinigten Staaten zu dirigieren. Befriedigt von den außerordentlichen Erfolgen in der Neuen Welt ging Bruch an neue Aufgaben. Eingehende Überlegungen ließen ihn schwanken, Liverpool mit Edinburgh zu vertauschen, wo ihm mit der Leitung des Musiklebens die Direktion des Konservatoriums angeboten wurde. Während er 1882 die Möglichkeit, an das Konservatorium in Frankfurt zu gehen, mit dem Hinweis abgelehnt hatte, er würde „nie eine Stellung annehmen", wo er „bloß schulmeistern müßte", reizte ihn in Edinburgh besonders das Konservatorium, für dessen Ausbau er bereits eingehende Pläne entwickelt hatte, als die Verhandlungen scheiterten.

Da bot sich ihm in Deutschland die Möglichkeit, eine Anstellung zu finden, wenngleich die Hoffnung, an den Rhein zu kommen, sich nicht erfüllte. Durch den Weggang von Bernhard Scholz nach Frankfurt erreichte Bruch der Ruf, seine Nachfolge in Breslau anzunehmen. Das große Musikleben der schlesischen Hauptstadt mußte ihn anziehen; die Verbitterung, seine Erfolge im Ausland finden zu müssen, trat angesichts der neuen künstlerischen Aufgaben in Ostdeutschland zurück. Die glückliche Ehe mit der Berliner Sängerin Klara Tuczek, mit der er sich 1881 auf Grund der Berufung nach Liverpool verbinden konnte, hatte ihm das Leben im Ausland, die Reisen zu Konzerten und Besuchen von Freunden in Deutschland erleichtert.

Wie begeistert Bruch zunächst in Breslau wirkte, wie erfolgreich seine dortige Musikdirektortätigkeit wurde, in seiner starren menschlichen und künstlerischen Haltung lagen Quellen zu Gegnerschaften, die 1889 zu seinem Sturz führten. Die in Liverpool entworfenen großen Werke kamen in Breslau zum Abschluß. Konzerte mit Aufführungen seiner Werke führten Bruch durch ganz Europa. In Moskau und Paris feierte er große Erfolge. Seine Verbitterung wandte sich aber jetzt auch gegen alte Freunde. Das Verhältnis zu Brahms wurde getrübt, das zeitweilig gebesserte Verhältnis zu Hiller verschlechterte sich wieder. Gegen viele neu berufene Musikdirektoren, die der neudeutschen Richtung zuneigten, nahm Bruch heftig Stellung. Für Franz Wüllner, der die, nach Bruchs Meinung, allein ihm selbst zukommende Nachfolge Hillers in Köln übernommen hatte, fand er kein gutes Wort; ebenso wandte er sich gegen die Düsseldorfer Entscheidung für Buths. Eine Hoffnung bot sich, als Friedrich Gernsheim zum Nachfolger Ernst Rudorffs in Berlin gewählt wurde. Doch hat sich auch Rotterdam nicht für Bruch entschieden. Resigniert darüber, daß er keine feste Stellung fand, tröstete Bruch sich in einem Brief an den Verleger Simrock: „Ich habe nun die Freiheit wieder und werde sie in jeder Weise verwerten — aber zum Vielschreiber werde ich auch jetzt nie herabsinken." In dieser Lage wandte er sich wieder der Reichshauptstadt zu.

V.

Im September 1890 siedelte Bruch mit seiner Familie nach Berlin über. Durch die Bemühungen von Spitta und Joachim erhielt er im November 1891 das Angebot, die Leitung der Meisterklasse für Komposition an der Königlichen Akademie der Künste zu übernehmen. Damit konnte eine sorgenvolle, wirtschaftlich schwierige Zeit beendet werden: „Ein großes Glück ist es, daß ich nun zeitlebens ganz unabhängig von den Launen des Publikums, der elenden Tagespresse und gemeiner Orchestermitglieder bin." Die Komposition einer Festkantate zu Kaisers Geburtstag 1893 (Hymne op. 64) war ein erster Auftrag. Zahlreiche Kompositionen wurden in den ersten Berliner Jahren entworfen, fertiggestellt und veröffentlicht (op. 54 bis 66).

1893 nahm Bruch einen Plan von 1889 wieder auf, ein „Moses"-Oratorium zu schreiben. 1895 fand in Barmen unter Leitung des Komponisten die Uraufführung (op. 67) statt. Das Werk wurde bald von zahlreichen Chorvereinigungen aufgenommen. Damit wandte Bruch sich nach seinen weltlichen Oratorien wieder dem geistlichen Oratorium zu: „Moses hätte ich nicht schreiben können, wenn nicht ein starkes und tiefes Gefühl des Göttlichen in mir lebendig wäre, und jedem tiefer angelegten Künstler wird es einmal im Leben so gehen, daß er diese besten und innersten Regungen seiner Seele mit den Mitteln seiner Kunst den Menschen künden kann." So wirkungsvoll viele Stellen des „Moses" sind, die Kraft und Geschlossenheit früherer Oratorienkompositionen ist ihm ebenso wenig eigen wie eine Tonsprache, die das äußere Pathos überwindet. In seinem Urteil, daß „Moses" sein am meisten fortgeschrittenes Werk sei, hat Bruch sich selbst getäuscht. Brahms konnte in seinem Urteil über den „Moses" und Herzogenbergs neue Chorwerke den Rang dieser Werke besser erfassen: „Sie sind in jeder Beziehung schwächer und schlechter als ihre eigenen früheren Sachen." Indem Bruch neue Entwicklungen der Musik schroff ablehnte, hat er einen traditionsgebundenen Akademismus gefördert und dabei Ausdruck und Wirkung seiner Werke äußerlich gesteigert. Das wird besonders in dem Oratorium „Gustav Adolf" deutlich, das 1898 in Barmen uraufgeführt wurde.

In einem Vorwort hat Bruch die in dem preußisch-protestantischen Denken und Fühlen wurzelnde Grundlage für die Zeichnung dieses „Heldenkönigs", die Mentalität des Kulturkampfes, dargelegt. Edgar Tinels erfolgreiches Oratorium „Franziskus" in seiner katholischen Grundhaltung steigerte Bruchs Streben, ihm ein evangelisches Stück entgegenzusetzen. Dabei bewog ihn nicht nur ein militanter Protestantismus, sondern auch die Erkenntnis, daß ein von der neuen französischen Kunst bestimmtes und von den Neudeutschen gefeiertes Werk in die von ihm beherrschte Sphäre des Oratoriums eingebrochen sei: „Leider haben die Lisztianer und Wagnerianer dies ausländische Werk ... auf eine Höhe hinaufgeschwindelt, wo es nicht hingehört."

So sehr ihn die zahlreichen Aufführungen seiner Werke, insbesondere der (bis heute) anhaltende Erfolg seines Violinkonzerts op. 26 begeisterten, der zu seinem sechzigsten Geburtstag 1898 gefeierte und durch viele Auszeichnungen hochgeehrte Komponist trat, menschlich und künstlerisch verbittert, mehr und mehr in eine geistige Vereinsamung. Dazu kamen der Verlust vieler alter Freunde, der gesellschaftliche Wandel nach dem Ersten Weltkrieg, Sorge und Not in der Familie, Enttäuschung und Krankheit. „Gustav Adolf" war Max Bruchs letztes großes Werk. Einen inhaltlich ähnlich gerichteten Plan, ein Oratorium über die Vertreibung der evangelischen Salzburger zu verwirklichen, fand er nicht mehr die Kraft; in dem Männerchor „Herzog Moritz" op. 74 klingt der militante Geist des „Gustav Adolf" im idealisierenden Pathos nach.

Die weiteren Chorgesänge mit und ohne Solostimmen, mit und ohne Orchesterbegleitung, sind zum Teil als Gelegenheitsaufträge entstanden. In der ausgezeichneten Beherrschung des musikalischen Satzes und in dem Sinn für Klang und Ausgeglichenheit haben solche Werke ihre Wirkung in einer Zeit gefunden, in der R. Strauß, M. Reger und bereits A. Schönberg einen neuen musikalischen

Ausdruck prägten. Dem Volkslied galt weiterhin Bruchs Interesse. Neben vokalen Bearbeitungen und Volksliedanklängen in seinen Kompositionen schrieb er Lieder und Tänze nach russischen und schwedischen Volksmelodien für Violine und Orchester op. 79 (1903), eine Suite nach russischen Volksmelodien für Orchester op. 79 a und b.

Der große Erfolg der Altarien in „Odysseus" und „Achilleus" hat Bruch veranlaßt, sich mit der „Szene der Marfa" aus Schillers Demetrius zu beschäftigen. Sie erschien als op. 80 im Jahre 1907. Dramatische Szenen als Kantaten, wie „Demajanti" für Sopran-Solo, Chor und Orchester op. 78 waren zu einer beliebten Ausdrucksform geworden. Im „Wessobrunner Gebet" für Chor, Orchester und Orgel op. 82 (1910) suchte er in idealisierendem Pathos die Welt des Mittelalters erstehen zu lassen.

Schwere Krankheiten im Jahr 1903 und eine mehrmonatige Erholung in Italien haben Bruchs Schaffen unterbrochen: „Ich bin am Ende meiner Laufbahn und vegetiere nur noch ohne rechten Lebenszweck, da es mit dem Schaffen nichts mehr ist" schrieb er damals. Doch gelangen ihm nach seiner Erholung noch erfolgreiche Werke wie die „Acht Stücke" für Klavier, Klarinette und Viola op. 83 (1910), das „Konzertstück" fis-Moll für Violine und Orchester op. 84 (1911) oder die „Romanze" für Viola und Orchester op. 85 (1912). Der Melodienreichtum früherer Zeiten ist hier nochmals aufgebrochen. Im Zusammenhang mit der „Serenade" op. 75 für Violine und Orchester, die 1901 in Paris ihre Uraufführung erlebte, stellte Bruch fest: „Bei Melodien ist die Hauptsache, daß sie einem einfallen; an Mut, sie niederzuschreiben und hinauszusenden, soll es mir auch in dieser unmelodischen Zeit nicht fehlen. . . . Wer auf dem Volkslied basiert — dessen Melodie kann niemals alt und greisenhaft werden."

VI.

Nicht nur der Gesundheitszustand brachte den alternden Meister zur Resignation, ebenso das Gefühl, daß sein in der Mitte des 19. Jahrhunderts geprägtes politisches, gesellschaftliches und künstlerisches Ideal seit der Jahrhundertwende verloren war. In seiner starren Traditionsgebundenheit lebte er in der Vorstellung der nationalen Begeisterung der Reichsgründungszeit und des preußischprotestantischen Führungsanspruchs. Enttäuschend wirkten auf ihn in seinem langen Leben der Abbruch des Kulturkampfes, die Entwicklung der Sozialdemokratie, die Entmachtung Bismarcks, das Erwachen des Polentums und die außenpolitische Lage. Im künstlerischen Bereich beängstigten ihn das Vordringen der Kunst Wagners und der neudeutschen Schule sowie ähnlicher Entwicklungen im Ausland. In der Entfaltung der Moderne, im besonderen bei Richard Strauß und Max Reger sah er den Tod seines Musikideals, für das er sein Leben lang gekämpft hatte. Den Aufbruch der neuen Musik im Anschluß an Schönberg nahm er nicht mehr zur Kenntnis. In der Gedenkrede zu Mendelssohns fünfzigstem Todestag legte Bruch 1897 sein künstlerisches Bekenntnis ab. Im gleichen Jahr schrieb er unter dem Eindruck des Todes von Brahms an seinen Schüler Schrattenholz: „Die bedeutenden Leute, mit denen man gelebt hat, gehen einer nach dem anderen dahin. Was im 20. Jahrhundert aus der Kunst werden soll, das wissen die Götter."

Der Wechsel in der Leitung der Hochschule für Musik zu Berlin bestimmte ihn dann zum Rücktritt: „Die Ernennung des Musikschriftstellers Kretzschmar zum Direktor an Joachims Stelle bedeutet nicht allein einen Personalwechsel, sondern einen Systemwechsel, dem ich mich nicht fügen könnte, ohne meine ganze künstlerische Vergangenheit und die Tradition meines ganzen Lebens zu verleugnen." Verbittert schied Max Bruch am 1. Januar 1911 aus seinen Ämtern. Kaiser Wilhelm II. bewilligte ihm eine jährliche Ehrengabe zu seiner Pension.

Neben einigen neuen Kompositionen fertigte Bruch damals verschiedene Bearbeitungen seiner und fremder Werke, darunter auch für Militärmusik. Im Sommer 1911 komponierte er Schillers „Macht des Gesangs" op. 87; für die Feier des 25. Regierungsjubiläums Kaiser Wilhelms II. im Altenberger Dom schrieb er 1913 ein „Salvum fac" für gemischten Chor und Orgel. Der Tod seines Sohnes, des begabten Malers Hans Bruch, brachte ihm in diesem Jahr tiefes Leid. Immer mehr zog es Bruch in die Vergangenheit zurück, die in den seltener werdenden Aufführungen seiner Werke lebendig war. Sein Gesundheitszustand schränkte Reisen und Gastkonzerte ein. Bruchs langer Kampf um ein Urheberrecht fand in dem „Gesetz betreffend das Urheberrecht an Werken der Literatur und der Tonkunst" 1901 einen Erfolg. Für ihn selbst wie für alle schaffenden Musiker bedeutete es eine wesentliche Verbesserung gegenüber dem Gesetz von 1870.

Der Ausbruch des Ersten Weltkrieges weckte in Bruch neue patriotische Begeisterung, der er in „Heldenfeier" für sechsstimmigen Chor, Orchester und Orgel op. 89 Ausdruck gab. Den ihm von der Universität Cambridge verliehenen Ehrendoktor gab er entrüstet über Englands Kriegserklärung zurück. 1918 verlieh ihm die Universität Berlin die Würde eines Dr. h. c.

In dieser Zeit plante er ein neues Violinkonzert, vor allem befaßte er sich mit dem Entwurf seiner Lebenserinnerungen. „Die Stimme der Mutter Erde" für Chor, Orchester und Orgel op. 91, die „Christkindlieder" für Frauenchor, Soli und Klavier op. 92 und die „Trauerfeier für Mignon" für Doppelchor, Soli, Orchester und Orgel op. 93 sind in der ausgehenden Kriegszeit entstanden: „Nur die Kunst tröstet mich in allen Finsternissen dieser Zeit und hält mich über Wasser. Ich arbeite viel und noch immer mit gutem Erfolg" schrieb er 1919 in Not und Sorge.

Am 27. August 1919 verschied in Berlin Max Bruchs Frau Klara nach langer Krankheit. Wenige Monate später erlitt der Komponist einen Zusammenbruch seiner Kräfte. Seitdem blieb er meist an das Bett gefesselt, bis er am 20. Oktober 1920 erlöst wurde und in Berlin seine letzte Ruhestätte fand.

Als letzte Werke schuf der Meister kurz vor seinem Tode zwei Streichquintette und ein Streichoktett neben dem Konzert für Klarinette und Bratsche, dessen Aufführung seinem Sohne, dem Klarinettisten Felix vorbehalten blieb.

VII.

In starrer Treue hat Max Bruch trotz allem Wandel der Zeit und der Kunst an seinem Ideal festgehalten und geglaubt, in der Steigerung satztechnischer Fertigkeiten, der Erfindung gefühlvoller Melodien einen künstlerischen Fortschritt zu verkörpern. Mit dem Verschwinden des Gesellschaftsideals der Gründerzeit sind seine großen pathetischen Oratorien und Kantaten im Musikleben zurückgetreten. Was von seinem Schaffen bis heute lebendig blieb, steht in dem musiksoziologischen Umwandlungs- und Umwertungsprozeß, in dem die Musik seit der Jahrhundertwende, im besonderen seit dem Ersten Weltkrieg sich entfaltet. Für Bruch waren Reger und Strauß „Kunstverderber", „Führer der musikalischen Sozialdemokratie". Pfitzners „Rose vom Liebesgarten" erschien ihm „unsagbar scheußlich": „Wie ist es nur möglich, daß so ein Mensch, der mir, um die Wahrheit zu sagen, künstlerisch so fern steht wie Rich. Strauß und Konsorten — in die „Loreley" geradezu verliebt ist und sie mit Liebe und Hingebung aufführte? Daß er in höchsten Ausdrücken darüber spricht und schreibt? Fühlt er nicht, daß er eigentlich mein Antipode ist? Ist das nur Inkonsequenz — Mangel an logischem Denken — oder leidet er nur an dem heute so gewöhnlichen weiten Herzen, in dem alles Mögliche ganz verträglich beieinander sitzt wie in einem Omnibus — Gutes und Schlechtes, Gescheites und Dummes — das Vorzüglichste und das Elendeste?!!" In seinem ichbezogenen Verantwortungsgefühl fehlt Bruch jedes Verständnis für Toleranz.

Bruchs Intoleranz, das auf sich und seine Kunst bezogene Urteil haben auch sein wechselvolles Verhältnis zu Freunden und Schülern bestimmt. Heftige Gegensätze konnten hier nur eingeebnet werden, wenn die Freunde sich mit seinem Werk auseinandersetzten und es zur Aufführung brachten. In solchen Aufführungen sah Bruch nicht nur das Bekenntnis zu seiner Kunst, sondern auch zu seiner Person. Die wirtschaftliche Entwicklung bestimmte ferner das öffentliche Musikleben vor allem in der Entfaltung der Orchester und Chöre, wie ihrer Leistung, aber auch in der Wertung ihres Musizierguts. Als Komponist und Dirigent fühlte Bruch, wie neue künstlerische Richtungen seinem Ideal entgegentraten.

Mit Wagner, den Neudeutschen und Modernen war daher kein Verhältnis herzustellen. Auf der einen Seite der „Fortschritt" in der Steigerung der Chromatik, der Lösung von funktionaler Harmonik, von metrisch gegliederten Formen und von einer klar faßbaren Melodik im Sprechgesang, — auf der anderen Seite die Fortführung der in der Tradition begründeten Ordnung der musikalischen Gestalt und ihres Ausdrucks. In den sich bekämpfenden Kunstparteien der „Wagnerianer" und „Brahmsianer" ist eine Spaltung des Musiklebens in der zweiten Hälfte des 19. Jahrhunderts deutlich, die künstlerische Gegensätze bis zu persönlichen führte. Bruchs Briefe sind voll von heftigen Angriffen gegen alle, von denen er ein Verhältnis zur Kunst Wagners und des Weimarer neudeutschen Kreises annahm.

Die künstlerische Welt, in die er in seinen Jugendjahren am Rhein trat und deren Verständnis er in Leipzig vertiefte, blieb die Grundlage seines Erlebens bis in das hohe Alter, so sehr er glaubte, in der pathetischen Steigerung dieser in Gestalt und Form geglätteten Musik den wahren „Fortschritt" verwirklicht zu haben. Mendelssohn und Schumann waren Bruchs Ideale, deren neue Gestalt er allein in seinen und in wenigen Werken seiner Freunde gelten ließ. Jede Lösung von der Tradition, wie sie bei den Wagnerianern und Modernen hervortrat, bedeutete für Bruch Feindschaft gegen das Werk, aber auch gegen seinen Schöpfer und dessen Anhänger. Je mehr sein Werk gegenüber den neuen Richtungen im Musikleben zurückgedrängt wurde, desto heftiger wurde sein Kampf, den er vor allem im Kreise der Berliner „Akademiker" führte.

In gleicher Weise tritt das politische Ideal der Gründerzeit, das preußisch-protestantische Bewußtsein in seinen Briefen hervor. Der Patriotismus der Trägerschicht der Macht in der Einheit von Thron und Altar blieb Mittelpunkt des Denkens von Max Bruch, gefestigt und gesteigert durch die Enttäuschungen beim Sturz Bismarcks und 1918. So mußte der geschichtliche Wandel in ihm Kampf, Bitterkeit und Resignation auslösen, ihn in die Vereinsamung führen; sie steigerte seine aus früher Jugend überkommene Schärfe des Urteils bis zur Verletzung, entfremdete ihm die letzten Freunde.

Gleichwohl haben die Einheit von Kunst und Charakter, die Echtheit und Wahrheit von Bruchs Wesen Anerkennung gefunden. Bruch hat als die profilierteste Persönlichkeit des Berliner Akademismus seine Stellung in der Musikgeschichte gewonnen. Der Kreis der Berliner Akademiker folgte einem idealisierten Mendelssohnbild. Die formalistisch-klassizistischen Tendenzen einer handwerklich vollendeten musikalischen Technik haben hier eine Kunstrichtung geprägt, die in schroffem Gegensatz zum „Fortschritt" des Weimarer Kreises der Neudeutschen stand. Die Rheinländer Bernhard Klein (1793—1832) und Franz Commer (1813—1887) — um nur diese zu nennen — zählen zu den ersten Vertretern, die in Berlin eine auf strenger Tradition begründete Gruppe von Musikern bildeten. Als Joseph Joachim die Hochschule für Musik leitete, lockerte sich zwar die strenge Traditionsbindung des Berliner Komponistenkreises, doch blieb die den musikalischen Klassizismus weiterführende Richtung herrschend. Musiker, die aus der Kölner Tradition Hillers nach Berlin kamen oder die Leipziger Mendelssohn-Tradition in die Hauptstadt brachten, verstärkten die Grundhaltung der Berliner Akademiker, unter denen Max Bruch um die Wende des Jahrhunderts als Persönlichkeit hervorragte. Ihr Einfluß gegenüber dem Weimarer Kreis hat bis zur Jahrhundertwende das deutsche Musikleben gekennzeichnet.

Trotz seiner machtvollen Stellung in Berlin zog es Bruch immer wieder an den Rhein zurück. Hier hatte er seine Freunde, hier lebte er in den Jugenderinnerungen. Selbst bittere Enttäuschungen, die ihm die Freude an der rheinischen Heimat verdüsterten, verblaßten, wenn er in seinem geliebten Bergisch Gladbach oder Barmen mit Freunden lebte. Im Alter trat diese Sehnsucht nach der Heimat am stärksten in Erscheinung. Noch im Juni 1919 schrieb er an Olga Zanders: „Alles gäbe ich darum, wenn ich noch einmal im Leben Gladbach wiedersehen könnte. — Wie tief die Heimat in mein Herz eingegraben ist, das beweist Ihnen schon mein Lied von der Heimat; es ist von Herzen gekommen und ist daher auch zu vielen Herzen gedrungen — nicht allein in Deutschland, sondern in allen Ländern, wo Odysseus erklang..." Im Musikleben des 19. Jahrhunderts hat Max Bruch führende Bedeutung gewonnen nicht als einer, der neue Entwicklungen anregte oder begründete, sondern als einer, in dessen Werk eine idealisierte klassizistische Tradition nochmals in großem Stil lebendig wurde. Die Musik der Berliner Akademiker ist heute ebenso vergessen, wie die meisten Namen ihrer Schöpfer. Durch seine Violinkonzerte aber lebt Max Bruch auch in dem Musikleben unserer Tage weiter.

QUELLEN UND LITERATUR

Neben Autographen und Briefen Max Bruchs in verschiedenen Bibliotheken und Archiven befinden sich zahlreiche Quellen in dem von seinem Sohne Ewald Bruch aufgebauten Max-Bruch-Archiv des Musikwissenschaftlichen Instituts der Universität Köln. Vgl.
E. Bruch, Das Max Bruch-Archiv in: Mitteilungen der Arbeitsgemeinschaft für rheinische Musikgeschichte I (1955), 15.
Chr. Börner, Bibliographie des Schrifttums über Max Bruch in: *D. Kämper*, Max Bruch-Studien, Beiträge zur rheinischen Musikgeschichte 87 (Köln 1970), 148—161.

ALEXANDER SCHNÜTGEN

(1843—1918)

Von Armin Spiller

Von*) dem Kölner Kunstsammler Joseph Wilhelm Alexander Schnütgen besitzen wir im Gegensatz zu seinen großen Vorbildern Wallraf, Hüpsch oder Boisserée keine umfangreichen Nachlaßpapiere. Dieser Umstand verhindert eine befriedigende biographische Würdigung. Der hier unternommene Versuch, alle bisher verfügbaren Quellen in einer fragmentarischen Darstellung zusammenzufassen, stützt sich auf die eindeutig positive Beurteilung des Sammlers bei einer geringeren Einschätzung seiner Leistungen als Schriftsteller und Kunstsachverständiger durch die Nachwelt. Diese — gemessen an den Quellenverlusten während des Krieges — fast zu spät erscheinende Studie bleibt bei einer so bekannten Persönlichkeit ein Wagnis, worüber sich der Verfasser durchaus im klaren ist.

Bei der Durchsicht der Manuskripte Schnütgens fällt auf, daß er für seine Entwürfe wiederholt unbeschrieben gebliebene Seiten von ihm zugegangenen Briefen verwandt hat. Während die Briefe selbst fehlen, also von ihm vernichtet oder weggeworfen wurden, tragen die abgetrennten, für Manuskriptentwürfe verwendeten Seiten seinen jeweiligen Adressaten-Vermerk und das Datum seines Antwortschreibens. Das Verhalten Schnütgens, sich von offenbar großen Teilen seiner handschriftlichen Unterlagen zu trennen, hatte sicherlich seinen Grund einmal in der Enge seiner Wohnungen im Verhältnis zu der Masse seiner Korrespondenzen und Sammlungsgegenstände, ergab sich aber auch wohl zwangsläufig bei seinen wiederholten Umzügen.

Erst im Alter entschloß sich Schnütgen, seinen Wahlspruch auf dem Kunstgebiet: „Sammelt die Überbleibsel, auf daß sie nicht zugrunde gehen!" auch auf seine Kindheitserinnerungen und Kölner Jahre auszudehnen. „Da mir für meine Eröffnungen keinerlei schriftliche Aufzeichnungen zu Gebote stehen, so bleibe ich leider ausschließlich auf mein Gedächtnis angewiesen", schrieb er. „Ich stelle es zur Verfügung mit allen Mängeln, die ihm ankleben mögen."

---

*) An dieser Stelle sei dem früheren Direktor des Schnütgen-Museums, Herrn Prof. Dr. Hermann Schnitzler, für das Vertrauen bei der Themenstellung, seinem Nachfolger, Herrn Dr. Anton Legner, für den Antrag auf Gewährung eines Forschungsstipendiums und der Fritz-Thyssen-Stiftung für die großzügige Bereitstellung von Mitteln vielmals gedankt.

I.

Seine „Heimatklänge", die Schilderung von Land und Leuten seiner engeren Heimat, von Elternhaus, Verwandtenkreis und der eigenen Schulzeit enthalten auf diese Weise leider nur wenige Fakten, die für den am 22. Februar 1843 geborenen Sohn Alexander des Steeler Kaufmanns Franz Napoleon Alexander Schnütgen (1813—1883) und dessen Ehefrau Josephine geb. Vonessen (1817—1895) charakteristisch sind. Von der energischen Mutter hat er zweifellos sein Pflichtbewußtsein, von dem tüchtigen Vater seinen Fleiß und Humor geerbt. Er, der Älteste unter fünf „strammen" Brüdern, galt bei seinen Geschwistern als herrschsüchtig. Diese scheinbare Neigung, die auch als Härte empfunden wurde, war nach Aussage des späteren Konservators des Schnütgen-Museums, Fritz Witte, der Ausgangspunkt einer außergewöhnlichen Energie, die den gereiften Mann zur konsequenten Durchsetzung der hochgesteckten Ziele befähigte.

Die Jugendzeit Schnütgens war überschattet von der früh einsetzenden Nervenerkrankung des Vaters, dessen periodische Nervenstörungen die Mutter zur alleinigen Führung des elterlichen Geschäftes zwangen. Die häuslichen Verhältnisse hinderten sie aber nicht daran, ihren Kindern eine gründliche Ausbildung zu ermöglichen. Die Schulzeit verbrachte ihr Ältester zunächst seit dem Revolutionsjahr 1848, das er „im Schmuck einer Kokarde, liedersingend bewußt mitgemacht" hat, in der Steeler Elementarschule; seit November 1852 besuchte er das eine Wegstunde entfernt liegende Gymnasium in Essen. Er besaß eine gewisse Handfertigkeit und Geschicklichkeit an der Hobelbank, auf der Jagd und beim Fischfang. Im Deutschunterricht zeichnete er sich wiederholt durch Aufsätze mit fast übertriebenem Umfang aus, im Mathematikunterricht war er „kein Meister" und in der privaten Musikstunde versagte er bei dem Versuche seiner musikalischen Ausbildung, was er später sehr bedauerte. Am 14. August 1860 bestand er als Klassenjüngster die Reifeprüfung. Das erhalten gebliebene Original des Reifezeugnisses weist nur gute Noten auf, in Geschichte wegen der „recht vollständigen Übersicht" über das ganze Fachgebiet sogar das Prädikat „vorzüglich". Von der mündlichen Prüfung war er befreit.

Wie fast alle seine katholischen Mitschüler und zwei seiner Geschwister wählte Schnütgen nach seinem „ungewöhnlich glänzenden" Schulabgang — wie er sich später ausdrückte — den „üblichen, auch in den vermögenden Familien durch die religiöse Richtung, namentlich der Mütter, beliebten Weg", das Theologiestudium. Während seiner Schulzeit war er bereits als Ministrant, als Mitstreiter im Steelenser Kirchenchor und bei den Pfarrprozessionen hervorgetreten.

In einem kurzen Rückblick, den er dem Andenken an einen ehemaligen Kommilitonen widmete, skizzierte er mit wenigen Worten ihr unbeschwertes Treiben an seinem ersten Studienort Münster in Westfalen (WS 1860/61 und SS 1861), so

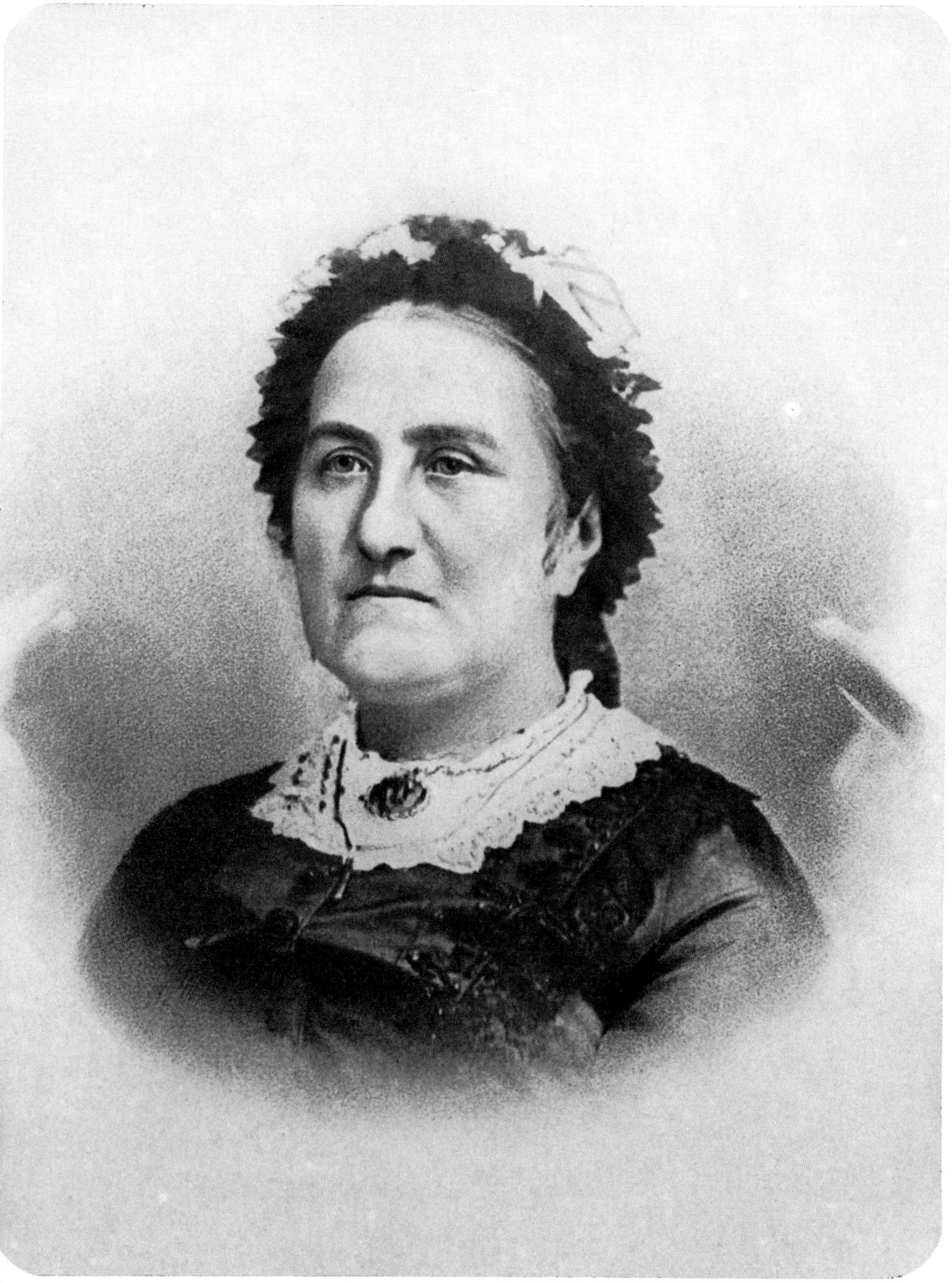

Die Mutter Schnütgens, Josephine geb. Vonessen
Originalfoto im Besitz von Hubert Schnütgen, Neu-Listernohl.

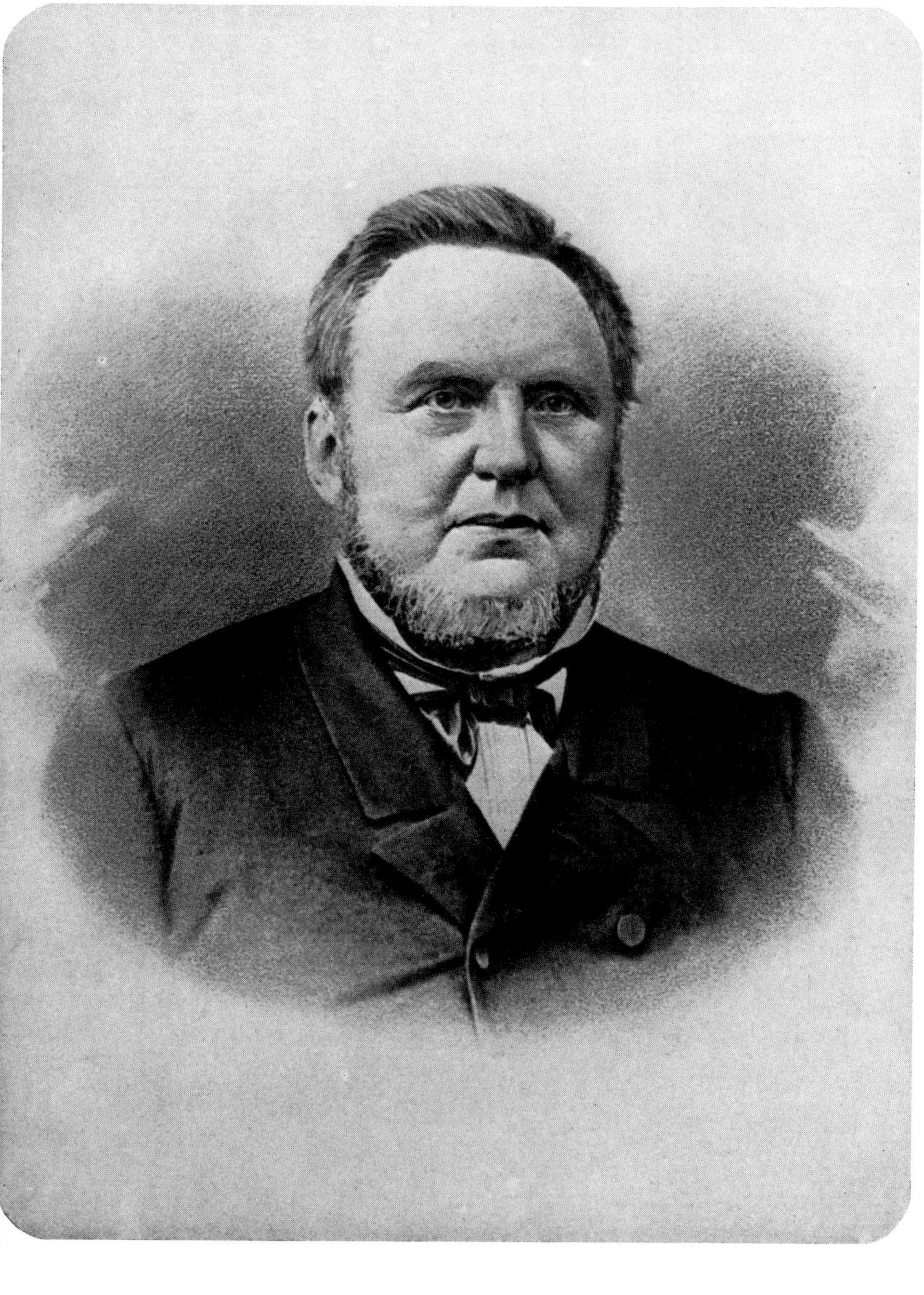

Der Vater Schnütgens, Franz Napoleon Alexander
Originalfoto im Besitz von Hubert Schnütgen, Neu-Listernohl.

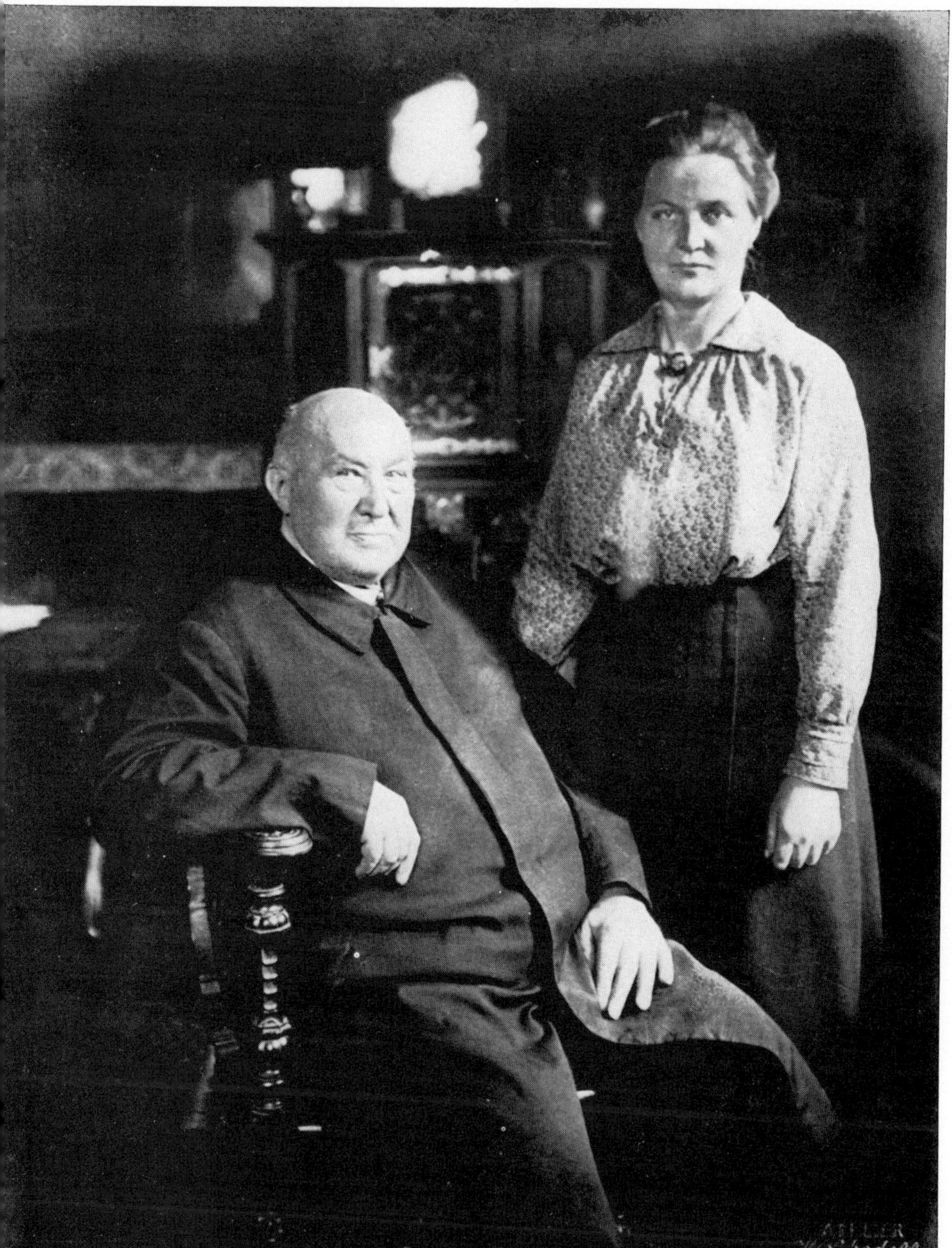

Alexander Schnütgen und seine Nichte Therese Schnütgen (später verehelichte Sawatzki)
Originalfoto im Besitz von Lehrer i. R. Sawatzki, Neu-Listernohl.

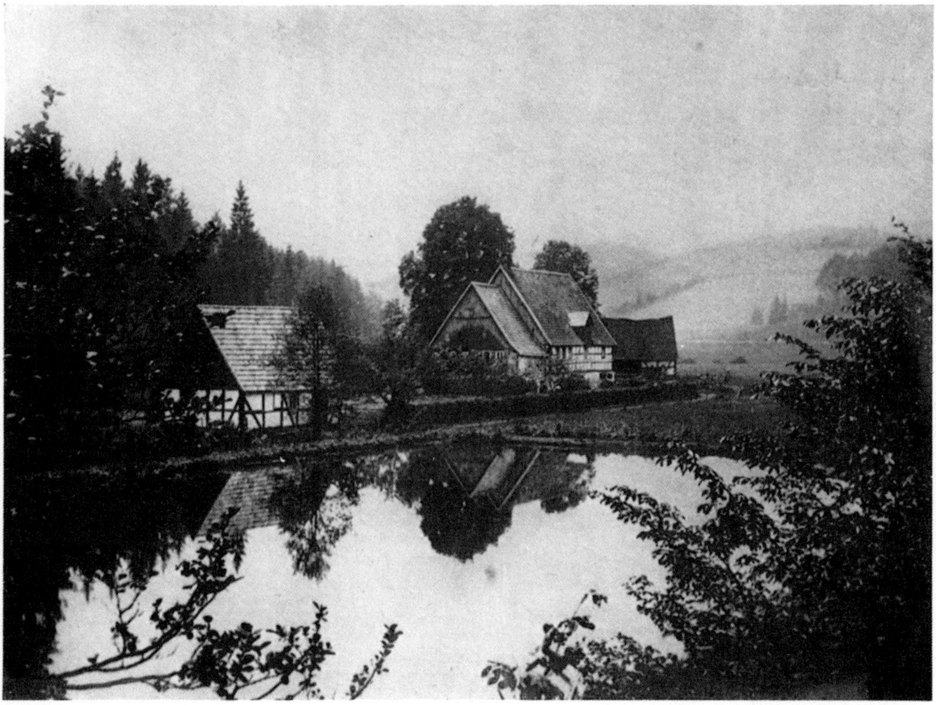

Schnütgens zweite Wohn- und seine Sterbestätte „Alte Weuste" bei Listernohl
Originalfoto im Besitz von Hubert Schnütgen, Neu-Listernohl.

„auf dem Domhof, in den Vorlesungen, ... auf den einzelnen Buden und in der Kneipe". Aus seiner anschließenden Studienzeit an der Universität Tübingen (WS 1861/62 und SS 1862) ist uns ein kritisches „Sittenzeugnis" erhalten geblieben. „Was sein Betragen betrifft", heißt es darin, „so wurden gegen Schnütgen den 15. Juli 1862 vom hiesigen Stadtpolizeiamt wegen fortgesetzter Störung der nächtlichen Ruhe und wegen Ungehorsams eine Geldstrafe von drei Gulden und dreißig erkannt. Außerdem war sein Betragen den akademischen Gesetzen angemessen." Dieses Dokument, offenbar das Ergebnis einer nächtlichen Kneiptour, kann man bei einem Manne mit kleinen menschlichen Schwächen, wie dem Weinkenner Schnütgen, nur mit Schmunzeln lesen!

Weitere Stationen seines Studiengangs waren die Katholische Universität Löwen (WS 1862/63 und SS 1863), das bischöfliche Priesterseminar zu Mainz (WS 1863/64 und SS 1864) und schließlich das erzbischöfliche Priesterseminar zu Köln (SS 1865 und WS 1865/66).

II.

Schnütgen stellte später mit Bedauern fest, es habe sich ihm nicht die Möglichkeit zu gründlichem Philosophiestudium geboten, wozu ein tüchtiger Professor die nötige Anregung geben müsse. Die Vorlesungen bei den Münsteraner Philosophieprofessoren Christoph Bernhard Schlüter und Franz Jakob Clemens in der „Geschichte der griechischen Philosophie" bzw. der „Moralphilosophie", die er „sehr fleißig und aufmerksam" besuchte, und bei dem Löwener Professor Nicolas-Joseph Laforet mit gleicher oder ähnlicher Thematik scheinen ihn somit nicht nachhaltig beeindruckt zu haben, auch nicht der Kursus über „christliche Altertümer" bei dem Münsteraner Professor für Kirchengeschichte, Adolf Cappenberg. An einen „kleinen archäologischen Kursus" bei dem Tübinger Kirchenhistoriker Karl Joseph von Hefele konnte er sich rückblickend noch gut erinnern, dessen Vorlesungen über „christliche Kirchengeschichte" er ebenfalls besuchte. In der Mainzer Studienzeit begegnete er erstmals dem späteren Prälaten Friedrich Schneider, der Liturgik und Kunstgeschichte lehrte und dem heranreifenden Studenten in mancher Hinsicht artverwandt war: als Autodidakt und Förderer der kirchlichen Kunst. Nach Beendigung seiner Mainzer Studien dankte Schnütgen Professor Schneider „für die Güte, die Sie immer und besonders in den letzten Tagen meines dortigen Aufenthaltes veranlaßte, meine wenn auch noch so geringe Vorliebe zur Kunst zu rühren und zu pflegen". Der gleiche Brief enthält die Nachricht von dem glücklich bestandenen „Examen pro introitu, dem ich dort so oft als einem schrecklichen Phantom entgegengesehen und das während des ganzen Semesters an meinem Dasein genagt hat". Nun habe er sich die „Pforte des Kölner Seminars" geöffnet, durch die er aber sobald nicht einziehen könne, da seine „sehr angegriffene Gesundheit" zunächst eine Badekur in Aachen und sodann eine „sorgfältige Pflege" während dieses Winters (1864/65) im Kreise seiner Familie erfordere.

Über die folgende Zeit im Kölner erzbischöflichen Priesterseminar besitzen wir nur einige wertvolle Hinweise eines seiner „Koätanen", der unter anderem schreibt: „An Körpergröße und an Frische des Geistes überragte er uns alle fünfzehn, die wir mit ihm ins Seminar eintraten. Im Seminar wußte er durch seine Liebenswürdigkeit, sein erbauliches Beispiel und durch seinen sprudelnden Humor bald aller Herzen zu gewinnen." Seine im Advent 1865 erfolgte Wahl für eine der sogenannten O-Predigten in der Seminarkirche sei als gutes Vorzeichen seiner Tüchtigkeit als Kanzelredner angesehen worden. Tatsächlich habe er in seinen späteren Predigten durch Schlagfertigkeit, treffende und überzeugende Wortwahl und durch Lebendigkeit im Vortrag bei einer leider etwas raschen Sprache eine stets dankbare Zuhörerschaft gefunden. Auf die Subdiakonats- und Diakonatsweihe am 2. und 4. September 1865 folgte am 7. April 1866 in der Kölner Minoritenkirche die Priesterweihe durch den Weihbischof Dr. Baudri. „Damals waren in Köln zwei Kaplanstellen vakant, am Dom und an St. Andreas", berichtet sein geistiger Freund weiter. „Schon lange vorher hieß es unter uns allgemein, Domvikar wird kein anderer als Schnütgen. Und so war es in der Tat. Bereits am 14. April (1866) wurde er zum Domvikar und zugleich zum Pfarrkaplan der Dompfarre ernannt. Als letzterer mußte er sich allen Zweigen der Seelsorge widmen ... Wohin immer sein Beruf als Pfarrseelsorger ihn rief, in die Schule, auf die Kanzel, in den Beichtstuhl, zu den Kranken, zu den Armen, überall stellte er seinen Mann." Schnütgen selber plaudert in seinen „Kölner Erinnerungen" meist nur in allgemeinen Redewendungen über sein Priesterdasein und den „geselligen Verkehr unter den Kölner Geistlichen". Gerne hätte man von dem „Frühmesser von Köln", wie man ihn nannte, Näheres über seine Lebenseinstellung als Theologe und manches andere erfahren. Sein anonymer Mitbruder nannte ihn in seinem Nachruf kirchlich „liberal im Sinne des Wahlspruchs des heiligen Augustinus: in necessariis unitas, in dubiis libertas, in omnibus caritas". Auf eine eher streng kirchlich orthodoxe Haltung während des Kulturkampfes und in der nachfolgenden Zeit läßt eine offenbar staatliche Beurteilung in einem Verzeichnis der Mitglieder des Kölner Domkapitels aus dem Jahre 1897 schließen. Dort heißt es: „Unzuverlässig in jeder Beziehung; verdankt seinen Bestrebungen auf archäologischem Gebiet einige Anerkennung, ist dadurch auch in weiteren Kreisen bekannt geworden. Es traut ihm niemand! Von sich stark eingenommen, wird er in streitigen Fällen sicher nicht auf staatsfreundlicher Seite stehen."

III.

Schnütgen nannte in seinen „Kölner Erinnerungen" das Jahrzehnt nach dem Austritt aus dem Kölner Priesterseminar seine Sturm- und Drangzeit, insoweit ihm eine solche vergönnt gewesen sei. Zu Beginn dieser Zeitspanne hatte er trotz eines „gewissen Dranges zur Kunst" und einer „gewissen instinktiven Vorliebe für ihre Denkmäler" von diesem Fachgebiet kaum eine Ahnung. Er bewunderte den Dom, dessen letzte Aufbauphase begonnen hatte, und die Werke der alten Kölner Meister, aber er verstand sie nicht. Zehn Jahre später begegnen wir ihm als Vorstandsmitglied des „Kölnischen Altertumsvereins" (seit 1874) und „Christlichen Kunstvereins für die Erzdiözese Köln" (seit 1875) und neben dem Bürgermeister Thewalt als sachkundigen Organisator der Kölner Kunsthistorischen Ausstellung, zu deren Gelingen er auch mit 773 Geweben und Stickereien aus seiner Sammlung beigetragen hat. Es ist oft gefragt worden, wie dieser Entwicklungsprozeß des jungen Vikars zu einem der bedeutendsten Kölner Kunstsammler des 19. Jahrhunderts überhaupt möglich war. Die mit der Säkularisation verbundenen Erwerbungsmöglichkeiten für die Sammler waren längst vorbei, und Köln rangierte noch nicht als Metropole unter den Kunstzentren Deutschlands. Zwar wäre Schnütgen das tiefere Verständnis für die Kunst an einem anderen Ort „schwerlich aufgegangen", jedoch die ihn formenden Kräfte ergaben sich wohl eher aus seiner Freundschaft mit Gleichgesinnten wie dem Confrater und späteren Sammler Dornbusch, aus seinen Erfahrungen im Gefolge des kunstsinnigen Weihbischofs Dr. Baudri auf dessen Visitations- und Firmungsreisen, und nicht zuletzt waren sie das Ergebnis eines inneren Reifeprozesses, der durch den täglichen Umgang mit religiösen und namentlich kirchlichen Altertümern noch gefördert wurde. Der Hamburgische Museumsdirektor Justus Brinckmann hat in einem späteren Brief an seinen Freund Schnütgen die Eigenschaften eines echten Sammlers treffend charakterisiert. „Als wir Vertreter der älteren Generation ... mit dem Kaufen begannen", schrieb er, „mangelte uns jede Erfahrung ... Es fehlte ... an den kunstgewerblichen Sammlungen, bei denen heute jeder, der den ernsten Willen zu lernen hat, sich Rat holen kann über den angemessenen Preis und die Echtheit eines Stückes, das er zu kaufen beabsichtigt. Als wir, die Älteren, zu kaufen begannen, hatten wir solchen Rückhalt nicht. Wir mußten uns durcharbeiten durch Dick und Dünn des Antiquitätenmarktes, so gut es eben gehen wollte, konnten uns nur stützen auf unsere technischen und kunsthistorischen Kenntnisse ... Worauf es ankommt, ... das ist ein gewisser angeborener Blick für das Gute und Schlechte ... Diese Gottesgabe ... ist, genauer betrachtet, wohl das Vermögen, sein ganzes technisches und historisches Wissen auf einmal ins Gefecht zu führen, ohne sich erst über alle Einzelheiten spezifizierte Rechenschaft zu geben ... Die Geschicklichkeit im Kaufen ist nicht so sehr eine Sache des Wissens, als ein Ergebnis des Charakters und geistiger Spannkraft. Ohne diese Eigenschaft nützen die allerschönsten Erfahrungen nichts ... Nur wer mit positivem Wissen scharfen Blick und energisches Zusammenfassen seiner Kraft verbindet, hat das Zeug dazu, ... ein erfolgreicher Käufer zu werden." Solche Eigenschaften, gepaart mit einem energischen Studium der Technik des Objekts und der kunsthistorischen Literatur, waren wohl die eigentlichen Voraussetzungen für Schnütgens sammlerischen Erfolg.

IV.

In einem summarischen Bericht über die „Entstehungsgeschichte der Sammlung Schnütgen" meinte er, er sei „mehr durch Zufall" beim Besuch der Versteigerung des Ramboux'schen Kunstnachlasses (1867) zum Sammeln angeregt worden. Erst Liebhaber von theologischen Büchern habe er schon bald angefangen, Porzellan und Kupferstiche als Wandschmuck zu kaufen, bis nach einem kurzen Intermezzo sein bleibendes Interesse für mittelalterliche und speziell kölnische Gemälde und Figuren geweckt worden sei. Die in der Folgezeit von ihm regelmäßig besuchten Kölner Auktionen waren seine „ersten Bezugsquellen und Lernstätten", indem sie ihn zu Vergleichen anregten, ihn über die Preise informierten und mit den Sammlern bekannt machten. Bei den kleinen und mittleren Kölner Antiquaren setzte er seine Nachforschungen nach Gemälden, Skulpturen, Metallgegenständen sowie Stickereien und Geweben fort. Seine Kontaktaufnahme mit dem Kreis der großen Berufsantiquare seit den achtziger Jahren sowie immer ausgedehntere Reisen ins In- und Ausland (u. a. 1878 nach England, danach bis zum Jahre 1883 dreimal nach Italien, in den nächsten Jahren nach Österreich/Ungarn und wiederholt nach Frankreich, 1891 nach dem Orient, 1892 nach Schweden, 1893 nach Spanien usw.) waren weitere Stationen auf dem Wege zum erfolgreichen Sammler. Die Schulung seines Auges an den Gegenständen, sein durch Autopsie gewonnenes Wissen steigerten seine Ansprüche gegenüber sich und seiner Sammlung. Ursprünglich lag das Schwergewicht seiner Sammlertätigkeit nicht in dem Bestreben nach besonderer Qualität der Objekte — dazu fehlten ihm bei dem geringen Erbe seiner Eltern die Mittel —, sondern in dem Bedürfnis nach einem übersichtlichen Entwicklungsbild der mittelalterlichen Stile, wie insbesondere der kirchlichen Gebrauchsgegenstände. Diese Eigenart des qualifizierten Sammlers, nicht im bisher üblichen Sinne vordringlich nach bestimmten Schulen und Zeiten zu sammeln, sondern Entwicklungsreihen der einzelnen Kunstobjekte, z. B. der Kelche, Monstranzen, Kruzifixe und Madonnenstatuen möglichst von ihren Anfängen über die Jahrhunderte herzustellen, sah er mit Recht als bedeutsam an. Mit diesem neuen Sammelprinzip unterschied sich Schnütgen — entsprechend dem berühmten Vorbild des Cluny-Museums — von den Liebhabersammlern seiner Zeit. Auch in der Restaurierungsmethode war er noch vor dem Bekanntwerden allgemeiner Wiederherstellungs-Richtlinien seinen Sammlerkollegen überlegen. Statt z. B. übermalte Skulpturen oder solche mit stark beschädigter Fassung „abzulaugen" und die fehlenden Teile zu ergänzen, versetzte er Figuren durch vorsichtiges Abschaben der Übermalungen in ihren früheren Zustand oder beließ sie aus „Verständnis für die zauberhafte Romantik des Torsos" in ihrer beschädigten Form. Später versuchte er, die Sammlung durch instruktive und bedeutsamere Gegenstände zu ergänzen, um sie der neuzeitlichen Kirchenkunst dienstbar zu machen.

Sein „Tagebuch über die vieltausendfältigen Ankäufe" (bis 1910 über 12 000 Objekte) ist leider verschollen. Einer Überlieferung zufolge soll Schnütgen das Tagebuch dem Konservator Witte zur Information übergeben und plötzlich bei der Lektüre entrissen und in den Ofen geworfen haben, wo es verbrannte. Manche Kritiker haben in diesem Verhalten, wohl auch gestützt auf die schon früh aufkommenden Anekdoten, ein Zeichen für das unlautere Vorgehen Schnütgens bei manchen Erwerbungen erblicken wollen. Erfahrungsgemäß pflegten aber die Sammler ihren handschriftlichen Beschreibungen der Gegenstände meist nur allgemeine Hinweise über die Fundorte und Entstehungszeiten hinzuzufügen, ohne sich im einzelnen über die oft weniger bekannten Vorbesitzer und die Kaufpreise auszulassen. Für die Tatsache, daß Schnütgen sein Tagebuch ebenso angelegt hat, sprechen auch die nur allgemeinen Fundorthinweise Wittes z. B. in dem von ihm herausgegebenen Katalog der Skulpturensammlung, wobei Schnütgen ihm „in den meisten Fällen", d. h. zweifellos aufgrund seiner Tagebuchnotizen, die Provenienz der Objekte ansagen konnte. Die Kurzschlußreaktion Schnütgens scheint — immer vorausgesetzt, daß obige Überlieferung zutrifft — möglicherweise aus einer plötzlichen Scheu entsprungen zu sein, Einblicke in seine anfängliche Unsicherheit bei der Beurteilung der Objekte zu gewähren; sie ist sicherlich nicht aus dem ihm fälschlicherweise nachgesagten Bestreben zu verstehen, alle Briefe bekannterer Persönlichkeiten und sonstigen wichtigen Unterlagen vor seiner endgültigen Übersiedlung nach Listernohl zu vernichten, um eine Biographie zu verhindern. Für das Nichtzutreffen dieser Behauptung sprechen die Quellenschwierigkeiten Schnütgens bei der Abfassung seiner Lebenserinnerungen, die bezeichnenderweise dann nicht auftraten, wenn Unterlagen, die wir heute noch besitzen, seinen Ausführungen zugrunde lagen.

Ein Bonner Sammler der Säkularisationszeit hat einmal gesagt, er und alle Sammlerkollegen seien dem Verdacht der Unredlichkeit ausgesetzt. Diesen Vorwurf mußte sich auch ein Mann gefallen lassen, der unter verhältnismäßig ungünstigen Zeitumständen eine solch stattliche Sammlung zusammengetragen hat wie Schnütgen. Bisher ist nur ein Fall bekannt geworden, wo ihm zumindest Fahrlässigkeit beim Erwerb kirchlicher Kunstgegenstände unterstellt werden muß. Der Kirchenvorstand der Attendorner St. Johanneskirche beklagte sich in einem Schreiben vom 17. August 1912, Schnütgen habe ohne sein Wissen verschiedene Altertumsschätze der Gemeinde, wie das „uns bekannte Kaselkreuz mit dem Bilde des hl. Quirinus und ebenso das grüne Meßgewand und die beiden grünen Dalmatiken, die von der Familie von Fürstenberg und von Galen, wie die eingestickten Wappen zeigen, der Pfarrkirche geschenkt sind und nach unserem Inventar zu den kostbarsten Paramenten unserer Pfarrkirche gehören, an sich genommen." Vielleicht habe der Pfarrer bei der Übergabe das Einverständnis des Kirchenvorstandes vorausgesetzt. Weiter hieß es in dem sehr bestimmt abgefaßten Schreiben: „Natürlich müssen wir Euer Hochwürden dringend bitten, die Sachen sämtlich und vollständig möglichst bald an die Pfarrkirche zurückgelangen zu lassen, da wir um nichts in der Welt darauf verzichten werden ... Wir haben bis jetzt Stillschweigen über die Sache beobachtet, sind aber davon überzeugt, daß ein Sturm der Entrüstung durch die ganze Stadt gehen wird, sobald etwas davon bekannt wird. In jedem Falle werden wir den Herrn Pfarrer für die Kunstgegenstände verantwortlich machen". Schnütgen entschuldigte seine Handlungsweise zwei Tage später gegenüber dem Pfarrer der Gemeinde in einem fünf Punkte umfassenden Antwortschreiben. „Sie wissen", rechtfertigte er sich, „daß 1. die Olpener Schwestern die betreffenden Gewebe mir gezeigt und bald darauf zugeschickt haben mit dem Bemerken, daß dieselben für den kirchlichen Gebrauch nicht mehr geeignet seien und daß der Herr Pfarrer sie nicht zurückerwarte; 2. ich mit Ihnen über dieselben gesprochen und den Eindruck gewonnen habe, daß Ihr Kirchenvorstand mit der Überlassung an mich für Zwecke meines Museums einverstanden sei; 3. ich Ihnen für dieselben eine grüne Kasel geschickt habe, die 140,—(?) Mark kostet; 4. ich das (Gewebe) ... durch Restauration mit vielen Kosten habe herstellen lassen, weil es sehr im Umstande war; 5. ich sämtliche Gegenstände sofort dem Schnütgen-Museum schon vor mehr als Jahresfrist geschenkt habe." Und abschließend fügte er hinzu: „Obwohl dieselben dort längst inventarisiert und die Rückgabeschwierigkeiten nicht gering sind, werde ich sie reklamieren und sobald ich sie erhalten habe, Ihnen zusenden." Heute befindet sich das unter anderm zurückgeforderte Kaselkreuz, dessen Entstehungszeit um 1300 angegeben wird, im Attendorner Heimatmuseum. Schnütgen hätte in diesem Streitfall besser daran getan, den Kirchenvorstand vor Durchführung seines Tauschvorhabens um Genehmigung zu ersuchen, statt sich danach auf die Aussage Dritter zu berufen. Später hat man über diese Schnütgen verschiedentlich nachgesagten Tauschgeschäfte geurteilt: „So groß die Verdienste Alexander Schnütgens um die Erkenntnis der rheinischen Kirchenkunst gewesen sind, wir wissen heute, daß es ein Fehler war, wunderbare Werte sakraler Kunst von den Stellen zu entfernen, für die sie bestimmt waren, und sie, wie das der sammelfrohe Domkapitular getan hat, durch Arbeiten mindern Wertes zu ersetzen. Heute weiß die Wissenschaft, daß man nur solche Werte sakraler Kunst in die Museen holen sollte, die sonst bedroht oder gar verloren sind."

V.

Die Anekdoten über Schnütgens Sammelleidenschaft rührten sicherlich von seiner hartnäckigen und, wenn es sein mußte, ausdauernden Verhandlungsführung beim Kauf her und waren mitbedingt durch seine zunehmende Volkstümlichkeit. Bekannt ist der überlieferte Ausspruch des Kaisers: „Na, da kommen ja die zwei Spitzbuben aus Köln; der eine (Schnütgen) stiehlt über der Erde und der andere (Nießen) unter der Erde." Eine andere Anekdote erhitzte unter dem vielsagenden Titel „Das Gottesgericht" sogar die sozialdemokratische Presse. Das „Neue Münchener Tageblatt", ein Zentrumsblatt, hatte die Geschichte von der rapiden Abmagerung des wohlbeleibten Domkapitulars Schnütgen nach der Übervorteilung eines Bauern zum Besten gegeben. Der Bauer aber soll Schnütgen bei der Reklamation mit einem „gebückten, vertrockneten und hustenden Männchen im schwarzen Talar" verwechselt und fluchtartig dessen Wohnung mit dem Ausruf „He hätt Jott gerich!" verlassen haben. Dazu schrieb die sozialdemokratische „Münchener Post": „Wir haben schon lange nicht mehr so gelacht. Man stelle sich einmal vor, ein sozialdemokratisches oder liberales Blatt hätte die ‚hübsche Anekdote' erzählt ... Da hätte ja die Zentrumspresse gleich wieder ein Musterbeispiel dafür gehabt, wie von der ‚kirchen- und religionsfeindlichen' Presse die Geistlichkeit verleumdet wird ... Nun aber ist kein ‚Rotblockorgan', das diese schamlose Verleumdung eines hohen katholischen Geistlichen kolportiert, sondern eines der Zentrumsblätter, die in der Schnüffelei nach ‚Verleumdungen' des Klerus und in der Hetze gegen alles Nichtzentrumsmäßige am betriebsamsten sind." Und der sozialdemokratische Berliner „Vorwärts" meinte: „Wie würde die Zentrumspresse über religiös- und kirchenfeindliches Gebaren zetern, wenn ein sozialdemokratisches Blatt als ‚hübsche Anekdote' erzählte, wie ein Dompropst (!) die ‚Dummheit' eines Bauern ausnutzt, um ihn übers Ohr zu hauen!"

VI.

Ein wichtiges Zeugnis der Forschungstätigkeit Schnütgens ist die „Zeitschrift für Christliche Kunst", als deren Herausgeber er — abgesehen von einer kurzen Unterbrechung (1913/14) — dreißig Jahre lang (1888—1918) fungierte. Der Übernahme dieses Amtes war seine Wahl zum Vizepräsidenten des „Historischen Vereins für den Niederrhein" (1885) vorausgegangen. Der Vereinsvorstand und sein Präsident Hermann Hüffer verbanden damit die Hoffnung, daß durch Schnütgens schriftstellerisches Wirken die „Vereins-Annalen ... mehr als bisher ... für die mittelalterliche Kunstgeschichte nutzbar gemacht würden". Schnütgen wies zwar darauf hin, seine „ohnehin spärliche Muße" sei durch eigene Studien, die „mehr kunstgewerblicher, als kunstgeschichtlicher Art" seien, voll in Anspruch genommen. Auch habe er sich bisher mit historischen und insbesondere lokalgeschichtlichen Untersuchungen, die den Vereinsinteressen entsprächen, nicht beschäftigt. Schließlich aber war sein „Los" nach einstimmig erfolgter Wahl „besiegelt".

Auch seine Installation als Domkapitular (13. Juni 1887) muß im engsten Zusammenhang mit seiner Bestellung als Herausgeber der „Zeitschrift für

Christliche Kunst" gesehen werden (seit 1891 jährliches Staatsgehalt = 3 000,— Mark, seit 1908 = 3 600,— Mark). Wesentliche Aufgabe der Zeitschrift sollte in Anlehnung an das Mittelalter die Förderung der christlichen und insbesondere der kirchlichen Kunst sowie der ausübenden Künstler und Kunsthandwerker sein, soweit sie sich der Wiederherstellung von Kirchen und kirchlichen Gegenständen und dem Bau neuer Gotteshäuser und ihrer Ausstattung zuwandten.

Schnütgen traf seine Entscheidung wiederum erst nach reiflicher Überlegung. Der Vorstand der Zeitschrift habe ihn „unbarmherzig herangeholt" und auch der Kölner Erzbischof „drängte", schrieb er vor Annahme der Redaktion seinem Freunde Friedrich Schneider. Er habe sich aber Bedenkzeit erbeten. Und weiter meinte er: „Um mir den Entschluß, der mir sehr schwer fällt, möglicherweise zu erleichtern, habe ich mich gestern an das Programm gemacht. Zunächst lege ich nun auf Ihr Urteil über dasselbe den größten Wert ... Bitte jetzt um Ihre aufrichtige und offene Kritik. Je mehr Sie dieselbe üben, desto dankbarer werde ich Ihnen sein ... Auch möchte ich gerne wissen, was Sie über die Form der Zeitschrift denken ... Den Umschlag möchte ich am liebsten in ganz einfacher Ausstattung haben ohne Zierleisten und mit Titel in schönen Buchstaben. Haben Sie noch besondere Wünsche und Vorschläge namentlich auch dem Verlag gegenüber? . . . Ich sitze also zu Ihren Füßen". Leider ist das Antwortschreiben Schneiders nicht erhalten geblieben. Schnütgen bedankte sich für die „wohlwollende Beurteilung" und „ermunternden Worte" seines Freundes, „auch für die Winke, die Sie mir gegeben haben". Bedeutungsvoll meinte er weiter: „Ich kenne Ihre Anschauungen, Sie die meinigen; daß sie sich nicht gerade in allem decken, wissen Sie; daß wir im wesentlichen d'accord sind, bezweifle ich nicht". Er habe absichtlich die etwas unbestimmte Fassung des Programms der Zeitschrift gewählt und halte sie nicht für die schwächste Seite des Entwurfs. Beschwichtigend fügte er hinzu: „Wir müssen auf manche Vorurteile Rücksicht nehmen, wenigstens zu Beginn, um nach keiner Richtung hin in unseren Kreisen Bedenken zu erzeugen und Mißdeutungen zu veranlassen. Im Laufe der Zeit werden wir eine bestimmte Sprache führen können und müssen. Die prinzipiell strittigen Punkte werden wir einstweilen am besten aus der Diskussion lassen".

Die Zeitschrift wandte sich in zähem Ringen unter Schnütgens Führung gegen das fabrikmäßig betriebene Kunstschaffen. In einem Streitfall mit der Kölner „Kunstfabrik" Th. Schülter (1897) drohte der Inhaber mit einer gerichtlichen Klage, da Schnütgen seine Waren „verächtlich gemacht und ihn dadurch geschädigt" habe. Schnütgen bestritt keinesfalls, sich offen — und nicht etwa „hinter dem Rücken" — gegen die „Stillosigkeit" und den „Unwert" der „Produkte" Schülters ausgesprochen zu haben. Jedoch betonte er: „Nur von diesem ... prinzipiellen, wissenschaftlichen Standpunkt aus, also im Sinne des Stilmangels habe ich an seinen Verkaufsgegenständen Kritik geübt, niemals und mit keinem Worte die sonstige Reellität seines Geschäftes in Zweifel gezogen.

... Diese Kritik habe ich nur zur Geltung gebracht, wenn ich um Rat gefragt wurde als Redakteur der ‚Zeitschrift für Christliche Kunst,' als Mitglied der Erzbischöflichen Kunstkommission und aufgrund mancher anderer Titel, die mich berechtigten und verpflichteten, für den Bau und die Ausstattung von Kirchen meinen Rat zu erteilen, und in der Ausübung dieses Rates und dieser Pflicht werde ich mich durch keinerlei Drohungen beirren oder beeinträchtigen lassen."

Schnütgen wehrte sich gegen das „direkte Nachbilden, das einfache Kopieren" mittelalterlicher, das heißt vorwiegend gotischer Kunstwerke und hob hervor, daß es dem „Künstler obliege, durch das hingebendste Studium die alten Formen in sich aufzunehmen und aus deren Geist heraus neue, eigene Gebilde zu schaffen nach Maßgabe der Ansprüche, welche örtliche Verhältnisse, praktische Forderungen, liturgische Vorschriften und sonstige Umstände stellen". Mit fortschreitendem Alter ließ er in seiner Zeitschrift auch moderne Anschauungen zu Wort kommen, die wegen ihrer „maßvollen Fassung von der Redaktion nicht beanstandet werden durften, obwohl sie von ihr nicht in allem geteilt" wurden. Witte schrieb als Verfechter dieser Richtung: „Wollen wir sagen, daß unsere Künstler sich darauf beschränken sollten, alte Stile zu verarbeiten und damit sich zu begnügen? Gewiß nicht, das was ihnen seit Jahrzehnten mit Recht zugebilligt worden ist, durch Studium der Alten den rechten Weg und den Anschluß wiederzufinden, das würden wir ihnen noch heute zubilligen ohne jede Einschränkung, wenn nicht bereits sechs Jahrzehnte über dieses Studium vergangen wären. Wir wollen endlich reife, veredelte Früchte sehen, den Fortschritt, die Nähe des durch Studium und Arbeit gewonnenen Zeitstiles."

In diese Übergangsphase griff Schnütgen nach der Jahrhundertwende nicht mehr ein, da er sich zu alt fühlte; aber er gab „rückhaltlose Ermunterung zur Weiterarbeit mit auf den Weg". Seinerseits hielt er in seinen Beiträgen und in der Aufmachung der Zeitschrift an seinem Konzept fest, die „Vorzüge der alten Werke" für die Kunstschaffenden herauszustellen, solange der „gesunde Entwicklungsprozeß" noch nicht einen gewissen Abschluß gefunden habe.

Die „Zeitschrift für Christliche Kunst" blieb Schnütgens „sorgenvolles Kind". Wiederholt hat er sich um seine Abberufung und um einen geeigneten Nachfolger als Herausgeber bemüht. Vergebens! Es blieb bei einem kurzen „Interregnum" Wittes um die Jahreswende 1913/14. Die wenigen, uns erhaltenen Korrespondenzen Schnütgens mit Gelehrten wie Karl Justi, Franz Xaver Kraus, Friedrich Schneider und Karl Lamprecht, mit Museumsdirektoren wie Justus Brinckmann, August von Essenwein, Otto von Falke und Max Sauerlandt sowie mit sonstigen Persönlichkeiten des öffentlichen Lebens wie Max Hasak und anderen bezeugen seinen rastlosen publizistischen Eifer und sein ständiges Bemühen um geeignete und ausreichende Beiträge für die Zeitschrift.

Wie man geurteilt hat, pflegte Schnütgen in seiner engen, steilen Schrift die analytische Schreibweise; die Synthese hat er nie bevorzugt. „Auch als Schriftsteller war er in der Hauptsache ein Sammler . . . ungezählter, verkümmernder und vergessener Objekte der Kunstgeschichte und brachte sie dem Interesse breiterer Kreise und vor allem der Kunsthistoriker näher . . . Er suchte ihren kunsthistorischen, entwicklungsgeschichtlichen Zusammenhängen nachzugehen, besprach sie nach der archäologischen und liturgischen Seite und holte dann mit oft verblüffender Treffsicherheit auch aus ihnen das heraus, was er für ein Gesunden neuzeitlichen Kunstschaffens für vorbildlich und wertvoll hielt".

Infolge der Zersplitterung seiner Zeit und mangels einer Anregung aus der Fachwelt hat Schnütgen niemals ein kunsthistorisches oder archäologisches Buch geschrieben. Im Jahre 1889 trat er als Mitherausgeber der Trierer Ada-Handschrift hervor. Einige Fachaufsätze publizierte er in der „Revue de l'Art Chrétien". Verschiedene Kunstberichte und Buchbesprechungen schrieb er als langjähriger Mitarbeiter für die „Kölnische Volkszeitung". Unter vereinzelten Beiträgen in anderen Publikationsorganen müssen insbesondere seine „persönlichen Erinnerungen" zur Vereinsgeschichte in den „Annalen des Historischen Vereins für den Niederrhein" genannt werden, die er nach zweiunddreißigjähriger Mitarbeit im Vorstande des Vereins und nach der stellvertretenden Leitung der meisten Generalversammlungen (ab 1885) rückblickend verfaßt hat.

VII.

Auf dem Gebiete der christlichen Kunst galt Schnütgen seit den achtziger Jahren als Autorität. Auf sein Urteil wurde in Sachverständigenkreisen „viel gegeben", wie es der Geheime Justizrat Loersch einmal ausgedrückt hat. Bereits im Jahre 1878 hatte er Teile seiner Textiliensammlung an das damals im Aufbau befindliche Kunstgewerbe-Museum in Berlin verkauft. Die 808 Gewebe und Stickereien hatten nach ursprünglicher Schätzung des späteren ersten Berliner Museumsdirektors Julius Lessing einen Wert von über 6 000 Mark. Den Verkaufserlös wollte Schnütgen seinerzeit nach Überlieferung des ihm nahestehenden ungarischen Kunsthistorikers Béla Czobor für eine Stiftung zur Unterhaltung eines Kustos der Sammlung verwenden.

Schnütgen war als Gründungsmitglied des Kölner Kunstgewerbevereins maßgeblich an der Errichtung des Kölner Kunstgewerbemuseums und indirekt bei der Wahl seines ersten Direktors Arthur Pabst beteiligt. Im Jahre 1887 schrieb er an Justus Brinckmann: „Nachdem in den letzten Tagen durch Spenden von 20 Personen 40 000 Mark zusammengekommen sind für unser Kunstgewerbe-Museum, werden wir mit der Gründung desselben bald beginnen können. Die größte Schwierigkeit wird die Wahl des Direktors bieten. Pabst scheint die meisten Chancen zu haben . . . Was denken Sie über denselben?" Brinckmann war sichtlich erfreut über diese Nachricht, obgleich er sich sagen müsse, daß bei der Bestellung des richtigen Mannes für dieses Amt ihm und den anderen älteren Anstalten gleicher Richtung die schärfste Konkurrenz erwachsen werde. „Ist doch Ihre Stadt schon jetzt der Mittelpunkt des deutschen Antiquitätenhandels". Gleichzeitig warnte er: „Vor allem hüten Sie sich, lieber Herr Domherr, die neue Anstalt einem Künstler, gleichviel ob Architekt, Bildhauer oder Maler zu unterstellen. Die Museen, welche — von Essenweins phänomenaler Bedeutung abgesehen — Künstlerdirektoren haben, sind durchweg in traurigem Zustand." Schnütgen wiederum berichtete wenige Tage später, er habe den „Rest von praktischen Bedenken" gegen Pabst vollständig fahren lassen und mit dem Kölner Oberbürgermeister Becker über ihn gesprochen. Er fügte hinzu: „Ich denke, in Monatsfrist wird die Sache perfekt sein, daß die Wahl . . . (durch) das Stadtverordneten-Kollegium erfolgen kann". Im gleichen Brief kündigte er an: „Ich beabsichtigte, unser bischöfliches Museum umzugestalten und nachdem dieses geschehen, . . . noch meine Sammlung hineinzustiften". Dieser letztere Plan scheiterte später an den Bedenken des Kölner Erzbischofs Anton Fischer, der glaubte, die damit verbundenen Verpflichtungen nicht tragen zu können, worüber Schnütgen sich „tief getroffen und enttäuscht" zeigte.

Einer „Erzbischöflichen Kommission behufs Begutachtung kirchlicher Baupläne und zu bewahrender oder neu zu beschaffender kirchlicher Kunstgegenstände" gehörte Schnütgen seit dem Jahresende 1889 an. Im Frühjahr 1890 zog er sich aber unter Hinweis auf seine zahllosen Tätigkeiten auf dem Gebiete der christlichen Kunst und die vielen Hindernisse in der Prüfungskommission von diesem Amt zurück. Vom Jahre 1891 bis 1905 fungierte er als Präsident des „Christlichen Kunstvereins für das Erzbistum Köln" und des Erzbischöflichen Diözesanmuseums (abgesehen von einer Unterbrechung in den Jahren 1896 bis 1900). Er gehörte dem Denkmalrat und der Kommission für die Denkmälerstatistik der Rheinprovinz an (seit vor 1890). Er wirkte als Kommissionsmitglied und Gutachter bei der Ausschmückung des Braunschweiger Domes (bis 1895/96) und Aachener Münsters (um 1895/98) mit. Auf der Budapester Kunstausstellung des Jahres 1896 trat er sogar als Mitglied eines internationalen Preisrichterkollegiums auf. Auch wurde er im gleichen Jahre erneut in eine beratende „Kommission für kirchliche Kunst in der Erzdiözese Köln" berufen. Im November 1899 schließlich erfolgte seine Berufung zum Präsidenten der großen Düsseldorfer Kunstausstellung des Jahres 1902. Er habe Monate hindurch die Beteiligung verweigert, berichtete er Friedrich Schneider. Er sei aber zuletzt von allen Seiten, besonders von der Königlichen Kunstakademie Düsseldorf, bedrängt worden, so daß er nicht mehr widerstehen konnte. Alle Anträge an Kirchen,

Museen, kirchliche und staatliche Behörden, Privatsammler um Überlassung von Kunstgegenständen für die Ausstellung seien „bis jetzt ausschließlich durch (ihn) gestellt" worden, schrieb er im August 1901 seinem geistlichen Freund. Die Vereinigung einer so stattlichen Zahl von Meisterwerken, insbesondere der vielen Altarschreine, die „bis dahin das Innere der Kirchen nie verlassen hatten" (Schnütgen), werde „die Welt nicht wieder sehen", hieß es in einem Schreiben der Kunstakademie Düsseldorf. Schnütgen beteiligte sich mit 546 Nummern aus seiner Sammlung und konnte später mit Stolz auf die „glückliche Abwicklung" des Unternehmens „ohne irgendwelchen Unfall" hinweisen. Bei der zweiten kunsthistorischen Ausstellung in Düsseldorf 1904, die vor allem den „primitiven Meistern" galt, wirkte er als stellvertretender Vorsitzender wiederum mit.

Trotz seines großen Einflusses auf das Kunstschaffen dürfen die kritischen zeitgenössischen Stimmen über sein Kunstempfinden nicht unerwähnt bleiben. Witte sprach bei der Beurteilung der von Schnütgen angeregten neugotischen Kunstwerke zeitgenössischer Künstler (im Kölner Dom usw.) von „hohlen und geistlosen Gesten, in denen „alle Bewegung und alles seelische Leben" stecken geblieben sei, ja von einer „völligen Unwahrhaftigkeit dieser Arbeiten". Und ergänzend meinte er: „Hätten Schnütgen stärkere und impulsivere Künstler zur Seite und zur Verfügung gestanden (als Wilhelm Mengelberg, Kleefisch oder Rosenthal), so wären die Früchte seiner Tätigkeit auf diesem Gebiete ganz andere gewesen. So kam er niemals ganz aus der Stilakrobatik heraus und vergaß der weit idealeren und dankbareren Aufgabe des geistlichen Kunstförderers, an dem Aufbau einer eigenen Kunstsprache mitzuarbeiten". Leider habe Schnütgen ein „stärkeres, ausgeprägt persönliches Verhältnis zur Kunst" gefehlt. Clemen urteilte über Schnütgen: „Was er wollte, ein Arbeiten (und auch ein Weiterbilden) im Geiste und in der Gesinnung der Alten, das war vielfach doch nur ein Arbeiten in den äußeren Formen der Alten, und so heilsam seine Erziehung und seine Anregung in verflossenen Jahrzehnten gewesen war, so ward sie zum lastenden Druck und drohte zu einer Vereisung der kirchlichen Kunst zu führen". Später meinte er, Schnütgen sei bei der Abschätzung der Qualität der Kunstobjekte wohl „viel weniger feinfühlig" gewesen, wie etwa der Kölner Sammler Leopold Seligmann.

VIII.

Schnütgens Sammlung war im Laufe von vierzig Jahren und insbesondere seit der Düsseldorfer Ausstellung 1902 zum Anziehungspunkt für „Könige und Königinnen, königliche Prinzen und Prinzessinnen, Herzöge und Fürsten, Kardinäle und Bischöfe, Staatsminister, Museumsdirektoren, Kunstgelehrte und Professoren" des In- und Auslands geworden. Zunächst war die Sammlung in den „kleinen Kurien" Margarethenkloster 4 (seit 1868) und Unter Sachsenhausen 14 (seit 1879) untergebracht. Im Jahre 1888 erfolgte, verbunden mit einem

„schrecklichen Durcheinander", der Umzug nach Burgmauer 13; bis die Sammlung im Jahre 1899 eine vorläufige Bleibe in Margarethenkloster 7 fand. Nach heutigen Maßstäben schienen die pittoresk überfüllten, in Photographien überlieferten Wohnräume Schnütgens schier unbewohnbar. Und doch schätzte er das ihm „glücklicherweise ungemein sympathische Haus" bei fortschreitender Gebrechlichkeit über alles. Wiederholt war sein Heim der Treffpunkt von Vereinsversammlungen. Und wenn beim geselligen Beisammensein „auf den mit lauter Stimme erfolgten Ruf „Therese" seine treue Nichte und Hausgenossin eine Flasche seines geliebten „Ockenheimer" hereinbrachte, dann verflogen die Stunden".

Wohl der Höhepunkt seines Lebens war die geschenkweise Überführung seiner Sammlung an die Stadt Köln im Jahre 1910. Der in jenem denkwürdigen Brief vom 14. April 1906 an den Kölner Oberbürgermeister Wallraf geäußerte Entschluß ist mit Recht als ein „Akt vorbildlicher, heroischer Selbstentäußerung" (Clemen) bezeichnet worden, um so mehr als er noch zu Lebzeiten Schnütgens in die Tat umgesetzt wurde. An seine Schenkung knüpfte er die beiden Bedingungen, daß die Stadt Köln:

1. „im Zeitraum von drei Jahren auf ihre Kosten an ihr Kunstgewerbemuseum einen Anbau zu errichten (habe), der meine Stiftung alsbald unter dem Titel: „Sammlung Schnütgen" als einheitliches Ganzes aufzunehmen hat in angemessener Aufstellung und mit Einschluß eines Büchersaals;

2. dafür einen Assistenten zu berufen (habe), der, auf dem kirchlichen Kunstgebiete recht erfahren, katholisch, wenn qualifizierter Bewerber vorhanden auch Priester, in erster Linie dieser Sammlung sich zu widmen hat mit besonderem Entgegenkommen gegen den Klerus, die Theologiestudierenden und die Kirchenkünstler durch Förderung ihrer bezüglichen Studien".

Der damalige Direktor des Kölner Kunstgewerbemuseums, Max Creutz, deutete in einem Schreiben an Justus Brinkmann die erstere Bedingung Schnütgens dahingehend, daß er der Stadt zunächst „ohne Vermischung mit fremden Dingen" zeigen wolle: „Das gebe ich Euch!" Und meinte ergänzend: „Man kann ihm das nicht verdenken, denn in Köln würde es gleich heißen, die meisten Sachen waren schon im Museum usw. Später ist eine derartige Vereinigung vielleicht eher möglich. Inzwischen versuchte ich manches in die Schnütgen-Sammlung einzuschmuggeln, Truhen als Untersätze usw., um eine größere Einheit zustande zu bringen".

Die Annahme der Schenkung seitens der Kölner Stadtverordneten-Versammlung war am 19. April 1906 erfolgt. In den nächsten Jahren entstand unter Leitung des Architekten Franz Brantzky der zur Aufnahme der Sammlung vorgesehene Anbau an das Kunstgewerbemuseum am Hansaring. Dabei wurde die von

Schnütgen ausbedungene dreijährige Baufrist „nicht unerheblich überschritten". Wie man geurteilt hat, wäre es ungerecht, das altertümelnd in romanisierenden und gotisierenden Formen gestaltete Gebäude mit gewölbten Räumen und Gängen nach heutigen Maßstäben einzuschätzen. Vielmehr habe man der mittelalterlichen Sammlung den damals geeignet erscheinenden neugotischen Rahmen geben wollen, der schon 1906 von der Moderne nicht mehr als baulich richtungweisend angesehen wurde.

Der Stifter leitete unter Assistenz des neuen Konservators Fritz Witte bis zuletzt die Einrichtungsarbeiten. Aus jener Zeit ist ein Brief Schnütgens an den Aachener Stiftspropst Dr. Franz Kaufmann erhalten geblieben, in dem er zu Aufstellungszwecken für seine Sammlung um Überlassung einer Anzahl gotischer Paneele bat, die der „Antiquar Schopen . . . auf dem Speicher Ihres Pfarrhauses . . . entdeckt habe".

Am 26. Oktober 1910, dem Tage der Eröffnung des Schnütgen-Museums, erhielt er das Ehrenbürgerrecht der Stadt Köln, wie ihm in den Vor- und nachfolgenden Jahren viele Ehrenbezeugungen (1902 Dr. theol. h. c. Münster, 1903 o. Honorarprofessor der Katholisch-theologischen Fakultät Bonn, 1909 Dr. phil. h. c. Löwen, 1913 Geistlicher Rat ad hon., 1916 Ehrenbürger des Amtes Attendorn, päpstl. Hausprälat usw.) und Ordensverleihungen zuteil wurden.

Auch bei der Überführung einer anderen Privatsammlung, der Skulpturensammlung des Bildhauers Richard Moest, in Aachener städtischen Besitz hat Schnütgen im Jahre 1907 beratend mitgewirkt.

IX.

Großes Verdienst erwarb er sich mit der Stiftung mehrerer Kirchen und eines Schwesternhauses in der engeren sauerländischen Heimat seines Vaters. Im Laufe von nur zwölf Jahren erfolgten unter seiner Anweisung der Ausbau des Listernohler Klostergebäudes des Klosters Ewig zu einer Kirche (1903) sowie die Neubauten des Theresienstiftes in Listernohl (1913/14) und der Gotteshäuser in Lichtringhausen (1909/10), Listerscheid (1912/13) und Ennest (1914/15). Außerdem hat Schnütgen mit Geldspenden nach seinem Tode zum Bau der katholischen Kirche in Bergneustadt und mit Kunstgegenständen zu ihrer Ausstattung beigetragen. In diesen Kirchbauten und ihrer Ausschmückung fand er, wie der spätere Direktor des Kölner Erzbischöflichen Diözesanmuseums, Wilhelm Neuß, urteilte, auch den Weg von der Gotik zu einer volkstümlichen Barock-Form.

Das Vermögen, aus dem er den einfachen Kirchbau in Listernohl bestritten habe, schrieb er an die Behörden, verdanke er nur zum geringeren Teil seinen Eltern, „vornehmlich vielmehr (seiner) eigenen Betriebsamkeit durch literarische Tätigkeit, öffentliche Vorträge, glückliche Anlage der so erworbenen und durch Sparsamkeit gehüteten Gelder".

Schnütgens Opferfreudigkeit ist nicht in allen Fällen der gebührende Lohn zuteil geworden. So ließ er sich in seinem Aufsatz über den Ennester Kirchbau gegenüber der dortigen Gemeinde, deren Schützenverein aus eigenen Mitteln die Errichtung eines Schützenhauses plante, zu dem harten Satz hinreißen, die Gemeinde hätte „mit mehr Geduld und weniger Zurückhaltung" auch aus eigener Kraft den Kirchbau bewältigen können. Der Vorstand des Ennester Schützenvereins rechtfertigte sich in einem Leserbrief des „Attendorner Volksblatts" mit dem Hinweis, das „kaum nennenswerte Vereinsvermögen" könne zum Neubau der Kirche „wenig beitragen". „Und es ist nach unserer Meinung auch nicht recht, daß einem, der nur so'n klein bißchen hat, dies wenige soll genommen werden".

In den letzten Lebensjahren war Schnütgen, bedingt durch starken Rheumatismus in den Beinen, fast ständig ans Haus „gefesselt". Seit Anfang der neunziger Jahre reiste er wegen seines „nervösen Zustands der Überarbeitung" wiederholt zur „Wasserkur" nach Wörishofen (Mai 1890, außerdem wahrscheinlich Mai 1898 sowie Sommer 1900 und 1903). Im Sommer 1908 klagte er erstmals über Diabetes. Sein „Schmerzenskind, der rechte Fuß", gestattete ihm immer weniger Bewegung, so daß er schließlich „nur mit knapper Not" in seiner Hauskapelle die hl. Messe lesen konnte. Die bischöfliche Genehmigung hierzu war ihm am 28. Dezember 1908 für seine Kölner Wohnung und am 28. Juni 1911 für seine zweite Wohnstätte „Alte Weuste" in Listernohl erteilt worden.

Im Dezember 1914 meldete die „Kölnische Zeitung" fälschlicherweise seinen Tod, worauf als einer der ersten Kondolenten der Bruder des sächsischen Königs Friedrich August III., Prinz Johann Georg von Sachsen, der Nichte Schnütgens seine herzlichste Teilnahme zu dem schweren Verlust aussprach.

Eines der letzten Schreiben an seinen gleichnamigen Neffen und späteren Abteilungsdirektor der preußischen Staatsbibliothek gibt Aufschluß über seine körperliche und geistige Verfassung am Lebensabend. „Meine Schwerfälligkeit ist hier (in Listernohl) natürlich gerade so groß wie in Köln", schrieb er, „und in ständiger Zunahme; aber der Druck auf das Gehirn ist hier minder groß in der frischen Landschaft und in dem Schutz gegen so viele Behelligungen, unter denen die lästigen vorwiegen". Angesichts der politischen Lage vor dem Kriegsende folgten die tief bewegenden Worte: „Jeder ist jetzt mehr als sonst sein eigener Philosoph, und ich bin gespannt auf die neue Generation, ohne das Bedürfnis, sie zu erleben!" Er, der sich wegen seiner „konservativen Neigungen" selbst bespöttelte, galt bis zuletzt als königs- und kaisertreu, ja er hat sogar einmal die Kriegspolitik Wilhelms II. als das „gewaltigste Werk der Vorsehung" bezeichnet.

Am 23. November 1918 ist er mit dem überlieferten Schmerzensausruf „Mein Gott, mein Gott" im Hausflur seines Listernohler Heimes zusammengebrochen und an einem Herzschlag verstorben. Sein ursprünglich am 23. März 1918 verfaßtes und später zweimal ergänztes Testament ersetzte er am 10. November 1918 durch eine Neufassung. Universalerbin war seine Nichte Therese Schnütgen (später verehelichte Sawatzki). Sein aus Hypothekenguthaben bestehendes Vermögen, das er seinem „Fleiß und . . . persönlicher Sparsamkeit verdankte", sollte im wesentlichen unter die Familienangehörigen verteilt werden. Ausführlich besprach er seine Kirchenstiftungen. Nichts sollte von seinem Nachlaß verkauft, alles nur geschenkweise weitergegeben werden.

Seine Sammlung aber als wichtigstes Vermächtnis, dereinst als antiquarische „Rettungsstation" aufgebaut, wurde in zeitgemäßer Ausdeutung „durch Witte ein gepflegter Garten, ein Bezirk der Andacht" (H. Kaufmann). Schau- und Depotsammlung wurden getrennt, wertvolle Stücke hinzuerworben und im Jahre 1932 die bekannte Neugliederung der Kölner Museen vorgenommen, wonach das Schnütgen-Museum ausschließlich die kirchliche Kunst zu pflegen hat.

1. HAND- UND MASCHINENSCHRIFTLICHE QUELLEN:
Staatsarchiv Koblenz, Verzeichnis der Mitglieder des Metropolitankapitels in Köln (Abt. 403 Nr. 16992 S. 80/81 und 120/121); Staatsarchiv Münster, Akte „Errichtung der Filialkirchen. Gemeinde Listernohl" (Reg. Arnsberg II G Nr. 354); Niedersächsisches Staatsarchiv, Wolfenbüttel, Akte der Herzoglichen Baudirektion (76 Neu vorl. Nr. 814); Stadtarchiv Aachen, Akte des „Karlsvereins zur Wiederherstellung des Aachener Doms . . ." (Vol. IV, 1895-98, Nr. 122), Akte betr. Ankauf der Moest'schen Kunstsammlung (OB Reg. 7/24), Nachlaß Dr. Kaufmann, Brief Schnütgens (aus E 14); Historisches Archiv Köln, Akte „Eröffnung des Schnütgen-Museums" (Reg. II, Abt. XIV, Unterabt. 1, Nr. 30), Sonstige Akten i. Zusammenhang mit der Schenkung der Sammlung an die Stadt Köln (im 2. Weltkrieg vernichtet); Stadtarchiv Mainz, Teilnachlaß Friedrich Schneider; Dom- und Diözesanarchiv Mainz, Teilnachlaß Friedrich Schneider, Alumnenverzeichnis 1850/68 (o. Sign., S. 317); Stadtarchiv Trier, Nachlaß Franz Xaver Kraus; Pfarrarchiv St. Johannes, Attendorn, Akte „Kircheninventar II" (Abt. A 7), Akte „Einrichtung der Kirche und Abpfarrung von Listernohl 1897—1919" (Abt. A 11, 2 d), Akte „Abpfarrungen. Kapellenverein Listerscheid" (Abt. A 11, 2 b); Pfarrarchiv St. Stephanus, Bergneustadt, Aufstellung über vorhandene Gelder für den Kirchenbau in Bergneustadt, zwei Briefe aus den Jahren 1917 und 1925; Pfarrarchiv St. Laurentius, Essen-Steele, Geburts- und Taufurkunde (Taufregister Jg. 1843, Nr. 36); Pfarrarchiv St. Jakobus, Lichtringhausen, Akte „Bau der Kirche und Vikarie von 1908 bis 1911"; Pfarrarchiv St. Augustinus, Neu-Listernohl, Akte „Pfarrei" (Nr. 1), Akte „Kirchenbau" (Nr. 2), Akte „Schwesternhaus" (Nr. 6); Universitätsarchiv Münster/Westf., Matrikelakte (Nr. 3712/1860) und Anmeldungsbogen; Universitätsarchiv Tübingen, Matrikelakten (5/31 fol. 120' und 40/148); Metropolitankapitel des Erzbistums Köln, Plenar-Protokolle, Akte „Die Dompräbenden, Ernennung, Bestätigung, Rang und Einführung der Dignitäre, Domkapitulare und deren Besoldung" (A V 2), Akte Dotation durch die Regierung. Gehalt überhaupt" (A V 5); Universitätsbibliothek Bonn, Nachlässe Karl Justi und Karl Lamprecht; Staatsbibliothek der Stiftung Preußischer Kulturbesitz, Berlin-West, Nachlässe Ludwig Darmstaedter und Wilhelm Schmitz; Staats- und

Universitätsbibliothek Hamburg, Nachlaß Max Sauerlandt; Universitätsbibliothek Kiel, Nachlaß Richard Haupt; Bauamt Attendorn, Bauakten zu Kirchenbauten in Listernohl, Lichtringhausen, Listerscheid und Ennest; Museum Mayer-van-den-Bergh, Antwerpen, Briefe Schnütgens (Archiv 1894 und 1897); Kreisheimatmuseum Attendorn, Mehrere Briefe von bzw. an Schnütgen; Museum für Kunst und Gewerbe, Hamburg, Akten betr. „Korrespondenz mit auswärtigen Gelehrten und Interessenten 1877—1902" (Akte 1903 ff. verschollen), Akten betr. „Kunstgewerbe-Museum Cöln 1888—1928", Akte betr. „Sammlung Spitzer in Paris 1893"; Diözesanmuseum des Erzbistums Köln, Protokollbuch des Vorstandes des „Christlichen Kunstvereins für die Erzdiözese Köln" 1853—1886; Verlag L. Schwann, Düsseldorf, Schreiben Schnütgens in seiner Eigenschaft als Herausgeber der „Zeitschrift für Christliche Kunst" (im 2. Weltkrieg vernichtet); Kunsthaus Lempertz (vormals Heberle), Köln, Versteigerungsprotokolle 1867 ff. (im 2. Weltkrieg vernichtet); Amtsgericht Attendorn, Grundstücksakten (Ewig Bd 7 Bl. 22; Windhausen Bd 10 Bl. 72); Amtsgericht Köln, Testamente Schnütgens (Az. 22 IV 1386/18); Familienbesitz, Vikar Franz Schnütgen, Herne: Manuskripte, Zeugnisse, Schreiben zum 70. Geburtstag Schnütgens, allgemeine Korrespondenzen, Landwirt Hubert Schnütgen, Neu-Listernohl/Weuste: Urkunden über Ordensverleihungen, Pfarrer Winfried von Essen, Sprockhövel: Verschiedene Schreiben Schnütgens an seinen gleichnamigen Neffen, Dr. med. Alexander von Essen, Koblenz: Brief Schnütgens an seinen gleichnamigen Neffen.

2. GEDRUCKTE QUELLEN UND LITERATUR:
Ein ausführlicheres Quellen- und Literaturverzeichnis sowie ein Beitrag von *H. Schnitzler* über Schnütgen, in: Das Schnütgen-Museum, 4. Aufl., Köln 1968, S. 110—112 und S. 7—12. Viele Aufsätze Schnütgens sind erwähnt in: Schrifttum zur rheinischen Kunst. Zsgest. v. Mitgl. d. Kunsthist. Inst. d. Universität Bonn. Berlin 1949. Außerdem seien genannt:
Handbuch der Erzdiözese Köln, 12. Aufl., Köln 1869, S. 6, 15. Aufl., Köln 1888, S. 5; *A. Schnütgen*, Franziskanerpater Lucius Buchholtz, in: Franziskanische Studien. Jg. 5., Heft 3, S. 207—219; *ders.*, Catalog einer Sammlung von Geweben und Stickereien des Mittelalters und der Renaissance, Köln 1876 (Selbstverlag); Gewerbe-Ausstellung ... in Verbindung mit einer Allgemeinen Deutschen Kunst-Ausstellung in Düsseldorf 1880, S. 10; Das Kunstgewerbe-Museum zu Berlin, Festschrift, Berlin 1881, S. 30; Kunstgewerbe-Museum zu Berlin, Führer, Berlin 1881, S. 2; Die Trierer Ada-Handschrift, bearb. u. hrsg. v. *K. Menzel, P. Corssen, H. Janitschek, A. Schnütgen, F. Hettner, K. Lamprecht*, Leipzig 1889; Pilgerfahrt, in: Kölnische Volkszeitung Nr. 272 v. 16. 5. 1891; *A. Schnütgen*, Am Schlusse des ersten Jahrzehnts, in: Zs. f. christl. Kunst X (1897), Sp. 355; Kataloge der Kunsthistorischen Ausstellungen Düsseldorf 1902 (S. 1—6, 120—151) u. 1904; Die Industrie- und Gewerbe-Ausstellung ... verb. mit einer deutsch-nationalen Kunst-Ausstellung. Hrsg. v. *G. Stoffers*, Düsseldorf 1903, S. 370 ff.; *A. Schnütgen*, Der Dom zu Aachen und seine Entstellung, in: Lit. Beil. zur Kölnischen Volkszeitung Nr. 9 v. 3. 3. 1904; *ders.* u. *H. Lempertz*, Geleitworte, in: Collection Bourgeois frères. Versteigerungskatalog 1904; Internationale Kunstausstellung ... Düsseldorf 1904. Hrsg. v. *H. Frauberger.* Düsseldorf 1905, S. 4, 54, 72 ff.; Handwerks-Ausstellung Köln 1905, u. a. in: Köln. Tageblatt Nr. 440 v. 8. 6. 1905; Der Schluß der Handwerks-Ausstellung zu Köln, in: Kölner Localanzeiger Nr. 228 v. 21. 8. 1905;

A. Drossong, König Oskar von Schweden bei seinem letzten Aufenthalt in den Rheinlanden Mai 1906, in: Rhein. Verkehrs- u. Touristen-Zeitung, Januar 1908, S. 3 f.; Verhandlungen der Stadtverordneten-Versammlung zu Cöln vom Jahre 1906 (S. 115 f.) u. 1910 (S. 324, 326, 333); *A. Schnütgen,* Beim Schluß des zweiten Jahrzehnts, in: Zs. f. christl. Kunst XX (1907), Sp. 353 f.; *ders.,* Buchbespr., in: Zs. f. christl. Kunst XXII (1909), Sp. 64 (betr. Sammlung Moest); *ders.,* (Ansprache bei der Eröffnung des Schnütgen-Museums) u. a. in: Kölner Localanzeiger v. 26. 10. 1910; *J. M. Jurinek,* Köln am Rhein auf der Ausstellung München 1910, in: Köln. Tageblatt Nr. 261 v. 11. 6. 1910; Die aus dem alten Kloster-Ökonomiegebäude durch Umbau entstandene Kirche zu Listernohl (Einzelbeiträge von *A. Schnütgen, H. Gabriel, Mündelein),* in: Zs. f. christl. Kunst XXIV (1911), S. 229—242; Pfarrkirche und Pfarrhaus in Lichtringhausen (Einzelbeiträge v. *A. Schnütgen* u. *Ludwig Arntz),* in Zs. f. christl. Kunst XXIV (1911), Sp. 37—52; *A. Schnütgen,* Entstehungsgeschichte der Sammlung Schnütgen, in: Die Skulpturen der Sammlung Schnütgen in Cöln, hrsg. v. *F. Witte,* Berlin 1912, S. 9—14; *ders.,* in: Zs. f. christl. Kunst XXV (1912), Sp. 3 (Anm.); *F. Witte,* Unsere Aufgaben. Ein offenes Wort über die kirchliche Kunst an Klerus und Laien, in: Zs. f. christl. Kunst XXVI (1913), Sp. 17 f.; Das Gottesgericht, in: Beil. zu Nr. 61 der „Volksstimme" v. 13. 3. 1913; in: Berliner „Vorwärts" Nr. 58 v. 9. 3. 1913; *F. Witte,* Alexander Schnütgen, in: Lit. Beil. der Kölnischen Volkszeitung Nr. 8 v. 20. 2. 1913; in: Kölner Localanzeiger Nr. 49 v. 20. 2. 1913; Alexander Schnütgen †, in: Kölnische Zeitung Nr. 1385 v. 22. 12. 1914; Ein Totgesagter, in: Berliner Tageblatt Nr. 663 v. 31. 12. 1914; Stimmen aus dem Leserkreis, in: Attendorner Volksblatt Nr. 57 v. 12. 5. 1914 u. Nr. 58 v. 14. 5. 1914; *F. Schneider,* Theresienstift zu Listernohl, in: Zs. f. christl. Kunst XXVIII (1915), S. 3—10; *ders.,* Josephskirche zu Listerscheid (Vorbemerkung v. *A. Schnütgen),* in: Zs. f. christl. Kunst XXVIII (1915), S. 69—76; *H. Nüttgens,* Erfahrungen auf dem Gebiete der neuzeitlichen religiösen Malerei, in: Zs. f. christl. Kunst XXX (1917), S. 130; *A. Steinmetz,* Die St. Margarethenkirche zu Ennest (Vorbemerkung v. *A. Schnütgen),* in: Zs. f. christl. Kunst XXX (1917), S. 81—90; *P. J. Worms,* Die Herstellung alter bemalter Figuren durch Abschaben (Nachbetrachtung v. *A. Schnütgen),* in: Zs. f. christl. Kunst XXX (1917), S. 28—32; *A. Schnütgen,* Ein angenehmes und doch nicht annehmbares Kunstanerbieten vor nahezu vierzig Jahren, in: Zs. f. christl. Kunst XXXI (1918), S. 94—97; *A. Schnütgen* als Priester. Von einem seiner Koätanen, in: Zs. f. christl. Kunst XXXI (1918), Heft 11/12, S. 10; *E. Lüthgen,* Alexander Schnütgen †, in: Frankfurter Zeitung Nr. 331 v. 29. 11. 1918; *F. C. Heimann,* Alexander Schnütgen, Ehrenbürger der Stadt Köln †, in: Kölnische Volkszeitung Nr. 927 v. 25. 11. 1918; *A. Branting,* Alexander Schnütgen död, in: Svenska Dagbladet Nr. 328 v. 4. 12. 1918; *J. Eschweiler,* Das Erzbischöfliche Diözesan-Museum zu Köln. Köln 1924, S. 3 f.; *P. Clemen,* Vorwort in: Die Sammlung Dr. Leopold Seligmann, Köln. Versteigerungskatalog 1930; *O. H. Förster,* Kölner Kunstsammler vom Mittelalter bis zum Ende des bürgerlichen Zeitalters. Berlin 1931, S. 127, 130; *A. Schnütgen* (jr.), Domkapitular Prof. Dr. Alexander Schnütgen, in: Heimatstimmen aus dem Kreise Olpe. 6. Folge (1950), S. 327—330; *N. Scheele,* Ahnenliste väterlicherseits von Domkapitular Prof. Dr. Alexander Schnütgen, in: Heimatstimmen aus dem Kreise Olpe. 6. Folge (1950), S. 330—332; *H. Voss,* Listernohl nach der Säkularisation, in: Festschrift zum 50jg. Bestehen der Kirchengemeinde Listernohl. Olpe 1951, S. 15—22; *H. Gabriel,* Persönliche Erinnerungen an Herrn Domkapitular Alexander Schnütgen, in: Festschrift zum 50jg. Bestehen der Kirchengemeinde Listernohl. Olpe 1951, S. 26; *A. Bolley,* Aus der Chronik der Familie von Essen (Vonessen), in: Das Münster am Hellweg. Jg. 15 (1962), Nr. 7, S. 109—117; *E. Hegel,* Geschichte der Katholisch-Theologischen Fakultät Münster 1773—1964, Teil I. Münster 1966, S. 387, 520; *H.-J. Tümmers,* Die Altarbilder des älteren Bartholomäus Bruyn, Köln 1964, S. 91, 108 f.; *K. J. Schmitz,* Alexander Schnütgen, Leben und Werk, in: Alte und neue Kunst (d. Erzbistums Paderborn). Bd. 17/18 (1969/70), S. 126—131; *A. Legner,* Schnütgen-Museum Köln. München, Zürich 1971 (= Große Kunstführer Bd. 58); *A. Spiller,* Karl Roettgen (1837—1909). Ein rheinischer Sammler, in: Wallraf-Richartz-Jahrbuch XXXIII (1971), S. 232, 236. — Außerdem sei verwiesen auf die von *A. Ph. Brück* hrg. „Briefe des Bonner Kirchenhistorikers Heinrich Schrörs an den Mainzer Prälaten Friedrich Schneider", in: Annalen d. Historischen Vereins f. d. Niederrhein 174 (1972), S. 162—197, die lt. frdl. Mitt. v. Herrn Staatsarchivdirektor Dr. W. Stüwer Angaben und Kritiken über Schnütgen enthalten.

JULIUS BACHEM

(1845-1918)

Von Hugo Stehkämper

„Was ist alles in der weiten Welt und im lieben deutschen Vaterland passiert während der mehr als 40 Jahre journalistischer Tätigkeit, die ich unter so bedeutungsvollen Zeitumständen begann: Deutsch-französischer Krieg, Vatikanisches Konzil, Ausbruch des ‚großen Kulturkampfes', Gründung der Zentrumsfraktionen des Deutschen Reichstages und des Preußischen Abgeordnetenhauses. Alle wichtigen Ereignisse, soweit sie das Deutsche Reich betreffen, habe ich sozusagen mit der Feder in der Hand begleitet." Als Julius Bachem dies 1913 in den „Erinnerungen eines alten Publizisten und Politikers" niederschrieb, hätte er den aufgezählten Geschehnissen den Zentrums-, Modernimus- und Gewerkschaftsstreit seit 1906 noch beifügen können; und bevor standen ihm damals noch die Auseinandersetzungen um die Kriegszielpolitik. Allzu bescheiden nahm er für sich in Anspruch: „Bei einzelnen bedeutungsvollen innerpolitischen Fragen ist das Eingreifen der ‚Kölnischen Volkszeitung' vielleicht nicht ohne Einfluß gewesen." Geschwiegen hat er in dieser Rückschau vor allem von seiner wohl nachhaltigsten Lebensleistung: seine Einsichten über das Wesen des Zentrums orientierten diese Partei über ihren geistigen Standort und klärten ihr weltanschauliches Selbstverständnis. Von seinen Ideen führt eine gerade Linie zum Wesen und Selbstverständnis einer heute bestehenden großen Partei der Bundesrepublik Deutschland.

I.

Julius Bachem wurde am 2. Juli 1845 in Mülheim a. d. Ruhr geboren. Der Vater betrieb dort ein Geschäft mit Farb- und Kolonialwaren. Rastlos und fleißig brachte er es in die Höhe. Dabei mußte die ganze Familie helfen. Der Sohn gedachte des Elternhauses in Dankbarkeit und Freude: „So bescheiden die Verhältnisse waren, so fröhlich war meine Jugendzeit. Allerdings verlangte schon früh die Arbeit ihr Recht. Ehe die Schulaufgaben erledigt waren, gab es keine Erlaubnis zu jugendlichem Spiel . . . Die unerbittliche Gewöhnung im Elternhause an pünktlichste Pflichterfüllung ist für mein ganzes Leben von größter Bedeutung gewesen. Ich habe kaum etwas auf den anderen Tag übergehen lassen, was mit Aufbietung aller Kraft an demselben Tage fertiggestellt werden konnte. Ex pede agere! blieb die Losung". Dennoch fand Bachem ge-

nügend Zeit, die Mülheimer Umgebung zu durchstreifen. Damals legte er den Grund für seine kenntnisreiche Liebhaberei zur Insektenkunde.
Nach der Tertia der Realschule verließ er die Heimat und bezog die unweit Aachen in den Niederlanden gelegene Unterrichtsanstalt Rolduc. Zwei Jahre besuchte er die Handelsschule; danach wechselte er zum gymnasialen Zweig über. Latein und Griechisch wurden dort nach französischen Lehrbüchern, Mathematik nach holländischen erteilt. Namentlich im Gebrauch des Französischen fühlte sich Bachem seitdem sattelfest. Den Deklamationsübungen und dem Schultheater schrieb er seine frühe Sicherheit im öffentlichen Auftreten zu. Das Abitur konnte er freilich nur an einer deutschen Schule ablegen. Der Übergang auf die Unterprima des Essener Gymnasiums gelang nicht; ein halbes Jahr später hat er es in Kempen versucht, und zwar auf Anhieb mit Glück. Bei der Reifeprüfung erließ man ihm die mündlichen Fächer. Von seiner kurzen deutschen Schulzeit aber behielt er die besten Erinnerungen: „Es ist etwas Schönes um das gute, alte deutsche Gymnasium. Man sollte nur nicht zuviel daran herumexperimentieren."
Das Studium begann er zum Wintersemester 1864/1865 in Bonn mit neueren Sprachen und Naturwissenschaft, sattelte jedoch nach zwei Semestern zur Juristerei über. Während des einen Sommersemesters 1866 in Berlin erlebte er aus der Nähe das Blindsche Attentat auf Bismarck; gegen dessen österreichischen Krieg bemerkte er in der Bevölkerung allenthalben eine gereizte Stimmung. Von den Berliner Professoren beeindruckten ihn am meisten der Strafrechtler Gneist, in Bonn waren es der Römischrechtler Boecking und Bauerland, der das rheinische Recht las. Nach eigenen Worten schweigt von seinem Auskultatorexamen besser des Sängers Höflichkeit: „Es wurden zu jenen Zeiten glücklicherweise lange nicht so viel Detailkenntnisse verlangt; man sah sich den Kandidaten mehr darauf an, ob er ein wenig juristisch zu denken wußte."
Da Julius Bachem dem Vater versprochen hatte, sich am Ende des Studiums sofort auf eigene Füße zu stellen, sprach er beim Kölner Zeitungsverleger Joseph Bachem, einem Vetter seines Vaters, wegen Beschäftigung vor. Schon früher hatte er Artikel gegen die Abschaffung, aber für die Reform der akademischen Gerichtsbarkeit eingesandt; auch war er gegen den Historiker Heinrich v. Sybel aufgetreten, der als Rektor eine antipäpstliche Demonstration an der Bonner Universität erlaubt, eine Gegenkundgebung der katholischen Studenten jedoch untersagt hatte. Der Verleger verlangte weitere Probearbeiten. Den Ausschlag für die Anstellung gab indessen August Reichensperger; er riet Joseph Bachem, „sich den jungen Mann warm zu halten". An dem berühmten Appellationsgerichtsrat aber fand Julius Bachem bald einen politischen und parlamentarischen, einen väterlichen Freund.
So begann er im Sommer 1868 bei den ‚Kölnischen Blättern', die seit dem 1. Januar 1869 als ‚Kölnische Volkszeitung' erschienen, eine regelrechte Lehre.

Daneben durchlief er gewissenhaft die vorgeschriebenen Stationen des juristischen Vorbereitungsdienstes. Es war schon eine Leistung, daß er — zum eigenen Erstaunen — die Assessorprüfung mit Prädikat bestand. Darauf fand er sich am Scheideweg: „Nach meiner Ernennung zum Advokaten am Kölner Landgericht ergab sich dann aber bald die Notwendigkeit zwischen der Juristerei und der Journalistik zu optieren: die beiden Pferde ließen sich nicht länger zusammenführen. Die Journalistik siegte. Wen sie einmal hat, den läßt sie nicht leicht wieder los."

II.

In der Redaktion der ‚Kölnischen Volkszeitung' leistete der Anfänger bald die Hauptarbeit; die Leitung ging in steigendem Maß auf ihn über. Als politische Richtung wies ihm der Verleger „die Propagierung des Zentrumsgedankens und die Vertretung der Zentrumspolitik". Daraus wurde Bachems Lebensaufgabe. Als 1871 im Reichstag und im Preußischen Abgeordnetenhaus die Zentrumsfraktionen gegründet wurden, begleitete er deren Bildung mit einer Reihe von Artikeln; die darin geäußerten Gedanken waren von maßgebendem Einfluß; er faßte die Aufsätze deswegen 1874 in der anonymen Schrift ‚Das Zentrum im Landtag und im Reichstag' zusammen. Hat Bachem publizistisch mit innerer Begeisterung die parlamentarischen Vertretungen des Zentrums aus der Taufe heben helfen, so hat er das Wachsen der Gesamtpartei bis an sein Lebensende mit Tatkraft und in nimmermüder Treue gefördert.

Anfang 1876 stellte der Verleger neben Julius Bachem noch den Bonner Privatdozenten der Geschichte Dr. Hermann Cardauns als Hauptredakteur ein; beide sollten für den innenpolitischen Teil der Zeitung gleichberechtigt sein. Diese auf den ersten Blick problematische Doppelköpfigkeit hat sich großartig bewährt. Nicht nur festigten sich seitdem die bis dahin wechselvollen Personalverhältnisse in der Redaktion, durch beider Zusammenarbeit steigerte sich vor allem die Qualität des Blattes. Cardauns schrieb später: „Die Übereinstimmung in grundsätzlichen Fragen war stets vorhanden, und bei Meinungsverschiedenheiten in Fragen des Tones, der Taktik und Zweckmäßigkeit wurde bei gegenseitigem Nachgeben immer unschwer eine Verständigung erzielt. Ich habe meinen Kollegen stets als denjenigen anerkannt, welcher die Richtlinien unserer Politik anzugeben hatte; er war der Jurist, der Parlamentarier und Kommunalpolitiker, der über eine ungeheure Personalkenntnis und eine Menge einflußreicher Verbindungen verfügte; aufs höchste schätzte ich seine rasche Auffassung, sein sicheres Treffen des Kernpunktes, alle jene eigentlich politischen Eigenschaften, die ihn zu einem Liebling Windthorsts machten, seinen manchmal fast divinatorischen Scharfsinn." Umgekehrt profitierte Bachem von Cardauns' historischer Schulung, philologischer Akribie und ausgebreiteter Allgemeinbildung. „Ein ganz gewöhnlicher Vorgang" war, daß sie einen Leitartikel entweder gemeinsam schrieben oder der eine den des anderen gründlich überarbeitete. Im allgemeinen lagen Cardauns mehr die kirchenpolitischen und historisch-politischen Fragen, während Bachem die staatsrechtlichen und sozialpolitischen bevorzugte. Julius Bachem und Hermann Cardauns machten aus dem Lokalblatt ein maßgebendes Organ der Zentrumspartei und des deutschen Katholizismus überhaupt. Das Ansehen der ‚Kölnischen Volkszeitung‘ zog alsbald mit dem der liberalen ‚Kölnischen Zeitung‘ gleich; von allen Zentrumszeitungen erzielte sie vor und nach dem 1. Weltkrieg die höchste Auflage.

Als Bachem seine Journalistenlaufbahn begann, gab es kaum katholische Tagesblätter und erst recht keine politische Zentrumspresse. Je mehr sich der Kulturkampf zuspitzte, desto zahlreicher schossen vielerorts, vornehmlich im Rheinland und in Westfalen, Zeitungen empor, welche die Kirchenpolitik der preußischen Regierung bekämpften. Zur Stärkung der Schlagkraft gegen den übermäßigen, nicht zum wenigsten von Bismarck ausgehenden staatlichen Druck stellte sich bald die disziplinierte Befolgung einer einheitlichen Linie als unabweislich heraus. Dazu wurde 1878 der ‚Augustinus-Verein zur Pflege der katholischen Presse‘ hauptsächlich von dem Krefelder Verleger Heinrich Otto ins Leben gerufen. Julius Bachem spielte darin eine der ersten Rollen, indem er fast regelmäßig das politische Referat oder Korreferat auf den Generalversammlungen übernahm. Wilhelm Hankamer, Chefredakteur der ‚Essener Volkszeitung‘, entgegnete dort am 27. Februar 1912 auf die Behauptungen wegen der angeblichen Bachem-Hörigkeit des Vereins: „Es könnte nur dringend gewünscht werden, daß allenthalben die Bestimmung der preußischen Verfassungsurkunde: ‚Jeder Preuße hat das Recht, seine Meinung frei zu äußern‘, so gehandhabt werde, wie innerhalb der Berufsvereinigung der katholischen Presse. Weder üben dort die so viel, aber sehr zu Unrecht arg geschmähten Bachemiten einen alles beherrschenden Einfluß aus, noch suchen sie, so etwas zu tun. Dagegen wird ihre ersprießliche Mitarbeit nicht nur gerne gesehen, sondern dringend gewünscht. Eine General-Versammlung des Augustinus-Vereins ohne Justizrat Julius Bachem wäre gleich zu achten einem Festtagsbraten, bei dem die Köchin das Salz vergessen hat." Bachem sparte dort nicht mit Kritik; er bekämpfte besonders „die Neigung zu gehässiger persönlicher Polemik". Andererseits verkannte er nicht die wachsende Bedeutung der dem Augustinus-Verein angeschlossenen Blätter, ob diese nun streng hinter dem Zentrum standen oder lediglich allgemein katholische Interessen vertraten. Sein großes Anliegen war bei den jährlichen Berliner Hauptversammlungen der regelmäßige Meinungsaustausch zwischen den Zentrums-Parlamentariern und den Journalisten. In der Tat hat er sich damit der „Aufrechterhaltung der Einigkeit und Geschlossenheit der Partei in hohem Maße dienlich erwiesen".

Bis zu seinem Ausscheiden aus der Redaktion der ‚Kölnischen Volkszeitung‘ im Jahre 1915 war Julius Bachem einer der führenden Träger der öffentlichen

Meinung im deutschen Katholizismus und darüber hinaus. Verdankte er diesen vornehmen Rang vor allem seiner unabhängigen und verantwortungsbewußten Urteilsbildung, so gründete sein Können auf der vollkommenen Beherrschung der Technik und Praxis seines Berufs. Seine gesammelten Erfahrungen hat der gereifte Mann 1906 niedergelegt in ‚Allerlei Gedanken über Journalistik'. Darin lehrt er: „Würze ist die Kürze", „Laß dich nie auf Widersprüchen ertappen", „Frische Fische, gute Fische". Schriftlich und mündlich behandelte Bachem das Wort leicht und mit Meisterschaft. Geflügelte Wendungen wie die vom „gesunden Mißtrauen" oder auch das Bild von Berlin als dem „Wasserkopf der Monarchie" hat er geprägt. Großes Aufsehen erregte er 1896, als er zwei Tage vor dem Internationalen Kongreß gegen die Freimaurerei in Trient den „Fumisten"-Schwindel des Leo Taxil aufdeckte; dieser setzte bei seinen geradezu widersinnigen Erfindungen über Freimaurer auf die Leichtgläubigkeit und Kritiklosigkeit von Katholiken. Wahrscheinlich wollte Taxil eines Tages seinen Unfug platzen lassen und die Anhänger, die ihm bis dahin gefolgt waren, bloßstellen. Julius Bachem hatte durch seine Aufmerksamkeit die deutschen Katholiken vor einer großen Blamage bewahrt.

III.

Zum frühesten Zeitpunkt wurde Julius Bachem aktiv auch in der Politik. Als er 1875 eben das vorgeschriebene 30. Lebensjahr vollendet hatte, gelangte er ins Kölner Stadtparlament. Gerade damals wogten in der Domstadt die Kulturkampfleidenschaften besonders hoch. Eine liberale Lokalzeitung hatte geschrieben: „Auch der letzte Schwarzkittel muß aus dem Stadtrat heraus." In der Tat gab es darin außer Bachem nur noch einen Zentrumsmann. Das lag an dem auf der Einkommenshöhe basierenden Dreiklassenwahlrecht, welches in Köln die Liberalen unverhältnismäßig bevorzugte. Eine seiner Wiederwahlen schaffte der Redakteur mit gerade einer Stimme Mehrheit. „Die politischen Gegensätze waren zeitweise auch im Stadtverordnetenkollegium aufs äußerste zugespitzt. Da mir vorzugsweise die Vertretung der Anschauungen der Zentrumspartei in politischen, kirchenpolitischen und Schulfragen oblag, werde ich wohl, meinem Temperamente entsprechend, zuweilen allzu scharf aufgetreten sein. Trotzdem waren die persönlichen Beziehungen auch zu Mitgliedern der liberalen Mehrheit angenehme." Von der allgemeinen Stimmung mitgerissen, trat auch Bachem für die Beseitigung der einzigartigen mittelalterlichen Stadtmauer ein. Über die Folgewirkung der damaligen Kölner Eingemeindungen hat er sich nach späterem Geständnis schwer getäuscht. Im übrigen brachte er der Rheinmetropole, die er als seine zweite Heimat ansah, eine große Liebe entgegen, war ein eifriger Verehrer ihrer Fastnacht und schenkte ihren Typen, wie sie in Gestalt der „Kappesboore" im Kirchenvorstand von St. Ursula kennengelernt hatte, eine rührende Anhänglichkeit.

Auf noch größere politische Siedehitze traf Julius Bachem im Preußischen Abgeordnetenhaus, in das er 1876 für den Wahlkreis Sieg-Mülheim/Rh.-Wipperfürth einzog. Hier erlebte er die stürmischen Kulturkampfdebatten, lernte er trotz der politischen Gegnerschaft Bismarck bewundern, stritt er an der Seite der alten Zentrumsrecken Windthorst, Burghard v. Schorlemer-Alst, der beiden Reichensperger; hoch schätzte er besonders den protestantischen Zentrumshospitanten Dr. Brüel. Gesehen hat er auch, wie der Abgeordnete Friedrich Wilhelm Weber auf der Rückseite von Parlamentsdrucksachen an seinem Epos ‚Dreizehnlinden' dichtete. Für Bachems eigene gründliche Vertiefung in Kulturkampffragen ist bezeichnend das auf Bitten von Windthorst entstandene Buch von 1884 ‚Preußen und die katholische Kirche'; bis an die Wurzel in der Reformationszeit grub er den kirchenpolitischen Streitkomplex aus. Bedacht unterstützte er publizistisch auch Windthorsts Bemühen, abseits vom Kulturkampf, welcher das Zentrum isolierte, den übrigen Parteien Annäherungs- oder gar Verständigungsmöglichkeiten anzubieten. Als die gegenseitige Entfremdung einen Tiefpunkt erreicht hatte, brachte der Zentrums-Abgeordnete Graf Galen 1877 seinen epochalen Antrag wegen umfassender Schutzgesetzgebung für den industriellen Arbeiter ein. Julius Bachem flankierte mit einer Artikelserie „Wir verstehen uns einander nicht mehr!": nur notgedrungen, so suchte er zu überzeugen, wäre das Zentrum kirchliche Kampfpartei; vorziehen würde es fortschrittliche Arbeit für Volk und Staat in Gemeinschaft mit anderen verantwortungsbewußten Parteien. Der Wille zu sachlicher Zusammenarbeit paarte sich mit vornehmer Behandlung des politischen Gegners. Als die hochkonservative ‚Kreuzzeitung' am Tage nach Bismarcks Sturz „für den gefallenen Kanzler nur ein Achselzucken übrig" hatte, riet Bachem der Zentrumspresse „große Zurückhaltung" im Urteil an: „Mancher Knirps unter den modernen Staatsmännern hat nicht entfernt die Selbstverleugnung auf kirchenpolitischem Gebiet geübt wie der mächtigste Minister, den die Neuzeit hervorgebracht."
Geradezu aufgerüttelt hatte eine andere politische Schrift, die Bachem zusammen mit Hankamer 1897 erstmals über die Paritätsfrage hinausgehen ließ. Mit erdrückendem statistischem Beweismaterial behandelte er darin die Zurücksetzung von Katholiken in öffentlichen Stellungen. Bachem redete dabei nicht einer mechanischen Gleichberechtigung das Wort und maß auch dem katholischen Volksteil ein gut Teil Eigenschuld an seiner Inferiorität zu. Der sichere und auch weitschauende politische Blick des Verfassers erhellt am besten daraus, daß diese Frage bis heute wichtig geblieben ist.
Schwerpunkte legte Bachem ferner auf die Milderung, möglichst Beseitigung des plutokratischen Dreiklassenwahlrechts in Staat und Gemeinden, die Arbeit an einer sozial gerechten Steuerreform und die Förderung einer durchgreifenden sozialen Reform durch den Staat mit verbessertem Schutz für die wirtschaftlich Schwachen. Sein Einfluß auf diese Fragen wurde nicht geringer, als

er 1890 seine Mandate in Berlin und Köln niederlegte; er verlagerte ihn nur aus den Parlamenten in Partei und Presse.

IV.

Bachems bleibende Bedeutung liegt indessen auf dem Gebiet der politischen Ideologie. Sein politisches Denken verstand er als geradlinige Fortsetzung der Auffassungen seines Lehrmeisters Windthorst. Schlüssig hat m. E. jedoch Spahn dargelegt, daß, während Windthorst von der groß- bzw. kleindeutschen Frage von 1866 nie loskam und aufgrund dieses politischen Schicksalserlebnisses in allem stets europäische Außenpolitik trieb, Bachem dagegen — mehr in der Tradition eines Peter Reichensperger — sich Preußen und dem von Preußen gelenkten Reich innig verbunden fühlte. Wie die beiden Reichensperger hätte er die seit 1789 namentlich im deutschen Westen lebendige Idee der Volkssouveränität mit der traditionellen Stärke des monarchischen Prinzips in Preußen zu verbinden getrachtet. Dieser Kompromiß-Konstitutionalismus — sichtbarsten Ausdruck fand er in dem von ihm 1915 herausgegebenen Sammelwerk ‚Zur Jahrhundertfeier der Vereinigung der Rheinlande mit Preußen' — trug schon im Ansatz, das hatte die Linke ihm immer entgegengehalten, den Keim des Scheiterns in sich. Kurz nach seinem Tod gab ihr die November-Revolution von 1918 Recht.

Kaum aber gehörte, Spahn zufolge, Bachem deswegen zu den „klugen besonnenen Taktikern" des Zentrums. Die Partei umfaßt fast alle Gesellschafts- und Wirtschaftsgruppen des Volkes; sie mußte deren unterschiedliche Interessen erst im Innern miteinander vereinbaren, ehe sie nach außen ihre politische Linie vertreten konnte: „An dem permanenten Gelingen dieses Ausgleichs hing die Existenz der Partei" (Morsey). Was Spahn „Taktik" nennt, war also in Wahrheit wesenseigentümliche Zentrumspolitik. Bachem ragte durch seine praktische Pressearbeit und in seinen theoretischen Äußerungen als eine der überzeugendsten Verkörperungen dieser „Ausgleichsideologie" hervor; ihm kam darin „für das ihm gleichaltrige Geschlecht geradezu typische Geltung" (M. Spahn) zu. Gewinnen konnte er dafür u. a. Adam Stegerwald, als dieser in jungen Jahren in Köln die Christlichen Gewerkschaften aufbaute.

Wie stark Julius Bachem die Partei „geistig beherrschte" (M. Spahn), erwies der ‚Zentrumsstreit'. Bachem hatte ihn 1906 mit der Fanfare ausgelöst „Wir müssen aus dem Turm heraus!" (diese Wendung übernahm bereits ein Jahr später Büchmanns Lexikon der geflügelten Worte). In einem so überschriebenen Aufsatz in den Münchner ‚Historisch-Politischen Blättern', Bd. 137, warnte er die deutschen Katholiken vor überspanntem Konfessionalismus im öffentlichen Leben, stellte heraus, daß das Zentrum — durch Windthorst seit den Anfängen — eine politische und keine konfessionelle Partei wäre und verlangte, daß protestantische Politiker, wenn sie sich die politischen Ziele des Zentrums zu eigen machten, tunlichst bei der Kandidatenaufstellung berücksichtigt werden sollten. Hinter dieser Tatsachenfeststellung und dem daraus gefolgerten praktischen Ratschlag standen einmal die Wahrnehmung der von den Katholiken „aus Gewöhnung und Trägheit länger als notwendig beibehaltenen Positionen geistiger und gesellschaftlicher Inferiorität" (Morsey) sowie zum anderen die Einsicht, daß im säkularisierten Staat eine politische Partei, die ein religiöses Bekenntnis als Existenzgrundlage wählt, weder Daseinsberechtigung noch Aussicht auf lange Lebensdauer besitzt. Während Bachem zu dem gleichzeitigen theologischen Modernismusstreit anscheinend nicht Stellung nahm, verhehlte er in dem ebenfalls tobenden ‚Gewerkschaftsstreit' seine Sympathien nicht für das namentlich von den führenden Persönlichkeiten des M. Gladbacher Volksvereins befürworteten Mitmachen der katholischen Arbeiter in den interkonfessionellen Christlichen Gewerkschaften. Dagegen forderte eine „Berliner Richtung" bezeichnete Politiker-Gruppe, die katholischen Arbeiter von den Gewerkschaften fernzuhalten und sie statt dessen in sogenannten Fachabteilungen im Rahmen der Katholischen Arbeitervereine zu organisieren. Im ‚Zentrumsstreit' ließen dieselben Leute für die Partei ausschließlich eine rein (daher „Integralisten") katholische Basis gelten, weil sie von protestantischen Anhängern den Niedergang des Zentrums befürchteten und einige von ihnen sogar der Kirche ein unmittelbares Eingriffsrecht auch in außerkirchliche Angelegenheiten sichern wollten. Sie verkannten dabei die klaren Nachteile konfessioneller Beschränkung im politischen Leben und übersahen außerdem, daß die von ihnen erstrebten katholischen Fachabteilungen niemals eine Mitgliederzahl erreichen konnten, die mit der der Gewerkschaften vergleichbar war. So klein die Zahl der Integralisten war, so laut war ihr Entrüstungssturm. Sie verdächtigten die „Kölner Richtung", die nicht zuletzt Bachems halber so genannt wurde, als eine „innere Gefahr" für den deutschen Katholizismus, wußten die Unterstützung des Breslauer Kardinal-Fürstbischofs Georg Kopp und die des Bischofs Michael Felix Korum von Trier hinter sich und verstanden vor allem eine Zeitlang auch Papst Pius X. gegen die „Bachemiten" einzunehmen. Führende Köpfe und entscheidende Gremien der Partei sowie die Überzahl der deutschen Bischöfe billigten jedoch das Konzept vom politischen Charakter des Zentrums. Mit Adam Stegerwald und Heinrich Brauns leitete Bachem 1916 wieder interkonfessionelle Aktivitäten ein; unmittelbar nach der November-Revolution versuchte namentlich Heinrich Brauns, in diesem Sinne die Partei neu zu gestalten; und 1920 wollte Adam Stegerwald das Zentrum und andere Parteien in einer „deutsch-christlich-demokratisch-sozialen" Einheitsfront sammeln, die dem Sozialismus gewachsen war. Wiederaufgenommen wurde Bachems Gedanke besonders 1945; erst damals kam die von ihm geplante Partei zustande.

V.

Angesichts der politischen und journalistischen Verpflichtungen konnte Julius Bachem an eine regelmäßige Anwaltstätigkeit nicht denken. Immerhin diente er dem 1875 verhafteten Kölner Erzbischof Paulus Melchers als Rechtsbeistand und der erzbischöflichen Behörde als Justitiar. Als der Oberhirte 1879 aus dem Ausland statt eines Hirtenbriefes eine „Unterweisung über das heilige Meßopfer" ergehen ließ, wurde gegen ihn Klage wegen Amtsanmaßung erhoben, wogegen Bachem in zwei Instanzen obsiegte. Größtes Aufsehen machte 1876 seine Verteidigung von Bewohnern des saarländischen Dorfes Marpingen. Gegen friedliche Menschenansammlungen, die auf angebliche Marienerscheinungen von drei achtjährigen Kindern hin entstanden, waren dort die Behörden mit Militär und schweren Zwangsmaßnahmen eingeschritten. Als Bachem einen von Berlin in das Dorf geschickten Geheimpolizisten überführen konnte, daß er mit zweifelhaften Mitteln die Dörfler zu Vergehen hatte provozieren wollen, endete der Prozeß mit Freispruch der Angeklagten. Wie Kleinigkeiten zu Staatsaktionen damals aufgebauscht wurden, zeigte sich 1881 auch in Rheinbrohl. Der Bürgermeister hatte für das Begräbnis eines zweijährigen Kindes gegen den Ortsbrauch Kirchenläuten verlangt. Pfarrer, Kirchenvorstand und Gemeinderat setzten dem herbeigerufenen Landrat von Neuwied passiven Widerstand entgegen, indem sie sich weigerten, die Kirchenschlüssel herauszugeben. Ebenfalls kamen wieder Soldaten, und Arbeiter erbrachen die Kirchentür: das Kind wurde darauf mit allen Glocken eine ganze Stunde lang ins Grab geläutet. Im Abgeordnetenhaus konnte Bachem beweisen, daß die Behörde im Unrecht war und zudem ihr Unrecht mit Gewalt und unter militärischem Schutz durchgesetzt hatten. Einen Monsterprozeß in einer Bagatellsache hatte beschränkter Fanatismus 1882 gegen den Raphaelsverein zum Schutze der katholischen Auswanderer in Gang gesetzt; Bachem paukte ihn fast zwei Jahre durch viele Instanzen mit dem Ergebnis, daß gegen den Verein aus Formalgründen auf die gesetzliche Mindeststrafe, nämlich drei Mark, erkannt wurde. Der glänzend begabte Jurist war jedoch nicht nur ein schneidiger Praktiker, sondern auch ein fruchtbarer Theoretiker. Das am 27. Mai 1896 ergangene Gesetz gegen unlauteren Wettbewerb könnte man geradezu als lex Bachem bezeichnen; den einschlägigen Kommentar verfaßte er zusammen mit seinem späteren innerparteilichen Gegner Hermann Roeren. Lange und nachhaltig hat er außerdem für die Einführung der sogenannten bedingten Verurteilung gefochten; die schweren Nachteile der kurzen Freiheitsstrafen sollten dadurch gemildert werden. Angeregt hatten ihn die segensreichen Folgen eines einschlägigen belgischen Gesetzes. In Form der bedingten Begnadigung wurde Bachems Gedanke später von der Gesetzgebung aufgenommen: die Justizverwaltungen wurden ermächtigt, durch Verordnung eine Strafe mit Aussicht auf Erlaß im Gnadenwege bedingt auszusetzen.

VI.

Bachems wissenschaftliches Interesse ging indessen über die Jurisprudenz hinaus. Es verband sich vornehmlich mit der Görres-Gesellschaft zur Pflege der Wissenschaft im katholischen Deutschland. Er gehörte mit Georg Frhr. v. Hertling, Hermann Cardauns und dem Bonner Oberbürgermeister Leopold Kaufmann zu den sechs meist jungen Leuten, die im September 1875 im Bahnhof Rolandseck die Gründung planten. Und als die Gesellschaft auf dem Koblenzer Görresfest im Januar 1876 endgültig konstituiert wurde, bekam Bachem einen Vorstandssitz, den er über vier Jahrzehnte hinweg bis zum Tode behielt. Im Juni 1876, als in Frankfurt die Sektion für Rechts- und Sozialwissenschaft ins Leben trat, stellte sich Bachem deren Vorstand zur Verfügung; er hat auch 1906 vieles zur Wiederbelebung der müde gewordenen Abteilung getan. Dieser oblag vor allem die Herausgabe des nachmals berühmten ‚Staatslexikons'. Seit 1877 hatte Bachem die Planung des Programms maßgeblich gestalten helfen. Als 1896 der Herausgeber Dr. Bruder starb, übernahm er die Redaktion des bis dahin schleppend erschienenen Werkes und brachte innerhalb Jahresfrist den ausstehenden letzten Band zuwege. Die Universität Löwen verlieh ihm dafür den Ehrendoktor in den Staatswissenschaften. Diese Arbeit gab ihm so viel innere Befriedigung, daß der Vielbeschäftigte auch die Betreuung der neubearbeiteten 2. und die Erstellung einer vollkommen geänderten 3. und 4. Auflage übernahm. Besonders kritisch erwog er laufend die Aufnahme neuer Stichworte. Ständig war er um Berücksichtigung neuester Forschungen in den bestehenden Artikeln bemüht. Schwer rang er mit manchem Bearbeiter um scharfe und richtige Scheidung zwischen feststehenden Lehren der Kirche und mehr oder minder autoritativen Schulmeinungen. Der Einheitlichkeit der Artikel galt sein unablässiges Streben und ebenso der Darstellung der gegebenen staatlichen Verhältnisse, damit jeder politische Praktiker bei der Benutzung auf seine Kosten kam. Trotz strengem katholischem Standpunkt rühmte fast jeder der nichtkatholischen Kritiker dem Werk eine große Objektivität nach. Wie die Qualität stieg auch der buchhändlerische Erfolg des Lexikons von Auflage zu Auflage. Ein Werk ohne eigenen Beitrag war für Bachem undenkbar; aus seiner Feder stammten daher wichtige Artikel: „Begnadigung, bedingte", „Gefängniswesen", „Geschäftsordnung, parlamentarische", „Gewerbekammern", „Hausrecht", „Kirchenpolitik, preußische", „Lassalle", „Schaepman", „Vereins- und Versammlungswesen", „Wettbewerb, unlauterer", „Windhorst". Das Staatslexikon gehört, so stand es in der Glückwunschadresse der Görres-Gesellschaft zu Bachems 70. Geburtstag, „ebenso zu den Triumphen seines Lebens wie zu den Glanzleistungen der Gesellschaft". Windthorsts früheres Bedauern, daß Katholiken in der Wissenschaft weder nach Zahl noch nach Leistung den gebührenden Platz einnahmen, hatte einstmals bei der Gründung der Gesellschaft Pate gestanden. Nicht zum wenigsten half Bachem, obwohl er im strengen Sinne kein Gelehrter war, diesen Rückstand abzubauen. So sehr er sich die Görres-Gesellschaft als wissenschaftliche Heimat der katholischen und für die katholische Weltanschauung aufgeschlossenen Gelehrtenwelt dachte, so eifrig lag ihm an der Bewahrung der ursprünglichen „volkstümlichen" Grundlagen. Fast keine der jährlichen Generalversammlungen hat er versäumt, und die Teilnehmer wiederum konnten sich diese nicht ohne eine von Laune und Geist sprühende Stegreifrede Bachems am Begrüßungsabend vorstellen.

VII.

Bitter muß Julius Bachem seine Meinungsverschiedenheit mit der Redaktion der ‚Kölnischen Volkszeitung' im Frühjahr 1915 empfunden haben. Ohne je einen förmlichen Vertrag mit dem Verlag geschlossen zu haben, hatte er mit Hermann Cardauns dem Blatt einen steilen Aufstieg gegeben. Zwar sah sich Bachem im 1. Weltkrieg mit Stolz als Zeuge einer „großen, aber auch sehr ernsten Zeit", doch wollte er den forsch nationalen Kurs, mit dem seine Vettern fast den Alldeutschen Verband zu übertreffen suchten, nicht mitsteuern. Unterschiedliche Auffassungen über die Behandlung des Dreibundpartners Italien ergaben den Anlaß für Bachems Redaktionsaustritt. Im April 1916 gehörte er dann auf einer Sitzung des Provinzialausschusses der Rheinischen Zentrumspartei, als über die U-Bootfrage und die kritische Haltung der ‚Kölnischen Volkszeitung' gegen Reichskanzler v. Bethmann Hollweg leidenschaftlich gesprochen wurde, zusammen mit Stegerwald und Brauns zu den Widersachern des anwesenden Mitverlegers Carl Bachem. Zur aufsehenerregenden Konfrontation mit seinem alten Blatt aber kam es über die Frage, ob eine Diskussion der deutschen Kriegsziele schon zu jener Zeit zweckmäßig wäre oder besser bis Kriegsende ausgesetzt blieb. Nachdem er am 20. Juli 1916 im ‚Tag', einem parteilich ungebundenen Organ, in einer Betrachtung „Nochmals die Kriegsziele" sich — wie die Berliner Zentrumszeitung ‚Germania' — gegen eine anhaltende öffentliche Besprechung der deutschen Kriegsziele und gegen die von Rechts entfachte Reichskanzlerfronde gewandt hatte, deckte das freisinnige ‚Berliner Tageblatt' am 15. August 1916 unter der Überschrift „Bachem wider Bachem" die Unstimmigkeiten innerhalb des Zentrums auf. Es traf durchaus die Sachlage mit den Ausführungen: „Zentrumsblätter mittlerer Größe, die am treuesten die Anschauungen der Zentrumswählerschaft widerspiegeln, stehen durchweg auf der Seite Julius Bachems... Denn tatsächlich steht die ‚Kölnische Volkszeitung' ziemlich isoliert da. Insbesondere wird in der Reichstagsfraktion ihre Stellung von nur wenigen gebilligt." Dagegen fand bei den Zentrumsparlamentariern des Preußischen Abgeordnetenhauses, die allerdings in der Politik des Reiches weniger maßgeblich waren, Pater Joseph Froberger, der Vertrauensmann der Verleger, Beifall für die Haltung des kölnischen Organs:

„... man bedauerte in den Kreisen der Zentrumsabgeordneten den Austritt von Julius Bachem aus der ‚Kölnischen Volkszeitung' zunächst sehr lebhaft und betrachtete ihn als einen Mißgriff. Es habe sich aber jetzt herausgestellt, daß es für die ‚Kölnische Volkszeitung' und für die Partei ein Segen war. Nämlich die von Julius Bachem betriebene Reichskanzlerpolitik hätte der Partei die größten Verlegenheiten bereitet und schweren Schaden gebracht." Wenige Monate später, als Bethmann Hollweg ging, schienen in der Tat Julius Bachems Gegner in ihrer Meinung bestätigt. Doch der ausbleibende Sieg war kein Kanzlerproblem, und die Annexionspolitik der Kölner Zeitungsverleger half am allerwenigsten, ihn herbeizuzwingen. Daß sie überflüssig war, bewies das Kriegsende; daß sie darüber hinaus den deutschen Ruf im feindlichen und neutralen Ausland bleibend belastete, spürte das deutsche Volk während der gesamten Weimarer Zeit. Bachems Überzeugungen, deretwegen er im Alter von siebzig Jahren nach 47 Jahren hingebender Tätigkeit — übrigens ein bei Journalisten seltenes Beispiel von Verlegertreue — mit seiner Zeitung und seinen Verwandten brach, kamen dem Zentrum während des November-Umsturzes außerordentlich zugute und erleichterten der Partei den Weg in die neue Zeit.

Am Abend seines Lebens fand Julius Bachem einige seiner Weggenossen auf Ministerstühlen und den Freund Hertling sogar als Reichskanzler. Er war schlichter Schriftleiter geblieben. Dem Titel seiner erweiterten Erinnerungen zufolge sah er sich selbst als „Publizist und Politiker". Zu Recht bezeichnete er damit, zieht man zum Vergleich das Bild eine Ellipse heran, die beiden Brennpunkte seines in sich überaus geschlossenen Lebenswerkes. So gern er Jurist war, seine spektakulären Prozesse übernahm er als Politiker; die Sachverhalte sicherten seinen forensischen Auftritten von vornherein große Publizität. Nicht um der Jurisprudenz, sondern um der Politik willen leitete er seine Gesetzesinitiativen ein; die damit zusammenhängende rechtswissenschaftliche Schriftstellerei galt ihm als sacheigentümliche Publizistik. Politische Zwecke verfolgte seine methodisch saubere historische Publizistik, die dem Verhältnis Preußens zur katholischen Kirche und zu den Rheinlanden galt. „Geistige Propaganda", nicht bloß wissenschaftlichen Nutzen, dachte er unbefangen auch seinem Staatslexikon zu: es sollte durch seinen „katholischen Standpunkt" „auf gemäßigtem und friedlichem Wege" dahin wirken, daß „der Staat nicht als absoluter Selbstzweck, sondern als zeitlich notwendiges Glied in der großen Gottesordnung erscheint": ein zutiefst politisches Wollen. Publizistik war ihm deshalb, wie er es in ‚Allerlei Gedanken über Journalistik' ausdrückte, nicht allein das „Einzelwerk des Tages", sondern sie hatte auch eine breite Nutzanwendung der von der Wissenschaft erzielten Ergebnisse zu fördern, die er z. T. selbst erarbeitet hatte. Durch diese strenge Meinung von derart in den Wissenschaften fundierter Publizistik bekam auch seine Sicht von Politik eine bis dahin ungewohnte Tiefe. Der gedankliche Gehalt aller politischen Betätigung mußte

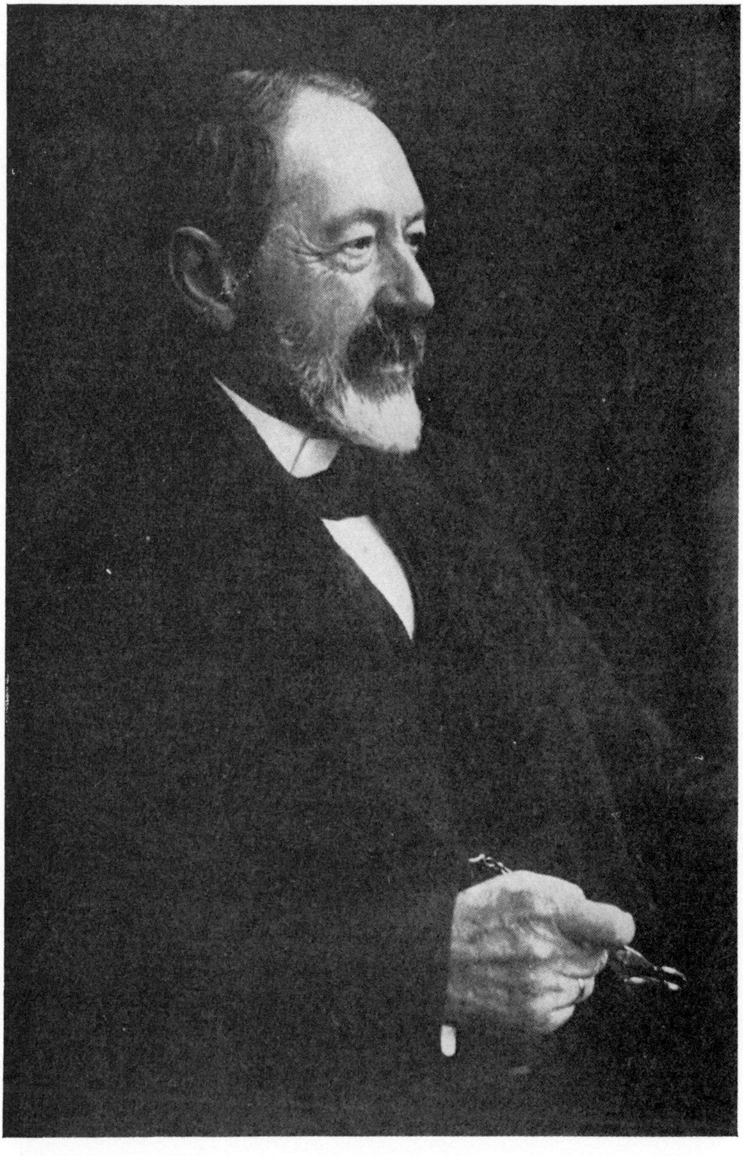

Julius Bachem
Aufnahme wahrscheinlich aus: „100 Jahre Nacht und Tag" von Bertram Otto, Verlag des Borromäusvereins, Bonn.

nach ihm bis zu den letzten rechtlichen und weltanschaulichen Grundlagen hinab ermittelt, logisch geordnet und zu jedermanns Nachprüfung dargestellt werden: „Durch ihn wurde das Staatslexikon zu dem köstlichen Spiegel, worin die das parlamentarische Verhalten des Zentrums regelnden Gedankengänge fast ungebrochen, in schöner Klarheit und Ordnung aufblinken" (M. Spahn). Ganz von selbst kam Julius Bachem daher, wenngleich seine Ratschläge auch oft zu aktuellen Einzelfragen eingeholt wurden, für seine Person von der praktischen Politik ab. Den Zentrumsstreit jedoch betrachtete er als das gemäße Schlachtfeld eines „Publizisten und Politikers" seiner Art. Mehrfach griff er in den bis 1914 andauernden Kampf ein. Empfindlich übel nahm er, der wie kaum ein anderer Zentrumsmann sonst in offener Verbindlichkeit nach allen Richtungen hin Beziehungen pflegte, Gleichgültigkeit gegenüber seinen Prinzipien oder oberflächliche Abstriche davon. Dabei war er alles andere als ein Doktrinär. Vielleicht war ihm bewußt, daß er der einzige war und bleiben würde, der die Voraussetzungen und die Daseinsbedingungen für eine christliche Politik und die Grenzen und Möglichkeiten für eine christliche Partei im säkularisierten Staat grundsätzlich klären konnte. Dieser Erfolg machte mit einem Schlage deutlich, daß Julius Bachem seit Windthorsts Tod 1891 „zum Exponenten der ganzen geistigen Entwicklung der Partei geworden" war (M. Spahn).

Wohl in diesem Sinne nannte ihn Hermann Cardauns, über dreißig Jahre lang „Zwillingskollege" Bachems in der Redaktion der ‚Kölnischen Volkszeitung', als dieser am 22. Januar 1918 gestorben war, in einem Nachruf „in erster Linie Parteiführer". Historische Kritik, die es mit Feststellungen über etwaiges Fehlen und Versagen von Julius Bachem schwer hat, kann sich ebenfalls des gelernten Historikers Cardauns Schlußsatz zu eigen machen: „Er diente der Wahrheit, Freiheit und Gerechtigkeit mit glänzenden Gaben, mit vorbildlichem Eifer, mit seltener Selbstverleugnung und mit reinen Händen."

WERKE UND SCHRIFTTUM

Werke Bachems: Die Sünden des Liberalismus im ersten Jahre des neuen deutschen Reichs; Von einem rheinpreußischen Juristen. Leipzig 1872, ²1872. [anonym.] — Vor den Wahlen; Ein Mahnruf an das christlich-konservative Deutschland. Köln ¹⁻³1873. [anonym; in Verb. mit *Weinand*.] — Ein Opfer der Geheimbünde; Auszüglich bearbeitet nach dem historischen Roman des P. A. Bresciani ‚Der Jude von Verona'. Köln 1873 [unter Pseudonym *E. Lamy*, in Verb. mit *Semmerau*.] — Das Zentrum im Landtag und Reichstag; Von einem rheinpreußischen Juristen. 1874. [anonym.] — Ein Kapitel über die Polizei in Preußen. 1876. [anonym.] — Strafrechtspflege und Politik; Von einem rheinpreußischen Juristen. Köln 1877. [anonym.] — Gesetz und Recht; Von einem rheinpreußischen Juristen. Köln 1871. [anonym.] — Preußen und die kath. Kirche. Köln ¹⁻³1884, ⁵1887. — Wie ist dem unlauteren Wettbewerb in Handel und Gewerbe zu begegnen? Köln 1893. — Die bedingte Verurteilung. (Vereins-Schr. der Görres-Gesellschaft 1) Köln 1894, ²1896. — Bedingte Verurteilung oder Begnadigung?

Köln 1896. — Die Parität in Preußen. Denkschrift. Köln 1897, ²1899. [anonym, in Verb. mit *W. Hankamer.*] — Das Gesetz zur Bekämpfung des unlauteren Wettbewerbs v. 1. 7. 1896. Leipzig 1896, ²1900. [in Verb. mit *H. Roeren.*] — Wir müssen aus dem Turm heraus, in: Historisch-politische Blätter, 137 (1906), 376 ff. — Lose Blätter aus meinem Leben. Freiburg 1910. — Kulturkampf und Maigesetzgebung, in: Staatslexikon ³⁻⁴, 3 (1910). — L. Windthorst; Ein Lebensbild. Freiburg 1912. — Erinnerungen eines alten Publizisten und Politikers. Köln 1913. [erweiterte Ausgabe der „Losen Blätter" v. 1910; Bild.] — Das Zentrum, wie es war, ist und bleibt. (Zeit- und Streitfragen der Gegenwart 2), Köln 1913. — Allerlei Gedanken über Journalistik. Leipzig 1906, ²1915. — Zur Jahrhundertfeier der Vereinigung der Rheinlande mit Preußen. Köln 1915. — Der Krieg und die Freimaurerei. (Der Weltkrieg 21) Mönchengladbach usw., o. J. (1915). — Der Krieg und das Papsttum. (Ebd., 23) Mönchengladbach usw., o. J. (1915). — Der Krieg und die politischen Parteien. (Ebd., 9) Mönchengladbach usw., o. J. (1915). — Das religiöse Problem in Belgien, in: 9 Abh. der Sammlung „Der Kampf um Belgien". Mönchengladbach 1916. — Der Krieg und die Polen, in: An den Grenzen Rußlands; 11 Abh. aus der Sammlung „Der Weltkrieg". Mönchengladbach 1916. — Das Zentrum und die andern Parteien, in: F. Thimme: Vom innern Frieden des deutschen Volkes. Leipzig 1916, 400 ff. — Staatslexikon, Hrsg. von 1896 bis 1912 (¹1896; ²1901/1904; ³⁻⁴1908/1912).

SCHRIFTTUM:

(E. Schopen), Köln, eine innere Gefahr für den Katholizismus. Köln 1910. — *H. Cardauns,* Aus dem Leben eines deutschen Redakteurs. Köln 1912. — *Ders.,* Julius Bachem (Der Weltkrieg, 98) Mönchengladbach 1918. — *M. Spahn,* Julius Bachem, in: Hochland, 15 (1918), 17 ff [Bild]. — *H. Cardauns,* Julius Bachem und die Görres-Gesellschaft (Vereins-Schrift der Görres-Gesellschaft, 1) Köln 1919. [Bild] — *K. Bachem,* Vorgeschichte, Geschichte und Politik der deutschen Zentrumspartei. 9 Bde. Köln 1927/32. — *K. Hoeber,* Julius Bachem, in: Deutsches Biographisches Jahrbuch, Überleitungsbd. II (1917/20). Berlin usw. 1928. — *A. Ritthaler,* Julius Bachem, in: Neue deutsche Biographie, 1, Berlin 1953. — *E. Heinen,* Zentrumspresse und Kriegszieldiskussion unter besonderer Berücksichtigung der ‚Kölnischen Volkszeitung' und der ‚Germania', phil. Diss. Köln 1962. — *R. Morsey,* Die Deutsche Zentrumspartei 1917—1923, Düsseldorf 1966.

HINWEIS:

Als Erstdruck erscheint die vorstehende Biographie über Julius Bachem in dem von Professor Dr. R. Morsey hrsg. Sammelband „Zeitgeschichte in Lebensbildern. Aus dem deutschen Katholizismus des 20. Jahrhunderts". Dem Hrsg. u. dem Matthias-Grünewald-Verlag, Mainz, sei für die frdl. Genehmigung dieses Zweitdrucks auch hier bestens gedankt.

ELSE LASKER-SCHÜLER

(1869—1945)

Von Werner Kraft

Das Nachleben des Menschen, das Nachleben des Künstlers ist aus Vergessen und Gedenken seltsam gemischt. Wesentliche Züge des gelebten Lebens sterben ab, andere bilden das Gerüst, in dem die geistige Gestalt des Toten wandelnd sich erhält. Wer Else Lasker-Schüler gekannt hat, oder sie zu kennen glaubte, die Unfeststellbare, die Kindliche, die Bauernschlaue, die über alle Wirklichkeit hinaus Liebende, die tragische Maske, das unverwechselbare Antlitz eines durch Wesenhaftigkeit gezeichneten Menschen, der empfand fast ein Schaudern, wie das alles ineinander sich offenbarte, beinahe ohne Übergang von einem zum anderen, zugleich aber wurde er belehrt über die Grundkräfte des Menschen, die selbst in der ungünstigsten aller Epochen sich den Durchbruch erzwangen. Diese Grundkräfte will ich darstellen, in der besonderen Formung, die sie durch eine Frau erfahren haben, durch eine Dichterin, durch die große jüdische Dichterin Else Lasker-Schüler.

I.

Sie wurde am 11. Februar 1869 in Elberfeld geboren und wuchs als das behütete Kind deutsch-jüdischer Eltern auf, bis sie mit dem Durchbruch ihrer dichterischen Begabung schon sehr früh tragisch allein stand. Sie heiratete 1894 den Arzt Berthold Lasker und siedelte nach Berlin über. Ihr einziger früh gestorbener Sohn Paul wurde um 1900 geboren. Die Ehe wurde bald geschieden. In zweiter Ehe heiratete sie Herwarth Walden, den Herausgeber der Zeitschrift „Der Sturm", in der ihre ersten Gedichte erschienen. Aber auch diese Ehe zerbrach um 1911. Sie wanderte 1933 in die Schweiz aus. Um 1941 kam sie zum dritten Mal und für immer nach Palästina. Sie starb am 22. Januar 1945 in Jerusalem. Sie war schon lange vor dem Untergang der deutschen Juden wesentlich heimatlos. Sie wohnte im Gedicht.

Peter Hille, ihr westfälischer Freund und Landsmann, der schon 1904 gestorben ist, berichtet in einem seiner Briefe an sie über ein Gespräch mit einem Freund: „Er brachte vor Dein Feilen. Ich: „Ist das Kind wertloser, wenn es seiner Mutter fast das Leben kostete? Ich fand Dich kosmisch egoistisch und die Gefühlsstürme der eigenen Persönlichkeit verachtend und deshalb zu jeder Wahrheit berechtigt". In einem anderen Brief bekennt er sich als ihren geistigen Liebhaber und ermahnt sie: „Aber immer brav sein, nicht krank, hörst Du? Leichengase und Freiwerden der Seele: dieselbe Befreiung: dunkle Wege des hellen Gesetzes". Aus diesen Sätzen geht hervor, daß die junge Dichterin innerlich bedroht war — nicht umsonst hat sie ihr erstes Gedichtbuch nach dem Fluß der griechischen Unterwelt „Styx" genannt —, daß sie an ihren Gedichten arbeitete, vor allem aber, daß ihr Dichten nicht nur wenn auch noch so echter Ausdruck frauenhaften Fühlens war, sondern daß sie im Fühlen die geistige Distanz bewahrte, um das Erlebte zu Sprache und Gestalt zu bringen. Am wichtigsten sind die wenigen Worte, mit denen Peter Hille eine Vorlesung aus ihren Gedichten einleitete: „Else Lasker-Schüler. Schwarzer Schwan. In der Stirn kantiger schneidender Rubin, Sappho, der die Welt auseinandergegangen". Das war im Jahre 1902, als Peter Hille aus dem Gedichtband „Styx" vorlas, der noch nichts namentlich Jüdisches enthielt, und doch war der schwarze Schwan der schwarze Schwan Israels, schon damals und von einem Deutschen verkündet!

Wie sah nun die geistige Welt aus, an der Else Lasker-Schüler zerbrach und sich aufbaute? Es war die Zeit des Naturalismus und der Bewegung Stefan Georges. Nietzsche, der die neue Lehre verkündet hatte, daß Gott tot sei, hatte über Kant gesiegt. Die Sozialdemokratie rüstete sich mit abnehmendem Interesse für ihre geistigen Grundlagen zum Kampf um die Macht. Die Frauenbewegung ordnete die Frau in die ökonomische Misere des Mannes ein und gab ihr eine problematische Freiheit, in die sie mit der losgebundenen Kraft ihrer Instinkte wie in einen Abgrund stürzte. Otto Weiniger erschoß sich nach dem großen Erfolg seines Buches „Geschlecht und Charakter", aus Verzweiflung. Der Dreyfusprozeß wurde ein indirekter Anstoß für den Zionismus Theodor Herzls. Alle diese produktiven Kräfte erzeugten in ihrem Gegeneinanderwirken ein Vakuum, in das wie eine Sturmflut nach Durchbrechung aller Dämme der wiederentdeckte Mythos einschoß. Theodor Lessing, Wolfskehl, Klages entdeckten Bachofen, den tiefsinnigen Schweizer, der das Mutterrecht einer matriarchalischen Weltzeit wieder lebendig machte. Im Kreis um George bekämpften sich pro- und antijüdische Tendenzen auf mythischer Grundlage. Buber entdeckte den Chassidismus. Alle diese Dinge muß Else Lasker-Schüler durch die Luft aufgenommen haben. Sie entfesselte innerhalb ihrer eigenen Sphäre einen chaotischen Taumel mythischer Vorstellungen, germanischer, griechischer, christlicher, arabischer und vor allem: jüdischer. Dies ist nun das Erstaunliche, wie sie aus ihrem mythischen Chaos den Sprung ins Judentum wagte und in ihm trotz ihrer Verehrung für die christliche Symbolik, ihrer Liebe zu Deutschland und zu ihrer rheinisch-westfälischen Heimat bis an ihr Lebensende mit nie erschütterter Sicherheit wohnte. Sie sagt von sich selbst in einem Gedicht: „Ein wilder Jude mit dem Kopf des Baal", und als ihr Sohn starb, sagte sie in dem großen Gedicht „An mein Kind": „Und meine Augen wenden sich nicht mehr/Der Welt zu./Das Grün des Laubes tut ihnen weh./— Aber der Ewige w o h n t in mir". Was für ein Wohnen, das von mir gesperrte, was für ein Aber! Dieser Sprung ins Judentum ist ihr Geheimnis. Die jüdisch-monotheistische Glaubenskraft gab ihren Dichtungen eine Grundlage, die sie in ihren besten Schöpfungen vor jeder mythischen Selbstzersprühung bewahrte. Eben in den „Hebräischen Balladen" von 1913 steht das berühmte Gedicht „Mein Volk", das zum ersten Mal schon 1905 erschienen war:

> Der Fels wird morsch,
> Dem ich entspringe
> Und meine Gotteslieder singe . . .
> Jäh stürz ich vom Weg
> Und riesele ganz in mir
> Fernab, allein über Klagegestein
> Dem Meer zu.
>
> Hab mich so abgeströmt
> Von meines Blutes
> Mostvergorenheit.
> Und immer, immer noch der Widerhall
> In mir,
> Wenn schauerlich gen Ost
> Das morsche Felsgebein,
> Mein Volk,
> Zu Gott schreit.

Ich will nun kurz die Motive zeigen, von denen die Dichterin in immer neuen Variationen beherrscht wurde. Die Liebe freilich, die all ihr Fühlen undBilden begründet und ihr Werk gleich einer Perlen- oder auch Tränenkette durchzieht, will ich nur von einem Punkt aus betrachten. Sie führt zu einer Symbolik des eigenen Körpers, die als Heiligung des Leibes in genauem Gegensatz steht zu der Vergottung des Leibes bei George. Am Schluß des Gedichtes „Unser stolzes Lied" heißt es: „Unsere Leiber ragen stolz, zwei goldene Säulen,/Über das Abendland wie östliche Gedanken". In dem frühen Gedicht „Mein Drama" stehen die Verse: „Im wilden Wetter sah ich mein Gesicht!/Ich weiß nicht wo, vielleicht im dunklen Blitz,/Mein Auge stand wie Winternacht im Antlitz./ Nie sah ich grimmigeres Leid". Aber das schlagende Herz ihrer Welt ist das Herz selber, dessen Kult bei ihr in voller, schwelgender Blüte steht. Da heißt es etwa: „Damals war noch eine herzliche Zeit. Von den Armen nahm mein Vater keinen Mietzins, denn wer in seinem Hause wohnte, der wohnte auch in seinem Herzen". Der geliebte Vater, der in seiner rheinischen Lebensfülle als eine echte dichterische Gestalt erscheint und dem sie in der Figur des Aron

Aronymus Erzählung und Drama gewidmet hat — das Drama wurde bei der Gedenkfeier in Wuppertal mit großem Erfolg aufgeführt —, der Vater ist, wie es heißt, „versehen mit allem Lachgewürz, das in der Speisekammer seines breiten, krachenden Herzens zu finden war. Er war ausgelassen aus Breite. Er strömte. Er strömte, er brandete, er zerstörte; es gab keine Hemmung für seine Laune, und er k o n n t e mit dem Kopf durch die Wand. In Fastnachtschellen begegnete ihm das Leid und die Sorge, und die Freude riß seine Tür aus der Angel". Hier sind wir schon beinahe in Tausend und einer Nacht. Von dem Großvater erzählt sie die Legende, „er habe sein Herz aus der Brust nehmen können, um es wieder nach Gottosten zu stellen". Einmal sah sie ihr Herz selbst zur maßlosen Besorgnis ihrer Mutter am Türpfosten ihres Spielzimmers dunkelrot hängen, sekundenlang. Ein überaus zart verschwiegener Liebesschmerz der Mutter findet diesen Ausdruck: „Auf einmal sah ich meine liebe Mutter so traurig den kleinen Berg herabkommen, so traurig, das vermag mein Herz nicht zu schildern, da müßte ich schon mein Herz aus der Brust nehmen und es schreiben lehren". Manchmal hat man den Eindruck, daß sie mit Überspringung aller Zwischenstufen von Tinte, Feder und Papier wirklich so schreibt: mit dem Herzen.

II.

Dem Motiv des Herzens verwandt ist das Motiv des Spiels, und für diese Verkünderin des Spiels sind die wunderbaren Sätze geschrieben aus Platos „Gesetzen": „Man muß Ernst machen mit dem Ernsten, und es ist Gott, der alles seligen Ernstes wert ist, der Mensch aber ist dazu gemacht, ein Spielzeug Gottes zu sein, und das ist wirklich das Beste an ihm. So muß denn jeder, ein Mann so gut wie eine Frau, dieser Weise folgend und die schönsten Spiele spielend das Leben leben, gerade umgekehrt gesinnt als jetzt". Das Spiel schimmert bei der Dichterin in allen Farben des Regenbogens. Im Gedicht wagt sie sich als Kind bis zu Gott hinauf und sagt: „Ich und die Erde wurden wie zwei Spielgefährten groß/Und dürfen ‚du' dich beide, Gott der Welten, nennen". Und in Prosa „Obendrein ich eine Spiellust geerbt hab, sondergleichen; wahrscheinlich nur meinem Vater zum Vorwand geboren bin, noch in seinen weißen Haaren die Spielwaren der Läden unauffällig betrachten zu können". Und dann dies: „Ein von Anfang der Welt erhaltenes Unterhaltungsspiel, das Aufzählen der sieben Schöpfungstage; bunt in den Lüften, stark auf dem Erdreich erhalten, hell über den Wassern und hold unterm Himmel, lebt es nur im Spielprogramm der Bäume noch". Aber die Phantasie wagt sich noch höher hinauf: „Der liebe Gott fragte mich einmal im Traume: ‚Gefällt dir meine Welt? Dann will ich sie dir schenken!' Seitdem gehört sie mir, und seitdem habe ich grenzenlos zu tun. Nämlich sie immer anzublicken. Fällt mir doch die Schöpfung geradezu in den Schoß". Das Spiel des Gedankens strömt ins Herz zurück: „Nie hört, so lange wir leben, das Spiel der Gedanken und

Gefühle auf, und die blutrote Spielkammer des Herzens barg wohl das allererste Spiel". Auch die erste, die Urerinnerung, geht in das Wort ein: „Ich erinnere mich an diesen Abend, wie ich auf dem Wiesenhang unter ihrem Herzen spielte". Selbst der Messias ist in das Spiel einbezogen: „Ein Stuhl um den Tisch bleibt für Messias frei, als Kind legte ich ihm mein schönstes Spielzeug zwischen Lehne und Stuhl versteckt. Er würde es finden".

Es gibt aber noch einen anderen Bereich, in dem die Dichterin zu einer originalen Auffassung durchgebrochen ist. Er wird sichtbar im Motiv der Schrift. In „Abschied" heißt es: „Ich schreibe auf den weißen steinernen Bogen". Gemeint ist die vom Regen gesäuberte „steile Häuserwand", welche sie von ihrem Berliner Zimmer aus sieht. Das ist aus einem Gedicht. In Prosa klingt es so: „Es blitzt! Feurige Worte schreibt der glühende Zickzack auf die finstere Seite des himmlischen Bilderbuchs, ein Menetekel an die Westwand der Welt! Gott rollt durch die Welt! Sein roter Initiale hat mich getroffen". Oder: „Bewundernd blickte ich über die feierliche, perlengeschmückte Tafel" — gemeint ist: das Meer. Es scheint so, als wenn dieses Auge nur Schreibflächen sieht, um auf ihnen die Schrift anzubringen. Mit entwaffnender Kühnheit schreibt sie in dem Prosastück „Wie ich zum Zeichnen kam": „Wahrscheinlich so: Meinen Buchstaben ging die Blüte auf über Nacht, oder besser gesagt: über die Nacht der Hand. Man weiß eben nicht — in der Dunkelheit des Wunders. Blicke ich über einen Grasplatz wie über einen runden Bogen voll grüner Buchstaben, rauschendes Schreiben der Erdhand, die Urkunde Gottes, so löst sich das Rätsel. — Wie ich zum Zeichnen kam? Genau so wie das Laub sich nach der Blume sehnt, so zaubert die Sehnsucht meiner lebendigen Buchstaben das Bild in allen Farben hervor. Nicht zu erzwingen. Manch einer aber warte nur auf den Mai seiner Schrift". So sind ihre Zeichnungen, so sind die schönsten ihrer Gedichte: Schrift. Im „Schreiben" ist sie davor geschützt, der Hybris zu vertrauen und gleichsam eine „eigene" Welt zu erschaffen. Sie schreibt vielmehr die längst erschaffene ab. Hier möchte ich daran erinnern, daß bei dem größten Dichter, daß in Shakespeares Sonetten dieses Schreiben, dieses Abschreiben eine der zentralen Metaphern ist. In dem Prosastück „Die Wand" aus dem Buch „Konzert" sind alle diese Motive vereinigt. Von der Gesetztafel ist da die Rede, von der Schiefertafel des Kindes, von der Wand vor dem Fenster in Berlin, die der Regen „blank und keusch" wäscht, und dann kommt dies: „‚MEINE DICHTUNGEN' ersehnt schräg vor meinem Bogenfenster die gewaltige Tafelwand, meiner Psalme alte Blutauslese". Und dann heißt es von dem „weinroten Wort" auf dem Steinrücken: „Versperrt es mir auch die Aussicht auf Straßen und Wiesen, so deutet es hin auf die Ewigkeit, aus der unser Vater die Welt erschuf. Aus demselben Korn formt der Dichter Gestalt und verleiht ihr von seinem Odem. Ich habe, seit ich mein Zimmer bewohne, allen irdischen Ehrgeiz verloren. Was führen meine und die vielen

Bücher für ein kleinliches, kurzes Dasein, um dann in Bibliotheken zu vermodern. Dieser mächtige Steinkörper des Christophoros trägt meinen Psalm über die ganze Welt in den Himmel hinein. So wird ihn Gott lesen ..." Hier steigt das Selbstbewußtsein der Dichterin frei von jeder Hybris geraden Weges zu Gott empor, der die Schrift der Dichterin liest ...

An zwei Gedichten möchte ich nun das Sprachlich-Neue der Dichterin zeigen. Das erste ist das berühmte Gedicht „Ein alter Tibetteppich", das 1910, aus dem avantgardistischen „Sturm" übernommen, in der „Fackel" zum zweiten Mal erschien und sich langsam durchsetzte:

> Deine Seele, die die meine liebet,
> Ist verwirkt mit ihr im Teppichtibet.
>
> Strahl in Strahl, verliebte Farben,
> Sterne, die sich himmellang umwarben.
>
> Unsere Füße ruhen auf der Kostbarkeit,
> Maschentausendabertausendweit.
>
> Süßer Lamasohn auf Moschuspflanzenthron,
> Wie lange küßt dein Mund den meinen wohl
> Und Wang die Wange buntgeknüpfte Zeiten schon?

Das Gedicht muß in seiner orientalischen Thematik, in der Kühnheit seiner Farben- und Wortverbindungen zunächst ungeheuer fremdartig gewirkt haben, wie man ja überhaupt bei manchen ihrer Gedichte nach dem Psychiater gerufen hat. Karl Kraus aber, der das Gedicht in seiner Verbindung von westlichem Vermögen der Gestaltung und östlicher Bildkraft als größtes Beispiel von Else Lasker-Schülers Dichtung ansah, schrieb in der gleichen „Fackel": „Wenn ich sage, daß manches ihrer Gedichte ‚wunderschön' ist, so besinne ich mich, daß man vor zweihundert Jahren über diese Wortbildung ebenso gelacht haben mag wie heute über Kühnheiten, welche dereinst im Munde aller sein werden. Das Gedicht gehört für mich zu den entzückendsten und ergreifendsten, die ich je gelesen habe, und wenige von Goethe abwärts gibt es, in denen so wie in diesem Tibetteppich Sinn und Klang, Wort und Bild, Sprache und Seele verwoben sind." Das Gedicht ist präexpressionistisch. Wirklich war die Dichterin mit Georg Trakl und Franz Marc in Freundschaft verbunden. Trakl, den Dichter der christlichen Schwermut, der ihr sein Gedicht „Abendland" widmete, hat sie indirekt beeinflußt, und Franz Marc nannte sie den „Blauen Reiter", und dieser Name wurde zum Titel der Programmschrift des malerischen Expressionismus.

Das zweite Gedicht, über das ich sprechen will, heißt „Heimweh", es ist eine
Art von Programmgedicht und steht wie das vom Tibetteppich in dem 1911
erschienenen Gedichtband „Meine Wunder":

>Ich kann die Sprache
>Dieses kühlen Landes nicht,
>Und seinen Schritt nicht gehn.
>
>Auch die Wolken, die vorbeiziehn,
>Weiß ich nicht zu deuten.
>
>Die Nacht ist eine Stiefkönigin.
>
>Immer muß ich an die Pharaonenwälder denken
>Und küsse die Bilder meiner Sterne.
>
>Meine Lippen leuchten schon
>Und sprechen Fernes,
>
>Und bin ein buntes Bilderbuch
>Auf deinem Schoß.
>
>Aber dein Antlitz spinnt
>Einen Schleier aus Weinen.
>
>Meinen schillernden Vögeln
>Sind die Korallen ausgestochen,
>
>An den Hecken der Gärten
>Versteinern sich ihre weichen Nester.
>
>Wer salbt meine toten Paläste —
>Sie trugen die Kronen meiner Väter,
>Ihre Gebete versanken im heiligen Fluß.

Dieses Gedicht wirkt fremdartig und zugleich vertraut. Es ist klar, worauf
das Heimweh geht und was die Pharaonenwälder bedeuten und die Kronen
ihrer Väter und der heilige Fluß. Aber der Anfang ist dunkel, und doch enthält er gleichsam das Sprachprogramm der Dichterin. Sie spricht in deutschen
Lauten und in wie schönen! Aber sie k a n n die Sprache des Landes nicht,
und sie nennt es kühl, die Wolken sind undeutbar, und selbst die Nacht ist

zwar schön wie eine Königin, und doch ist diese Königin nicht echt königlich, sie ist eine Stiefkönigin. Das Gedicht stellt die Heimkehr dar aus einer Sprache in eine andere, in die der Bibel, aber wie geahnt, wie geträumt. Nach dem Maßstab dieser geahnten Sprache wird ihr das Deutsche unwohnlich, sie spricht eine Traumsprache, großartig. Auf dem schmalen Grat zwischen zwei Sprachen, der wirklichen und der geträumten, wandelt sie wie eine Nachtwandlerin und beschwört eine Bibelwelt herauf, die, auch wenn sie die biblischen Namen nennt, völlig anders ist als die wir zu kennen glauben. So ist es besonders in den Hebräischen Balladen. Für das Nicht-Stimmende der Begebenheiten hat Meir Wiener, ein Kritiker der zwanziger Jahre, eine schöne Erklärung gegeben: „Als die Dichterin einst die biblischen Geschichten vernahm, lauschte sie, aber leicht ungläubig und ungeduldig wie einer, der es längst besser weiß. Eigenwillig vernahm sie bei der Erzählung nur, was sie bereits erschaut hat, zwang die gehörten Geschehnisse in den eigenen Rahmen; was sich nicht fügte, wurde überhört. Kaum war der Erzählende zu Ende, als die Dichterin lebhaft, gleich einem Augenzeugen zu erzählen begann, wie es eigentlich zuging, legte dabei, was sie unbewußt vom eben Vernommenen aufnahm, in Bildformen, die zu anderen Zwecken geprägt waren". Genau so wird es gewesen sein. Sie war in ihrem Denken und Fühlen oft bestürzend original, so auch in ihrem Dichten. Sie verdankt wenig der Tradition, aber sie lebte die Tradition, vor allem die der Bibel.

Aber sie lebte auch von ganzem Herzen in der Tradition des kühlen Landes, das sie verlassen mußte, als das Jahr des Unheils 1933 kam. Wie sehr sie an ihm hing, möge ein kleines persönliches Erlebnis zeigen. Als ich einmal in ihrer märchenhaften Vortragsorganisation „Der Kraal" in Jerusalem vorlas, stellte sie mir auf den Vortragstisch ein selbstgemachtes Kaleidoskop. Sie war entzückt von allem, was glitzerte und funkelte. Auf das Holz hatte sie allerlei gezeichnet und geschrieben. Am meisten bewegten mich einige angedeutete Blumen, unter denen stand: „Veilchen meiner Heimat". Und ich erinnere mich, daß sie in dem schönen Saal der Bibliothek Schocken in Jerusalem aus ihren Hebräischen Balladen vorlas, aber auch ein Prosastück, das mit der bis zum Überdruß bekannten Strophe schloss: „Stell auf den Tisch die duftenden Reseden,/Die letzten roten Astern trag herbei!/Und laß uns wieder von der Liebe reden/Wie einst im Mai", und sie sagte diese Verse wie zum ersten Mal, so daß man nicht nur den Eindruck eines großen Gedichts hatte, sondern das ganze zerstörte Deutschland kam noch einmal herauf, es war erschütternd.

III.

Die Dichterin hatte bis 1933 ein volles dichterisches Lebenswerk geschaffen. Der Bruch traf sie mitten ins Herz. Sie kam nach Palästina. Manfred Sturmann hat bei der Feier in Wuppertal von ihrem Leben in Jerusalem erzählt, und er hat mit Recht darauf hingewiesen, daß ihr von den verschiedensten Seiten geholfen wurde und daß sie keine Not zu leiden brauchte. Aber wie konnte man ihr genugtun, die so reale Dinge wie das Geld mit Phantasie behandelte! Ob sie hier glücklich oder unglücklich war, wer könnte es mit Sicherheit sagen! Man sollte denken, daß die Dichterin der Zionssehnsucht glücklich hätte sein müssen. Aber wenn der Zusammenstoß zwischen Ideal und Wirklichkeit oft schmerzhaft ist, um wieviel schmerzhafter war er für diese Frau, die nicht mit realen Vorstellungen und Kenntnissen, die voll von Träumen und dunklen Erwartungen in das Land ihrer Sehnsucht, das Land ihrer Phantasie heimkehrte, mit einem Wissen um die Erlösung des Judentums, das ihr selbst am wenigsten half! Ihr Leben war tragisch. Wahr ist aber auch, daß sie ihr tragisches Leben mit beispielhafter Kraft zuendegelebt hat. Ich erinnere mich an eine Unterhaltung in einem größeren Kreise, man erzählte Anekdoten über sie, von denen eine Menge im Umlauf waren, man lachte über sie, man lobte sie, der eine sagte, sie sei heute nur noch eine Ruine, eine Ansicht, die man oft zu hören bekam und mit der sich viele begnügten. Diesmal aber erhielt der Redende die unerwartete Antwort: „Ja, eine Ruine, aber sie ist eine echte Ruine, die Ruine eines großartigen Gebäudes, und an den Trümmern noch ist für den Tieferblickenden die einstige Größe erkennbar." Das Gespräch ging weiter und bewegte sich in unaufhörlichen Gegensätzen. Man sprach über ihre Grobheit, über ihre Herzlichkeit, ihren Drang nach Geselligkeit, über ihre Einsamkeit und daß ihr niemand helfe. Man wandte ein, es hülfen ihr viele, auch das wurde übertrumpft —: es sei ihr gar nicht zu helfen. Man rühmte ihre schönen Augen, man sprach von ihren Gesichten. Nur wenige standen ihr als Dichterin nahe, aber alle waren, ob sie es wollten oder nicht, für kurze Zeit auf das unlösbare Problem des Dichters bezogen und auf das noch unlösbarere der Dichterin in solcher Zeit.

Und diese Dichterin, arm und alt und doch ganz sie selbst, nahm aktiv Stellung, in einer Zeit, die tausend andere Sorgen hatte als gerade deutsche Gedichte, und vor einem Publikum, das sie sich erobern mußte, und es gelang ihr! In dem schon erwähnten „Kraal" las sie aus ihren Dichtungen vor. An solchen Abenden war sie immer besonders festlich gekleidet und im Gegensatz zu ihrer sonstigen Unbeherrschtheit ganz bei der Sache. Ihr Vorlesen war meisterhaft, frei von allem ekstatischen Wesen und von einer Durchdachtheit, die für jedes Wort die stärkste Wirkung suchte und auch fand, denn sie hatte starke schauspielerische Begabung, reagierte aber gegen alles pathetische Sagen von Gedichten mit schroffer Ablehnung. Sie verschmähte gelegentlich auch nicht schauspielerische Effekte. Sie benutzte bisweilen primitive Instrumente, wie sie Kinder als Spielzeug haben, wie Drehorgeln oder Schüttelbüchsen. So sagte sie ihre herrliche Ballade „Josef wird verkauft", indem sie beim Sprechen mit einer solchen Büchse klapperte und den Worten ein seltsames Summen beimischte, um der Eintönigkeit einer Karawanenwanderung durch die Wüste den entsprechenden Ausdruck zu geben. Niemand als sie hätte sich solche außersprachlichen Effekte erlauben dürfen, bei ihr wirkte es stark und echt. Einmal las sie ihr Drama „Ich und Ich" vor. Wenn ich auch glaube, daß die authentische Größe der Dichterin in ihren Gedichten und dichterischen Prosastücken zu finden ist, so hatte und habe ich doch den Eindruck einer phantastischen Mischung von matten und großen Stellen. Das Drama ist eine seltsame Variation von Goethes Faust, in der der Teufel angesichts des Einbruchs der Hitler-Welt in die Hölle kapituliert, aber nicht vor Hitler, sondern vor Gott. Einige der wahrhaft schönen Szenen habe ich in dem im Kösel-Verlag erschienenen Nachlaß-Band veröffentlicht, dem letzten Band der dreibändigen Gesamtausgabe. Die schönste ist die, in der sie sich selbst im Garten des Augenarztes Tycho in Jerusalem als eine Sterbende darstellt, deren Augenlid noch im Tode zirpt.

Else Lasker-Schüler war vielfach durch irdische Begrenzungen getrübt. Dichter sind zwar vor vielen begnadet, müssen aber dafür oft einen schrecklichen Preis bezahlen. Aber ihr Verhältnis zu Gott war von kindlicher Reinheit, und wo sie inspiriert ist, spricht sie geradezu mit einer zweiten Stimme. So sagte sie mir einmal: „Wenn Gott unser Vater ist, muß er doch mindestens so gut sein wie unser wirklicher Vater." Ein andermal wunderte sie sich über die Ungerechtigkeit, die Gott dulde, und dann fuhr sie fort: „Wenn er ein Mittel wüßte, dieser Ungerechtigkeit Herr zu werden, m i r müßt' er's doch sagen, i c h müßt' es doch wissen!" Der Tonfall kindlicher Reinheit, mit der sie solche Worte sagte, ergriff unmittelbar. Immer wieder sprach sie von ihrer Armut und daß sie schon in Berlin am Rand der Häuser unter den Balkonen gegangen sei, damit ihre Eltern im Himmel nicht sähen, wie arm sie sei. Und dann sagte sie auch dies: „Neulich war ich so traurig, daß mich niemand einladet. Da hörte ich, wie Gott sagt: ‚Ich lade dich ein'. Ich saß an einem großen Tisch, neben mir saß der Engel Gabriel und reichte mir mit der Hand meiner Mutter eine Feuerspeise, das war nämlich der Plumpudding, den wir immer aßen." Ist es nicht unglaublich, wie hier die Mutter, Gott und das natürliche Leben der Kindheit in der einfachsten und zufälligsten Äußerung des Augenblicks erblühen? Und auch dies habe ich von ihr gehört: „Gott hat sich in der allgemeinen Verdunkelung mitverdunkelt." Dieses Wort spricht nicht einen Zweifel aus, es spricht nur von einer vorübergehenden Verwandlung Gottes, die die Möglichkeit einer Wiedererhellung trostreich offen läßt. Hier möchte ich auf ein besonders merkwürdiges Motiv hinweisen, das die Dichterin immer beherrscht hat, es ist das Motiv von Gottes Tod. Was heute in aller Munde ist, war zwar seit Nietzsche in der Welt, aber doch nur in einem kleineren Kreise von Intellektuellen, zu welchen gerade sie nicht gehörte. Auch dieses Motiv hat sie sich durch die Luft zugeeignet und wunderbar dichterisch verwandelt.

Das Gedicht „Weltende" am Schluß des Gedichtbandes „Der siebte Tag" von 1905 ist eines ihrer schönsten:

>Es ist ein Weinen in der Welt,
>Als ob der liebe Gott gestorben wär,
>Und der bleierne Schatten, der niederfällt,
>Lastet grabesschwer.
>
>Komm, wir wollen uns näher verbergen ...
>Das Leben liegt in aller Herzen
>Wie in Särgen.
>
>Du! wir wollen uns tief küssen —
>Es pocht eine Sehnsucht an die Welt,
>An der wir sterben müssen.

Wie ist die Stimmung einer Welt nach Gottes Tod getroffen! Das Gedicht ist ein Ausdruck vollkommener Trauer, wie sie in der heutigen Welt, soweit sie sich auf Gottes Tod als auf ein Faktum bezieht, völlig fehlt. Und das letzte Gedicht aus dem Zyklus der Gedichte an Gottfried Benn hat die Überschrift „O ich möcht aus der Welt", und die Schlußverse lauten

>O ich möchte aus der Welt!
>Aber auch fern von ihr
>Irr ich ein Flackerlicht
>Um Gottes Grab.

Wie wird hier das Flackerlicht um Gottes Grab zu der Sehnsucht, daß er nicht tot sei, so daß er schon wieder dazusein scheint! Ich möchte sagen, sie hat Hegel einfach übersprungen, bei dem Gottes Tod zuerst vorkommt, und auch Heine, der sich erst im Sterben von Hegel abwandte und dem lebendigen Gott zu, der zu helfen vermag, denn sie war eine Frau, die die Philosophie nicht brauchte und an ihrem sprachgebundenen Fühlen genug hatte. Am schärfsten kommt dies heraus in dem Gedicht auf den großen satirischen Zeichner George Grosz, welcher gewiß weit davon entfernt war, auf Gott bezogen zu sein. Die Gedichte auf Personen ihres näheren Umgangs gehören von einigen großen Ausnahmen abgesehen nicht zu ihren eigentlich großen, aber es gibt plötzliche Blitze in ihnen. So sind die jähen Schlußzeilen dieses Gedichts: „Er ist ein Meer mit verhängtem Mond,/Sein Gott ist nur scheintot". Sie wirken wie die Durchleuchtung eines Menschen, von dem es kurz vorher nicht schön aber ausdrucksstark geheißen hat: „Schwarzer Champagner seine Klage". Nichts von Schwärze war in ihrem eigenen Wesen, blau war die Farbe ihres Herzens und noch ihres Zweifels, und immer war es vom Blau des Himmels genommen. In dem Prosastück „Der Versöhnungstag" aus „Konzert" stehen die Sätze: „Es ist schön, Jude zu sein, ist man ihm nie aus dem Weg gegangen, um eher das Ziel zu erreichen, ist man ihm treu geblieben und mit ihm verwachsen, von keiner äußeren Nichtigkeit verführt, aber vom Jordan umspült. Wer vermag mich zu entreißen dem Jehovagebein, dem unerschütterlichen Fels!"

Als die Dichterin von der Schweiz aus zum ersten Mal nach Palästina zu Besuch kam, schrieb sie ihr übermütiges Buch „Das Hebräerland", in dem sie das Land mit phantastischen Augen entdeckte, ohne jede Rücksicht auf die wirkliche Wirklichkeit. Als sie dann für immer kam und hier leben mußte, wurde es ernst und schwer. Nun aber geschah etwas wahrscheinlich auch für sie selbst völlig Überraschendes. Sie setzte ihre Dichtung in einem neuen und großen Stile fort. Und das kam so, daß sie von neuer hoffnungsloser Liebe überfallen wurde. Es war so, wie es Oskar Wilde in dem erleuchteten Satz ausdrückt: „Die Tragödie des Alters liegt nicht darin, daß man alt ist, sondern daß man jung ist." In der Dichtung schlug es ihr zum Heil aus. Es ist das Verdienst des hebräischen Verlegers Moritz Spitzer, daß er es gewagt hat, diesen Gedichtband mitten im Weltkrieg herauszugeben. Das Buch ist heute eine große Seltenheit. Es trägt die Widmung: „Meinen unvergeßlichen Freunden und Freundinnen in den Städten Deutschlands — und denen, die wie ich vertrieben und nun zerstreut in der Welt in Treue." In diesem Buch stehen alle Ereignisse und alle Motive ihrer Dichtung gleichsam auf des Messers Schneide. Da ist die Heimat in der fernen Vergangenheit, da ist die Vertreibung, da ist die Gegenwart in Jerusalem, da ist die Liebe und endlich der Tod. Und das ist das Merkwürdige und das Ergreifende an diesen Gedichten: sie streben einer neuen Form zu. Das begann schon in den Gedichten aus „Konzert" mitten zwischen den Prosastücken. Die ungereimten Bibelverse treten auffallend zurück. Die meisten Gedichte sind nicht nur gereimt, sondern oft ist es der gleiche Reim, der durch ein ganzes Gedicht durchgeht. Als Anklang ist es so wie in der persischen Gedichtform des Ghasels, die Rückert und Platen für die deutsche Lyrik erneuert haben. Die Dichterin dürfte von diesen Dingen nichts gewußt haben, sie hat sie geahnt, ich möchte sagen: geträumt. Darum ist die allgemeine Stimmung dieser Gedichte nicht mehr ausschließlich hebräisch, sondern in einem weiteren Sinn orientalisch. Von diesen Gedichten möchte ich einige anführen. Da ist zunächst „Mein blaues Klavier" selbst, das dem Buch den Titel gegeben hat und das in jenen durchgereimten Versen geschrieben ist:

> Ich habe zu Hause ein blaues Klavier
> Und kenne doch keine Note.
>
> Es steht im Dunkel der Kellertür,
> Seitdem die Welt verrohte.

> Es spielen Sternenhände vier
> — Die Mondfrau sang im Boote —
> Nun tanzen die Ratten im Geklirr.
>
> Zerbrochen ist die Klaviatür ...
> Ich beweine die blaue Tote.
>
> Ach liebe Engel öffnet mir
> — Ich aß vom bitteren Brote —
> Mir lebend schon die Himmelstür —
> Auch wider dem Verbote.

Wie verdunkelt sich in diesen Versen das Blau! Das blaue Klavier wird zu der blauen Toten. Dieser Vers ist von unerhörter Ausdruckskraft: wir sehen und hören, was geschehen ist. Das Gedicht: „Meine Mutter" möchte ich als Urgedicht bezeichnen:

> Es brennt die Kerze auf meinem Tisch
> Für meine Mutter die ganze Nacht —
> Für meine Mutter.
>
> Mein Herz brennt unter dem Schulterblatt
> Die ganze Nacht
> Für meine Mutter ...

Und nun das Gedicht „Über glitzernden Kies" mit der Sehnsucht nach der verlorenen Heimat:

> Könnt ich nach Haus —
> Die Lichte gehen aus —
> Erlischt ihr letzter Gruß.
>
> Wo soll ich hin?
> O Mutter mein, weißt du's?
> Auch unser Garten ist gestorben ...
>
> Es liegt ein grauer Nelkenstrauß
> Im Winkel wo im Elternhaus.
> Er hatte große Sorgfalt sich erworben.
>
> Umkränzte das Willkommen an den Toren
> Und gab sich ganz in seiner Farbe aus.
> O liebe Mutter! ...

Versprühte Abendrot
Am Morgen weiche Sehnsucht aus
Bevor die Welt in Schmach und Not.

Ich habe keine Schwestern mehr und keine Brüder.
Der Winter spielte mit dem Tode in den Nestern
Und Reif erstarrte alle Liebeslieder.

Das Gedicht „Die Verscheuchte" steht heute in deutschen Lesebüchern:
Es ist ein Tag in Nebel völlig eingehüllt,
Entseelt begegnen alle Welten sich —
Kaum hingezeichnet wie auf einem Schattenbild.

Wie lange war kein Herz zu meinem mild ...
Die Welt erkaltete, der Mensch verblich.
— Komm bete mit mir — denn Gott tröstet mich.

Wo weilt der Odem, der aus meinem Leben wich?
Ich streife heimatlos zusammen mit dem Wild
Durch bleiche Zeiten träumend — ja ich liebte dich ...

Wo soll ich hin, wenn kalt der Nordsturm brüllt?
Die scheuen Tiere aus der Landschaft wagen sich
Und ich vor deine Tür, ein Bündel Wegerich.

Bald haben Tränen alle Himmel weggespült,
An deren Kelchen Dichter ihren Durst gestillt —
Auch du und ich.

Von dem Gedicht „Jerusalem" zitiere ich nur das Motto, das ihm voransteht:
„Gott baute aus Seinem Rückgrat: Palästina, aus einem einzigen Knochen:
Jerusalem". Das Gedicht so schön es ist, hält die monumentale Größe dieses
Prosasatzes nicht ein. Die eigentlichen Liebesgedichte sind fast unsprechbar.
Eines ist darunter, in dem der Ausdruck der Leidenschaft ganz in Kunst ein-
gegangen ist. Bei einer solchen dichterischen Urgewalt könnte man an Gedichte
der Sappho denken:

Ich liebe Dich
Und finde dich
Wenn auch der Tag ganz dunkel wird.

Mein Lebelang
Und immer noch
Bin suchend ich umhergeirrt.

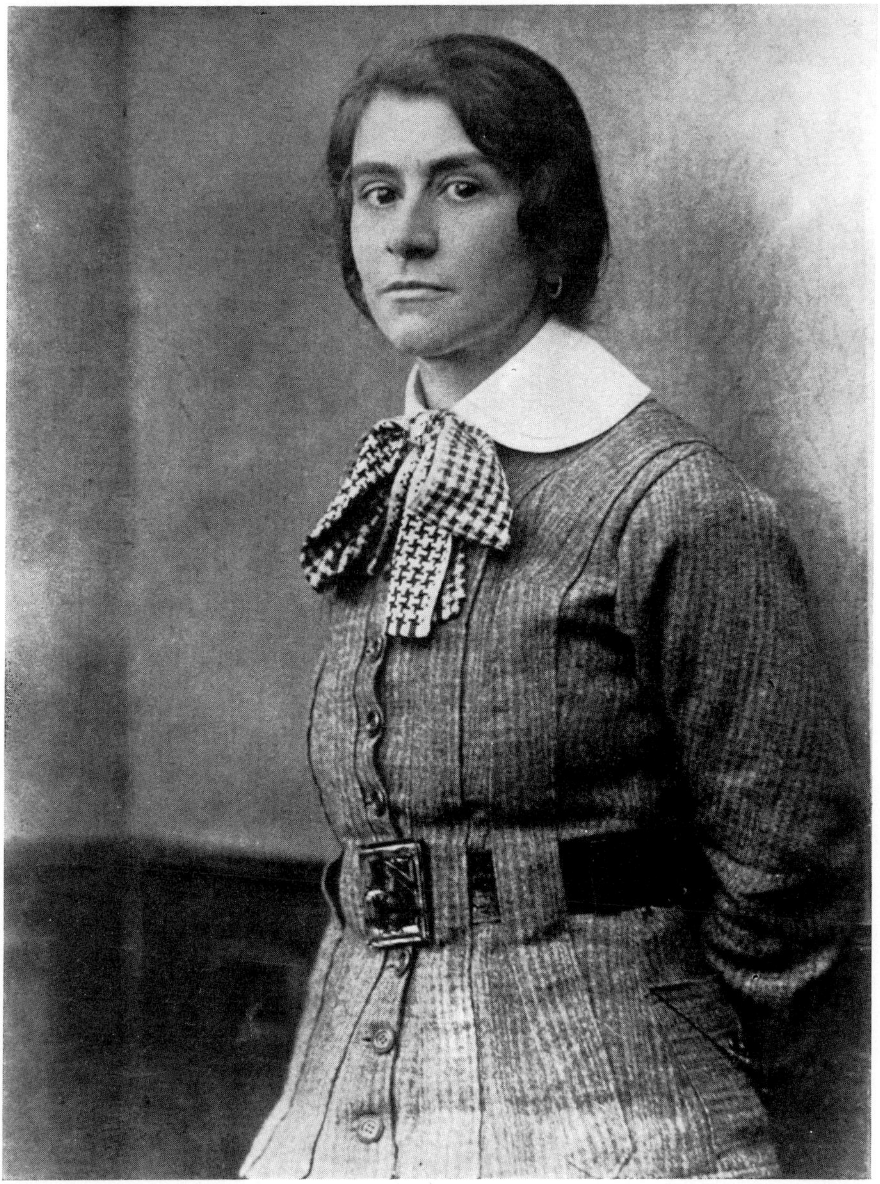

Else Lasker-Schüler
Aufnahme Köln, Rheinisches Bildarchiv, Pl.-Nr. 112654.

>Ich liebe dich!
>Ich liebe dich!
>Ich liebe dich!
>
>Es öffnen deine Lippen sich ...
>Die Welt ist taub,
>Die Welt ist blind
>
>Und auch die Wolke
>Und das Laub —
>— Nur wir, der goldene Staub
>Aus dem wir zwei bereitet:
>— Sind!

Und nun das Gedicht, das der leider schon dahingegangene Rabbiner Kurt Wilhelm 1945 bei dem Begräbnis auf dem Ölberg deutsch gesprochen hat:

>Ich weiß, daß ich bald sterben muß
>Es leuchten doch alle Bäume
>Nach langersehntem Juliküß —
>
>Fahl werden meine Träume —
>Nie dichtete ich einen trüberen Schluß
>In den Büchern meiner Reime.
>
>Eine Blume brichst du mir zum Gruß —
>Ich liebte sie schon im Keime.
>Doch ich weiß, daß ich bald sterben muß.
>
>Mein Odem schwebt über Gottes Fluß —
>Ich setze leise meinen Fuß
>Auf den Pfad zum ewigen Heime.

Schließen möchte ich aber nicht mit diesem Gedicht des Todes, sondern mit einem Gedicht des Lebens. Es ist das erste des Buches:

>An meine Freunde
>Nicht die tote Ruhe —
>Bin nach einer stillen Nacht schon ausgeruht.
>Oh, ich atme Geschlafenes aus,
>Den Mond noch wiegend
>Zwischen meinen Lippen.

Nicht den Todesschlaf —
Schon im Gespräch mit euch
Himmlisch Konzert ...
Und neu Leben anstimmt
In meinem Herzen.

Nicht der Überlebenden schwarzer Schritt!
Zertretene Schlummer zersplittern den Morgen.
Hinter Wolken verschleierte Sterne
Über Mittag versteckt —
Sie immer wieder neu uns finden.

In meinem Elternhause nun
Wohnt der Engel Gabriel ...
Ich möchte innig dort mit euch
Selige Ruhe in einem Fest feiern —
Sich die Liebe mischt mit unserem Wort.

Aus mannigfaltigem Abschied
Steigen aneinandergeschmiegt die goldenen Staubfäden,
Und nicht ein Tag ungesüßt bleibt
Zwischen wehmütigem Kuß
Und Wiedersehn!

Nicht die tote Ruhe —
So ich liebe im Odem sein ...!
Auf Erden mit euch im Himmel schon.
Allfarbig malen auf blauem Grund
Das ewige Leben.

In dieser Hymne auf das Leben, in dieser blauen Verkündigung wird Else Lasker-Schüler dem Gedenken der Welt einverleibt bleiben.

JOHANN VICTOR BREDT

(1879—1940)

Von Klaus Goebel

Als Sechzehnjähriger telegrafierte Johann Victor Bredt dem Altreichskanzler Otto von Bismarck 1895 nach Friedrichsruh: „Dem verehrten und geliebten Fürsten Bismarck zu seinem 80. Geburtstag in tiefster Ergebung von seinem treuen und dankbaren Obersekundaner Johann Victor Bredt." Die Depesche des Barmer Gymnasiasten läßt ahnen, wie früh sich die Grundhaltung des liberalkonservativen Politikers Bredt festigte und in welcher Umgebung der Sproß aus einer der ältesten Wuppertaler Familien aufwuchs.

J. V. Bredt wurde am 2. März 1879 im Hause Mühlenweg 45 in Barmen geboren und am 8. Mai getauft. Er blieb das einzige Kind des Kaufmanns Victor Richard Bredt (1849—1881), der kaum anderthalb Jahre später starb. Der Vater war unter anderem Teilhaber der Firma „Witwe Bredt-Rübel & Söhne", ferner Mitbegründer, Vorstandsmitglied und Stadtverordneter der Freikonservativen Partei in Barmen. Diese vertrat im Gegensatz zu den vom ostelbischen Junkertum beherrschten preußischen Altkonservativen auch bürgerlich-liberale Tendenzen. Zwei Bücher, die der Vater 1878 und 1879 über die damalige Parteipolitik im Reich veröffentlichte, gaben Anlaß zu einem Briefwechsel mit Bismarck.

Der Junge wurde von der Mutter Henriette geb. Koll und vom Großvater Victor Bredt erzogen; er wuchs im großväterlichen Haus am Werth in Barmen auf. Der Großvater hatte sich während des Maiaufstandes 1849 „an den Abwehrkämpfen der Barmer Royalisten gegen die Elberfelder Demokraten" beteiligt. Den Werth beschrieb J. V. Bredt als Paradies seiner Kindheit und berichtete in dem noch ungedruckten Teil seiner Lebenserinnerungen: „Der Großpapa war für mich gleichbedeutend mit allem Guten und Schönen auf der Welt. Zu ihm ging ich ins Kontor und saß dort zwischen Büchern und Seidenproben."
In der Gemarker Kirche, zu der einst der Vorfahr, Kirchmeister Johann Bredt, den Grundstein gelegt hatte, wurde er konfirmiert. Den Heidelberger Katechismus hatte er von A bis Z auswendig gelernt — eine nachhaltige Übung für das ganze Leben, wie er selbst bekannte. Im Barmer Gymnasium an der Bleicherstraße bestand der gerade Achtzehnjährige die Reifeprüfung. Anschließend war er ein Jahr lang als Praktikant beim Barmer Bankverein tätig. Der Direktor

Friedrich Wilhelm Bredt(-Rübel) ev.-ref. (Die Vorfahren stammen aus Barmen) * Düsseldorf 15. 12. 1781 † Barmen 15. 7. 1839 ∞ Barmen 1809	Johanna Charlotte Rübel ev.-ref. * Barmen 30. 4. 1781 † Barmen 17. 10. 1854	Richard Molineus ev.-ref. * Barmen 26. 9. 1802 † Barmen 12. 7. 1841 ∞ Barmen 19. 10. 1827	Sophie Helene Amalie Nickel ev.-ref. * Ronsdorf 29. 1. 1806 † Barmen 8. 8. 1885	Gerhard Nikolaus Koll kath. * Grimmlinghausen 6. 12. 1784 † Barmen 17. 7. 1846 ∞ Barmen 27. 4. 1811	Friederike Maria Elisabeth Goebel ev.-luth. * Schöneberg/Nassau 15. 2. 1789 † Barmen 5. 6. 1853	Karl Weyland ev.-luth. * Liebeshausen 9. 6. 1781 † Bergneustadt 8. 3. 1815 ∞ Düsseldorf 1. 12. 1811	Petronilla Josepha Antonetta Mayer kath. * Düsseldorf 17. 5. 1792 † Erkelenz (?)
Victor Bredt ev.-ref. * Barmen 28. 8. 1820 † Barmen 7. 4. 1887		Pauline Amalie Molineus ev.-ref. * Barmen 26. 2. 1829 † Barmen 23. 10. 1904		Gerhard Koll altkath. * Barmen 15. 2. 1814 † Barmen 15. 10. 1877		Henriette Weiland ev. * Gummersbach 6. 9. 1812 † Barmen 29. 5. 1899	
∞ Barmen 28. 8. 1848				∞ Düsseldorf 15. 6. 1839			
Victor Richard Bredt ev.-ref. * Barmen 2. 6. 1849 † Barmen 5. 10. 1881				Gertrud Henriette Koll kath. * Düsseldorf 29. 12. 1850 † Marburg 4. 10. 1929			

∞ Barmen 22. 8. 1879

JOHANN VICTOR BREDT ev.-ref.

* Barmen 2. 3. 1879, † Marburg 1. 12. 1940, ▫ Barmen 5. 12. 1940

∞ (1) Barmen 22. 4. 1902 Ada Bredt (1878—1950), ⌽ 1910

∞ (2) Barmen 23. 3. 1931 Olga Bredt (1878—1960)

Matthias Hinsberg hatte schon den Vater ausgebildet. Vormund des Jungen war damals Carl Vorwerk, Gründer des Textilwerkes Vorwerk & Co. Im selben und darauffolgenden Jahr veröffentlichte Bredt die ersten lokalgeschichtlichen Aufsätze über den Hof Bockmühl und die Bredde, zwei Stätten seiner Vorväter im Wuppertal. In Tübingen begann er im Sommersemester 1898 das Studium der Rechte, das er in Göttingen fortsetzte und in Bonn mit dem ersten juristischen Staatsexamen beendete. Weitere Studienfächer waren Volkswirtschaft, Geschichte und Philosophie. Das Referendariat legte er am Arbeitsgericht in Königswinter, am Landgericht in Koblenz, am Landratsamt Ahrweiler und bei den Regierungspräsidenten in Koblenz und Potsdam ab. In diesen Jahren erwarb der junge Bredt zwei Doktorhüte: in Leipzig 1901 (Dr. jur.) und in Bonn 1904 (Dr. phil. mit einer nationalökonomischen Dissertation über die Barmer Lohnbleicherei). In seiner Arbeit zum zweiten Staatsexamen setzte er sich für die Besteuerung des Wertzuwachses im Rahmen der Einkommensteuer ein und polemisierte zugleich gegen den Bodenreformer Adolf Damaschke.

In den Jahren 1906 und 1907 sah man Bredt als regelmäßigen Gast in der Barmer Gesellschaft Concordia. Er kam dort mit der Kommunalpolitik seiner Heimatstadt in Berührung und trat auf Vermittlung seines Onkels, des Stadtverordneten Richard Bredt, Anfang 1907 bei der Stadtverwaltung Barmen als Volontär ein. „Ich verdanke meiner lieben Vaterstadt die eigentliche Ausbildung im öffentlichen Recht. Denn bei der Regierung hatte ich von solchen Dingen sehr wenig gesehen." Der Versuch, Nachfolger eines Beigeordneten zu werden, scheiterte nach seinen Worten „an einer Intrige". Daraufhin kehrte er in den preußischen Verwaltungsdienst zurück und wurde dem Landratsamt Marburg zur Beschäftigung überwiesen. Die Nähe zu einer Universität war ihm besonders willkommen. Wenn sich Bredt jetzt auch auf Grund beruflicher und später auch politischer Bindungen von Barmen löste, so bot ihm doch die Barmer Stadtgeschichte bis zum Lebensende ein Betätigungsfeld.

Seine frühen lokalhistorischen Arbeiten krönte er durch ein Lebensbild des ersten Barmer Oberbürgermeisters, seines Großonkels August Wilhelm Bredt (1817—1895); die Arbeit erschien 1905 in der Monatsschrift des Bergischen Geschichtsvereins. Nicht ohne Bissigkeit schilderte er eine Begegnung mit diesem Verein 1897, als Adolf Werth dort den Ton angab: „Werth war ein guter Bekannter meines Vaters gewesen, und auf ihn setzte ich meine Hoffnungen. Sie wurden aber bitter enttäuscht. Ich wurde keineswegs als Mitarbeiter willkommen geheißen, sondern als eine Art von Eindringling in ein Reservat betrachtet. Ich bekam wohl die alten Urkunden im Original vorgelegt, aber im übrigen blieb ich auf mich selbst angewiesen ..."

Mit einer Habilitationsschrift über die Polenfrage im Ruhrgebiet suchte Bredt nach dem zweiten Examen und dem Scheitern der kommunalpolitischen Pläne Kontakt zur Hochschule zu knüpfen. Die Arbeit erschien 1909. Sie legte dar, daß die polnische Einwanderung ins Ruhrrevier „von grundlegender Bedeutung für die ganze Industrie des Westens gewesen" sei. „Ohne sie hätte der Kohlenbergbau, diese Voraussetzung industrieller Entwicklung, entweder seine heutige Ausdehnung nicht erreicht, oder aber seine Betriebsweise und seine Arbeiterschaft trügen ein völlig anderes Gepräge." Die Untersuchung, mit der Bredt 1908 sich in Heidelberg als Volkswirtschaftslehrer habilitierte, wurde kaum sonderlich beachtet. Bredt schlug aber nicht die Laufbahn eines Hochschullehrers der Nationalökonomie ein, sondern wandte sich wieder den Rechtswissenschaften zu. Am 19. November 1909 hielt er in der juristischen Fakultät der Universität Marburg seine Antrittsvorlesung und wurde zum außerordentlichen Professor berufen. Durch diese Hochschultätigkeit und die vorausgegangene Arbeit auf dem Landratsamt waren die Voraussetzungen gegeben, in der alten Landgrafenstadt an der Lahn eine neue Heimat zu finden. „Es war im ganzen eine glückliche Liebe."

In Marburg gehörte Bredt bereits 1908 zum Wahlkampfstab seines damaligen Chefs, des Landrats, der als Freikonservativer dem preußischen Haus der Abgeordneten angehörte. Aus den Lebenserinnerungen Bredts geht hervor, daß er in dieser Zeit die Organisation schuf, mit der er wenige Jahre später die eigene Wahl betreiben sollte. Ende 1910 wählte man ihn in die Marburger Stadtverordnetenversammlung. Im Frühjahr 1911, als der Landrat tödlich verunglückte und das Abgeordnetenmandat in Berlin dadurch vorzeitig frei wurde, erhielt Bredt in einer Ersatzwahl 146 von 178 Wahlmännerstimmen. Damit zog er ins Abgeordnetenhaus ein. Als vergeblich erwies sich jedoch seine Kandidatur bei den Reichstagswahlen von 1912; ein konservativer Mitbewerber schlug ihn mit deutlichem Abstand der Stimmen. Auf der politischen Bühne spielte Bredt aber nun seine Rolle mit Leidenschaft. Im Berliner Landtag trat er immer häufiger in den Vordergrund.

Schon 1904 hatte der junge Liberalkonservative ein „Politisches Glaubensbekenntnis" niedergelegt. In diesem Schriftstück (im Nachlaß) setzte er sich für eine maßvolle Umwandlung des konservativen Staatsgefüges ein. „Es ist aber heute noch nötig, die althergebrachten Herrschaftselemente zu stützen und erst dann die liberalen Elemente ans Ruder kommen zu lassen, wenn sie reif dazu sind." Allein die preußische Führungsmacht garantiere ein starkes, einheitliches Deutschland. An dem preußischen Vorbild müsse auch die Verwaltung gemessen werden. Den Freihandel hielt er für die maßgebende Wirtschaftsform; Schutzzölle sollten nur zugelassen sein, wenn sie unbedingt notwendig wären. Unter den oppositionellen Parteien zog er das Zentrum den Sozialdemokraten vor, weil er, der reformierte Christ, die Katholiken in der Politik als Bundesgenossen empfand. Über die soziale Frage sagte Bredt in diesem „Politischen Glaubensbekenntnis", sie sei durch die Bismarckschen Arbeiterschutzgesetze weitgehend gelöst.

Im Berliner Landtag widmete sich der neue Abgeordnete vor allem der Steuergesetzgebung und wurde Berichterstatter der Steuerkommission. Seine Jungfernrede galt einer Abänderungsvorlage zum Einkommensteuergesetz. Auch für seine alte Wuppertaler Heimat suchte er parlamentarisch zu wirken, als es um die Eingemeindung Vohwinkels nach Elberfeld ging. Oberbürgermeister Funck erschien als Sprecher Elberfelds bei Bredt und hatte mit seinen Argumenten offensichtlich Erfolg. Denn vor dem Landtag wies Bredt auf das ausbaufähige

Industriegelände in Vohwinkel hin und erklärte in seiner Rede vom 8. Mai 1912: „Da müssen noch Millionen hinein, um es für die Industrie verwendbar zu machen. Diese Millionen hat Vohwinkel nicht, diese Millionen hat Elberfeld." Das auch von Vohwinkel unterstützte Eingemeindungsbegehren scheiterte jedoch an dem Widerstand der Konservativen.

Bredts Aufgaben als Volksvertreter und Universitätsdozent stellten an seine Arbeitskraft erhebliche Anforderungen. Er schildert die Schwierigkeiten in seinen Erinnerungen: „Jede Woche war ich ein paar Tage in Marburg und las dann das ganze Wochenpensum. Nachts fuhr ich wieder nach Berlin."

Im Herbst 1912 unternahm Bredt eine ausgedehnte Reise nach Polen. Die unverdrossene Hoffnung der polnischen Bevölkerung, die nationale Selbständigkeit wiedererstehen zu sehen, beeindruckte ihn tief. „An den Königsgräbern erfaßte mich zum erstenmal der Geist der polnischen Tradition", schrieb er über Krakau. Im nächsten Jahre wurde er in Marburg wieder ins Abgeordnetenhaus gewählt. Bredt hatte keinen Wehrdienst mitgemacht und trat darum im Sommer 1913 in das Kaiserliche Automobilcorps, mit dem er an einem Manöver teilnahm. Bei Kriegsausbruch meldete er sich am dritten Mobilmachungstag und wurde dem Automobilcorps an der ostpreußischen Front zugeteilt. Er erhielt die Aufgabe, Offiziere eines Generalstabes zu befördern. Vierzehn Tage nach der Schlacht von Tannenberg traf ihn auf einer Kurierfahrt bei Gumbinnen eine Kugel, die ihm den Unterkiefer zerschmetterte und das Kinn fast wegschoß. Ein langer Lazarettaufenthalt schloß sich an. Die schwere Verwundung bedingte in den nächsten Jahren eine Reihe weiterer Operationen. Nach der Entlassung aus dem Lazarett war Bredt bei der deutschen Zivilverwaltung Polen tätig. Im September 1915 erfolgte seine Ernennung zum Chef der Verwaltung von Tschenstochau, der er über ein Jahr vorstand. Eine vorübergehende Tätigkeit in der Rekrutenausbildung schloß sich an.

Militäreinsatz und Verwundung hatten Bredts Mitarbeit an den Beratungen im preußischen Abgeordnetenhaus und in der Fraktion nur unterbrochen, aber nicht lahmgelegt. Als Reichskanzler von Bethmann Hollweg unmittelbar vor seinem Sturz im Sommer 1917 noch einen Erlaß Wilhelms II. erwirkte, der das allgemeine gleiche Wahlrecht für Preußen in Aussicht stellte, beteiligte sich Bredt leidenschaftlich an der parlamentarischen und publizistischen Auseinandersetzung. Sein Einverständnis mit der Wahlrechtsänderung galt damals als „erste Zustimmung aus rechtsgerichteten Kreisen". An der Wahlreform zerbrach jedoch die Freikonservative Partei, deren Partei- und Fraktionsvorsitzender Octavio von Zedlitz sich zunächst gegen die Neuerungen wandte; mit Bredt sprachen sich nur wenige freikonservative Abgeordnete für die Abschaffung des Dreiklassenwahlrechtes aus. Bredt hat die preußische Wahlrechtsfrage in seinem

1926 erschienenen Buch „Der Deutsche Reichstag im Weltkrieg" ausführlich dargestellt.

Im Mai 1918 wetterte er, diesmal wenig fortschrittlich, gegen das Frauenstimmrecht. Das Protokoll vermerkte zornige Zurufe der Sozialdemokraten, als er erklärte: „Wenn wir das Frauenstimmrecht bekommen, dann sind wir fertig. Wenn es jemals gelingen sollte, daß die Frauen in der Gesetzgebung einen maßgebenden Einfluß bekommen auf unsere Schulen, auf die Erziehung der männlichen wehrfähigen Jugend, dann steht es böse um uns."

Auf Wunsch der mecklenburgischen Regierung hatte er im Herbst 1917 auf berufsständischer Grundlage einen Verfassungsentwurf für das Großherzogtum Mecklenburg-Strelitz ausgearbeitet. Die Novemberrevolution fegte den Großherzog ebenso hinweg wie die damals progressiv erscheinende Verfassungsneuordnung. Einer weiteren verfassungsrechtlichen Arbeit widmete sich Bredt in den darauffolgenden Monaten. Er entwarf einen Staatsvertrag, der die Beziehungen des Deutschen Reiches zu den aus den besetzten baltischen Gebieten projektierten künftigen deutschen Satellitenstaaten Litauen und Kurland regeln sollte. Wie Bredt in seinen Erläuterungen darlegte, sollten „Staatengebilde entstehen, welche sich zwar im Innern selbst regieren, aber nach außen in einem unlöslichen Zusammenhang mit dem Deutschen Reiche stehen". Auch diese Frage hat er in seinem Gutachten über den Reichstag im Weltkrieg eingehend behandelt.

In den Lebenserinnerungen finden sich farbige Schilderungen aus der Zeit des deutschen Zusammenbruchs im Spätherbst 1918. Über die letzte Begegnung mit Kaiser Wilhelm II. berichtet Bredt: „Am 26. Oktober kam ich aus meinem Büro und ging die Wilhelmstraße entlang. Am Reichskanzlerpalais stand ein Schutzmann, der mir bedeutete, nicht weiterzugehen. Im selben Augenblick kam aus dem Tor heraus der Kaiser. Er wollte zu Fuß hinübergehen ins Zivilkabinett. Ich stand vorschriftsmäßig da, die rechte Hand an der Mütze, die linke am Säbel. Der Kaiser grüßte, sah mich dann aber an, rief mich zu sich und gab mir die Hand. Er erkundigte sich sehr teilnehmend nach meiner Verwundung, kam dann aber auch auf die Politik. Er hatte einen Feldmarschallstab in der Hand, mit dem er mich ein paarmal anstieß. Dabei redete er ununterbrochen. Ich selbst konnte gar nichts sagen, als auf die ersten Fragen zu antworten. Dann schwang er den Marschallstab und sagte: ‚Daß mir keine königlichen Rechte preisgegeben werden! Verstanden!' Was er im übrigen sagte, kann ich nicht wiederholen. Meine Mutter nahm mir nämlich am Abend noch das Versprechen ab, es niemandem weiterzuerzählen. Drei Tage später verließ der Kaiser Berlin für alle Zeiten" (Die in ErinnDok mitgeteilte Fassung weicht nur unerheblich von diesem Text ab).

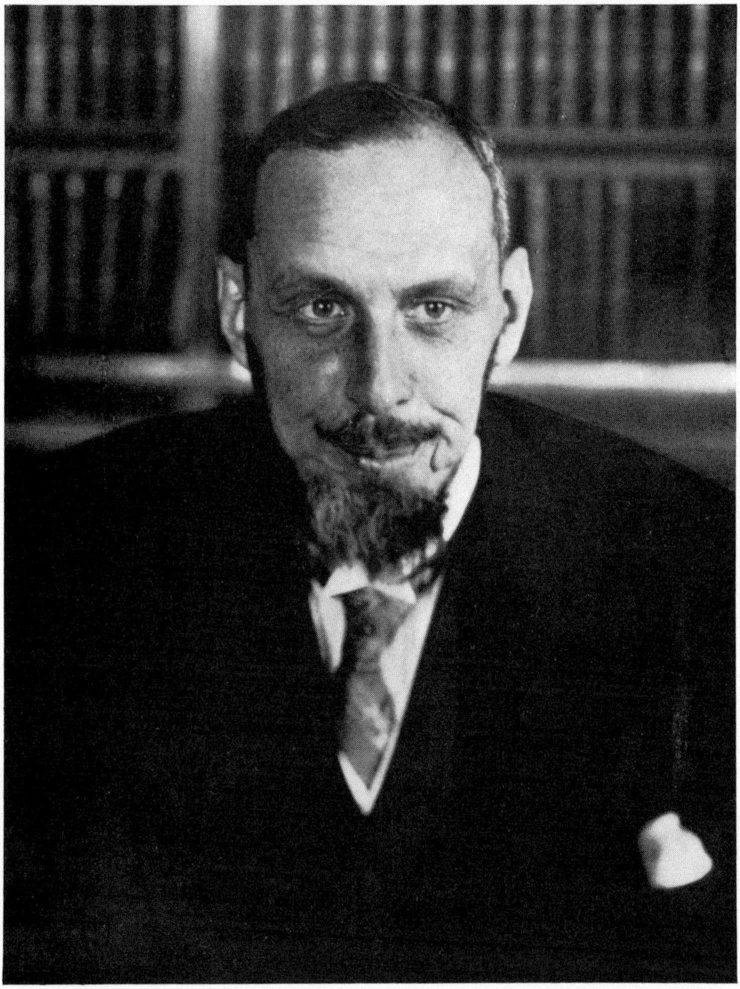

Johann Victor Bredt, Ende der dreißiger Jahre
Foto Kl. Goebel.

Johann Victor Bredt war im Grunde seines Herzens ein monarchisch gesinnter Mann, der sich selbst treu blieb, auch als die letzte pathetische Zurschaustellung kaiserlicher Würde die Tatsache nicht mehr verdecken konnte, daß die Monarchie in ihren Grundfesten erschüttert war. Selbst in den Jahren 1919 und 1920 hat Bredt die Rückkehr der Hohenzollern noch für möglich gehalten. Später konnte man aus seinem Munde hören, eine frühzeitige Parlamentarisierung hätte die Monarchie retten können. So schrieb er 1929: „Wäre im Reich und in Preußen früher nachgegeben worden, hätte man hier und dort rechtzeitig das parlamentarische Regiment freiwillig eingeführt, dann wäre die militärische Niederlage nicht einseitig der Monarchie zur Last gelegt worden, sondern wäre auf sehr viel breiterer Basis hingenommen worden. Das Kaisertum auf parlamentarischer Basis konnte sehr wohl erhalten werden, so wie Ebert es sich vorstellte, dazu gehörte aber ein rechtzeitiges freiwilliges Einlenken. Am 9. November war alles schon zu spät" (ErinnDok S. 27).

Nach dem Novembersturz zählte Bredt zu den wenigen Konservativen, die der Republik die Mitarbeit nicht versagten. Am 24. November 1918 unterzeichnete er mit anderen Politikern der Mitte und der Rechten einen Aufruf zur Gründung der Deutschnationalen Volkspartei (DNVP). Anfang des folgenden Jahres schaltete er sich mit dem Entwurf einer Reichsverfassung und der Programmschrift „Das Werk des Herrn Preuß oder Wie soll eine Reichsverfassung nicht aussehen?" in die Verfassungsdiskussion der Weimarer Vollversammlung ein. Zu den Besonderheiten des Bredtschen Entwurfs gehörte die Vereinigung von Präsidenten- und Kanzleramt nach dem Muster der Vereinigten Staaten von Amerika.

Bredts Zugehörigkeit zur DNVP blieb ein Zwischenspiel. Beim Kapp-Putsch im März 1920 fanden die Putschisten die moralische, zum Teil auch aktive Hilfe rechtsstehender Politiker, unter denen auch Mitglieder der DNVP waren. Bredt sprach sich ebenso deutlich wie die Parteien der Weimarer Koalition und die Gewerkschaften gegen Kapp aus. Am 7. April erklärte er seinen Parteiaustritt. Die Entwicklung zur Hugenberg-Partei hat er, wie aus Äußerungen im Nachlaß hervorgeht, in mancher Beziehung vorausgesehen.

Im August 1920 war Bredt vom Zentralverband der Haus- und Grundbesitzer eingeladen worden, in Magdeburg einen Vortrag über die Theorie der Grundrente zu halten. Anschließend mußte er sich im kleinen Kreis sagen lassen, daß man von keiner der bestehenden bürgerlichen Parteien ein wirkliches Eintreten für den Haus- und Grundbesitz erwarten könne. Wenig später sollte jedoch eine solche Partei entstehen: die Wirtschaftspartei oder — wie sie nach einem Vorschlag Bredts seit 1925 hieß — „Reichspartei des deutschen Mittelstandes (Wirtschaftspartei)". Bredt hat seine erste Begegnung mit dieser Partei Januar 1921 in Berlin in den Erinnerungen festgehalten: „Ich ging in das Parteibüro

Am Zirkus 12a nahe meiner alten Kaserne. Der erste Eindruck war nicht überwältigend. Es saßen da ein paar Leute am Tisch und schrieben. Am Ofen stand eine junge Sekretärin und mühte sich vergebens, ihn anzustecken. Von meinem Eintreten nahm kaum jemand Notiz ... Dann erschien ein etwas unscheinbarer Mann, den wiederum ich kaum beachtete, der mir aber dann als Herr Drewitz bezeichnet wurde. Er interessierte sich gleichfalls für den Ofen, und vor seinen züngelnden Flammen machten wir unsere Bekanntschaft."

In diesem Jahre 1921 zogen für die junge Partei vier Abgeordnete in den preußischen Landtag, darunter Bäckermeister Drewitz und Professor Bredt. In Fraktion und Partei wuchs Bredt in eine Rolle, die heute mit dem Begriff des „Chefideologen" gekennzeichnet würde. Unbestritten wurde er zum führenden Parlamentarier der Partei im Landtag (bis 1924) und dann auch im Reichstag. Hermann Pünder nennt ihn „den eigentlichen Führer" der Wirtschaftspartei. Ob es sich bei ihr wirklich um eine politische Partei nach dem Verständnis einer Partei im demokratischen Staat gehandelt hat, ist umstritten. Ludwig Bergstraesser empfand ihr Erscheinen als Reaktion auf eine drohende Zwangswirtschaft. Sie habe keine Gesamtauffassung von der Politik gehabt. Im Parteiprogramm von 1926, in dem wesentliche Formulierungen auf Bredt zurückgingen, wurde sogar „einer allmählichen Abkehr von den entarteten Formen des Parlamentarismus" das Wort geredet. Martin Schumacher wendet in einer Übersicht über ihre Entwicklung (ErinnDok S. 28 ff.) ein, es dürfe nicht nach dem überwiegend negativen Echo der bürgerlichen Parteien beurteilt werden, ob diese Partei ein künstliches Gebilde oder „Ausdruck gesellschaftlicher Kräfte" gewesen sei. Rudolf Vierhaus zählt sie generell zur politischen Mitte der Weimarer Republik. Eine Parteigeschichte hat M. Schumacher inzwischen unter dem Titel „Mittelstandsfront und Republik" vorgelegt.

1924 tauschte Bredt sein Landtagsmandat gegen einen Reichstagssitz. Da die Partei eine Listenverbindung mit dem Bayerischen Bauernbund eingegangen war, wurde er im Reichstag zunächst zu den bayerischen Bauern gerechnet. Seine Fraktion stimmte dem Dawes-Plan und den Locarno-Verträgen zu, sperrte sich aber unter dem Einfluß Bredts gegen den Eintritt Deutschlands in den Völkerbund. Der Abgeordnete befürchtete, das deutsche Volk würde als Mitglied des Völkerbundes vor den Karren britischer Interessen gespannt; ein Gespräch, das er mit dem britischen Botschafter Lord d'Abernon führte, bestärkte ihn in dieser Auffassung. Bredts Verhältnis zu Stresemann war distanziert, doch war er „nie ein grundsätzlicher Gegner" des Außenministers (M. Schumacher).

Als Reichspräsident Ebert am 28. Februar 1925 gestorben war, nahm Bredt am Trauerakt im Reichstag teil. „Ich konnte mich aber noch nicht entschließen, seinem Sarge bis zum Bahnhof zu folgen, weil mir seine ganze Welt noch zu fremd war." Anschließend vertrat Bredt seine Partei im Loebell-Ausschuß, einem Kreis aus Politikern der Rechten und der Mitte, der Hindenburg die Präsidentschaftskandidatur antrug. „Das Andenken an Hindenburg werde ich stets hochhalten", so hat er später sein Verhältnis zum Feldmarschall charakterisiert, „aber zu seinen persönlichen Verehrern habe ich nie gehört". Bezeichnend für Hindenburgs Alterszustand ist folgende Mitteilung Bredts: „Einmal wurde ich telefonisch von Marburg nach Berlin gerufen, um den Reichspräsidenten über die Stellung unserer Partei zu bestimmten Fragen zu informieren. Er sprach dann aber mit mir lediglich über die Masurenschlacht. Daß ich sein Kriegskamerad sei, pflegte er immer sehr freundlich zu betonen."

Als der Zusammenbruch des Kaiserreiches eine Neuordnung des Verhältnisses von Staat und Kirche in Deutschland notwendig machte, war Bredt auch in kirchlichen Gremien tätig, die aus seinen kirchenrechtlichen Kenntnissen Nutzen zogen. So beriefen ihn der Präsident des preußischen Evangelischen Oberkirchenrats (EOK) und der Generalsynodalvorstand schon im Januar 1919 in den Vorbereitungsausschuß zur Bildung einer verfassunggebenden Versammlung der preußischen Landeskirche. Sein Gutachten „Die Rechte des Summus Episcopus" (1919) fand weite Beachtung. Er nahm am ersten (Dresden) und zweiten (Stuttgart) Deutschen Evangelischen Kirchentag teil. Auf beiden nichtöffentlichen Sitzungen stand die Neuordnung des kirchlichen Lebens im Vordergrund. Da Bredt jedoch mehr und mehr den Eindruck gewann, die Kirchenbehörden seien lediglich auf die Erhaltung von 28 Landeskirchen bedacht, ohne an die Schaffung einer einheitlichen Evangelischen Kirche von Deutschland zu denken, zog er sich aus dieser Arbeit zurück. Er wandte sich Fragen des reformierten Bekenntnisses zu und wurde bald Mitglied des Moderamens (Leitung) des Reformierten Bundes. Auf Bredts Einladung fand in seinem Haus am 6. September 1921 der „Marburger Convent" statt, der den „Zusammenschluß der unabhängigen reformierten Kirchenkörper in Deutschland zu einem einheitlichen Ganzen" zum Ziel hatte. In derselben Ausgabe der Reformierten Kirchenzeitung, in der das Protokoll abgedruckt wurde (Nr. 39/1921), erklärte jedoch Pastor Hermann Hesse (Elberfeld), einer der Teilnehmer des Convents und Schriftleiter des Blattes, die reformierten Gemeinden von Elberfeld und Barmen-Gemarke würden der neuen Kirche nicht beitreten, denn es sei nicht daran gedacht, die preußische Kirchenunion zu sprengen. So führten die Marburger Pläne zu keinem greifbaren Ergebnis, obwohl Bredt sie noch jahrelang verfolgte. Zu Beginn des Kirchenkampfes sah er Möglichkeiten, eine eigenständige reformierte Kirche dem Einfluß der deutsch-christlichen Kirchenleitungen zu entziehen. Schließlich besiegelte er Ende 1934 seine Enttäuschung über den Mißerfolg, zu einer reformierten Kirche zu gelangen, mit dem Austritt aus dem Reformierten Bund und dessen Moderamen. Seine Einstellung zur nationalsozialistischen Kirchenpolitik war dadurch gekennzeichnet, daß er eine Einladung zur Einführung des Reichsbischofs Müller im Berliner Dom auf der Karte mit einem kurzangebundenen „Abgelehnt!" quittierte. „Vom Geiste der reformierten Freikirche meiner bergischen Vorfahren war nichts mehr zu verspüren, und ich entfernte mich innerlich immer mehr von dem, was man offiziell ‚Kirche' nannte", schrieb er. Der Geschichte dieser reformierten Gemeindekirche aber setzte er mit seiner kirchenrechtlich-historischen Arbeit „Die Verfassung der reformierten Kirche in Kleve-Jülich-Berg-Mark" (Neukirchen 1938) ein beachtliches Erinnerungszeichen. Vorausgegangen waren das dreibändige „Neue evangelische Kirchenrecht für Preußen" (Berlin 1921—1927) und kleinere Untersuchungen. Die Arbeiten trugen ihm theologische Ehrenpromotionen von Bonn (1925) und Debrecen (1938) ein.

Bei den Beratungen zur Reichsschulgesetzgebung 1925—1927 trat Bredt mit eigenen Gesetzesentwürfen hervor, vertrat die konfessionelle Schule und setzte sich für das Elternrecht ein. Anläßlich der preußischen Konkordatsverhandlungen bemühte er sich vor der Landtagsfraktion seiner Partei um eine Annahme des Konkordats mit dem Vatikan. Hier und bei anderer Gelegenheit unterstrich er die schon im „Politischen Glaubensbekenntnis" 1904 geäußerte Meinung, evangelische und katholische Christen müßten in der Politik eng zusammenarbeiten.

In die Mitte der zwanziger Jahre fiel Bredts Beitrag zum „Untersuchungsausschuß der Verfassunggebenden Deutschen Nationalversammlung und des Deutschen Reichstages 1919—1926". Im Auftrag des 4. Untersuchungsausschusses schrieb er für die Vierte Reihe (Die Ursachen des Deutschen Zusammenbruchs im Jahre 1918) den Band über den Deutschen Reichstag im ersten Weltkrieg. Dieses materialreiche und sachliche Gutachten fand in einer Zeit hektischer, häufig gewalttätiger innenpolitischer Auseinandersetzung nicht die gebührende Beachtung. Martin Schumacher nimmt für Erich Matthias in Anspruch, die Untersuchung 1955 für die historische Forschung wiederentdeckt zu haben (ErinnDok S. 42). Bredt hatte gründlich gearbeitet und die damals zugänglichen Quellen verwertet. Sein Buch war „geschrieben mit dem ehrlichen Willen, der sachlichen Klarstellung zu dienen, niemandem zuliebe und niemandem zuleide" (S. 23). An der Behandlung der Friedensresolution machte der Autor den Gegensatz von Parlament und Kaisertum deutlich und belegte die Rolle der Obersten Heeresleitung. Bredts Feststellung am Schluß ist auch durch neuere Forschungsergebnisse nicht überholt: „Die deutsche Politik im Weltkriege wird verständlich durch die Erkenntnis, daß das natürliche Gegengewicht der vollziehenden Gewalt, der Reichstag, nicht in die Waagschale fiel. Hier liegt der Grund für die schrankenlose Macht der Obersten Heeresleitung. Es war Zweck dieser Arbeit, diese negative Tatsache, die bisher nicht genügend gewürdigt worden ist, klarzustellen" (S. 388).

Aus der Beschäftigung mit diesem Stoff erwuchs ein weiteres gutes Buch: „Die belgische Neutralität und der Schlieffensche Feldzugsplan" (Berlin 1929). Den Einmarsch der deutschen Truppen unter Bruch der belgischen Neutralität suchte Bredt als die Notwehrreaktion eines eingekreisten Staates zu erklären. „Die ganze Welt rechnete mit dem kommenden großen Kriege . . . Und als die Katastrophe schließlich kam, da konnte es allenthalben nur einen Gedanken geben: wenigstens die Oberhand behalten in dem furchtbaren Ringen um die Existenz" (S. 215).

Am 27. März 1930 war die Regierung des sozialdemokratischen Kanzlers Hermann Müller, nicht zuletzt infolge der Haltung seiner Partei, gestürzt worden. Hindenburg beauftragte Heinrich Brüning, Fraktionsführer des Zentrums, mit der Bildung einer neuen Regierung. Als Bredt abends in den Reichstag zurückkehrte, kam Drewitz auf ihn zu. „Er faßte mich", so berichtete Bredt, „an die Rockklappe und fragte auf der Treppe leise: ‚Welches Ministerium wollen Sie haben? Ich muß das sofort wissen.' Ich erwiderte: ‚Komme ich denn da überhaupt in Frage?' Er antwortete: ‚Wir müssen jetzt mit in die Regierung gehen, und selbstverständlich kommen nur Sie in Frage.' Darauf ich: ‚Dann Justiz! Da fühle ich mich wie zu Hause.'"

Wie Gottfried R. Treviranus in seinem Buch über das Ende von Weimar (1968) berichtet und Brüning in seinen Memoiren bestätigt, hatte Drewitz dem neuen Kanzler die Unterstützung der Wirtschaftspartei zugesagt, wenn Bredt das Justizressort erhalte und wenn die Finanzgesetze mit der Partei abgestimmt würden. Das Ministeramt bedeutete für Bredt einen äußeren Glanzpunkt seines Lebens. Großer Erfolge konnte der Minister sich nicht rühmen, wie er selbst empfand. Eigentlicher Kopf des Ministeriums blieb Staatssekretär Joël, der bereits unter zwölf Ministern gearbeitet hatte. Bredt bekleidete ein Amt auf Abruf — kein Wunder bei dem Verhältnis der Regierung Brüning zum Parlament im Sommer 1930. So kommt Treviranus zu dem Urteil, Bredt sei im Ministerium wie im Parlament ohne profilierte Auswirkung geblieben. Brüning äußert sich in seinen schon erwähnten Erinnerungen über Bredts Tätigkeit als Minister nicht. Bereits am 18. Juli wurde der Reichstag aufgelöst, die Neuwahl auf den 14. September festgesetzt.

Die Wirtschaftspartei verlor 35 000 Wähler, behielt aber mit 1 362 000 Stimmen die bisherige Zahl von 23 Mandaten. Die NSDAP erzielte den ersten großen Erfolg. Statt 12 schickte sie 107 Abgeordnete in den Deutschen Reichstag. Die KPD vergrößerte ihre Fraktion von 54 auf 77 Köpfe. Auf dem Hintergrund der Wirtschaftskrise zeichnete sich in Deutschland eine Krise des parlamentarischen Systems ab. Wenige Tage nach der Wahl stand Hitler als Zeuge vor dem Reichsgericht in Leipzig. Drei Ulmer Reichswehroffiziere waren des Hochverrats angeklagt, weil sie versucht hatten, in der Reichswehr die Hitlerpartei zu propagieren und nationalsozialistische Zellen zu bilden. Hitler erläuterte in Leipzig das Prinzip einer Revolution auf legalem Wege: „Wir werden ..., wenn wir die verfassungsmäßigen Rechte besitzen, den Staat in die Form gießen, die wir als die richtige ansehen."

Der amtierende Justizminister Bredt hatten den Prozeß von vornherein kritisch eingeschätzt. Er suchte die Abwicklung einer Monstre- und Schauveranstaltung zu verhindern. Auf den Oberreichsanwalt wirkte Bredt ein, Hitler zu fragen, ob er die Reichsverfassung einzuhalten gedächte. Entgegen den Vorstellungen des Innenministers Wirth vertrat Bredt die Meinung, man müsse die Nationalsozialisten als regierungsfähig ansehen. Es wäre denkbar — diese Frage ist noch nicht erörtert worden — daß Hitlers Wort vom legalen Weg zur Machtergreifung u. a. von Bredt herausgefordert wurde. Bredt, der sich bei anderer Gelegenheit einmal deutlich von einem „faschistischen Regiment" distanziert hatte (1926), glaubte damals an eine Koalitionsfähigkeit der NSDAP und mußte in bürgerlichen und sozialistischen Blättern Überschriften wie die folgenden lesen: „Der Reichsjustizminister schützt die Hochverräter", „Hitler und Bredt" oder „Der Skandal Bredt". Der Minister hatte offenbar die Absichten der Nationalsozialisten verharmlost, sie in ihren letzten Konsequenzen nicht durchschaut; diese Einstellung erwies sich als symptomatisch und verhängnisvoll für ein Bürgertum, das den nationalsozialistischen Wolf im Schafspelz nicht erkannte.

Am 26. September 1930 beschloß der Reichsausschuß der Wirtschaftspartei, die Regierung Brüning nicht länger zu unterstützen. Der Beschluß wurde in Bredts Abwesenheit gefaßt und vor allem mit der „sozialistischen Wirtschafts-, Finanz- und Kulturpolitik" (ErinnDok S. 44) Brünings motiviert. Doch vermochte der Reichskanzler die Partei zunächst zu bewegen, ihre Absicht nicht zu verwirklichen. Ende November platzte aber das Stillhalteabkommen. Bredt, damals seit Wochen schwer erkrankt, mußte unter dem Druck von Partei und Fraktion seinen Rücktritt einreichen. Brünings Bemühungen, ihn zu halten, blieben vergeblich. Der Reichspräsident entließ ihn unter dem Datum des 5. Dezember 1930 aus dem Ministeramt. Brüning lobte Bredt, der sich den großen Gemeinschaftsaufgaben der Reichsregierung gewidmet habe, obwohl ihm die eigene Partei nicht geringe Schwierigkeiten bereitete. Diese Schwierigkeiten drückte Bredt so aus: „Es war damals eine schlimme Belastung für jeden parlamentarischen Minister, daß er kaum zu wirklicher Arbeit kam, weil er ständig vor der eigenen Partei auf der Hut sein mußte." Sonderwünsche und eigene Interessen gaben die Maßstäbe politischen Handelns. Die antidemokratischen Kräfte links und rechts waren unbestreitbar die wahren Nutznießer dieser Entwicklung.

Bei den Juliwahlen 1932 bekam die Wirtschaftspartei mit kaum 150 000 Stimmen nur noch zwei Mandate. Nach den Novemberwahlen desselben Jahres blieb Johann Victor Bredt, der auf der Liste der Bayerischen Volkspartei gewählt worden war, der letzte Reichstagsabgeordnete der Reichspartei des deutschen Mittelstandes. Ende Dezember — Bredt hatte gerade seine letzte Reichstagsrede gehalten — verdichtete sich die Möglichkeit eines Anschlusses an das Zentrum. Am 2. Weihnachtstag schrieb er dem Parteivorsitzenden Prälat Kaas: „Meine eigene Partei ist zu Ende, und von einer neuen Sammelpartei der Mitte verspreche ich mir inhaltlich sehr wenig ... Jetzt möchte ich gern auch noch Anteil haben an großen Arbeiten, aber dazu brauche ich Anschluß an eine Partei. Ich denke etwa an Prozesse vor dem Staatsgerichtshof, am meisten aber an völkerrechtliches Mitarbeiten in der auswärtigen Politik. In allen konfessionellen Fragen würde sich wohl kaum irgendeine Schwierigkeit bei Ihnen und mir ergeben können. Alles das wird aber im Grund wieder getragen von der Überzeugung, daß eine Politik des sozialen Ausgleiches, wie ich sie im Kabinett miterlebt habe, mir das einzig Mögliche zu sein scheint, wenn wir die heutigen Schwierigkeiten bewältigen wollen. Nur zur Sicherheit füge ich hinzu, daß ich nicht daran denke, mir eine andere berufliche Stellung zu wünschen als meine Marburger Professur. Meine Frage lautet daher dahin, ob ich zu Ihrer Partei in nähere Fühlung treten kann, ohne irgendwelche Zusagen Ihrerseits, die sich auf ein Mandat oder ähnliche Äußerlichkeiten beziehen ... Ich bin auch gern bereit, gelegentlich Wahlreden zu halten, obwohl das nicht zu meinen Leidenschaften gehört. Es könnte in der Form geschehen, daß ich für die persönliche Wahl von Brüning rede ..." Mitte Januar 1933 antwortete Kaas kurz und verwies Bredt an den Reichstagsabgeordneten Joos. Doch die Entwicklung der nächsten Wochen machte alle weiteren Schritte illusorisch. Den Auswirkungen des Ermächtigungsgesetzes entging die Wirtschaftspartei dadurch, daß sie faktisch aufgehört hatte, zu bestehen. „Zwei Parteien hatte ich angehört, und von beiden war ich nun der allerletzte", schrieb Bredt resigniert. Dabei hatte er das Intermezzo in der DNVP erst gar nicht berücksichtigt.

Als 1931 der erste Oberbürgermeister der zwei Jahre zuvor begründeten Stadt Wuppertal pensioniert wurde, kam Bredt als möglicher Nachfolger ins Gespräch. Vor die Entscheidung gestellt, zu kandidieren, entschied er sich für die „bisherige Lebenssphäre" Marburg. Er lehnte eine Aufforderung ab, sich den Stadtverordneten vorzustellen, nachdem er wohl einen Wink erhalten hatte, daß sein Parteibuch für die Mehrheit der Wuppertaler Stadtväter das falsche sei. 1930 hatte er in Wuppertal-Barmen zum zweitenmal geheiratet. Die erste Ehe mit seiner Kusine Ada Bredt war bereits 1910 geschieden worden. Auch seine zweite Frau war eine Kusine aus der Familie Bredt in Barmen. Die zweite Ehe leitete das letzte Lebensjahrzehnt ein, in dem sich Bredt — neben der Marburger Lehrtätigkeit — noch einmal intensiv mit der Geschichte der bergischen Heimat befaßte. Er ging, wie ein Menschenalter zuvor, von der eigenen Familiengeschichte aus. Die 1934 in erster und 1936 in zweiter Auflage neubearbeitete Familiengeschichte Bredt erweist sich noch heute als ein ausgezeichnetes genealogisches Werk. Ihm folgen die gehaltvollen Familiengeschichten Siebel (1937), Molineus (1939) und Greeff (1941), denen Impulse der eigenen Familienvergangenheit zugrunde lagen. Sie bringen auch wertvolle Beiträge aus der allgemeinen Stadtgeschichte. Die Kapitel über Goethe, Carl Siebel, Tersteegen und Gerhard Siebel im Siebelbuch enthüllen überdies eine versteckte Neigung Bredts zur schönen Literatur.

Anregungen für zukünftige Forschung enthalten die „Studien zur Rechtsgeschichte von Barmen" (1937) sowie die Monographie des großelterlichen Hauses Bredt-Rübel (1937). Das spätbarocke Bürgerhaus im Unterdörnen, 1943 bombenzerstört, hatte dem preußischen Königspaar bei seinem Besuch in Barmen 1842 als Unterkunft gedient. Im Druck erschienen ferner „Aus dem alten Barmen" und „Geschichtlicher Ausblick aus den Fenstern der Concordia", Vorträge, die Bredt in der Gesellschaft Concordia gehalten hatte. Die meisten Manuskripte wurden zwei- bis dreimal eigenhändig und meist ohne Schreibhilfe umgeschrieben. So zeigt auch das letzte Jahrzehnt Bredts ungebrochene Arbeitskraft. Nachdem von den Lebenserinnerungen sieben der elf Kapitel im Druck erschienen sind, kommt unter den noch unveröffentlichten Arbeiten einer umfangreichen „Bergischen Rechtsgeschichte" wohl die größte Bedeutung zu. Bredt nahm damit ein rechtshistorisches Thema seiner rheinisch-westfälischen Heimat auf, das er erst im Todesjahr abschloß. In einem Brief vom 20. März 1940 schrieb er an den Vorsitzenden des Bergischen Geschichtsvereins, D. Dr. Wilhelm de Weerth: „Ich habe an der Sache viel Freude gehabt, aber es ist auch eine Arbeit gewesen, die so leicht keiner mehr nachmacht. Früher war ich auch der Ansicht, daß die bergische Geschichte allmählich ausgeschrieben sei und beginne, langweilig zu werden. Jetzt sehe ich, daß zwar alles allmählich zusammengeschrieben worden ist, was sich finden läßt, daß es aber noch nicht verarbeitet ist. Die total zusammenhanglos gebrachten kleinen Nachrichten von Otto Schell in der Monatsschrift des Bergischen Geschichtsvereins erweisen sich als sehr gute Quelle, nur hat er selbst niemals geahnt, was eigentlich hinter seinen Funden steckte."

Die Reisen und Reden, vor allem während der Weimarer Republik, Lehrtätigkeit und wissenschaftliche Forschung überstiegen mit der Zeit die körperlichen Kräfte des Mannes, dem die Folgen der schweren Kriegsverletzung zunehmend zu schaffen machten. Seit Anfang der dreißiger Jahre berichtete er von regelmäßig wiederkehrenden Herzattacken. Nach 1933 belastete ihn die gebotene politische Abstinenz. Hausdurchsuchungen und offene Gegnerschaft der Marburger Nationalsozialisten setzten ihm zu. Trotzdem nahm er bis ins letzte Lebensjahr seinen akademischen Lehrauftrag wahr. Noch im Wintersemester

1939/40 hielt er drei Vorlesungen aus dem Verfassungsrecht, Steuer- und Finanzrecht und dem Völkerrecht.

Am 1. Dezember 1940 ging Johann Victor Bredt in seinem zweiundsechzigsten Lebensjahr in Marburg heim. Am 5. Dezember wurde er in der Familiengrabstätte auf dem evangelisch-reformierten Friedhof an der Hugostraße in Barmen beigesetzt. 1969, anläßlich des neunzigsten Geburtstags, ließen Bredts letzte noch überlebende Kabinettskollegen, Brüning und Treviranus, am Grabe einen Kranz niederlegen. Im gleichen Jahr beschloß der Stadtrat die Übernahme des Grabes als Ehrengrabstätte der Stadt Wuppertal.

QUELLEN UND LITERATUR

Nachlaß Bredt (Marburg; Privatbesitz).
Der Verfasser bedankt sich vor allem bei Frau Dr. Ada Rambeau geb. Bredt, die den Nachlaß ihres Vaters sorgsam verwaltet und zur Einsicht zur Verfügung stellte. Instruktive Auskünfte erteilte Reichsminister a. D. Gottfried R. Treviranus (†). Ferner gaben Hinweise die Herren Ministerialdirektor a. D. H. F. Berger (†), Reichsminister a. D. Magnus von Braun (†), Christoph von Lindeiner-Wildau, Reichskanzler a. D. von Papen (†), Staatssekretär und Oberdirektor a. D. Dr. Hermann Pünder und Klaus J. Sachsenberg.
K. Goebel, Johann Victor Bredt, in: Wuppertaler Biographien 8 (Wuppertal 1969), 22—37. Eine Untersuchung des Verfassers über „J. V. Bredt und die Neuordnung der evangelischen Kirche nach dem 1. Weltkrieg" steht vor dem Abschluß.
Erinnerungen und Dokumente von Joh. Victor Bredt 1914 bis 1933, bearbeitet von *M. Schumacher,* = Quellen zur Geschichte des Parlamentarismus und der politischen Parteien. Dritte Reihe: Die Weimarer Republik, Düsseldorf 1970 (darin: Bibliographie J. V. Bredt). Der Band wird abgekürzt zitiert: ErinnDok.
P. Bucher, Der Reichswehrprozeß. Boppard 1967 (= Wehrwissenschaftliche Forschungen, Abt. Militärgeschichtliche Studien, Bd. 4).

BISHER ERSCHIENENE BÄNDE

BAND 1. 1961. 264 S., 16 Taf., 1 Faltkte., DM 39,50.

Inhalt:

Vier Erzbischöfe von Köln: BRUNO I. *Robert Haass;* PHILIPP VON HEINSBERG *Gerhard Kallen;* ENGELBERT I. VON BERG *Erich Wisplinghoff;* DIETRICH VON MOERS *Georg Droege*
JOST MAXIMILIAN GRAF VON GRONSFELD *Helmut Lahrkamp*
JOHANN WILHELM, KURFÜRST VON DER PFALZ *Max Braubach*
ELIAS ELLER *Edmund Strutz*
JOHANN JOSEPH COUVEN *Paul Schoenen*
JOHANN GOTTFRIED BRÜGELMANN *Marie Luise Baum*
JOHANNES MÜLLER *Johannes Steudel*
GOTTFRIED KINKEL *Edith Ennen*
FRANZ BÜCHELER *Hans Herter*
FERDINAND SAUERBRUCH *Leo Norpoth*
HEINRICH LERSCH *Inge Meidinger-Geise*
FRANZ OPPENHOFF *Bernhard Poll*

BAND 2. 1966. 287 S., 21 Taf., 1 Kte., DM 39,50.

Inhalt:

KONRAD VON HOCHSTADEN *Erich Wisplinghoff*
WINRICH VON KNIPRODE *Erich Weise*
BARTHOLOMÄUS BRUYN *Hildegard Westhoff-Krummacher*
JOHANN VON VLATTEN *Anton J. Gail*
JOHANNES GROPPER *Walter Lipgens*
JAKOB III. VON ELTZ *Victor Conzemius*
MAXIMILIAN PASQUALINI UND SEINE FAMILIE *Dorothea Herkenrath*
FRIEDRICH SPEE VON LANGENFELD *Emmy Rosenfeld*
GERHARD REUMONT *Egon Schmitz-Cliever*
CHRISTIAN VON STRAMBERG *Karl Georg-Faber*
HERMANN VON BECKERATH *Heinz Boberach*
LUDOLF CAMPHAUSEN *Erich Angermann*
ALFRED RETHEL *Heinrich Schmidt*
MAXIMILIAN GRAF VON SPEE *Dietrich Höroldt*
PAUL FREIHERR VON ELTZ-RÜBENACH *Jürgen Huck*
JOSEF PONTEN *Gerhart Lohse*

BAND 3. 1968. 271 S., 22 Taf., DM 39,50.

Inhalt:

KARL DER GROSSE *François Louis Ganshof*
ALBERTUS MAGNUS *Heinrich Ostlender*
NIKOLAUS VON KUES *Erich Meuthen*
HERMANN VON WIED *August Franzen*
JOHANNES SLEIDANUS *Heinz-Otto Sieburg*
JAN VON WERTH *Helmut Lahrkamp*
JAKOB IGNAZ HITTORFF *Karl Hammer*
JOHANNES VON GEISSEL *Rudolf Lill*
CLEMENS AUGUST ALERTZ *Egon Schmitz-Cliever*
ERNST FRIEDRICH ZWIRNER *Willy Weyres*
JOHANN WILHELM SCHIRMER *Heinrich Appel*
CLEMENS THEODOR PERTHES *Albert Rosenkranz*
ADOLF KOLPING *Victor Conzemius*
KARL TRIMBORN *Rudolf Morsey*
ROBERT LEHR *Walter Först*

BAND 4. 1970. 302 S., 24 (4 farb.) Taf., DM 39,50.

Inhalt:

REINALD VON DASSEL *Rainer Maria Herkenrath*
BALDUIN VON LUXEMBURG *Franz-Josef Heyen*
WALRAM VON JÜLICH *Wilhelm Janssen*
AGRIPPA VON NETTESHEIM *Charles G. Nauert, Jr.*
PETER HASENCLEVER *Hermann Kellenbenz*
JANUARIUS ZICK *Othmar Metzger*
LUDWIG VAN BEETHOVEN *Joseph Schmidt-Görg*
JOHANN CLAUDIUS VON LASSAULX *Willy Weyres*
SULPIZ BOISSERÉE *Wolfgang Braunfels*
HEINRICH HEINE *Eberhard Galley*
FRIEDRICH ENGELS *Helmut Hirsch*
JOSEPH REINKENS *Victor Conzemius*
HEINRICH NAUEN *Eberhard Marx*
WALTER HASENCLEVER *Horst Denkler*
LUDWIG STRAUSS *Werner Kraft*

BAND 5. 1973. 259 S., 21 Taf., DM 39,50.

Inhalt

NIKOLAUS WILHELM BECKERS FRHR. VON WALHORN *Wilhelm Mummenhoff (†), Bernhard Poll*
JOHANN NIKOLAUS VON HONTHEIM *Heribert Raab*
JOHANN HUGO WYTTENBACH *Richard Laufner*
PETER CORNELIUS *Herbert von Einem*
THEODOR FLIEDNER *Anna Sticker*
ALFRED VON REUMONT *Hubert Jedin*
JOHANN WILHELM FRENKEN *Norbert Trippen*
FRANZISKA SCHERVIER *Erwin Gatz*
JAQUES OFFENBACH *Anna-Dorothee v. den Brincken*
MAX BRUCH *Karl-Gustav Fellerer*
ALEXANDER SCHNÜTGEN *Armin Spiller*
JULIUS BACHEM *Hugo Stehkämper*
ELSE LASKER-SCHÜLER *Werner Kraft*
JOHANN VICTOR BREDT *Klaus Goebel*

BAND 6. 1975. 288 S., 17 Taf., DM 39,50.

Inhalt:

REGINO VON PRÜM *Eduard Hlawitschka*
WILHELM VON JÜLICH *Wilhelm Janssen*
PETER RINCK *Franz Irsigler*
JOHANNES FRIEDRICH VON SCHAESBERG *Leo Peters*
FERDINAND HILLER *Reinhold Sietz (†)*
VINCENZ STATZ *Willy Weyres*
PHILIPP KREMENTZ *Erwin Gatz*
FRIEDRICH WILHELM DÖRPFELD *Klaus Goebel*
JACOB GERHARD ENGELS *Hans Horn*
WILHELM MARX *Hugo Stehkämper*
HEINRICH BRAUNS *Hubert Mockenhaupt*
KONRAD ADENAUER *Hans Maier*
WILHELM SOLLMANN *Felix Hirsch*

BAND 7. 1977. 316 S., 18 Taf., DM 39,50.

Inhalt:

ANNO II. VON KÖLN *Dieter Lück*
JOHANNES RODE *Pater Petrus Becker OSB*
JAKOBE VON BADEN *Burkhard Roberg*
FRANZ DAUTZENBERG *Klaus Müller*
ERNST MORITZ ARNDT *Max Braubach (†)*
MATTHIAS JOSEPH DE NOEL *Elga Böhm*
FRANZ LUDWIG ZAHN *Klaus Goebel*
ENGELBERT HUMPERDINCK *Hans-Josef Irmen*
HEINRICH PESCH *Franz H. Mueller*
PAUL CLEMEN *Albert Verbeek*
ERNST POENSGEN *Lutz Hatzfeld*
WILHELM LEVISON *Paul Egon Hübinger*
PAUL MOLDENHAUER *Horst Romeyk*
ROBERT PFERDMENGES *Wilhelm Treue*
KARL ARNOLD *Walter Först*

BAND 8. 1980. 323 S., 16 Taf., 1 Faltkte., DM 39,50.

Inhalt:

HERIBERT VON KÖLN *Heribert Müller*
ARNOLD VON WIED *Heinz Wolter*
HILGER QUATTERMART VON DER STESSE *Wolfgang Herborn und Klaus Militzer*
HERMANN VON GOCH *Franz Irsigler*
KONRAD HERESBACH *Corinne Beutler und Franz Irsigler*
HERMANN VON NEUENAHR *Heiner Faulenbach*
JOHANN HUGO VON ORSBECK *Franz Schorn*
WILHELM ARNOLD GÜNTHER *Alois Thomas*
JOHANN BAPTIST GEICH *Klaus Müller*
JOSEPH GÖRRES *Heribert Raab*
HEINRICH VON WITTGENSTEIN *Hasso von Wedel*
GERHARD DÜRSELEN *Klaus Goebel*
MOSES HESS *Bruno Frei*
LEOPOLD KAUFMANN *Dietrich Höroldt*
CARMEN SYLVA *Uwe Eckardt*
HERMANN CARDAUNS *Manfred Bierganz*

BAND 9. 1982. 320 S., 26 Taf., DM 39,50.

Inhalt:

WILBALD VON STABLO *Franz-Josef Jakobi*
ARNOLD VON ISENBURG *Rudolf Holbach*
HEINRICH VON FINSTINGEN *Volker Henn*
SIEGFRIED VON WESTERBURG *Franz-Reiner Erkenz*
HEINRICH EGHER VON KALKAR *Gertrud Wegener*
ADOLPH CLARENBACH *Klaus Goebels*
JOHANN ADAM SCHALL VON BELL *Heinz Doepgen*
JEAN IGNACE RODERIQUE *Herbert Hömig*
CLARA FEY *Dieter Wynands*
CARL SCHURZ *Walter Kessler*
ANTON DE WAAL *Erwin Gatz*
CARL JOHANNES SENFFT *Lutz Hatzfeld*
HUGO STINNES *Peter Wulf*
KARL JOSEPH KARDINAL SCHULTE *Ulrich von Hehl*
WILHELM LEHMBRUCK *Siegfried Salzmann*
PETER ALTMEIER *Franz-Josef Heyen*